高等院校"十二五" 规划教材·公共基础类

现代公关礼仪 （第三版）

张岩松　刘志敏　李文强　主编

经济管理出版社
ECONOMY & MANAGEMENT PUBLISHING HOUSE

图书在版编目（CIP）数据

现代公关礼仪/张岩松，刘志敏，李文强主编．—3 版．—北京：经济管理出版社，2014.12
ISBN 978－7－5096－3549－0

Ⅰ．①现… Ⅱ．①张… ②刘… ③李… Ⅲ．①公共关系学—礼仪—高等学校—教材
Ⅳ．①C912.3

中国版本图书馆 CIP 数据核字（2014）第 288795 号

组稿编辑：王光艳
责任编辑：王光艳
责任印制：黄章平
责任校对：超　凡

出版发行：经济管理出版社
（北京市海淀区北蜂窝 8 号中雅大厦 A 座 11 层　100038）
网　　　址：www. E－mp. com. cn
电　　　话：（010）51915602
印　　　刷：北京银祥印刷厂
经　　　销：新华书店
开　　　本：720mm×1000mm/16
印　　　张：19.75
字　　　数：377 千字
版　　　次：2015 年 3 月第 1 版　　2015 年 3 月第 1 次印刷
书　　　号：ISBN 978－7－5096－3549－0
定　　　价：49.80 元

前　言

当今，在开放的社会系统中，每一个社会组织和个人都需要在广泛的、频繁的社会交往中谋求自身的发展，争取事业的成功，而公关礼仪也正在企业的公共关系、形象宣传、品牌推广和市场营销领域发挥着越来越重要的作用。著名礼仪专家金正昆说："礼仪是解析公关的密码"，公关礼仪无疑是连接"客户—消费者—市场"的桥梁和纽带，因此，掌握公关礼仪已成为现代社会、现代人必备的素质之一。鉴于此，我们编写了《现代公关礼仪》一书，自 2006 年首版以来，深受广大读者欢迎，此次我们在第一版和第二版的基础上进行了全面修订，与国内同类书相比，本书的特色更加鲜明。

《现代公关礼仪》（第三版）以国家人力资源和社会保障公共关系师职业资格的要求为依据，基于企业公共关系工作所涉及的礼仪活动和规范而设定内容，分为公关礼仪基础、公关人员礼仪、公关日常礼仪、公关活动礼仪、公关谈判艺术、公关演讲艺术和国际公关礼仪七章。每章的"学习目标"、"案例导入"栏目，让读者从典型案例切入，明确本章学习重点和核心内容；接下来以充足的篇幅较系统地介绍和梳理了现代公关礼仪的内容，使读者能够理解和把握其精髓；每章所附的"拓展阅读"、"案例讨论"、"实训项目"将相关最新美文、典型鲜活的案例以及实用的训练项目呈现给读者，大大增强了启发性和可操作性，便于读者更好地把握公共关系的最新操作方式，引发读者深层次的思考。每章最后所附的"课后练习"，能使读者动手、动脑，提高综合素质和实践能力。总之，本书理论与实务交融、规范与操作结合、知识与趣味并重，体例新颖、深入浅出，加之新知识、新观点、新方法、新案例的大量运用，更加引人入胜。

我们相信，本书将以全新的思维方式和现代意识，培养并强化你的公关意识，使你自然而然地由注重组织形象进而注重个人形象，提高自身素质；培养你尊重他人的观念，使你时刻受到他人的尊重；强调真诚的沟通，使你身边的矛盾逐一化解；向你传授公共关系和礼仪知识，提高你的组织领导能力、创新能力、社交能力、表达能力、控制能力、应变能力和实际操作能力；教授给你许多工作技巧与方式方法，诸如日常交往礼仪、公关活动礼仪、公关谈判艺术、公关演讲艺术、国际公关礼仪等，都将给你有益的启迪，使你的工作事半功倍，事业兴旺发达。

本书可作为本科、应用型本科、高职高专以及成人院校提高大学生基本职业素养的教材和训练用书。同时它也是公共关系人员、市场营销人员、商业服务人员、广告策划人员、行政管理人员以及广大公务员的礼仪培训用书和难得的优秀读物。

本书由张岩松、刘志敏、李文强主编。具体分工如下：张岩松编写第一章；刘志敏编写第二章、第三章和第六章；李文强编写第四章、第五章和第七章；包红君、王芳、李健、张昀、穆秀英、于丽娟、胡旸、周宏波、刘桂华、王艳洁、穆秀英、王琳、张铭、杨帆、白冰、刘世鹏、高琳、王允、赵静、潘丽负责全书的资料整理、文字录入以及各章"课后练习"的编写工作，赵祖迪、屈剑、刘晓燕进行了图片制作工作，全书由刘志敏统稿。

本书在编写过程中，集采众家之说，参考颇多，限于篇幅仅列出了主要参考书目，在此，向各位专家、学者深表谢意。有些资料是参考互联网上发布或转发的信息，其中有些已无法查明出处，原作者付出了辛勤劳动，在此亦向其表示衷心感谢。本书的出版一直得到了经济管理出版社的大力支持与帮助，在此一并致谢。

因作者学识有限，对书中的不足之处，敬请广大读者朋友多多指正。

作者

2014 年 12 月

目　　录

第一章　公关礼仪基础

人有礼则安，无礼则危。故曰：礼者不可不学也。

——《礼记·曲礼》

人无礼则不生，事无礼则不成，国无礼则不宁。

——荀子

- ➢ 深刻把握公共关系的内在含义
- ➢ 明确公共关系的基本要素
- ➢ 掌握公共关系的基本观念和工作原则
- ➢ 明确礼仪的内容、特性和原则
- ➢ 掌握公关礼仪的内涵
- ➢ 明确公关礼仪的特性和作用
- ➢ 了解礼仪与公共关系、公关礼仪的关系

"你会坐吗？"——一次公关部长聘任考试

一家公司准备聘用一名公关部长，经笔试筛选后，只剩 8 名应试者等待面

试。面试限定他们每人在两分钟内对主考官的提问作出回答。当每位应试者进入考场时，主考官说的是同一句话："请您把大衣放好，在我面前坐下。"

然而，在进行面试的房间中，除了主考官使用的一张桌子和一把椅子外，什么东西也没有。

有两名应试者听到主考官的话以后，不知所措，另有两名急得直掉眼泪；还有一名听到提问后，脱下自己的大衣，搁在主考官的桌子上，然后说了句："还有什么问题？"结果，这五名应试者全部被淘汰了。

剩下的三名应试者，一名听到主考官发问后，先是一愣，旋即脱下大衣，往右手上一搭，躬身致礼，轻轻地说道："这里没有椅子，我可以站着回答您的问话吗？"公司对这个人的评语是："有一定的应变能力，但创新开拓不足。彬彬有礼，能适应严格的管理制度，可用于财务和秘书部门。"

另一名应试者听到问题后，马上回答道："既然没有椅子，就不用坐了。谢谢您的关心，我愿听候下一个问题。"公司对此人的评语是："守中略有攻，可先培养用于对内，然后再对外。"

最后一名考生的反应是，听到主考官的发问后，他眼睛一眨，随即出门，把候考时坐过的椅子搬进来，放在离主考官侧前约一米处，然后脱下自己的大衣，折好后放在椅子背后，自己就在椅子上端坐着。当"时间到"的铃声一响，他马上站起来，欠身一礼，说了声"谢谢"，便退出考试房间，把门轻轻地关上，公司对此人的评语是："不着一词而巧妙地回答了问题；性格富有开拓精神，加上笔试成绩佳，可以录用为公关部长。"

（资料来源：http：//www2. lzcc. edu. cn/Department/GongShongSch/jpkc－gggx/main. asp？cataid＝245.）

怎样放置大衣，怎样坐下，能够在短暂的两分钟之内得到别人的肯定，看起来是一个很简单的问题，但却处处体现了对于一名公关人员的礼仪要求。在现代商务交往中，行为举止的一个小细节便能反映一个人的精神面貌和仪表风度，只有通过身体力行，在一举一动中都展现出礼仪魅力，表现得大方得体，才能在处理公共关系和社会交往中安之若素，在日益激烈的商业竞争中有的放矢，巧妙地处理各种问题，塑造良好的组织形象和个人形象，从而在竞争中稳操胜券。

在探讨现代公关礼仪之前，首先必须对公共关系、礼仪、公关礼仪以及其关系等有个总体的把握，这样才能自觉开展各类公共关系礼仪活动，为塑造良好的组织形象、实现组织的公共关系目标服务。

第一节 公共关系概述

公共关系是一种科学的现代管理方法，是协调、处理现代社会组织与公众之间的各种关系，保证事业成功的一门不可缺少的学问。

国外学者将以电脑为代表的科学技术水平，以旅游业为代表的富裕生活程度，以公共关系为代表的经营管理效能并列为衡量一个国家发达程度的三大标志。公共关系作为一种管理职能、经营策略、传播行为和现代交往方式，被广泛地应用于整个社会的各个领域，在企业经营管理中更是得到了普遍的应用。

公共关系具有特定的理论和实务操作程序，要想了解现代公关礼仪，首先必须对公共关系最基本的理论问题有个全面的把握。

一、"公共关系"一词的来源

"公共关系"一词来自英语"Public Relations"，简称"P. R."。由于它是由两个英文词汇组成，所以它包括两层含义：一层是"Public"；另一层是"Relations"。

"Public"以两种词性表现出来：一种是形容词，意为公众的、公共的、公众事务的，与"Private"（私人）相对应，表明它是非私人的，非秘密性的；另一种是名词，意为公众、大众，表明它不是个体，而是集团、群体。

"Relations"为名词，意为关系、交往等。一般说来，简单的关系是以个体与个体的形式联系在一起并进行交往的，是一种简单的、直接的交往，这种关系我们称为"人际关系"。由于"Relations"以特定的形式出现，其内涵更丰富，意义更深远：首先，这种关系被复数所限定，表明它只能是在复杂的交往中体现出的多种关系。这种关系可能是直接关系，也可能是间接关系；可能是单向关系，也可能是双向乃至多向关系。其次，这种关系被英语"Public"所限定，表明它只能是社会组织在复杂的社会交往中与各类公众及公众群体之间所建立起来的非个体、非秘密、非私人的关系，这种关系具有公众性、公开性、群体性、社会性等特点。

综合两个英语词汇的内涵和特点进行分析，将"Public Relations"译为"公众关系"更为确切，因为它是站在一个固定的角度——社会组织来分析其所面临的各种关系。不同的社会组织，由于其业务特点、工作对象不同，因而会面临不同的公众对象，从而形成不同的公众关系。同一个社会组织，由于不同时期工作的重点不同，也会面临不同的公众，形成不同的公众关系。这说明"公众关系"并不具有"公共"性，它不可能像"公共电话"、"公共汽车"、"公共图书馆"、"公共浴室"和"公共厕所"那样具有普遍意义，但是因"公共关系"已经约定俗成并广为流传，这里也就将其叫做"公共关系"，以便容易被更多的读者所接受。

二、公共关系的表现形式

关于对"公共关系"概念的理解，还可以从不同的角度去分析，使其表现出不同的形式。

1. 公共关系状态

从静态公共关系的角度来看，公共关系首先是一种社会状态，即一个组织所处的公众关系状态和社会舆论状态。社会组织的公共关系状态是无形的，但是是客观的，无论是有意还是无意的，任何社会组织都处在一定的公共关系状态之中，这种状态是与任何社会组织相伴的一种客观存在，是不以社会组织的意志为转移的。因此，就任何社会组织而言，都不存在有无公共关系状态的问题，而是存在良好的或不良的、自觉的或自然的公共关系状态的区别。这种客观存在着的公共关系状态形成了对社会组织有利的或不利的内外环境，对组织的生存和发展起着积极的或消极的作用。

2. 公共关系活动

从动态公共关系的角度来看，公共关系又是一种活动或工作。当一个组织通过自己的努力来改善自身的公共关系状态时，就是在从事公共关系活动和开展公共关系工作。这是主观见诸客观的一种实践过程。其实，任何一个组织，为了生存和发展，为了实现自己的目标和责任，总要处理方方面面的关系，这实际上就是进行公共关系活动和开展公共关系工作。公共关系活动不存在有无的差别，而只是可以区分为自觉的或自发的，出色的或不力的，有效的或无效的，专门的或兼及的罢了。当然，只有自觉地、有计划地、创造性地开展有效的公共关系活动，才能积极构建组织良好的公共关系状态。一个组织也只有自觉地、有计划地进行公共关系活动，才能事半功倍。因此，公共关系活动又被称为"公共关系艺术"。另外，随着公共关系活动专业化的需要，公共关系成为一项职业，有其专门的组织、机构及人员。

3. 公共关系意识

公共关系也是一种意识、观念，它是现代组织及其人员对公共关系客观状态的自觉认识和理解，是对公共关系活动经验的能动反映和概括。例如，塑造形象意识、服务公众意识、传播沟通意识、真诚互惠意识、广结良缘意识、立足长远意识、创新审美意识、危机忧患意识等。公共关系意识来源于公共关系实践活动，因而对后者有明显的依赖性；公共关系意识一经形成，就具有相对的独立性和能动性，从而对公共关系实践活动具有指导意义。对任何组织来说，要构建良好的公共关系状态，必须开展有效的公共关系活动，而这些活动又必然是在一定的公共关系意识指导下进行；反之，没有正确的公共关系意识，就不可能自觉地进行公共关系活动，因而也不会形成良好的公共关系状态。可以说，公共关系意识是自觉构建良好的公共关系状态的思想基础和开展有效的公共关系活动的行动指南，是现代组织及其人员的必备素质。不同的社会组织及人员有无自觉的和正确的公共关系意识，行为的确有天壤之别，而且其结果也大不一样。人们谈论公共关系，往往津津乐道那些匠心独具的各种手段和技巧，而忽视其中包含的公共关系意识和思想，这是公共关系不能上层次、上水平的关键所在。其实，公共关系本质上是一种思想、文化，是一种战略，只有建立在正确的思想和战略的基础之上，公共关系才能有精彩的运作和闪光的创造。

4. 公共关系学

公共关系学是一门新兴的软管理学科，它以公共关系活动及其规律性为研究对象，既是一门多学科交叉并具有自己的概念、范畴及其系统的理论科学，又是一门具有明显的可操作特征的应用科学。这门学科是在公共关系实践活动受到社会重视，客观上需要在系统总结和理论升华的基础上建立和发展起来的，同时又成为强化公共关系意识和推动公共关系实践的指南。学习和普及公共关系学，增加社会组织及其人员的公共关系意识，并且研究和应用公共关系学的基本理论指导企业和其他各类社会组织的公共关系工作，对于促进企业经营管理水平的全面提高乃至整个社会的和谐与发展，都具有重要的意义。当今世界电子计算机技术的发展和在社会各个领域的广泛普及，已经极大地推进了整个社会物质和精神的文明与进步；公共关系学理论的发展和为各类社会组织的普遍应用，同样必然造就整个社会精神和物质的文明与进步。

公共关系的上述主要层次是互相区别又互相联系的。这些层次是在认识和说明公共关系概念时应当弄清的。

三、公共关系的内在含义

公共关系是社会关系的一种管理职能，反映的是事物之间的相互联系、相互作用的机制和状态。所谓公共关系，就是社会组织为了适应并改变环境，树立良好的社会形象，通过开展传播沟通活动使其与相关的公众彼此真诚合作、互惠互利、相互适应的一种状态。公共关系的基本含义应从以下几个方面加以把握：

1. 公共关系——塑造形象的艺术

形象就是某一事物或人在公众心目中的印象，或者说是公众对某一事物或人的总体评价。"形象"一词的内涵和外延都很大。从构成社会的主体来说，有国家形象、城市形象、地区形象、组织形象和个人形象；就一个具体的企业来说，有企业形象、产品形象、商标形象、环境形象、领导形象和员工形象等。形象有好坏优劣之分。影响形象的因素纷繁复杂，一个不利的因素就可能导致形象不佳，而最佳形象的获得容不得任何不利的因素。因此，公共关系特别强调：组织必须时刻注意建立和维护良好的社会形象，否则将会直接影响到目标的实现。

今天，形象已引起了人们的重视，我们常说"维护祖国尊严"、"珍视企业信誉"、"创建文明城市"、"给人留下美好的'第一印象'"等，都是要求人们注重形象。1960 年和 1968 年，美国政客尼克松两次竞选总统由不注重形象到注重形象，结果一败一胜，其经验教训告诉人们：注重形象是十分重要的，它关系到组织的生存与发展，关系到事业的成败，关系到目标的实现。

2. 公共关系——建立和谐友善的关系

关系是人和人之间或事物之间通过人的相互作用、相互影响而形成的具有某种联系的状态。公共关系的定义强调公共关系是组织与其相关公众相互适应的状态。这种相互适应的状态就是指要形成一种和谐友善的关系状态。

人类自诞生开始，就与自然界产生了一定的联系，人与人进行交往就产生了关系。随着人类的增多，关系愈加复杂。人们由于共同目标的需要聚集在一起，形成一定的群体或组织时，因人的作用和影响，这个群体或组织之间也产生了关系，进而形成了邻里关系、组织与组织关系、社会关系、城乡关系和国际关系等。关系也具有双维性：一方面，关系具有客观性；另一方面，关系又具有动态性。正是基于关系的双维性，公共关系强调要利用传播沟通、相互协调、真诚合作、互惠互利等改善组织与公众之间的关系。公共关系界有一句俗话："公共关系不能树立敌人。"公共关系要广结善缘、广交朋友，只有与社会公众形成一种和谐友善的关系，组织才能与公众相互适应、协调发展。

3. 公共关系——强调真情的沟通

所谓"沟通"是指社会组织、公众运用信息符号进行的思想、观念、情感或信息交流的过程。一个组织要想在公众中树立良好的形象，首先必须把组织的有关信息告诉公众，让公众了解组织的想法、意见、建议等；组织同时还必须了解公众的想法、意见、建议等。要做到这一点，组织与公众必须进行沟通，否则就会出现信息阻塞，造成误解、偏见，出现矛盾，从而影响到组织与公众之间建立良好的关系。

以生产炸药起家的杜邦公司曾经有过一次沟通上的障碍。在生产炸药之初，由于公司管理不善，时而发生爆炸事故。当时的公众对炸药比较陌生，不知其生产流程、用途如何，进而想探究一下爆炸原因和实况。但是，杜邦公司采取了封锁信息的做法，不许新闻记者采访。其结果是爆炸消息仍不胫而走，人们在猜测中无形夸大了爆炸的事实，谣言四起，乃至把杜邦跟"杀人"联系在一起。

杜邦异常困惑。为了摆脱这种不利局面，他专门请教了一位在报界工作的老朋友。老朋友告诉杜邦："流言止于智者。"公众之所以传说杜邦公司的流言，是由于他们不了解公司的内部情况。他建议杜邦：第一，实行"门户开放"政策，允许新闻记者采访，告诉大家真相；第二，请公众提出建议、意见或批评；第三，虚心接受公众的建议、意见或批评，努力改进工作。杜邦采纳了老朋友的建议，使杜邦公司与各界公众有了广泛的沟通，增进了相互了解。没过多久，谣言止住了。杜邦公司从此在公众中树立了可信赖的形象。杜邦公司的"化学工业使你的生活更美好"的口号早已深入人心。

这一事例告诉我们：真情的沟通能获得公众的理解、信任、支持与合作。在现实社会中解决矛盾和冲突的方法只有两个：要么战争，要么和平。当人们选择和平时，唯一的解决方法就是通过真情的沟通。公共关系强调运用真情的沟通改善组织的对内、对外关系，为组织创造一个友善和谐的生存与发展环境。

4. 公共关系——利用传播媒介开展有效的传播

西方学者强调公共关系是90%靠自己做得好，10%靠宣传。公共关系要求社会组织不仅自身要努力工作，还要善于宣传自己及其已有的成果。这一点似乎与中国传统的价值观念相悖，实际上这是观念问题，中国的改革开放正是转变传统观念的结果。我国各行各业，尤其是企业必须学会传播并善于推销自己，否则必然在竞争中被淘汰；同时，还要利用传播媒介探究传播技巧，进行有效的传播。著名的日本精工表之所以誉满全球，与他们利用1964年东京奥运会成功地开展公关传播是分不开的。

1964年东京奥运会结束后不久，曾有日本人访问罗马。在一家餐厅里，当侍者看到这位日本人手腕上戴的是瑞士产品时，竟疑惑地问："您真的是日本人吗？"侍者诧异日本人竟然没戴在东京奥运会上叱咤风云的国粹——精工表。侍者的态度不仅反映了公众对精工表的评价，实际上也正说明精工计时公司借助奥运会开展公共关系活动的成功。精工计时公司的公共关系传播是如何开展的呢？

首先，他们精心策划，运筹帷幄。精工表饮誉东京奥运会，其公共关系战略却要追溯到1960年，当奥运会一经宣布将在东京举行，日本主办单位决定的第一件事，就是一改大会的计时装置几乎全部使用瑞士产品的状况，而使用日本国产的精工表。当东京奥运会决定首次使用日本国产表后，奥委会的有些人士曾深感不安，唯恐发生了故障使大会难堪。日本精工计时公司决心消除人们的种种顾虑，制定了"让全世界的人都了解精工的计时是世界一流的技术与产品"的公共关系计划，确立"荣获全世界的信赖"为公共关系目标，"世界的计时——精工表"，作为公共关系活动的主题。为此，精工计时公司着手制定并实施了一项长达4年之久的整体计划，开始了一场史无前例的公共关系活动。

其次，他们巧妙实施，逐层推进。精工计时公司派遣本企业的公共关系人员到罗马奥运会现场，进行计时装置的现状及设施使用情况调查。根据调查结果，决定产品开发的程序，拟定全盘公共关系计划。同时，各公司也开始进行多种多样的计时装置技术开发工作。随着计时装置开发工作的顺利进行，精工计时公司的公共关系计划也已策划成熟。调查研究工作结束之后，整个公共关系计划便分为三个阶段进行实施。第一阶段，主要是全力以赴地开发计时装置技术，同时说服主办单位使用该企业的产品。另外，会场的布置也需要征得国立竞技场和东京都政府的认可。精工计时公司，一方面积极从事游说工作，另一方面将新开发的计时装置提供给日本国内举办的各种运动会作为实验之用，其目的是为了向各委员会证明精工技术的可信度。真诚努力终结硕果，奥委会于1963年5月正式决定东京奥运会全部使用精工计时装置。第二阶段，在改进技术的同时，展开了以"精工的竞技计时表将被用于东京奥运会"为主题的公共关系活动。为了在世界范围内大造舆论，精工准备了奥运会预备会上所需的宣传手册，广告宣传也紧锣密鼓地开展。第三阶段，进入奥运会前公共关系的各种计划先后付诸实施，报纸、广播、电视等在报道与奥运会有关的消息时，都或多或少地涉及到精工表，从而造成了"东京奥运会必须使用精工计时装置"的舆论。

由于精工与奥运会完美结合，公共关系活动收到了奇效。当东京体育馆室内比赛大厅的竞技计时装置安装完成后举行盛大的落成典礼时，精工的技术被夸耀为日本科学的精华，无与伦比的结晶，终于实现了"精工——世界的计时表"这一目标。精工计时公司为这次长达4年的公共关系战役投下的资本是：85名技术员与 890 名作业员以及数百亿日元的财富。然而，公共关系成就的最好例证便是开篇的故事，在罗马人眼里，精工表可以跟瑞士表媲美。这足以说明精工计时公司此项公共关系活动的传播效果。

由此可见，积极主动地开展有效的传播是提升组织形象和产品形象的重要手段。

5. 公共关系——建立一流的信誉

信誉，通常指信用、名声。公共关系强调建立一流信誉，就是要为组织争取到公众的信任、赞美和支持，提高组织的美誉度。组织良好信誉的建立，一方面需要组织的所有员工在日常性公共关系活动中遵章守纪、讲究社会公德，说到做到、善待公众；另一方面需要组织在开展专门性公共关系活动中有意识地为组织树立一个可信任的形象，在出现突发事件、意外事故的情况下，更要坚持组织的基本宗旨，这是对组织信誉的考验。例如，英国航空公司对一次意外事件的做法颇值借鉴。英国航空公司所属波音 747 客机 008 号班机飞行航线是伦敦—东京，一次因故障推迟起飞 20 小时，英国航空公司及时帮助在东京等候此班机的 190 名乘客换乘其他飞机飞往伦敦。但是，有一位名叫大竹秀子的日本女子几经劝说，就是不肯换乘其他飞机，非要乘坐 008 号班机不可。英国航空公司紧急磋商，决定让 008 号班机只载 1 人飞回伦敦。这样，在长达 7300 公里的航线上，008 号班机只载 1 名乘客，大竹秀子 1 人独享 353 个座位以及 6 位机组人员和 15 位服务人员的热情周到的服务。

有人估计，这次飞行英国航空公司至少损失 10 万美元。此事被许多新闻媒介竞相报道，广为传播。英国航空公司坚持"信誉第一，顾客至上"，其做法赢得了社会的普遍赞誉，受到了顾客的拥护和信任。英国航空公司损失的仅仅是 10 万美元，换来的却是用金钱买不到的信誉。信誉就是财富，信誉就是资源，建立一流信誉就是公共关系追求的目标和努力的方向。

第二节　礼仪概述

礼仪不仅是实现公共关系人际沟通和公众交往的纽带和重要手段，而且是公共关系人员思想修养、精神风貌、行为方式的综合表现。了解礼仪的内容、特征与作用，掌握公关礼仪的内涵、特性和功能，明确礼仪与公共关系的关系对于提高公共关系人员的礼仪修养、自觉开展公共关系礼仪活动，密切社会组织与公众的联系、树立组织良好的形象具有积极的意义。

礼仪是人们在社会交往过程中形成的并得到共同认可的各种行为规范，它是人们以一定的程序、方式来表现的律己、敬人的完整行为。它体现了一个国家、一个民族、一个地区的道德风尚和人们的精神面貌。所以，礼仪是人类精神文明的产物。

一、礼仪的内容

随着时代的变迁、社会的进步和人类文明程度的提高，人们的文明程度在不断地提高，现代礼仪在对我国古代礼仪扬弃的基础上，不断推陈出新，内容更完善、更合理、更加丰富多彩。

1. 礼节

礼节是人们在交际过程中逐渐形成的约定俗成的和惯用的各种行为规范的总和。礼节是社会外在文明的组成部分，具有严格的礼仪性质。它反映着一定道德原则的内容，反映着对人对己的尊重，是人们心灵美的外化。在阶级社会，由于不同阶级的人在利益上的根本冲突，礼节多流于形式。在现代社会中，由于人与人之间地位平等，其礼节从形式到内容都体现出人与人之间相互平等、相互尊重和相互关心。现代礼节的主要内容：介绍的礼节、握手的礼节、打招呼的礼节、鞠躬的礼节、拥抱的礼节、亲吻的礼节、举手的礼节、脱帽的礼节、致意的礼节、作揖的礼节、使用名片的礼节、使用电话的礼节、约会的礼节、聚会的礼节、舞会的礼节、宴会的礼节，等等。

当今世界是个多元化世界，不同国家、不同民族、不同地区的人们在各自生存环境中形成了各自不同的价值观、世界观和风俗习惯，其礼节从形式到内容都不尽相同。

2. 礼貌

礼貌是指人们在社会交往过程中良好的言谈和行为。它主要包括口头语言的礼貌、书面语言的礼貌、态度和行为举止的礼貌。礼貌是人的道德品质修养最简单、最直接的体现，也是人类文明行为的最基本要求。在现代社会，使用礼貌用语，对他人态度和蔼，举止适度，彬彬有礼，尊重他人已成为日常的行为规范。

3. 仪表

仪表指人的外表，包括仪容、服饰、体态等。仪表属于美的外在因素，反映人的精神状态。仪表美是一个人心灵美与外在美的和谐统一，美好纯正的仪表来自于高尚的道德品质，它和人的精神境界融为一体。端庄的仪表既是对他人的一种尊重，也是自尊、自重、自爱的一种表现。

4. 仪式

仪式指行礼的具体过程或程序，它是礼仪的具体表现形式。仪式是一种比较正规、隆重的礼仪形式。人们在社会交往过程中或是组织在开展各项专题活动过程中，常常要举办各种仪式，以体现出对某人或某事的重视，或是为了纪念，等等。常见的仪式包括成人仪式、结婚仪式、安葬仪式、凭吊仪式、告别仪式、开业或开幕仪式、闭幕仪式、欢迎仪式、升旗仪式、入场仪式、签字仪式、剪彩仪式、揭匾挂牌仪式、颁奖授勋仪式、宣誓就职仪式、交接仪式、奠基仪式、洗礼仪式、捐赠仪式，等等。仪式往往具有程序化的特点，这种程序有些是人为地约定俗成的。在现代礼仪中，仪式中有些程序是必要的，有些则可以简化。因此，仪式也大有越来越简化的趋势。但是，有些仪式的程序是不可省略的，否则就是失礼。

5. 礼俗

礼俗即民俗礼仪，它是指各种风俗习惯，是礼仪的一种特殊形式。礼俗是由历史形成的，普及于社会和群体之中，并根植于人们心中，在一定的环境经常重复出现的行为方式。不同国家、不同民族、不同地区在长期的社会实践中形成了各具特色的风俗习惯。"十里不同风，百里不同俗"，不但每一个民族、地区，甚至一个小小的村落都可能形成自己的风俗习惯。

二、礼仪的特性

礼仪是人们在漫长的社会实践中逐步地形成、演变和发展的。现代礼仪是在一番脱胎换骨之后形成的，它具有文明性、共通性、多样性、变化性和规范性等特性。

1. 文明性

礼仪是人类文明的结晶，是现代文明的重要组成部分。人类从降世那天起就开始了对文明的追求，亚当、夏娃用树叶遮身便是文明之举。人类从茹毛饮血到共享狩猎成果，从盲目迷信、敬畏鬼神到崇尚科学、论证无神，从战争到和平，都是对文明的追求，尤其是文字的发明，人类运用语言文字来表达文明、宣传文明、建设文明。文明的体现宗旨是尊重，既是对人也是对己的尊重，这种尊重总是同人们的生活方式有机地、自然地、和谐地和毫不勉强地融合在一起，成为人们日常生活、工作中的行为规范。这种行为规范包含着个人的文明素养，比如待人接物热情周到、彬彬有礼；人们彼此间互帮互助、彼此尊重、和睦相处，体现出人们日常生活中的文明、友好；注重个人卫生，穿着适时得体，见人总是微笑着问候致意，礼貌交谈，文明用语，这也体现出人们的品行修养。总之，礼仪是人们内心文明与外在文明的综合体现。

2. 共通性

无论是交际礼仪、商务礼仪还是公关礼仪，都是人们在社会交往过程中形成并得到共同认可的行为规范。我们今天生活的世界可谓千姿百态。人们尽管分散居住于五大洲、四大洋的不同角落，但是，许多礼仪都是世界通用的。例如，问候、打招呼、礼貌用语、各种庆典仪式、签字仪式，等等，大体上是世界通用的。虽然由于各国家、各地区、各民族形成了许多特有的风俗习惯，但就礼仪本身的内涵和作用来说，仍具有共通性。正是由于礼仪拥有共通性，才形成了国际交往礼仪。

3. 多样性

世界是丰富多彩的，其中礼仪也是五花八门、绚烂多姿的。世界各地民俗礼仪千奇百怪，几乎没有人能说清楚世界上到底有多少种礼仪形式。从语言的表达礼仪到文字的使用礼仪，从举止礼仪到规范化礼仪，从服饰礼仪到仪表礼仪，从风俗礼仪到宗教礼仪等，在不同的国家、不同的场合，礼仪的表达方式也有所不同。比如在人们常见的国际交往礼仪中，仅见面礼节就有握手礼、点头礼、亲吻礼、鞠躬礼、合十礼、拱手礼、脱帽礼、问候礼，等等。礼仪可谓多种多样，纷繁复杂。有些礼仪所表达的方式和内容，在甲国家或地区与乙国家或地区可能截然相反。

4. 变化性

礼仪并不存在僵死不变的永恒模式。随着时间的推移，礼仪发生了巨大的变化。可以说，每一种礼仪都有其产生、形成、演变、发展的过程。礼仪在运用时也具有灵活性。一般说来，在非正式场合，有些礼仪可不必拘泥于约定俗成的规范，可增可减，随意性较大。在正式场合，讲究礼仪规范是十分必要的。但如果双方已非常熟悉，即使是较正式的场合，有时也不必过于讲究礼仪规范。

5. 规范性

礼仪，是指人们在交际场合待人接物时必须遵守的行为规范。这种规范性，不仅约束着人们在一切交际场合的言谈话语、行为举止，使之合乎礼仪；而且也是人们在一切交际场合必须采用的一种"通用语言"，是衡量他人、判断自己是否自律、敬人的一种尺度。中国 WTO 首席谈判代表龙永图曾讲了一个耐人寻味的故事：一次在瑞士，龙永图与几个朋友去公园散步，上厕所时，听到隔壁的卫生间里"砰砰"地响，他有点儿纳闷。出来之后，一个女士很着急地问他有没有看到她的孩子，她的小孩进厕所十多分钟了，还没有出来，她又不能进去找。龙永图想起了隔壁厕所间里的响声，便进去打开厕所门，看到一个七八岁的小孩正在修抽水马桶，怎么弄都抽不出水来，急得满头大汗，这个小孩觉得他上厕所不冲水是违背规范的。这个孩子自觉遵守礼仪规范的精神是很值得我们学习的。礼仪是约定俗成的一种自尊、敬人的惯用形式，任何人要想在交际场合表现得合乎礼仪，彬彬有礼，都必须对礼仪无条件地加以遵守。另起炉灶，自搞一套，或是只遵守个人适应的部分，而不遵守不适应自己的部分，都难以为交往对象所接受、所理解。

三、礼仪的原则

人们的各种交际活动自始至终都有一些具有普遍性、共同性、指导性的规律可循，这就是礼仪的原则。探讨这些原则，有助于社交基本礼仪的规范化，增强人们对礼仪的认识，进而加强礼仪在社会活动中的指导作用。

1. 遵守原则

礼仪规范是为维护社会生活有序、稳定而形成和存在的，实际上是反映了人们的共同利益要求。社会上的每个成员不论身份高低、职位大小、财富多寡，都有自觉遵守、应用礼仪的义务，都要用礼仪去规范自己的一言一行、一举一动。如果违背了礼仪规范，会受到社会舆论的谴责，自然交际就难以成功。例如，苏联领导人赫鲁晓夫在这方面就有前车之鉴，他在一次联合国会议上为了让人们安静下来，竟然脱下鞋子，并用鞋子敲打会议桌子，他的不雅举止显然违背了礼仪规范，更有损他本人及苏联的国际形象，在这次会议上，联合国做出决定对苏联代表团罚款一万美元，可见违背交际礼仪的原则是不可行的。

2. 敬人原则

孔子说："礼者，敬人也。"敬人是礼仪的一个基本原则，它要求人们在交际活动中互尊互敬，友好相待，对交往对象要重视、恭敬。尊敬是"礼"的本义，是礼仪的重点和核心。在对待他人的诸多做法中最重要的一条，就是要敬人之心长存，处处不可失敬于人，不可伤害他人的尊严，更不能侮辱对方的人格。可以说，掌握了敬人的原则就等于掌握了礼仪的灵魂。尊敬的作用是十分巨大的，日本东芝电器公司，曾一度陷入困境，员工士气低落。当土光敏夫出任董事长时，他经常不带秘书，一个人来到各工厂与工人聊天，听工人的意见，甚至还经常提着一瓶酒去慰劳员工，和他们共饮。他终于赢得了公司上下的支持，员工的士气也高涨起来，在三年内，土光敏夫终于重振了日暮途穷的东芝公司。土光敏夫的诀窍就是关心、重视、尊重每一个员工，"敬人者，人恒敬之"，他同时也赢得了员工的信服与支持。

3. 宽容原则

一般来说，交往双方的心理总存在一定的距离，存在不相容的心理状态，这种差异会在交往者之间产生思想隔膜，甚至会使关系僵化。要想缩小这种心理上的差异，求得人与人之间能多一份和谐、多一份信赖，就必须抱着宽容之心。宽容就是要求人们既要严于律己，又要宽以待人，要多容忍他人，多体谅他人，多理解他人，而不能求全责备，斤斤计较，过分苛求，咄咄逼人。惟有宽容才能排除人际交往中的各种障碍，不能宽容他人的人，往往会得理不饶人，使人际间关系恶化。共性是寓于个性之中的，人们应该维护和发展共性，以理解和宽容来增强人们之间的凝聚力。

4. 真诚原则

礼仪的运用基于交际主体对他人的态度，如果能抱着诚意与对方交往，那么交际主体的行为自然而然地便显示出对对方的关切与爱心。因为无论用何种语言表达，行为则是最好的证明。在通常情况下，人们可以用假话来掩饰自己的企图，但却无法用行为来掩饰自己的空虚，因为体态语是无法掩饰虚假的。因此，惟有真诚，才能使你的行为举止自然得体，与此相反，倘若仅把运用礼仪作为一种道具和伪装，在具体操作礼仪规范时口是心非，言行不一，弄虚作假，投机取巧，或是当面一个样，背后一个样，有求于人时一个样，被人所求时又一个样，将礼仪等同于"厚黑学"，是违背交际礼仪的基本原则的。

5. 适度原则

俗话说："礼多人不怪。"人们讲究礼仪是基于对对方的尊重，这是无可厚非的，但是，人际交往要因人而异，要考虑时间、地点、环境等条件。如果施礼过度或不足，都是失礼的表现。比如见面时握手时间过长，或是见谁都主动伸手，不讲究主次、长幼、性别，告别时一次次地握手，或是不住地感谢，这些行为都会让人觉得厌烦。礼仪的施行只是内心情感的表露，只要内心情感表达出来，就完成了礼仪的使命。如果施礼反复重复，似乎有别人不理解、不领情之嫌，画蛇添足，实无必要。

第三节　公关礼仪

社会组织的公共关系礼仪是礼仪的一种表现，它是社会组织在公共关系活动中体现出来的。公共关系礼仪是社会组织在与公众交往过程中运用礼仪规范自身行为，谋求形象效益的一种礼节活动。它是规范内部职工的行为准则，可以密切与外部公众的关系，扩大组织的社会影响，提高组织的形象，增进组织的经济效益和社会效益。

一、公关礼仪的内涵和特性

理解公共关系礼仪的内涵，应注意以下几点：

1. 公关礼仪的内涵

（1）公共关系礼仪是满足公众需求的礼仪。现代意义上的公共关系礼仪产生在商品经济充分发展的工业社会，随着商品经济的发展和组织与公众交往活动的日益增多，公众已不满足于一般礼仪规范和仪式，希望有更加高雅、温馨、愉悦、富有人情味的清新礼仪。正是在社会公众这种新的期望下，公共关系礼仪从传统礼仪中脱颖而出，成为社会的一种新潮礼仪。公共关系礼仪这种特殊属性和社会作用既能满足社会公众的要求，又能给社会组织带来巨大的社会效益和经济效益，显示了自身存在的社会价值和强大活力。

（2）公共关系礼仪旨在塑造组织的良好形象。在组织与公众的交往活动中，公共关系礼仪起到了调节组织行为的作用；形成和谐、融洽、合作的公众关系；创造良好的社会效益，以获得社会和公众对组织的好评；防止和纠正公众对组织形象的歪曲，以利于组织；加强与公众的合作联系，以提高组织在社会与公众中的知名度和美誉度，树立良好的组织形象。

（3）公共关系礼仪是公共关系实务活动的一部分。公共关系礼仪活动作为公共关系实务活动的一部分，其组织与实施必须与社会组织的形象宣传相一致。组织通过公共关系礼仪活动向广大社会公众显示组织各方面的形象，并密切社会组织与公众的联系，使公众认同组织，在公共关系礼仪活动的感受和体验中产生对组织的信任和好感，提高社会组织在公众心目中的地位与声誉，实现公共关系目标和组织形象宣传的发展战略目标。

2. 公关礼仪的特性

公共关系礼仪除了具有一般礼仪的特性外，还有以下特性：

（1）有备而为——运用追求目的性。公关礼仪是在公务交往场合下的行为规范，不论行为主体是个人还是群体，其目的是一致的，这就是给公众留下一个好印象。

（2）全员施礼——操作追求群体性。公关礼仪表现为组织与公众的交往行为方式，组织是由群体组成，只有组织中的全体成员整齐划一的礼仪行为，才会给组织带来美好的声誉。

（3）不拘一格——形式追求艺术性。礼仪的规范是约定俗成的，一般不能改动，也不宜创造。但由于公关礼仪具有形象包装的功能，因此，在保证基本规范的前提下，在运作方法上还是提倡力求创新。

二、公关礼仪的作用

公关礼仪主要是通过塑造公关人员的个体形象，从而表现所在组织的整体风貌，在公共关系活动中发挥基础和手段的作用，有助于提高社会组织的知名度、美誉度，也是公关人员获得自尊与自信、社会组织获得认可与支持的重要手段。公关礼仪对组织形象的塑造作用主要表现在以下四个方面：

1. 塑造组织形象

公关人员的举止言行、衣帽服饰等要符合公关礼仪的要求，这不仅反映出个人的形象，而且在某种程度上也代表所在社会组织的形象，是社会组织形象的一种外显方式。如果公关人员蓬头垢面，缺乏素养，公众便可能联想到组织整体素质低下，不会有坚强的经济和技术实力。

2. 规范员工言行

公关礼仪可以规范内部公众的言行，协调领导和员工的关系，使全体员工团结协作，为实现组织目标而共同努力。员工的团结协作是组织取得出色成就和理想效益的坚实基础。如果每个员工都能遵循公关礼仪，互相尊重，讲仪表、懂礼貌，那么，员工就能和睦相处，同心同德地搞好协作，这样便能提高工作效率、保质保量地完成任务，进而提高企业在竞争中的生存和发展能力。

如果员工不能遵循公关礼仪，他们之间冲突就可能会增多，就不能很好地协作配合，遇事推诿扯皮，不仅降低工作效率，而且影响企业目标的实现，甚至会危及企业的生存。

3. 密切外部关系

公关礼仪可以密切组织与外部公众的关系，形成和谐、融洽、合作的关系，获得外部公众对组织的认可和好评，从而创造出有利于自身发展的最佳环境。

现代生产是社会化的大生产，任何一个社会组织都不可能是封闭系统，它必然要与外界发生千丝万缕的联系。在企业与外部公众交往的活动中，公众礼仪起到调节相互关系的润滑剂作用，从而赢得公众对企业的赞赏。因此，对人真诚、谦让、友善，并展露美好的仪容、仪表和仪态，不仅可以巩固现有的公众关系，还可以广结良缘，扩展更多的新关系，得到更多的认同和帮助，创造出良好的生存与发展环境。公众或企业之间即使有误解，不要责备一方的差错，经过互相谅解、耐心解释、诚恳检讨、虚心改正，也能够打消误会，消除隔阂，化解矛盾，化"敌"为"友"，最终达到建立新的更牢固的关系的目的。

20世纪30年代世界经济一度处于大萧条，全球旅馆业倒闭了80%，希尔顿旅馆也负债50万美元。但这家老板没有灰心丧气。他教导员工，无论旅馆的命运如何，在接待旅客时千万不可愁云满面。他说，希尔顿旅馆服务人员脸上的微笑永远是属于旅客的。自此，员工们的微笑服务使旅客对希尔顿旅馆充满了信心，在社会经济普遍不景气的背景下，不仅挺过萧条，而且一枝独秀。

4. 强化对外宣传

公关礼仪是公共关系实务活动的一部分，也是企业形象的一种宣传。公关礼仪活动的组织与实施必须与社会组织的形象战略保持一致。组织通过公关礼仪活动向公众显示各方面的形象，以感召公众，使公众认同企业，产生信任和好感，提高企业在社会上的地位和声誉。只有树立良好的企业形象，才能实现公共关系目标和企业发展的战略目标。

三、公关礼仪的禁忌

1. 忌强硬社交

在交往中，有一种人是最令人难以接受的，即自以为"老子天下第一"，以老大自居、唯我独尊，和人交往态度冷漠傲慢。

2. 忌盈利社交

"不谈亏本的生意"并不明智。多一个朋友，多一条路子。就商务合作来说，任何人很难一开始就成为你的客户，总会从准客户向实际客户过渡，你很难说谁是你的准客户。所以，当你所交往的人都是准客户时，以一样的激情、热情、诚意和他交往，总会在你不经意的时候，"投之以桃，报之以李"的。

3. 忌一次社交

一次社交的具体表现有两种：一种是谈判的时候，为了达到自己的目的，有求必应，达到目的后就无视对方的要求了；另外一种是一次社交目的成功达到后，就不再和对方联系了，认为"以后反正也不用他了"。这种短视行为，势必给人以"势利"、"功利主义"的感觉，使自己的朋友越来越少。

4. 忌高层社交

认为"擒贼先擒王"是条百试不爽的捷径，总是寻找对方的最高领导来做"尚方宝剑"，逼迫对方就范。这样做也是不可取的，其危害，一是不可能得到对方心悦诚服的、长久的帮助，二是这种关系是人情网，在市场经济下，竞争越来越透明的今天，容易受各种因素影响，以致自食苦果。

5. 忌江湖社交

把社交信誉押在江湖义气上，以感情取代原则和理性，结果往往让别有心机的人钻了空子，使自己蒙受损失。这类事件应引起注意。

6. 忌媚求社交

社交，并不能通过获得别人的同情而获得交情，任何一个上进的人、有身份的人，都不会和可怜虫、溜须拍马的人进行平等地交往①。

---

① http：//www.eventer.cn/guanyuwomen/shandabaike/201304113169.html.

第四节　礼仪与公关礼仪的关系

分析礼仪与公共关系、礼仪与公关礼仪的关系，旨在加深对公关礼仪的理解。

一、礼仪与公共关系的关系

礼仪和公共关系都是适应社会发展和人际交往的需要而产生的，它们具有众多相同的功能，它们之间的关系主要表现在以下三方面：

1. 个人形象与组织形象的统一

礼仪主要是指个人与个人交往中的行为规范，树立的是个人形象。公共关系是特指组织与公众的沟通与联系，它以树立组织形象为目标。公共关系除了个人以组织身份出现的人际交往活动外（如果国家元首的互访，厂长经理的社交活动等），还有组织与组织的沟通与联系，通过大众媒介与公众的沟通与联系，这些沟通与联系比个人之间的联系更广泛、更深刻。但是组织与组织之间的联系和个人与个人之间的联系是不能分离的，有时是互相交叉在一起的。如个人与群体的信息沟通与联系通过大众传播向社会发布信息，既是树立个人形象，又是组织形象的再造。从一定意义上说，先有个人形象，然后才有组织形象，个人形象是组织形象的基础。公共关系应该借助个人的礼仪行为树立良好的组织形象。

2. 互尊互敬与双向互动的一致

礼仪要求人与人在交往过程中互尊互敬，形成相互尊敬的社会风尚。公共关系强调组织与公众的双方互动，组织必须确立公众意识，树立公众至上的观念。只有互利互惠、服务公众，才能使公众信任组织、支持组织，与组织采取合作行为。因而，礼仪的互尊互敬与公共关系的双向互动具有一致性，只是前者指一切人际交往活动，而后者特指组织与公众的交往活动，礼仪的指向对象比公共关系更为宽广。公共关系借助礼仪的手段能促进组织与公众双方互动过程的发展，有效公共关系的双向互动必然是建立在共同礼仪互尊互敬的基础上。

3. 社会交往与传播机制的契合

礼仪是社会交往中形成的道德规范和行为准则，是个人与他人发生联系的纽带。没有交往，就没有社会联系和人与人的相处，也就不会有礼仪这一社会规范。公共关系依靠传播媒体作为中介，使组织与公众相联系、交流和沟通观点与信息。如果没有传播媒介的作用，这种沟通和联系就会中断。礼仪和公共关系通过社会交往这个共同点，紧紧联系在一起。实践证明，礼仪和公共关系所体现的交往与沟通都要以一定的媒介符号为载体，而语言符号（包括书面语言、口头语言和体态语言）恰恰是礼仪和公共关系共同拥有的载体，只不过礼仪要求使用的语言符号更加规范，更加符合程序，更富有人情味。公共关系要实现组织与公众的沟通，除利用现代大众媒介外，必须与礼仪行为相结合，增强社会组织对公众的亲和力和人情味。因此，公共关系的产生和发展孕育着公共关系礼仪产生之必然。

二、礼仪与公关礼仪的关系

礼仪这一概念早已有之，人们通常将在社会交往中涉及的各种各样的礼仪形式统称为交际礼仪。公关礼仪是伴随着公共关系学在我国的诞生而产生的，人们通常将组织在社交活动中涉及的各种各样的礼仪形式称为公关礼仪。

礼仪与公关礼仪是两个相互包容、联系非常密切的概念。这主要是因为公关活动离不开人际交往，因而礼仪是公关礼仪的基础。但是，公关礼仪和礼仪就其主体、客体、内容和产生的效果等方面是有明显区别的。

1. 两者的主体和客体不同

礼仪的主体是个人，客体也是个人，是人与人之间在交往过程中的行为规范及其相应活动中的礼仪；礼仪属于个人行为范畴。而公关礼仪的主体是社会组织，是一个依法存在、能担负一定的社会职能、有着特定的社会目标、构成一个独立单位的社会群体，其客体则是广大的社会公众；公关礼仪属于组织行为范畴。

2. 两者的内容不同

礼仪的内容主要包括人们在交往过程中约定俗成的各种礼节、礼貌、仪式、风俗习惯等。如见面的礼节、言谈举止礼貌、日常生活习俗、婚丧嫁娶仪式等。而公关礼仪的内容则包括了在社会组织履行职责活动中形成并需遵循的各种礼仪规范。如公关活动中的各种仪式、舞会礼仪、公共礼仪、涉外活动礼仪等。

3. 两者产生的效果不同

礼仪所产生的效果是人与人之间彼此相互尊重、友好相处，有助于提高人们的文明素养，其影响范围相对较小；而公关礼仪所产生的效果则是组织与其相关的社会公众和睦相处，加深了了解和友谊，促进彼此合作，其影响范围相对较大，它不仅有助于提高人们的文明素养，而且还能净化社会风气，提高整个社会的文明程度，促进精神文明建设。礼仪和公关礼仪都是文明的显现，都对人类社会的文明、进步与发展起促进和推动作用。

教养的证据

教养是个高频词。时下，如果说某人没教养，就是大批评、大贬义了。如果说一个女人没教养，简直就如同说她是三陪小姐了。什么叫教养呢？辞典上说是"文化和品德的修养"，但我更愿意理解为"因教育而养成的优良品质和习惯"。

一个人可以受过教育，但他依然是没有教养的。就像一个人可以不停地吃东西，但他的肠胃不吸收，竹篮打水一场空，还是骨瘦如柴。不过这话似乎不能反过来说——一个人没有受过系统的教育，他却能够很有教养。

教养不是天生的。一个小孩子如果没有人教给他良好的习惯和有关的知识，他必定是愚昧和粗浅的。当然，这个"教"是广义的，除了指入学经师，也包括家长的言传身教和环境的耳濡目染。

教养和财富一样，是需要证据的。你说你有钱不成，得拿出一个资产证明。教养的证据不是你读过多少书，家庭背景如何显赫，也不是你通晓多少礼节规范，能够熟练使用刀叉，会穿晚礼服……这些仅仅是一些表面的气泡，最关键的证据可能有如下若干。

热爱大自然。把它列为有教养的证据之首，是因为一个不懂得敬畏大自然，不知道人类渺小的人，必是井底之蛙，与教养谬之千里。这也许怪不得他，因为如果不经教育，一个人是很难自发地懂得宇宙之大和人类的微薄的。没有相应的自然科学知识，人除了显得蒙昧和狭隘以外，注定也是盲目傲慢的。之所以从小就教育孩子要爱护花草，正是这种伟大感悟的最基本的训练。若是看到一个成人野蛮地攀折林木，通常人们就会毫不迟疑地评判道——这个人太没有教养了。可见教养和绿色紧密地联系在一起。懂得与自然和谐地相处，懂得爱护无言的植物的人，推而广之，他多半也可能会爱惜更多的动物，爱护自己的同类。

一个有教养的人，应该能够自如地运用公共的语言，表达自己的内心和同人交流，并能妥帖地付诸文字。我所说的公共语言，是指大家——从普通民众到知识分子都能理解的清洁和明亮的语言，而不是某种狭窄的土语俚语或者某特定情境下的专业语言。这个要求并非画蛇添足，在这个千帆竞发的时代，太多的人，只会说他那个行业的内部语言，只会说机器仪器能听懂的语言，却不懂得和人亲密地交流。这不是一个批评，而是一个事实。和人的交流的掌握，特别是和陌生人的沟通，通常不是自发产生的，是要通过学习和练习来获得的。一个没有受过教育的人，他所掌握的词汇是有限和贫乏的，除了描绘自己的生理感受，比如饿了、渴了、睡觉以及生殖的欲望之外，他们对于自己的内心感知甚为模糊，因为那些描述内心感受的词汇，通常是抽象和长于比兴的。不通过学习，难以明确恰当地将它表达出来。那些虽然拥有一技之长，但无法精彩地运用公共语言这种神圣的媒介，来沟通和解读自我心灵的人，难以算是一个有教养的人。技术是用来谋生的，而仅仅具有谋生的本领是不够的，就像豺狼也会自发地猎取食物一样，那是近乎无需教育也可掌握的本能。而人，毫无疑问地应比豺狼更高一筹。

一个有教养的人，对历史有恰如其分的了解，知道身而为人，我们走过了怎样曲折的道路。当然，教养并不能使每个人都像历史学家那样博古通今，但是教养却能使一个有思考爱好的人，知晓我们是从哪里来，要到哪里去。教养通过历史，使我们不单活在此时此刻，也活在从前和以后，如同生活在一条奔腾的大河里，知道泉眼和海洋的方向。

一个有教养的人，除了眼前的事物和得失以外，他还会不由自主地想到他远大的目标。教养把人的注意力拓展了，变得宏大和光明。每一个个体都有沉没在黑暗峡谷的时刻，当你在跋涉和攀援中，虽然伤痕累累，因为你具有的教养，确知时间是流动的，明了暂时与永久。相信在遥远的地方，定有峡谷的出口，那里有瀑布在轰鸣。

一个有教养的人，特别是女人，对自己的身体，有着亲切的了解和珍惜之情。知道它们各自独有的清晰的名称，明了它们是精致和洁净的，身体的每一部分都有着不可替代的功能，并无高低贵贱的区别。他知道自己的快乐和满足，有很大的一部分是建筑在这些功能灵敏的感知上和健全的完整上的。他也毫无疑义地知道，他的大脑是他的身体的主宰。他不会任由他的器官牵制他的所作所为，他是清醒和有驾驭力的。他在尊重自己身体的同时，也尊重他人的身体。在尊重自我权利的同时，也尊重他人的权利。在驰骋自我意志的骏马时，也精心维护着他人的茵茵草地。

一个有教养的人，对人类种种优秀的品质，比如忠诚、勇敢、信任、勤勉、互助、舍己救人、临危不惧、吃苦耐劳、坚贞不屈……充满敬重、敬畏、敬仰之心。不一定每一个人都能够身体力行，但他们懂得爱戴和歌颂。人不是不可以怯懦和懒惰，但他不能把这些陋习伪装成高风亮节，不能由于自己做不到高尚，就诋毁所有做到了这些的人是伪善。你可以跪在泥里，但你不可以把污泥抹上整个世界的胸膛，并因此煞有介事地说到处都是污垢。

有教养的人知道害怕，知道害怕是件有意义、有价值的事情。它表示明了自己的限制，知道世上有一些不可逾越的界限。知道世界上有阳光，阳光下有正义的惩罚。由于害怕正义的惩罚，因而约束自我，是意志力坚强的一种体现。

有教养的人知道仰视高山和宇宙，知道仰视那些伟大的发现和人格，知道对自己无法企及的高度表达尊重，而不是糊涂地闭上眼睛或是居心叵测地嘲讽。

教养是不可一蹴而就的。教养是细水长流的。教养是可以遗失也可以捡拾起来的。教养也具有某种坚定的流传和既定的轨道性。教养是一些习惯的总和，在某种程度上，教养不是活在我们的皮肤上，是繁衍在我们的骨髓里。教养和遗传几乎是不相关的，是后天和社会的产物。教养必须要有酵母，在潜移默化和条件反射的共同烘烤下，假以足够的时日，才能自然而然地散发出香气。教养是衡量一个民族整体素质的一张 X 片子。脸面上可以依靠化妆繁花似锦，但只有内在的健硕，才经得起冲刷和考验，才是力量的象征。

（资料来源：毕淑敏. 性别按钮——毕淑敏散文精粹 96 篇 [M]. 上海：华东师范大学出版社，2006.）

总能看到富士山

日本东京一家贸易公司有一位秘书小姐专门负责为客商购买车票。客商中有一位德国大公司的业务经理经常请她购买来往于东京、大阪之间的火车票。不久，这位经理发现：每次去大阪时，座位总在右窗口，返回东京时又总坐在左窗边。经理问小姐其中有什么缘故，秘书小姐笑着答道："从东京去大阪时，富士山在您的右边；返回东京时，富士山在您的左边。我想，外国人都喜欢日本富士山的壮丽景色，所以我替您买了不同位置的车票。"就是这样一桩不起眼的小事，使这位德国经理大为感动。他想："在这样一些微不足道的小事上，这家公司的职员都能做得这么周到，那么跟他们做生意有什么不放心的呢！"于是决定同日本公司的贸易额由 400 万马克提高到 1200 万马克。

（资料来源：http：//www. sanyajob. com/lookNew. asp？id＝2258.）

讨论题：

（1）本案例中的秘书小姐具有怎样的公关观念？

（2）秘书小姐的做法对你有何启发？

华盛顿的小本子

200 多年前，当美国第一任总统乔治·华盛顿只有 15 岁时，他有一个小本子，上面有一些针对他自己用的社交礼仪，他的建议很简单，却很实用，具有普遍意义。

比如他告诉自己：不要批评别人；父母或老师有责任教育孩子；如果你看到一个长辈从你身边走过，你应该表示尊重；如果你看到一个遭受不幸的人，即使他是你的敌人，你也要表示你的仁慈和善良；在公众场合不能大笑，过于张扬；在写信或介绍自己时，要适当注意自己的姓名和抬头；要注意自己的名誉；宁可自己"孤家寡人"，也不要做一个不受欢迎的参与者；做一个十分有趣的、健谈的人……

后来在弗吉尼亚州，一个很有钱的英国庄园主、爵士就很看重乔治·华盛顿，他邀请乔治·华盛顿来参加家里所有的重要活动，因为华盛顿有了很完美的礼貌和社交技巧。这种道德基础对他后来成为军队的统帅及美国总统很有帮助。他自己定的这些规矩也造就了日后良好的礼貌、道德规范以及人生价值观等。

（资料来源：http：//wenku.baidu.com/view/091b3c06b52acfc789ebc9e6.html.）

讨论题：

（1）结合本案例谈谈礼仪对个人成长的作用。

（2）请你也为自己制作一个华盛顿那样的礼仪小本子。

互相尊重是最基本的礼仪

一位外国教授正在给一群留学生上礼仪课，由于学生来自不同的国家，所以大家听得都很认真。

"礼仪就是从细小的地方开始做起。比如我刚才进教室时，轻轻地敲了门。"教授说道。

教授告诉他的学生"敲门是有讲究的：敲一声，代表试探；敲二声，代表等待对方应答；敲三声，代表询问。而在现实生活中，有八成以上的人却不知道如何敲门。"

接着，教授在课堂上做了一次互动，一个学生扮演餐厅的服务员，送外卖到教授家。"服务员"咚咚咚敲了三下门，进门后把外卖轻轻地放在桌子上。教授当场指出了"服务员"的问题：敲门声太重，没有表明自己的身份；也没自带一次性鞋套套住鞋子，弄脏了主人家的地板。于是，那名学生按照教授的指点又表演了一次。

可完成后，那名学生仍站在讲台上看着教授。教授提醒他可以下台了。这时，他认真地对教授说："老师，如果有人给我送外卖，我不会让他换鞋，我宁可自己再拖一次地板，因为那样会伤害那个人的自尊心。还有，对方离开的时候，我会真诚地对他说一声谢谢。"

教授愣了一会儿，继而真诚地说了一句："你说得对，谢谢你。"

这时讲台下响起了热烈的掌声。

（资料来源：http://www.welcome.org.cn/renjijiaowang/2011 – 5 – 30/zunzhongliyi.html.）

讨论题：

(1) 为什么说："互相尊重是最基本的礼仪"？

(2) 本案例对你有何启示？

修养是第一课

有一批应届毕业生22个人，实习时被导师带到北京的国家某部委实验室里参观。全体学生坐在会议室里等待部长的到来，这时有秘书给大家倒水，同学们表情木然地看着她忙活儿，其中一个还问了句："有绿茶吗？天太热了。"秘书回答说："抱歉，刚刚用完了。"林晖看着有点别扭，心里嘀咕："人家给你倒水还挑三拣四。"轮到他时，他轻声说："谢谢，大热天的，辛苦了。"秘书抬头看了他一眼，满含着惊奇，虽然这是很普通的客气话，却是她今天惟一听到的一句。

门开了，部长走进来和大家打招呼，不知怎么回事，静悄悄的，没有一个人回应。林晖左右看了看，犹犹豫豫地鼓了几下掌，同学们这才稀稀落落地跟着拍手，由于不齐，越发显得零乱起来。部长挥了挥手："欢迎同学们到这里来参观。平时这些事一般都是由办公室负责接待，因为我和你们的导师是老同学，非常要好，所以这次我亲自来给大家讲一些有关情况。我看同学们好像都没有带笔记本，这样吧，王秘书，请你去拿一些我们部里印的纪念手册，送给同学们作纪念。"接下来，更尴尬的事情发生了，大家都坐在那里，很随意地用一只手接过部长双手递过来的手册。部长脸色越来越难看，来到林晖面前时，已经快要没有耐心了。就在这时，林晖礼貌地站起来，身体微倾，双手握住手册，恭敬地说了一声："谢谢您！"部长闻听此言，不觉眼前一亮，伸手拍了拍林晖的肩膀："你叫什么名字？"林晖照实作答，部长微笑点头，回到自己的座位上。早已汗颜的导师看到此景，才微微松了一口气。

两个月后，在毕业分配表上，林晖的去向栏里赫然写着国家某部委实验室。

有几位颇感不满的同学找到导师："林晖的学习成绩最多算是中等，凭什么选他而没选我们？"导师看了看这几张尚属稚嫩的脸，笑道："是人家点名来要的。其实你们的机会是完全一样的，你们的成绩甚至比林晖还要好，但是除了学习之外，你们需要学的东西太多了，修养是第一课。"

（资料来源：朗月．别不小心打败了自己 [J]．青年文摘，2000（10）上．）

讨论题：

（1）为什么说"修养是第一课"？

（2）应该怎样提高自己的修养？

（3）礼仪在个人修养中处于怎样的地位？

缺礼的女经理

某省会城市一家三星级饭店的女总经理，衣着得体大方，语言热情适宜，正在宴请北京来的专家。席间，秘书突然过来说有急事，请她暂时离席去送外宾，可惜这位女经理迟迟未起身，原来双脚不堪忍受高跟鞋束缚，出来"解放"了一会儿，突然有了情况，一时找不到"归宿"，令女经理好不难堪。

（资料来源：李兴国．现代商务礼仪 [M]．哈尔滨：黑龙江科学技术出版社，1998．）

讨论题：

（1）三星级饭店的女总经理出现这种情况的原因究竟是什么？

（2）如何避免女经理遇到的尴尬？

礼仪自我训练

要有效地改变自己，应该把积极的"自我暗示"与积极的想象、积极的行动结合起来，这里根据吴正平《现代饭店人际关系学》中"用于改变自己的公式"，提供给大家进行礼仪自我完善训练。公式里的"X"可以根据各人的具体情况，换成适当的词，例如"彬彬有礼"、"落落大方"、"言行得体"、"举止文雅"、"沉得住气"等，公式是这样的：

举例来说，如果你想让自己，从一个沉不住气的人，变成一个能够沉得住气的人，你就应该用"沉得住气"，去取代公式中的"X"。

改变自己的公式：

只要我相信自己是一个X的人，并能像一个X的人那样去行动，且在行动中自我感觉良好，我就是一个X的人。只要我相信自己是一个沉得住气的人，并能像一个沉得住气的人那样去行动，且在行动中自我感觉良好，我就是一个沉得住气的人。

按照"改变自己的公式"：

第一步，你要进入身心放松的状态，在这种放松的状态中，完全不加怀疑、不加抵制地，反复地对自己说："无论遇到什么样的人，什么样的事，我都能沉得住气。"

第二步，仔细地考虑，一个沉得住气的人，遇事是怎样行动的。例如，遇到一个自以为是、盛气凌人的人，他是怎样行动的；遇到一个蛮不讲理、胡搅蛮缠的人，他是怎样行动的。

第三步，进行逼真的想象演习，例如，想象你遇到一个自以为是、盛气凌人的人。因为你是一个无论遇到什么样的人、什么样的事，都能沉得住气的人；你知道，一个沉得住气的人，遇到这种情况会怎样做，所以，你就很平静地复述他的意思，然后……在交往的全过程中，你自我感觉良好。

（资料来源：牟红，杨梅. 旅游礼仪实务［M］. 北京：清华大学出版社，2007.）

课后练习

1. 用你的话谈谈什么是公共关系？
2. 什么是礼仪？我们应如何正确、全面地理解和运用它？
3. 礼仪与公共关系的关系怎样？
4. 联系实际谈谈学习公关礼仪有哪些现实意义？
5. 结合实际谈谈如何在公关实践中体现礼仪的原则？
6. 礼仪与公共关系、公关礼仪的联系和区别有哪些？
7. 学礼仪就是学做人，这句话你是怎样理解的？
8. 让学生分成不同类别的小组，走上街头观察并收集礼仪在生活中应用的小案例。
9. 以小组为单位，走访一两位商界人士，了解他们对公关礼仪的看法及切身经历与体会。

第二章　公关人员礼仪

凡人之所以为人者，礼义也。礼义之始，在于正容体、齐颜色、顺辞令，容体正、颜色齐、辞令顺，而后礼义备。

——《礼记·冠义》

面必净、发必理、衣必整、钮必结，头容正、胸容宽、肩容平、背容直。颜色：勿傲、勿暴、勿怠，气象：宜和、宜静、宜庄。

——天津南开中学《镜铭》

学习目标

➢ 能够结合自身特点修饰、美化自己的仪容
➢ 能够结合自身的特点选择适合的发型
➢ 能够熟练地进行得体的化妆，能够科学地护肤
➢ 根据自身特点以及交际场合等的不同，有针对性地选择适合的服饰
➢ 服装穿着组合中和谐及色彩搭配合理
➢ 能够表现出良好的仪态，符合站姿、坐姿、走姿、蹲姿标准要求
➢ 能够在交际中恰当有效地使用眼神
➢ 具备亲和力及符合标准的微笑
➢ 能够熟练运用各种规范的手势
➢ 拥有良好的举止风度
➢ 能够文明地使用交际语言

两个调查结果

国外一位心理学家曾做过一个试验：分别让一位身着笔挺漂亮军服的海军军官，一位戴金丝眼镜、手持文件夹的青年学者，一位打扮入时的漂亮女郎，一位挎着菜篮子、脸色疲惫的中年妇女，一位留着怪异头发、穿着邋遢的男青年在公路边上搭车，结果，漂亮女郎、海军军官、青年学者的搭车成功率很高，中年妇女稍微困难一些，那个男青年就很难搭到车。

美国行为学专家迈克·阿盖尔曾经做过这样一个实验：他本人以不同的衣着打扮出现在某市的同一地点，当他手执文明棍、头戴礼帽、西装革履、风度翩翩地出现时，很多人向他点头致意、打招呼，而且大多是穿着讲究的绅士阶层。但是，当他破衣烂衫、蓬头垢面再度出现在同一地点时，接近他的多是流浪汉和无业游民。

（资料来源：http：//blog. sina. com. cn/s/blog＿417609190100h3zm. html；http：//edu. people. com. cn/gongwuyuan/n/2013/0111/c88733－20172724. html. ）

公共关系礼仪是公共关系人员在代表组织与公众的交往中自觉学习和反复实践而形成的。它的形成要经过长期学习、训练和积累，而绝非一朝一夕、一蹴而就。因此，公关人员应从自身做起，塑造良好的礼仪形象，不断加强公共关系礼仪的修养和职业素养，这样才能实现公共关系的目标。

第一节　公关人员的礼仪形象

公共关系人员作为社会组织的现实代表，其一举一动直接影响着社会组织的评价和看法，因此，公共关系人员一定要注意自己的形象，以自己富有魅力的个体形象在公众中树立社会组织的良好形象。

一、良好的仪容

在人际交往中，交往对象对自己发自内心的好恶亲疏，往往都是根据其在见面之初对于自己仪容的基本印象"有感而发"的，这种对他人仪容的观感除了先入为主之外，在一般情况下还往往一成不变，其作用可谓大矣。如1960年9月，尼克松和肯尼迪在全美的电视观众面前，举行他们竞选总统的第一次辩论。当时，这两个人的名望和才能大体相当，棋逢对手。但大多数评论员预料，尼克松素以经验丰富的"电视演员"著称，可以击败比他缺乏电视演讲经验的肯尼迪。但事实并非如此。为什么呢？肯尼迪事先进行了练习和彩排，还专门跑到海滩晒太阳，养精蓄锐。结果，他在屏幕上出现时，精神焕发，满面红光，挥洒自如。而尼克松没听从电视导演的规劝，加之那一阵十分劳累，更失策的是面部化妆用了深色的粉，因而在屏幕上显得精神疲惫，表情痛苦，声嘶力竭。正如一位历史学家所形容："他让全世界看来，好像是一个不爱刮胡子和出汗过多的人带着忧郁感等待着电视广告告诉他怎么不要失礼。"正是仪容上的差异和对比，帮助肯尼迪取胜，使竞选的结果出人意料。由此可见，仪容的作用是很大的，是不可忽视的。

一个人的仪容，大体上受两大因素的左右。其一，是本人的先天条件。一个人相貌如何，通常主要受制于血缘遗传。不管一个人是"天生丽质难自弃"，还是长得丑陋不堪，实际上一降生到人世便已"命中注定如此"，其后的发展变化往往不会与之相去甚远。其二，是本人的修饰维护。每个人的先天条件固然头等重要，然而并非意味着一个在仪容方面先天条件优越的人，便可以过分地自恃其长，而不去进行任何后天的修饰或维护。事实上，修饰与维护，对于仪容的优劣往往起着一定的作用。在任何情况下，公共关系人员倘若不注意对本人的仪容进行合乎常规的修饰与维护，往往在他人心目中也难有良好的个人形象，所以公共关系人员在平时必需时刻不忘对自己的仪容进行必要的修饰和整理，做到"内正其心，外正其容"。

1. 干净整洁

要做到仪容干净、整洁，需要长年累月坚持不懈，要不厌其烦地进行以下仪容细节的修饰工作：

（1）坚持洗澡、洗头、洗脸。洗澡可以除去身上的尘土、油垢和汗味，并且使人精神焕发。在参加重大礼仪活动之前还要加洗一次。头发是人体的制高点，因为人们的发型多有不同，故此它颇受他人的关注。若脸上常有灰尘、污垢、泪痕或汤渍，难免会让人觉得此人又懒又脏。所以除了早上起床后、晚上睡觉前洗脸之外，只要有必要、有可能，随时随地都要抽出一点时间洗脸净面。

（2）定时剃须。除了具有宗教信仰与风俗习惯者之外，男性礼仪人员不宜蓄留胡须，因为在交际场合"美髯公"并不美，它显得不清洁，还对交往对象不尊重，因此，男性最好每天坚持剃一次胡须，绝对不可以胡子拉碴地上班或会面。此外还要注意经常检查和修剪"鼻毛"，在人际交往中，偶尔有一两根鼻毛黑乎乎地"外出"，会破坏他人对自己的看法。

（3）保持手部卫生。在每个人的身上，手是与外界进行直接接触最多的一个部位，它最容易沾染脏东西，所以必须勤洗手。还要常剪手指甲，绝不要留长指甲，因为它不符合礼仪人员的身份，还会藏污纳垢，给人不讲卫生的印象。手指甲的长度以不长过手指指尖为宜。

（4）注意口腔卫生。坚持每天刷牙，消除口腔异味，维护口腔卫生。有可能的话，在吃完每顿饭以后都要刷一次牙，切勿用以水漱口和咀嚼口香糖一类无效的方法来替代刷牙。还要养成平日不吃生蒜、生葱和韭菜一类带刺激性气味食物的良好习惯，免得在工作中担心自己说话"带味道"，或是使接近自己的人感到不快。

（5）保持发部整洁。首先应清洗头发。除了要注意采用正确的方式方法之外，最重要的是要对头发定期清洗，并且坚持不懈。

其次是修剪头发。与清洗头发一样，修剪头发同样需要定期进行，并且持之以恒。在正常情况之下，通常应当每半个月左右修剪一次自己的头发。至少，也要确保每个月修剪头发一次。否则，自己的头发便难有"秩序"可言。

最后是梳理头发。梳理头发是每天必做之事，而且应当不止一次。按照常规，在下述情况下皆应自觉梳理一下自己的头发。一是出门上班前，二是换装上岗前，三是摘下帽子时，四是下班回家时，五是其他必要时。

在梳理自己的头发时，还有三点应予注意：一是梳理头发不宜当众进行。作为私人事务，梳理头发时当然应当避开外人。二是梳理头发不宜直接下手，最好随身携带一把发梳，以便必要时梳理头发之用。不到万不得已，千万不要以手指去代替发梳。三是断发头屑不宜随手乱扔。梳理头发时，难免会产生少许断发、头屑等，但信手乱扔，乃是缺乏教养的表现。

2. 化妆适度

在职业活动中，适当化妆，不仅是职业工作的需要，同时也是对他人尊重的一种表现。做任何事情都贵在适度，化妆也不例外。过分醉心于美容，妆化得不堪浓艳，不仅有损于皮肤的健康，而且还有损于别人的观瞻，因此，化妆适度是仪容美的基本要求。美容化妆必须坚持美化、自然、协调的原则。

（1）美化原则。美化的原则是从效果来说的。要使化妆达到美的效果，首先必须了解自己脸的各部位特点，孰优孰劣要心中有数；还要清楚怎样化妆和矫正才能扬长避短，变拙陋为俏丽，使容貌更迷人。这些，要在把握脸部个性特征和正确的审美观的指导下进行。

（2）自然原则。自然是化妆的生命，它能使化妆后的脸看起来真实而生动，不是一张呆板生硬的面具。要使化妆达到说其有看似无的效果，就像被化妆的人确实长了这样一张美丽的面容，像真的一样。化妆时不讲艺术技法手段，胡来一气，敷衍了事，片面追求速度，都有可能使妆面失真。

（3）协调原则。这包括：①妆面协调，指化妆部位色彩搭配、浓淡协调，所化的妆针对脸部个性特点，整体设计协调。②全身协调，指脸部化妆还必须注意与发型、服装、饰物协调，化妆力求取得完美的整体效果。③身份协调，指礼仪人员化妆时要考虑到自己的职业特点和身份，采用不同的化妆手段和化妆品。④场合协调，是指化妆要与所去的场合气氛要求一致。不同的场合化不同的妆，相得益彰，不仅会使化妆者内心保持平衡，也会使周围的人心理融洽。

化妆时还要认真掌握化妆的方法。化妆不但要掌握一定的方法，还要掌握化妆的礼节。化妆的浓淡视时间而定，白天工作场合化淡妆，夜晚化浓妆、淡妆都适宜；不能在公共场所里化妆，在众目睽睽之下化妆是非常失礼的。如有必要化妆或修饰的话，要在卧室或化妆间里去做。工作时间不能化妆，否则易被他人当作不务正业的人。不允许在同事面前化妆，否则会引起误会；不要非议他人的化妆。由于民族、肤色和文化修养的差异，每个人的化妆不可能都是一样的；男士化妆应适当，化妆品不宜太多，否则让人讨厌；不要借用他人的化妆品，这样做既不卫生又不礼貌。

3. 发型美观

发型是构成仪容美的重要内容。美观的发型能给人一种整洁、庄重、洒脱、文雅、活泼的感觉。根据不同人的发质、服装、身材、脸形等选择合适的发型，就可以扬长避短，和谐统一，增添人体的整体美。例如直而硬的头发容易修剪得整齐，故设计发型时应尽量避免花样复杂，应以修剪技巧为主，做成简单而又高雅大方的发型。比如梳理成披肩长发，会给人一种飘逸秀美的悬垂美感；用大号发卷梳理成略带波浪的发型或梳成发髻等，会给人一种雍容、典雅的高贵气质。

细而柔软的头发，比较服帖，容易整理成型，可塑性强，适合做小卷曲的波浪式发型，显得蓬松自然；也可以梳成俏丽的短发，能充分体现个性美。

此外，发型还要根据着装、身材、脸形等选择，才能收到好的效果。

4. 护肤得法

护肤是仪容美的关键。皮肤，尤其是面部皮肤的经常护理和保养，是实现仪容美的首要前提。

二、得体的着装

心理学家曾做过一个有趣的实验，把10张小姑娘的照片给受试者看，其中8人容貌服饰姣好，另两位姑娘长相较差，衣服也破旧，心理学家告诉受试者，其中一人是小偷，结果，80%的受试者认为后者是小偷。这说明人们总是喜欢那些看上去令人感觉舒适、有美感的人。美好的长相、匀称挺拔的身材、美观大方的服饰均能增添人的仪表魅力，给人以舒服、美好的感觉。如果说，人的长相天生、身材长短难以变更，但服饰却是可以变化的。

因此，公共关系人员要学会运用服饰这一武器来"武装"自己，获得成功。

1. 把握原则

着装时，应遵循人们公认的三原则，即时间原则、环境原则和个性原则。

（1）时间原则。时间涵盖了每一天的早中晚三个时间段，也包括每年春夏秋冬四个季节的更迭以及不同时期的变换。因此，人们在着装时必然会考虑时间层面，做到"随时更衣"。

西方许多国家都有一条明文规定：人们去歌剧院观看歌剧一类的演出时，男士一律着深色的晚礼服，女士着装也要端庄雅致，以裙装为宜，否则不准入场。这一规定旨在强调社交场合的文明与礼仪，同时也体现着西方国家所具有的尊重他人、刻意营造优美环境与氛围的社会文化。

一年四季的变化是大自然的规律，人们在着装时应遵循这一规律，做到冬暖夏凉、春秋适宜。夏季以轻柔、凉爽、简洁为着装格调，服饰色彩与款式的选择要充分考虑给予他人在视觉与心理上的感受，同时也使自己感觉轻快凉爽。夏装切忌拖沓繁琐、色彩浓重，以免给自己与他人造成生理与心理上的负担。尤其是女士更要注意这个问题，否则，层叠皱褶过多的服饰会使人燥热难耐，而且一旦出汗还会影响面部化妆的效果，令人陷入十分窘迫的境地。冬季应以保暖、轻便为着装原则，避免着装过厚而显得臃肿不堪、形体欠佳，也要避免为了形体美而着装太薄，影响体温而面青唇紫、龟缩一团。春秋两季着装的自由度相对大一些。春季穿厚一点并无人见怪，秋季穿薄一点也无人侧目，但总体上以轻巧灵便、薄厚适宜为着装原则。

（2）环境原则。它是指在不同的工作环境、不同的社交场合，着装要有所不同。比如，一个在外贸公司工作的公关小姐，总是喜欢穿款式陈旧、色泽暗淡的服装，尽管她努力工作，能力也不错，但几次富有吸引力的工作机会都被那些衣着更时髦、打扮更得体的同事争取到了，因为她的衣着似乎在说："我是一个安分守己的人，我对目前的状况很满意。"因此，着装还要根据环境场合的变化而变化。特定的环境应配以与之相适应、相协调的服饰，以获得视觉与心理上的和谐感。西装革履地步入金碧辉煌的高级酒店会产生一种人境两相宜的效果，而西装革履地走进破旧宅院，便会出现极不协调的局面。

在静谧肃穆的办公室里着一套随意性极强的休闲装，穿着拖鞋或者在绿草茵茵的运动场着一身挺括的西装，穿一双皮鞋，都会因环境的特点与服饰的特性不协调而显得人境两不宜。试想一下，在严肃的写字楼里，女士穿着拖地晚装送文件，男士穿着沙滩短裤与客户交谈，将是一种什么样的情景？

没有统一制服的单位，职员们的服装一般都尽可能与工作环境相协调，不过分追求时髦。特别是商务人员，因为经常出入社交场所，他们的服装通常要求高雅、整齐、端庄、大方，以中性颜色为主，不突出形体的线条。职业女性在衣着穿戴上不宜太华丽。肉色蕾丝上衣，丝绒高开衩长裙会使别人认为此人女性化色彩过重，太敏感、情绪化，甚至会有人背后称之为花瓶。太美艳的装扮难免会遭到同行的嫉妒和异性的骚扰。

刚离校园参加工作的年轻商务人员不要让自己显得太清纯、太学生味，如果穿着印有向日葵图案的T恤、草编凉鞋、情人送的玻璃手镯去参加商务会议，会使人显得幼稚、脆弱，让人怀疑你肩上撑不起重担。同样，办公室着装也不能太前卫，发型怪异、穿乞丐装，会使人觉得观念怪诞、自由散漫、缺乏合作精神。

当客户走进高雅洁净的办公环境时，白领女性的穿戴会影响他（她）对这家公司的印象。因此，至少下列衣裳和饰物等不该穿（戴）到办公室里：低胸、露背、露腹、敞口无袖上衣或透明衣裳；一身牛仔或印有动物图案的服装；裸露一半大腿的超短裙；黑网眼或花图案丝袜、露趾的凉鞋；浓艳眼影、假睫毛、猩红指甲油，一米外可刺激人打喷嚏的香水；廉价首饰、金脚链等。

（3）个性原则。这里包括穿着对象和交际对象两层含义。也就是穿着既要适合自己，能表现自己的个性风格，又要对应别人，与交际对象保持协调一致。

2. 注意协调

所谓穿着的协调，是指一个人的穿着要与他的年龄、体形、职业和所处的场合等吻合，表现出一种和谐，这种和谐能给人以美感。

（1）穿着要和年龄相协调。在穿着上要注意与年龄相协调，不管年轻人还是老年人，都有权利打扮自己，但在打扮时要注意，不同年龄的人有不同的穿着要求。年轻人应穿着鲜艳、活泼、随意一些，这样可以充分体现出年轻人的朝气和蓬勃向上的青春之美。而中、老年人的着装则要注意庄重、雅致、整洁，体现出成熟和稳重，透出那种年轻人所没有的成熟美。因此，无论你是青年、中年，还是老年，只要你的穿着与年龄相协调，那么都会使你显出独特的美来。

（2）穿着要与体形相协调。在现实生活中，并非每个人的体形都十分理想，人们或多或少地存在着形体上的不完美或欠缺，或高或矮，或胖或瘦。若能根据自己的体形挑选合适的服装，扬长避短，则能实现服装美和人体美的和谐统一。

一般来说，身材较高的人，上衣应适当加长，配以低圆领或宽大而蓬松的袖子，宽大的裙子、衬衣，这样能给人以"矮"的感觉，衣服颜色最好选择深色、单色或柔和的颜色；身材较矮的人，不宜穿大花图案或宽格条纹的服装，最好选择浅色的套装，上衣应稍短一些，使腿比上身突出，服装款式以简单直线为宜，上下颜色应保持一致；体形较胖的人应选择小花纹、直条纹的衣料，最好是冷色调，以达到显"瘦"的效果，在款式上，胖人要力求简洁，中腰略收，后背扎一中缝为好，不宜采用关门领，以"V"形领为最佳；体形较瘦的人应选择色彩鲜明、大花图案以及方格、横格的衣料，给人以宽阔、健壮的视觉效果，在款式上，瘦人应当选择尺寸宽大、上下分割花纹、有变化的、较复杂的、质地不太软的衣服，切忌穿紧身衣裤，也不要穿深色的衣服。另外，肤色较深的人穿浅色服装，会获得健美的色彩效果；肤色较白的人穿深色服装，更能显出皮肤的细洁柔嫩。

（3）穿着要和职业相协调。穿着除了要和身材、体形协调之外，还要与职业相协调，不同的职业有不同的穿着要求。例如，教师、干部一般要穿得庄重一些，不要打扮得过于妖冶，衣着款式也不要过于怪异，这样可以给人留下一个良好的印象；医生穿着要力求显得稳重和富有经验，一般不宜穿得过于时髦，给人以轻浮的感觉，这样不利于对病人进行治疗；青少年学生穿着要朴实、大方、整洁，不要过于成人化；演员、艺术家则可以根据他们的职业特点，穿得时尚一些。

（4）穿着要和环境相协调。办公室是一个很严肃的地方，因此，在穿着上就应整齐、庄重一些。外出旅游，穿着应以轻装为宜，力求宽松、舒适，方便运动。平日居家，可以穿着随便一些，但如有客人来访，应请客人稍坐，自己立即穿着整齐，如果只穿内衣内裤来接待客人，那就显得失礼了。除此之外，在一些较为特殊的场合，还有一些专门的穿着要求。例如，在喜庆场合不宜穿得太素雅、古板；庄重的场合不能穿得太宽松、随便；悲伤场合不能穿得太鲜艳；等等。

3. 讲究色彩

色彩，是服装留给人们记忆最深的印象之一，而且在很大程度上也是服装穿着成败的关键所在。色彩对他人的刺激最快速、最强烈、最深刻，所以被称为"服装之第一可视物"。

一般来讲，不同色彩的服饰在不同场合所产生的效果不同，下面对色彩进行简单介绍：

黑色，象征神秘、悲哀、静寂、死亡，或者刚强、坚定、冷峻。

白色，象征纯洁、明亮、朴素、神圣、高雅、恬淡，或者空虚、无望。

黄色，象征炽热、光明、庄严、明丽、希望、高贵、权威。

大红，象征活力、热烈、激情、奔放、喜庆、福禄、爱情、革命。

粉红，象征柔和、温馨、温情。

紫色，象征谦和、平静、沉稳、亲切。

绿色，象征生命、新鲜、青春、新生、自然、朝气。

浅蓝，象征纯洁、清爽、文静、梦幻。

深蓝，象征自信、沉静、平静、深邃。

灰色是中间色，象征中立、和气、文雅。

人们在穿着服装时，在色彩选择上既要考虑个性、爱好、季节，又要兼顾他人观感和所处场合。所以明代卫泳在《缘饰》中说春服宜清，夏服宜爽，秋服宜雅，冬服宜艳；见客宜重装；远行宜淡服；花下宜素服；对雪宜丽服。古人对服饰的讲究的确值得我们借鉴。

对一般人而言，对服装色彩的选择，最重要的是掌握色彩的特性，色彩的搭配，以及正装色彩的选择这三个方面。

（1）色彩的特性。色彩具有冷暖、轻重、缩扩等特性。

1）色彩的冷暖。使人产生温暖、热烈、兴奋之感的色彩为暖色，如红色、黄色；使人有寒冷、抑制、平静之感的色彩叫冷色，如蓝色、黑色、绿色。

2）色彩的轻重。色彩明暗变化程度被称为明度。不同明度的色彩往往给人以轻重不同的感觉。色彩越浅，明度越强，它使人有上升之感、轻感。色彩越深，明度越弱，它使人有下垂之感、重感。人们平日的着装，通常讲究上浅下深。

3）色彩的缩扩。色彩的波长不同给人收缩或扩张的感觉有所不同。一般来讲，冷色、深色属收缩色，暖色、浅色则为扩张色。运用到服装上，前者使人苗条，后者使人丰满，二者皆可使人在形体方面扬长避短，运用不当，则会在形体上出丑露怯。

（2）色彩的搭配。色彩的搭配主要有统一法、对比法、呼应法。

1）统一法。即配色时尽量采用同一色系之中各种明度不同的色彩，按照深浅不同的程度搭配，以便创造出和谐感。例如，穿西服按照统一法可以进行如下搭配：如果采用灰色色系，可以由外向内逐渐变浅，深灰色西服——浅灰底花纹的领带——白色衬衫。这种方法适用于工作场合或庄重的社交场合的着装配色。

2）对比法。即在配色时运用冷色、深色，明暗两种特性相反的色彩进行组合的方法。它可以使着装在色彩上反差强烈，静中求动，突出个性。但有一点要注意，运用对比法时忌讳上下二分之一对比，否则给人以拦腰一刀的感觉，要找到黄金分割点，即身高的三分之一点上（即穿衬衣从上往下第四个、第五个扣子之间），这样才有美感。

3）呼应法。即在配色时，在某些相关部位刻意采用同一色彩，以便使其遥相呼应，产生美感。例如，在社交场合穿西服的男士讲究"三一律"。所谓"三一律"就是男士在正式场合时应使公文包、腰带、皮鞋的色彩相同。

（3）正装的色彩。非正式场合所穿的便装，在色彩上要求不高，往往可以听任自便，而正式场合穿的服装，其色彩却要多加注意。总体上，要求正装色彩应当以少为宜，最好将其控制在三种色彩之内。这样有助于保持正装保守的总体风格，显得简洁、和谐。正装若超过三种色彩，则给人以繁杂、低俗之感。正装色彩，一般应为单色、深色，并且无图案。最标准的正装色彩是蓝色、灰色、棕色、黑色。衬衣的最佳色彩为白色，皮鞋、袜子、公文包的色彩宜为深色（黑色最为常见）。

此外，肤色也关系到着装的色彩，浅黄色皮肤者，也就是所说的皮肤白净的人，对颜色的选择性不那么强，穿什么颜色的衣服都合适，尤其是穿不加配色的黑色衣裤，则会显得更加动人。暗黄或浅褐色皮肤，也就是皮肤较黑的人，要尽量避免穿深色服装，特别是深褐色、黑紫色的服装。一般来说，这类肤色的人选择红色、黄色的服装比较合适。肤色呈病黄或苍白的人，最好不要穿紫红色的服装，以免使其脸色呈现出黄绿色，加重病态感；皮肤黑中透红的人，则应避免穿红、浅绿等颜色的服装，而应穿浅黄、白等颜色的服装。

4. 区分场合

所谓穿着要注意场合，是指根据不同场合来进行着装。英国女王伊丽莎白二世访问中国期间，走出机舱门第一个亮相，穿的是正黄色西服套裙，戴正黄色帽子。这位女王本人喜欢红色和天蓝色，很少穿黄衣服。但在中国，几千年的历史中黄色是皇帝的专用色。女王来中国访问穿正黄色，既表示尊重中国的传统习俗，又显示了她作为一国君主的高贵身份。

人们的服饰也要与特定的场合及气氛相协调，所以有必要选择与之相适宜的服饰造型与色彩，实现人景相融的最佳效果。

场合原则是人们约定俗成的惯例，具有浓厚的社会基础和人文意义。服饰所蕴含的信息内容必须与特定场合的气氛相吻合。否则，往往会引起人们的疑惑、猜忌、厌恶和反感，导致交往空间距离与心理距离的拉大和疏远。1983 年 6 月，美国前总统里根初访欧洲四国时，由于他在严肃的正式外交场合里没有穿黑色礼服，而穿了一套花格西装，引起了西方舆论一片哗然。有的新闻媒介批评里根不严肃、缺乏责任感，与其学艺生涯有关；有的新闻媒介评论里根自恃大国首脑、狂妄傲慢，没有给予欧洲伙伴应有的尊重和重视。可见，一个人的服饰如果不符合一定的场合要求是会引起误会的。在公共关系工作中，要避免浓妆艳抹、衣饰华丽，也不可蓬头垢面、衣饰庸俗，要恰如其分地打扮自己，表现出公关人员的优雅气质，表现出个人内在的涵养。

一项研究表明，客户更青睐那些穿着得体的公共关系人员和商务人员；而另一项研究表明，身着商务制服和佩戴领带的业务员所创造的业绩要比身着便装、不拘小节的业务员高出约 60%。或许添置衣服要花一些钱，但它就像一项高明的投资一样，迟早要为你带来丰厚的回报。

在社交中，不同场合有不同的着装要求。下面主要介绍喜庆欢乐场合、隆重庄严的场合、华丽高雅场合和悲伤肃穆的场合穿着要求。

（1）喜庆欢乐的场合包括庆祝会、欢乐会、生日、婚日纪念活动、婚礼聚会等。喜庆欢乐场合的穿着应与人们高兴、快乐、兴奋的情绪协调，女士可以穿得色彩鲜艳、丰富一些，款式也可以新颖一些，以烘托活跃欢乐的气氛。太深沉的色彩和太古板的款式都不太适宜。男士虽不能像女士那样穿红着绿，但白色或其他浅色西装、花色漂亮醒目的领带，均可以拿出来潇洒一番，以表现男士轻松愉快的心情。

（2）隆重庄严的场合，如开幕闭幕式、签字仪式、出席重要的或高层次会议、重要的会见活动、新闻发布会等。这种场合是正式的，要特别注意个人的公众形象和媒介形象，注意仪表，衬托隆重庄严的气氛，所以不能穿得太随便。男士们应西装革履，正规、配套、整齐、洁净、一丝不苟，这是个人仪表形象的原则；女士不要花里胡哨、松松垮垮、随随便便，也应穿上套装或较为素雅端庄的连衣裙，体现职业女士在正规场合的风范。

（3）华丽高雅的场合，多半为晚上举办的正式社交活动，如正式宴会、酒会、招待会、舞会、音乐会等。在这种场合，女士的着装应较为华丽高贵，有责任把自己打扮得漂亮一点，显示出美好的气质和修养。可以穿连衣长裙、套裙，面料要华丽，质地要好，色彩应单纯（最好为单色）。服装可以有花边装饰，也可以用胸针、项链、耳环、小巧漂亮的坤包点缀。式样简洁的华丽裙装，更能体现一种脱俗美。男士们穿着深色西服，从头到脚修饰一新，就可以步入华丽高雅的场合。

（4）悲伤肃穆的场合，如吊唁活动和葬礼。这时的服装色彩不能太刺眼，款式不能太引人注目。到这种场合来的人，应该抱有沉痛之心、肃穆的情绪，为亡故者而来，而不是来展示个人的自我形象，因此，在着装上应避免突出个性，表现自我，而是将自我个性糅进这种特殊场合的群体氛围之中。男士可以穿黑色或深色西装配白衬衣、黑领带；女士不抹口红、不戴装饰品、不用鲜艳的花手绢，全身衣装是深色或素色，使外表的肃穆与内心的沉痛协调统一起来。

三、优美的仪态

仪态，又称"体态"，是指人的身体姿态和风度。姿态是身体所表现的样子，风度则是内在气质的外在表现。人的一举手、一投足、一弯腰乃至一颦一笑，并非偶然的、随意的，这些行为举止自成体系，像有声语言那样具有一定的规律，并具有传情达意的功能。人们可以通过自己的仪态向他人传递个人的学识与修养，并能够以其交流思想、表达感情。正如艺术家达·芬奇所说："从仪态了解人的内心世界、把握人的本来面目，往往具有相当的准确性和可靠性。"我们敬爱的周恩来总理堪称仪态美的典范，青年时代他在南开中学读书，南开中学教学楼的镜子上印着《镜铭》："面必净、发必理、衣必整、钮必结，头容正、胸容宽、肩容平、背容直。颜色：勿傲、勿暴，勿怠。气象：宜和、宜静、宜庄。"周恩来自年轻时就按《镜铭》上的要求去做，加强修养，努力做到仪态美，在半个多世纪的革命生涯中，形成了独特的被称为"周恩来风格的体态语"，可谓"举手投足皆潇洒，一笑一颦尽感人"，给人以不可抗拒的吸引力。因此，在公共关系交往中，用优良的仪态礼仪表情达意，往往比语言更让人感到真实、生动。所以，在公共关系交往中必须讲究仪态美。

1. 站姿

俗话说："站如松"，站姿是人类的一种象征，男子的站姿应如"劲松"之美，具有男子汉刚毅英武、稳重有力的阳刚之美，女子的站姿应如"静松"之美，具有女性轻盈典雅、亭亭玉立的阴柔之美。正确的站姿是自信心的表现，会给人留下美好的印象。

（1）标准的站姿。标准的站姿，从正面看，全身笔直，精神饱满，两眼正视（而不是斜视），两肩平齐，两臂自然下垂，两脚跟并拢，两脚尖张开60度，身体重心落于两腿正中；从侧面看，两眼平视，下颌微收，挺胸收腹，腰背挺直，手中指贴裤缝，整个身体庄重挺拔。

站姿的要领：一是平，即头平正、双肩平、两眼平视。二是直，即腰直、腿直，后脑勺、背、臀、脚后跟成一条直线。三是高，即重心上拔，看起来显得高。

（2）站姿的种类。以一个人的脚位为依据，男士、女士的站姿可以做如下分类：

1）正步站姿。这是男士、女士均适用的站姿，通常在升国旗、奏国歌、接受奖品、接受接见、致悼词等庄严的仪式场合使用。要领：两脚跟并拢，两膝侧向贴紧，两手自然下垂。如图2-1所示。

图2-1　正步站姿

图2-2　分腿站姿

2）分腿站姿。这是男士采用的站姿，门迎、侍应人员可采用此种站姿。要领：两脚左右分开，与肩同宽，脚尖朝前并且两脚平行，手或交叉于前腹，或交叉于后背。如图2-2所示。

3）丁字步站姿。这一般是女子采用的站姿，礼仪小姐、节目主持人多采用此种站姿。要领：两脚尖展开，一脚向前将脚跟靠于另一只脚内侧中间位置，腰肌和颈肌略有拧的感觉。女子可以双手交叉于腹前，身体重心可在两脚上，也可以在一只脚上，通过两脚的重心转移来减轻疲劳，如图2-3所示。

4）扇形站姿。这是男士、女士均适用的站姿。要领：两脚跟靠拢，脚尖呈

45°~60°，身体重心在两脚上，如图2-4所示。

图2-3　丁字步站姿

图2-4　扇形站姿

（3）不良的站姿。主要体现在以下几方面：

1）身躯歪斜。古人对站姿曾经指出过"立如松"的基本要求，它说明站立姿势以身躯直正为美，在站立时，若是身躯出现明显的歪斜，将直接破坏人体的线条美，而且还会给人颓废消沉、萎靡不振、自由放纵的直观感觉。

2）弯腰驼背。其实是身躯歪斜的一种特殊表现。除腰部弯曲、背部弓起之外，它大都会伴有颈部弯缩，胸部凹陷、腹部挺出、臀部撅起等其他不雅体态。凡此种种，都会显得一个人健康欠佳，无精打采。

3）趴伏倚靠。在工作岗位上，要确保自己"站有站相"，站立时，随随便便地趴在一个地方，伏在某处左顾右盼，倚着墙壁、货架而立，靠在台桌边，或者前趴后靠，自由散漫，都是极不雅观的。

4）腿位不雅，即双腿大叉。应切记：自己双腿在站立时分开的幅度，在一般情况下越小越好；在可能之时，双腿并拢最好，即使是分开，也要注意不可使两者之间的距离超过本人的肩宽。另外，还有双腿扭在一起、双腿弯曲等姿势也应避免。

5）脚位欠妥。在正常情况下，双脚站立时呈现出"V"字式、"Y"字式（丁字形）、平行式等脚位，但是，采用"人"字式、蹬踏式和独脚式，则是不允许的。所谓"人"形脚位，指的是站立时两脚脚尖靠在一起，而脚后跟却大幅度地分开，这一脚位又叫"内八字"。所谓蹬踏式，是指站立时为了舒服，在一只脚站在地上的同时，将另一只脚踩在鞋帮上，或踏在椅面上，或蹬在窗台上，或跨在桌面上等。独脚式，即把一只脚抬起，只一只脚落地。

6）手位失当。站立时不当的手位有：一是将手插在衣服的口袋内；二是将双手抱在胸前；三是将两手抱在脑后；四是将双手支于某处；五是将两手托住下巴；六是手持私人物品。

7）半坐半立。在工作岗位上，必须严守岗位规范，该站就站，该坐就坐，而绝对不允许在需要站立时，为了贪图安逸而擅自采取半坐半立之姿。当一个人半坐半立时，既不像站，也不像坐，只能让别人觉得过分随便且缺乏教养。

8）全身乱动。站立乃是一种相对静止的体态，因此不宜在站立时频繁地变动体位，甚至浑身不住地上下乱动。手臂挥来挥去，身躯扭曲，腿脚抖来抖去，都会使站姿变得十分难看。

9）摆弄物件。站立时，不要下意识地做些小动作，如摆弄打火机、香烟盒，玩弄衣带、发辫，咬手指甲等，这些动作不但显得拘谨，给人以缺乏自信和教养的感觉，也有失仪表的庄重。

2. 坐姿

俗话说："坐如钟"，坐姿是人际交往中人们采用最多的一种姿势，它是一种静态姿势。优雅的坐姿给人一种端庄、稳重、威严的美。

（1）标准的坐姿。落座时，要坚持尊者为先的原则入座，不要争抢；通常侧身走近座椅，从椅子的左侧就座，如果背对座椅，要首先站好，全身保持站立的标准姿态，右腿后退一点，用小腿确定椅子的位置，上身正直，目视前方就座。用小腿落座时声音要轻，动作要缓。在落座过程中，腰、腿肌肉要稍有紧张感。女士着裙装落座时，要事先从后向前双手拢裙，不可落座后整理衣裙。

坐立时，上身正直而稍向前倾，头、肩平正，腰部内收，通常只坐椅子的1/2到2/3处，两臂贴身下垂，两手可以搭放在椅子扶手上，无扶手时，女士右手搭在左手上，放于腹部或者轻放于双腿之上；男子双手掌心向下，自然放于膝盖上。男士膝盖可以自然分开，但不可超过肩宽；女士膝盖不可以分开。女士要注意使膝盖与脚尖的距离尽量拉远，以使小腿部分看起来显得修长些，只有脚背用力挺直时，脚尖与膝盖的距离才最远，在视觉上产生延伸的效果，会使小腿部分看起来修长，腿部线条优美。当与他人进行交谈时，要注意不能只是转头，而应将整个上身朝向对方，以视对其重视和尊敬。

离座时要先以语言或动作向周围的人示意，方可站起，突然一跃而起会使周围的人受到惊扰；同落座时一样，要注意按次序进行，尊者为先；起身时不要弄出响声，站好后才可离开，同样要从左侧离座。

人在坐着时，由臀部支撑上身，减少了两腿的承受力。由于身体重心下降，上身适当放松，可减轻心脏的负担。因此坐姿是一种可以维持较长时间的姿势。它既是一种主要的白昼休息姿势，也是一般的工作、劳动、学习姿势，还是社交、娱乐的常见姿势。正因为这个缘故，坐姿要求端正、大方、舒展。

（2）坐姿的分类。以一个人的脚位为依据，男士、女士的坐姿可以做如下分类：

1）垂直式坐姿。这一坐姿就是通常说的"正襟危坐"，在最正规的场合使用，男士、女士均适用。要领：上身与大腿、大腿与小腿、小腿与脚部都呈直角，小腿垂直于地面，双膝、双腿完全并拢，如图2-5所示。

图2-5 垂直式坐姿

2）标准式坐姿。这一坐姿适用于各种场合。要领：在垂直式坐姿的基础上，女士两脚保持小丁字步，男士两脚自然分开45°，如图2-6所示。

图2-6 标准式坐姿   图2-7 屈直式坐姿

3）屈直式坐姿。尤其是坐在稍微低矮一些的椅子上更为适用，是女士非常优雅的一种坐姿。要领：大腿与膝盖靠紧，一脚伸向前，另一脚屈回，两脚前脚撑着地并在一条直线上，如图2-7所示。

4）前伸式坐姿。这一坐姿适用于各种场合，一般为女士所采用。要领：双腿与双脚并在一起，向前伸出一脚左右的距离，按方向共有三种：正前伸直、左前伸直和右前伸直，脚的位置可以是双脚完全并拢，也可以脚踝不交叉，脚尖不可跷起，如图2-8所示。

5）后屈式坐姿。这一坐姿适用于各种场合，以女士为主。要领：两腿和膝盖并紧，两小腿向后屈回，脚尖着地，脚尖不可跷起，如图2-9所示。

6）分膝式坐姿。这一坐姿适用于一般场合，为男士坐姿。要领：两膝左右分开，但不超过肩宽，小腿与地面垂直，两脚脚尖朝向正前方，两手自然放于大腿上，如图 2－10 所示。

图 2－8　前伸式坐姿　　　图 2－9　后屈式坐姿　　　图 2－10　分膝式坐姿

（3）不雅的坐姿。主要包括以下内容：

1）不雅的腿姿。一是双腿叉开过大。面对外人时，双腿如果叉开过大，不论是大腿还是小腿叉开，都极其不雅。二是架腿方式欠妥。将一条小腿架在另一条大腿上，在两者之间还留出大大的空隙，成为所谓的"架二郎腿"或架"4"字形腿，甚至将腿搁在桌上，就显得更放肆了。三是双腿过分伸张。坐下后，将双腿直挺挺地伸向前方，这样不仅可能会妨碍他人，而且也有碍观瞻。因此，身前若无桌子，双腿尽量不要伸到外面来。四是腿部抖动摇晃。坐下后力求放松，抖动摇晃双腿是很不雅观的。

2）不安分的脚姿。坐下后脚后跟接触地面，而且将脚尖跷起来，脚尖指向别人，使鞋底在别人眼前"一览无余"。另外，以脚蹬踏其他物体，用脚自脱鞋袜，都是不文明的。

3. 走姿

俗话说："行如风"，这说的是走姿，走姿始终处于动态之中，体现了人类的运动之美和精神风貌。男式的走姿要刚健有力，豪迈稳重，有阳刚之气；女士的走姿要轻盈自如，含蓄飘逸，有窈窕之美。

（1）标准的走姿。

有人编了走路的动作口诀，体现了走姿的要领：双眼平视臂放松，以胸领动肩轴摆，提髋提膝小腿迈，跟落掌接趾推送。标准的走姿：上身基本保持站立的标准姿势，挺胸收腹，腰背笔直；两臂以身体为中心，前后自然摆动，前摆约35度，后摆约15度，手掌朝向体内；起步时身子稍向前倾，重心落前脚掌，膝盖伸直；脚尖向正前方伸出，行走时双脚踩在一条线缘上。正确的行走，上体的稳定与下肢的频繁规律运动形成和谐对比，干净利落、鲜明均匀的脚步形成节奏感，前后、左右行走动作的平衡对称，都会呈现行走时的形体美。男子走路两步之间的距离要大于自己的一个脚长，女子穿裙装走路时要小于自己的一个脚长。正常的情况下步速要自然舒缓，显得成熟自信，男子行走的速度标准为每分钟步速108～110步，女子每分钟步速118～120步为宜。

（2）走姿的种类。

1）前行式走姿。身体保持挺拔，行进中若与人问候时，随头部和上身要同时伴左右转动，微笑点头致意。禁止只转动头部，用眼睛斜视他人的举止。

2）后退式走姿。当与他人告别时，扭头就走是不礼貌的。应该是先后退两三步，再转身离去。退步时不能轻擦地面，不高抬小腿，后退的步幅要小些，两腿之间距离不能太大，要先转身再转头。

3）侧行式走姿，当引导他人前行或在较窄的走廊、楼道与他人相遇时，要采用侧行式走姿。引导时要走在来宾的左侧，身体稍向右转体，左肩稍前，右肩稍后，身体朝向来宾，保持两步左右的距离。介绍环境时要辅以手势，这样可以观察来宾的意愿，及时提供满意的服务。

（3）不良的走姿。

1）方向不定、忽左忽右。

2）横冲直撞。行进中，专爱拣人多的地方行走，在人群之中乱冲乱闯，甚至碰撞到他人身体，这是极其失礼的。

3）阻挡道路。在道路狭窄之处，悠然自得地缓慢而行，甚至走走停停，或者多人并排而行，显然都是不妥的。还要须切记，一旦发现自己阻挡了他人的道路，务必要闪身让开，请对方先行。

4）蹦蹦跳跳。务必要注意保持自己的风度，不宜使自己的情绪过分地表面化，例如激动起来，走路变成了上蹿下跳，甚至连蹦带跳的失常情况。

5）奔来跑去。有急事要办时，可以在行进中适当加快步伐。但若非碰上了紧急情况，则最好不要在工作时跑动，尤其是不要当着客户或服务对象的面突如其来地狂奔而去，那样通常会令其他人感到莫名其妙，产生猜测，甚至还有可能造成过度紧张气氛。

6）制造噪音。应有意识地使行走悄然无声。

4. 蹲姿

俗话说："蹲要雅"，蹲姿是人的身体在低处取物、拾物、整理物品、整理鞋袜时所呈现的姿势，它是人体静态美与动态美的综合。台湾当红模特林志玲在一次签约仪式上，出现了点小意外，主办方为林志玲加冕的皇冠不慎掉地。由于礼服较短，又站在高出地面一米的舞台上，若弯腰或正对观众下蹲都太容易走光。专业模特出身的林志玲却应对自如，她把话筒传到左手，不慌不忙侧对观众，双腿并拢轻轻下蹲，将皇冠捡起……她把捡东西变成了展示优雅的"仪态秀"。所以，公关人员在公众场合一定要注意蹲姿，做到蹲的动作美观，姿势优雅。

（1）标准的蹲姿。标准的蹲姿有如下要求：首先要讲究方位，当需要捡拾低处或地面物品时，可走到其物品的左侧；当面对他人下蹲时，要侧身相向；当需要整理鞋袜或于低处整理物品时可面朝前方，两脚一前一后，一般情况是左脚在前，右脚在后，目视物品，直腰下蹲。直腰下蹲后，方可弯腰捡低处或地面的物品，及整理鞋袜或低处工作。取物或工作完毕后，先直起腰部，使头部、上身、腰部在一条直线上，再稳稳站起。

（2）蹲姿的种类。

1）高低式。这是常用的一种蹲姿，基本特征是双膝一高一低。此蹲姿男士、女士均可适用。要领：下蹲后，左脚在前，右脚在后；左脚完全着地，小腿基本垂直地面；右脚要脚掌着地，脚跟提起；右膝要低于左膝，右膝内侧可靠于左上腿的内侧，形成左膝高、右膝低的姿态。臀部向下，基本上用右腿支撑身体。女士应注意紧靠双腿，男士两腿之间可有适当的距离，如图2-11所示。

2）单膝点地式。这种蹲姿，适用于男士，其特征是双腿一蹲一跪。它是一种非正式的蹲姿，多用于下蹲时间较长或为了用力方便时采用。下蹲后，右膝点地，臀部坐在其脚跟之上，以其脚尖着地。另一条腿全脚撑着地，小腿垂直于地面。双膝同时向外，双腿尽力靠拢，如图2-12所示。

3）交叉式。这种蹲姿优美典雅，其基本特征是双腿交叉在一起，此蹲姿适用于女士。要领：下蹲后，左脚在前，右脚在后，左小腿垂直于地面，全脚着地。左腿在上，右腿在下，二者交叉重叠，右膝从后下方伸向左前侧，右脚跟抬起，脚掌着地，两腿前后靠近，全力支撑身体。上身略向前倾，臀部朝下，如图2-13所示。

图2-11　高低式蹲姿　　　图2-12　单膝点地式蹲姿　　　图2-13　交叉式蹲姿

5. 表情

面部表情在传情达意方面有重要作用。面部表情作为丰富且复杂的体态语的一个重要方面，它包括脸色的变化、肌肉的收展以及眉、鼻、嘴等的动作，下面重点介绍一下眼神和微笑。

（1）眼神。俗话说："眼睛是心灵的窗户"，它是人体传递信息最有效的器官，而且能表达最细微、最精妙的差异，显示出人类最明显、最准确的交际信号。眼神主要由注视的时间、视线的位置和瞳孔的变化三个方面组成。

1）注视的时间。据调查研究，人们在交谈时，视线接触对方脸部的时间约占全部谈话时间的30%～60%，超过这一平均值，可认为对谈话者本人比谈话内容更感兴趣；低于平均值，则表示对谈话内容和谈话者本人都不怎么感兴趣。不难想象，如果谈话时心不在焉、东张西望，或只是由于紧张、羞怯不敢正视对方，目光注视的时间不到谈话的1/3，这样的谈话，必然难以被人接受和信任。当然，必须考虑到文化背景，如南欧人注视对方可能会造成冒犯。

2）视线的位置。人们在社会交往中，在不同的场合和对不同的对象，目光所及之处也是有差别的。有的人在与比较陌生的人打交道时，往往因为不知把目光怎样安置而窘迫不安；已被人注视而将视线移开的人，大多怀有相形见绌之感；仰视对方，一般体现"尊敬、信任"的语义；频繁而又急速的转眼，是一种反常的举动，常被用作掩饰的一种手段。当然，如果死死地盯着对方或者东张西望，不仅是极不礼貌，而且也显得漫不经心。

3）瞳孔的变化。瞳孔的变化即视觉接触时瞳孔的放大或缩小。心理学家往往用瞳孔变化大小的规律，来测定一个人对不同事物的兴趣、爱好、动机等。兴奋时，人的瞳孔会扩张到平常的4倍大；相反，生气或悲哀时，消极的心情会使瞳孔收缩到很小，眼神必然无光。所谓"脉脉含情"、"怒目而视"等都多与瞳孔的变化有关。据说，古时候珠宝商人已注意到这种现象，他们能窥视顾客的瞳孔变化而猜测对方是否对珠宝感兴趣，从而决定是抬高价钱还是跌价。

在社交过程中，与朋友会面或被介绍认识时，可凝视对方稍久一些，这既表示自信，也表示对对方的尊重。双方交谈时，应注视对方的眼鼻之间，表示重视对方及对其发言感兴趣。当双方缄默不语时，就不要再看着对方，以免加剧因无话题本来就显得冷漠、不安的尴尬局面。当别人说了错话或显拘谨时，务请马上转移视线，以免对方把自己的眼光误认为是对其的嘲笑和讽刺。如果你希望在争辩中获胜，那就千万不要移开目光，直到对方眼神转移为止。送客时，要等客人走出一段路，不再回头张望时，才能转移目送客人的视线，以示尊重。

在谈判中也很讲究眼神的运用。让眼镜滑落到鼻尖上，眼睛从眼镜上面的缝隙中窥探，就是对对方鄙视和不敬的情感表露。不停地转眼珠，就要提防其在打什么新主意。双目生辉，炯炯有神，是心情愉快、充满信心的反应，在谈判中持这种眼神有助于取得对方的信任和合作。相反，双眉紧锁、目光无神或不敢正视对方，都会被对方认为无能，可能导致对自己的不利结果。

（2）微笑。著名画家达·芬奇的杰作《蒙娜丽莎》是文艺复兴时期最出色的肖像作品之一。画中女士的微笑给人以美的享受，使人们充满对真善美的渴望，至今让人回味无穷。微笑，是一种特殊的语言——"情绪语言"。它可以和有声语言及行动相配合，起"互补"作用，沟通人们的心灵，架起友谊的桥梁，给人以美好的享受。工作、生活中离不开微笑，社交中更需要微笑。

微笑是世界通用的体态语，它超越了各种民族和文化的差异。微笑是人人都喜爱的体态语，正因为如此，无论是个人和组织，都要充分重视微笑及其作用。

世界著名的希尔顿饭店的总经理希尔顿，每当遇到员工时，都要询问这样一句话："你今天对顾客微笑了没有？"他指出："饭店里第一流的设备重要，而第一流服务员的微笑更重要，如果缺少服务员的美好微笑，好比花园里失去了春日的太阳和春风。假如我是顾客，我宁愿住进虽然只有破旧地毯，却处处可见到微笑的饭店，而不愿走进只有一流设备而不见微笑的地方。"正是因为希尔顿深谙微笑的魅力，才使希尔顿饭店誉满全球。

近年来，日本许多公司员工都在业余时间参加"笑"的培训，他们认为这样可以增强企业内部凝聚力，改善对外服务，提高企业效益。根据日本传统，无论男人和女人，遇到高兴、悲伤或愤怒时，都必须学会控制情绪，以保持集体和睦。因为日本人认为藏而不露是一种美德。但自从日本经济进入衰退期后，生意越来越难做，商家竞争日趋激烈。于是乎，为招揽顾客，日本商家，特别是零售业和服务业，新招迭出。其中之一就是让员工笑脸迎客。在今天的日本，数以百计的"微笑学校"应运而生。日本一些公司的员工一般在下班后去学校接受培训，时间为90分钟，连续受训一个星期。据称，经过微笑培训，日本不少公司的销售额"直线上升"。日本许多公司招工时，都把会不会"自然地微笑"作为一个重要条件。

微笑是有规范的，一般要注意四个结合：①口眼结合。要口到、眼到、神色到，笑眼传神，微笑才能扣人心弦。②笑与神、情、气质相结合。这里讲的"神"，就是要笑得有情入神，笑出自己的神情、神色、神态，做到情绪饱满，神采奕奕；"情"，就是要笑出感情，笑得亲切、甜美，反映美好的心灵；"气质"就是要笑出谦逊、稳重、大方、得体的良好气质。③笑与语言相结合。语言和微笑都是传播信息的重要符号，只有注意微笑与美好语言相结合，声情并茂，相得益彰，微笑方能发挥出它应有的特殊功能。④笑与仪表、举止相结合。以笑助姿、以笑促姿，形成完整、统一、和谐的美。

尽管微笑有其独特的魅力和作用，但若不是发自内心的真诚微笑，那将是对微笑语的亵渎。有礼貌的微笑应是自然的坦诚，内心真实情感的表露。否则强颜欢笑，假意奉承，那样的"微笑"则可能演变为"皮笑肉不笑"、"苦笑"。比如，拉起嘴角一端微笑，使人感到虚伪；吸着鼻子冷笑，使人感到阴沉；捂着嘴笑，给人以不自然之感。这些都是失礼之举。

6. 手势

手是人体上最富灵性的器官，如果说"眼睛是心灵的窗户"，那么手就是心灵的触角，是人的第二双眼睛。手势在传递信息、表达意图和情感方面发挥着重要作用。

手的"词汇"量是十分丰富的。据语言专家统计，表示手势的动词有近两百个。双手紧绞在一起，显示的意义是精神紧张；用手指或笔敲打桌面，或在纸上涂画，显示不耐烦、无兴趣；搓手，显示的意义是有所期待，跃跃欲试，也可表示着急或寒冷；摊开双手，表示真诚和坦直；用手支着头，显示的意义是不耐烦、厌倦；用手托摸下巴，说明老练、机智；用手不停地磕烟灰，表明内心有冲突和不安；突然用手把没吸完的烟掐灭，表明紧张地思考问题；等等。

在社会交往和公共关系交往中，手势有着不可低估的作用，生动形象的有声语言再配合准确、精彩的手势动作，必然能使交往更富有感染力、说服力和影响力。

（1）手势的区域。手势活动的范围，有上、中、下三个区域。此外，还有内区和外区之分。肩部以上称为上区，多用来表示理想、希望、宏大、激昂等情感，表达积极肯定的意思；肩部至腰部称为中区，多表示比较平静的思想，一般不带有浓厚的感情色彩；腰部以下称为下区，多表示不屑、厌烦、反对、失望等，表达消极、否定的意思。

（2）手势的类型。人的手势一般可分为四种：第一，情意性手势。主要用于带有强烈感情色彩的内容，其表现方式极为丰富，感染力极强。比如说"我非常爱她"时，用双手捧胸，以表示真诚之情。第二，象征性手势。主要用来表示一些比较复杂的感情和抽象的概念，从而引起对方的思考和联想。例如，表演大军乘胜追击的场面，用右手五指并齐，并用手臂前伸这个手势来形容，象征着奋勇进发的大军，就能引起听众的联想。第三，指示性手势。主要用于指示具体事物或数量，其特点是动作简单，表达专一，一般不带感情色彩。如当讲到自己时，用手指向自己；谈到对方时，用手指向对方。第四，形象性手势。其主要作用是模拟事物的形状，以引起对方的联想，给人一种具体明确的印象。如说到高山，手向上伸；讲到大海，手平伸外展。

（3）手势的原则。手势语能反映出复杂的内心世界，但运用不当，便会适得其反，因此，在运用手势时要注意几个原则。首先要简约明快，不可过于繁多，以免喧宾夺主；其次要文雅自然，因为拘束、低劣的手势，会有损于交际者的形象；再次要协调一致，即手势与全身协调，手势与情感协调，手势与口语协调；最后要因人而异，不可能千篇一律地要求每个人都做几个统一的手势动作。

7. 举止

一个人的举止端庄、行为文明、动作规范，是良好素养的表现，它能帮助个人树立美好形象，也能为组织赢得美誉，反之，则会损害组织形象。《人民日报》有过这样一则报道：

中国长江医疗机械厂经过艰难的谈判即将与美国客商约瑟先生签订"输液管"生产线的合同。然而在参观车间时，厂长陋习难改，在地上吐了一口痰，约瑟看后一言不发，掉头就走，只留给厂长一封信："我十分钦佩您的才智和精明，但您吐痰的一幕使我彻夜难眠。一个厂长的卫生习惯可以反映一个工厂的管理素质。况且我们合作的产品是用来治病的，人命关天。请原谅我的不辞而别，否则上帝都会惩罚我的。"

一口痰毁了一张合同，可见，日常举止是优美仪态的一个重要组成部分，端庄的举止、文明的行为体现在日常生活中的方方面面，社交中也要求人们的举止有一定的约束。例如以下不受欢迎的坏习惯和不良举止就应在交际中努力戒除：

（1）打哈欠。当你在与人谈话时，尤其是当对方在滔滔不绝地发表意见时，那时你也许感到疲倦了，这时要按捺住性子让自己不打哈欠，因为这会引起交际对象的不快。打哈欠在社交场合中给人的印象是你不耐烦了，而不是你疲倦了。

（2）掏耳和挖鼻。如果大家正在喝茶、吃东西时，掏耳的小动作往往令旁观者感到恶心，这个小动作实在不雅，而且失礼。即使你想"洗耳恭听"，此时此地也不是时候。同样，用手指挖鼻也是非常失礼的动作。

（3）剔牙。宴会上，谁也免不了人有剔牙的小动作，既然这小动作不能避免，就得注意剔牙时不要露出牙齿，而且不要把碎屑乱吐一番，最好用左手掩嘴，头略向侧偏，吐出碎屑时用纸巾接住。

（4）搔头皮。有些头皮屑多的人，在社交场合忍耐不住而搔起头皮来。搔头皮必然使头皮屑随风纷飞，这不仅难看，而且令旁人大感不快。搔头皮这种现象在社交场合是非常失礼的。特别是在宴会上，或者较为严肃、庄重的场合，在这种情况下小动作是很难叫人谅解的。

（5）双腿抖动。这种小动作多发生在坐着的时候，站立时较为少见，虽然无伤大雅，但双腿颤动不停，令对方觉得不舒服，而且也给人情绪不安定的感觉，这也是失礼的。同样，让跷起的腿儿钟摆似的打秋千也是相当难看的姿态。

（6）频频看表。在与人交谈时，如果无其他重要约会，最好少看自己的手表。这样的小动作会使对方认为你还有什么重要的事情，不会使谈话继续下去；同时，你的这种小动作可能引起对方的误会，认为你没有耐心再谈下去。如果你确实有事在身，不妨婉转地告诉对方改日再谈，并表示歉意。

8. 风度

风度是社交活动中给人印象深刻的内在潜质的综合反映，风度不但是人的一种性格特征的表现，还是一种内在涵养的表现。风度是一个人的姿态举止、言谈、作风等表现出来的美。这种美既是一种外在美，又是一个人内心美的自然流露，也就是内在美和外在美的和谐统一。所以屈原说："纷吾既有此内美兮，又重之以修能。"

看过《周恩来外交风云》的人不会忘记，在日内瓦会议和万隆会议上，周恩来以其卓越才智和个人魅力，为和平解决印度支那问题，促进亚非会议作出了历史性的贡献。他的举手投足，都展现出一个彬彬有礼、温文尔雅、和蔼可亲的东方美男子形象。1954 年，当周恩来代表中国出现在日内瓦会议上时，他的风采，他的气质，他的落落大方、不卑不亢的外交才干，令所有人为之惊叹、为之折服，令西方国家对新中国的总理刮目相看。在万隆会议上，周恩来又以其风度与个人魅力从会前需要"老前辈"介绍而变为会后公认的"外交明星"。他所倡导的"和平共处五项原则"、"求同存异"方针，也产生了深远的影响，被广泛承认为处理国与国之间关系的基本准则。周恩来那优雅的充满独特魅力的翩翩风度，倾倒了多少不同国度、不同民族甚至不同信仰的人，令多少人为之惊叹与折服！

周恩来在一次东南亚之行中，在告别前举行的记者招待会上，彬彬有礼地回答每一位记者的提问。会场上，所有的记者即使不能得到满意的答复，也无法挑剔周恩来的风度。在记者招待会即将结束前，一个外国姑娘向周总理问道："周恩来先生，能不能问您一个私人问题？"

周恩来很坦诚地点头，微笑着说："可以。"

"您已经 60 多岁了，为什么仍然神采奕奕，记忆非凡，显得这样年轻、英俊？"

场内顿时响起友善的笑声和议论声，看得出聪明的中国人很多都认为自己的总理配有长生不老药。

然而，这位素有"东方第一美男子"之称的周恩来总理，声音洪亮地回答道："因为我是按照东方人的生活习惯生活，所以我至今很健康"时，场内顿时掌声如潮！多少年来，东方人从来都是贫穷、落后、愚昧、病夫的代名词。而如今，有了受人尊敬的周恩来成为东方人的代表，顷刻间，不分国家、不分政见、不分肤色，只要是东方人都感到了荣幸与骄傲！

因此，我们既要重视化妆、服饰与姿态的美，更要看重内在的修养，何况外在仪表本身就渗透着个人内在的气质。要想在社交场合风度翩翩，应从根本做起：

（1）风度的培养是人内在气质的展现。气质不佳者，难有好的风度。内在气质的优化是靠平时修养、陶冶而成，因而会不经意地显露出风度。《世说新语》记载：曹操个子较矮，一次匈奴来使，应由曹操接见，可是曹操怕使者见自己矮而看不起，于是请大臣崔琰冒充自己，曹操则持刀扮成卫士站在崔琰的旁边观察使者。崔琰"眉目疏朗，须长四尺，甚有威重"。接见后，曹操派人去探听使者的反应，使者说："魏王雅望非常，然床头提刀者，此乃英雄也。"曹操具有高度的政治、军事、文化素养，养成了封建时代的政治家特有的气质，因此，他的风度并不因他身材矮小而受到影响，也不因他扮成地位低下的卫士而被掩盖。

（2）风度的培养离不开良好的德、才、学、识。良好的文化素养，脱俗的思想境界，渊博的学识，精深独到的思辨能力，是构成风度美的重要内在因素。宽宏的气度与气量是自古以来的君子之风，知识丰富且善于辞令，时而妙语连珠，时而幽默风趣，这些风度也可通过语言举止、服饰和作风等转换为外在的形式。如毛泽东有运筹帷幄的政治家风度；周恩来有才思敏捷，风姿潇洒的外交家风度；鲁迅有"横眉冷对"的铮铮铁骨；宋庆龄则留下端庄自然的慈母风度，等等，高尚的道德修养与高超的学识造就了卓然的风度。

（3）风度的培养应注意经常训练。培养风度要先对自己的气质、性格、经历、知识和文化程度，乃至身材、面容等条件有自知之明。既不能听之任之，对自己毫无要求，以"本色"、"自然"自夸；也不能乞求过高，操之过急，以至矫揉造作，生硬别扭，或东施效颦，欲美反丑。而审度自己，科学地进行自我设计，持久地实践、训练，自然能水到渠成。例如，根据自身特点坚持训练站姿、坐姿、走姿、言谈举止的技术，在各种场合、环境下都能运用自如，心理从容自信，风度也随之而来。正如一位艺术家所言："只有你自己才能识别自己的长处和魅力。它们也许是你的低回浅笑，也许是你的开怀畅谈，也许是你的亲切和蔼。它可能是你对生活乐趣的领悟，也可能是你的沉静安详。不管你那特有的吸引力是什么，它都会因为魅力的技术因素而得到加强。"

四、文明的语言

公共关系人员的语言包括口头语言、书面语言、体态语言三种表达形式。公共关系人员的用语一定要做到简洁、规范、有条有理。不仅要声音优美、文字端正、动作规范，而且还要言谈与措辞文雅动听，写作符合语法规范，动作运用恰当、自然得体，从而给公众留下良好的礼仪形象。

1. 口头语言

公共关系人员口头语言表达要符合以下的礼仪要求，要用准确标准的普通话，而不要用地方语言；要用简朴易懂的语言，而不要用自己都不理解的语言，因为运用自己没有理解的语言，既无说服力，又被公众所蔑视；要用准确的语言，而不要用"差不多"之类的、模棱两可的语言，因为后者表面上看似尊重对方公众，实际上使公众感到为难，难以适从；要用文雅的语言，而不要用无所顾忌的、粗俗的语言；要用通俗易懂的语言，而不要用专业术语和技术用语；要用符合对方身份的语言，而不要用轻视对方的语言；要用简洁明了的语言，而不要用兜圈子的语言；要用有条不紊的语言，而不要用杂乱无章的语言；要用关心体贴公众的语言，而不要用质问、责难公众的语言；要用双向交流、平等互动的语言，而不要用单项传播的居高临下的语言。

2. 书面语言

公共关系人员书面语言的表达要符合以下的礼仪要求：要叙述平实，简练质朴，使公众看了一目了然，而不要长话、套话一大篇，过多堆砌华丽辞藻，使公众读后觉得华而不实、哗众取宠；要据实直书，用准确无误的语言把主要事实叙述清楚，而不要眉毛胡子一把抓、主次不明、文字繁冗，使公众如坠云山雾海，不知所云；要在了解语言意义和语法的前提下，正确使用习惯用语、简称和必要的语言用语，而不要文理不通，生造新的语词、语句，不要大量使用未经共同认可的地方俗语，否则会使公众看不懂、读不下去，不知所以然；要正确、规范、委婉得体地表达意见，而不要使用生硬、绝对化的语言，否则会使公众不容易接受，而且缺乏人情味，无法达到文字沟通的目的。

3. 体态语言

公共关系人员体态语言的表达要符合以下礼仪要求：要自然得体、洒脱大方，使公众容易理解、接受，而不能使公众产生一种莫名其妙、矫揉造作的感觉；要注意体态语言和声音、语调相配合，争取两种语言的整合效应，而不能突然演示一个让人无法捉摸的动作，这样会使公众产生迷惑；要灵活多变地使用体态语言，但不能局限于几个固定不变的简单动作，否则会降低吸引力；要调动全部体态语言表达丰富的信息内容，多角度、全方位地影响公众，而不能仅仅局限在单个体态语言的使用，影响其魅力的发挥，当然这种体态语言的整体使用要符合体态语言使用的特点和规律，不能无规则地使用体态语言，这样会使公众无法理解，其效果也必然适得其反。

第二节 公关人员的职业素养

公共关系活动是一项复杂、艰巨的系统工程。公关从业人员的舞台是全方位、多角度的，能否在纷繁复杂的社会关系网络中应付自如，创造性地开展公共关系工作，在很大程度上取决于公共关系人员的职业素养。"向阳花木易为春"，只有具有较高的素养，才能更好地开展公共关系礼仪活动，实现公共关系目标。

一、成熟的人格形象

成熟而健全的人格是认知、情绪、价值、信仰等因素整体良好的产物，它着眼于身心系统的平衡和调适，涉及诸如性格、举止、风度、品德、心理等方面。美国一位心理学家曾对 1500 个智力超常儿童进行了多年的跟踪考察，最后发现成功者和失败者的智商（IQ）仍不相上下，导致他们事业产生巨大反差的是性格、情感、意志、自我意识等非智力因素情商（EQ）。EQ 能力是人格能力的一个重要部分，它包括个人对自身心理能量的支配和整合。一个成功者知道如何调适自己的情绪，如何设身处地根据自身的经历体验，通过观察判断而认知他人内心的情感体验，知道如何建立良好的人际关系以及培养自发的心灵动力等，有自知之明和有知人之智，方能于人际沧海中脱颖而出。美国心理学家奥尔波特的研究表明，在陌生人群中，初次见面最具吸引力的是人良好的个性特征。正如另一位心理学家马斯洛所言："也只有当人成为更纯粹、更个别化的他自己时，他也就更能够同世界融合在一起。"最有特征才最具吸引力，良好的人格形象是一个人外秀内慧的统一，是一种无形资产而成为人际吸引的重要资源。

作为一名公共关系人员，每天要与各类社会公众打交道，与社会各界联系沟通，言谈举止、待人接物、处世方式等，无一不在展示公关人自身形象。成熟、自信、稳健、热情的人格形象，能给公众留下深刻而美好的印象，产生好感，并形成"晕轮效应"，进而有助于公共关系人员顺利地开展活动。相反，胆怯、冷漠、孤僻、自私等不良个性，不仅无助于公共关系人员形象的树立，也不利自身的心理平衡，更无助于从事公关传播沟通工作。公共关系人员的人格形象应表现为以下几点：

1. 充满自信，开朗健谈

自信是一个公关人员人格形象的核心，也是人的气质所在。充满自信的公关人员能在任何情况下应付自如，敢于面对生活工作中的任何挑战，不骄不躁，凭借智慧与经验，圆满完成各项任务。正如法国哲学家卢梭所言："自信心对于事业简直是奇迹，有了它，你的才智可以取之不尽、用之不竭。一个没有自信心的人，无论他有多大才能，也不会有成功的机会。"

自信心的培养与树立，首先应表现为在任何社交场合始终保持不卑不亢的良好心态。在强者面前不自卑，在弱者面前不傲慢，绝不会因自己的阅历、地位或其他条件胜于或弱于他人而产生盛气凌人或卑躬屈膝的行为。其次，要通过各种社会场合，锻炼自己的社交能力，多与名人、长者接触，增强自我意识，消除胆怯心理。最后，言谈举止要落落大方，说话行事要充分表达出自信而又谦恭、热情而又稳重的精神风貌。

开朗健谈是对公关人员素质的又一要求。公关人员的从业环境和工作性质决定了公关人员必须具有开朗健谈、宽厚待人、性情幽默等特点。一方面，公关人员要注意与公众的感情交流，活泼善谈，尽快消除陌生感，使自己与公众之间建立一种平等、信任的和谐气氛。另一方面，公关人员应做个耐心的听众和说服者，善于听取对方的建议。为此，善解人意和宽容他人是公关人员在从事公关活动中所不可缺少的。作为公关从业人员，在原则问题上应坚持立场，在非原则问题上应宽宏大量、不计小节。在尴尬的场合中，能善于用幽默的语言调节气氛，缓解矛盾，消除隔阂；在冲突的环境中，能保持冷静克制的态度，妥善处理，化干戈为玉帛。良好的性格素质能够促使公关人员在处理复杂琐碎的事务中保持身心平衡，提高在交际场合随机应变的能力。

2. 真诚公正，品德高尚

"真诚公正，品德高尚"是对公关人员人格形象塑造的道德要求。作为公关人员，所体现出的形象应该是公正无私、光明磊落、不谋私利、讲究信用、以诚感人。公关人员与公众交往的过程是长期的，倘若以一时的夸夸其谈、弄虚作假骗取公众的暂时信任，达到了个人目的，长而久之，公众一旦明白事实真相，必然对公关人员失去信任，进而影响到组织的形象和信誉。

公关人员还必须具备高尚的道德品质，严格遵守职业道德规范，时刻注意维护组织形象，绝不能假公济私、以权谋私、行贿受贿、索取回扣。作为公关从业人员，应该以兢兢业业的工作态度和讲究信誉、诚实待人的可贵品质去获得公众的依赖，为组织创造更多的经济效益和社会效益。

3. 情绪饱满，精力充沛

公关工作是一项需要人们付出大量智力和体力劳动的艰辛工作，并非如某些人所想象的，整天徜徉在高级宾馆与美酒佳肴中。一个公关人员每天所要面临的工作可能是日常性事务处理，也可能是从事大型的专题宣传活动。在公关人员的时间表里，8 小时工作制常常是不存在的，往往在一般从业人员下班回家或享受的时候，公关人员还在辛勤地工作，或招待客户，或加班加点为第二天开幕式布置会场、撰写讲稿。如此超负荷的工作量，没有充沛的精力和热情，是很难胜任的。为此，正确驾驭自己的情绪活动，在紧张繁忙的工作中保持健康的心理、充沛的精力，是公关人员提高工作效率的一个关键因素，是公关人员塑造自身形象的重要方面。

情绪饱满能使公关人员精神焕发，对工作投入热情，对事物的变化有一种敏感性，并随时根据客观环境的变化作出相应举措，工作中能充分发挥创造力和想象力，处变不惊，冷静、理智地处理突发事件。精力不足、萎靡不振、情绪起伏过于频繁，往往在公关活动中处于被动局面，不仅不会主动地开展创造性工作，还可能因情绪波动、失去理智而做出后悔莫及的事情。公关人员饱满的工作情绪和热情，还能使其在与公众接触的过程中不断收集各种各样的信息，留心公众对组织形象和产品形象的评价，不断拓展工作渠道和活动范围，扩大组织影响。公关人员良好的情绪和工作作风，也深深影响着周围公众，成为他人评价公关人员以及组织形象的"窗口"。

为此，公关人员在注意控制和调节自己情绪的同时，要提高适应各种生活的能力，努力做到心胸豁达、宽宏大量，保持乐观和健康向上的情绪，遇到不顺心的事情善于排解、正确对待。面对一系列繁杂的工作事务，公关人员还应通过合理安排时间、计划从事，根据事情的轻重缓急着力解决问题，力求高效率，以腾出时间放松自己。另外，公关人员在与各类公众交往的过程中，应善于从中寻求工作的乐趣，享受与众多朋友相识、相交的乐趣，把工作当做人生的一大享受。总之，既要有敬业精神，又要有乐业精神，这样才能保持乐观、旺盛的精力和情绪。

4. 举止文雅，仪表端庄

"举止文雅，仪表端庄"是完善公关人员自我形象的外在要求。一个人的穿戴打扮、举手投足，不管是有意还是无意，总能反映出一个人的修养、习性、性格和爱好，也会给周围公众留下不同印象，是仪态大方、稳重、质朴，还是缺乏修养、轻浮、花哨。为此，公关人员在衣着打扮、举止风度方面必须注意客观效果。

二、完整的知识体系

完整的知识体系是公关人员整体职业素质的又一要求。公关人员知识体系的完善，需要掌握公关专业知识以及相关学科知识，包括个人运用自己的智力对知识加以吸收内化处理的环节。如同蜜蜂采蜜，要善于将各种知识有选择性地输入、储存、加工。相反，杂乱无章的知识堆积，将无助于公关工作水平的提高。

1. 公共关系的基本理论和实务知识

公共关系的基本理论是指导公共关系实践的法宝。它包括以下内容：公共关系的基本概念、定义及特征；公共关系的产生、发展史；公共关系的主要职能及其在决策管理中的作用；公共关系的工作原则和实施程序；公众的分类及影响方法；公共关系的类型及设置原则；公共关系从业人员的素质及培训等。

公共关系是一门应用性很强的学科。公关人员除了掌握基本理论之外，还应熟悉各种公共关系实务知识。公共关系实务知识包括以下内容：公共关系大众传播与人际传播的种类、特点及传播技巧；公共关系调查分析的方法与步骤；公共关系策划知识；公共关系评估途径与方法；社交礼仪常识；撰写公关文书的技巧；演讲的运用；专题公关实务活动的选择与开展；几种常见的行业公共关系等。

2. 公共关系的边缘学科知识

公共关系是一门新兴的边缘学科，而且是"聚合型"的边缘科学。因此，它与众多学科之间有着极为密切的相关性。认识和了解公共关系学与其他学科之间的相关性，不仅有助于扩大知识面、开阔眼界，还能加强对公共关系本身更深层次的理解和认识。

与公共关系密切相关的学科有以下几类：现代管理类学科，包括管理学、经济学、市场学、营销学等；语言文字类学科，包括中文写作、新闻学、英文等；社会科学类学科，包括社会学、心理学、法学等；传播学类学科，包括传播学、媒介学、广告学、动作语言学、组织环境学等。

3. 有关组织自身的知识

不管是公关部还是公关顾问公司，在从事公关服务活动中，都必须对自己所属组织或所服务的组织做全面的了解：组织的从业性质、生产方式、服务特点；组织的长远发展目标和近期工作目的；组织自身的发展史；目前的运作情况；竞争对手的实力；组织内部员工的文化素质；现有的生产能力……对组织情况了解得越多，越能客观全面地分析问题、解决问题。相反，对组织情况一无所知或一知半解，公关人员就很难作出符合客观情况的结论和决策。

4. 开展特定公关工作所需要的专业知识

开展特定公共关系工作所需要的专业知识，主要是指公关人员在工作中时常会根据环境变化和工作需要，从事某些特定公共关系活动。例如，处理某化工厂与所在社区间因环境污染问题而造成的纠纷，必然要涉及到一定的环保知识和某些化工知识；开展某些特定行业的公共关系，包括政府公关、军队公关、银行公关、邮电公关、铁路公关等行业，也需要掌握相应行业的专业知识。这样有助于提高工作效率，获得良好效果。

三、全面的能力结构

能力，是人们通常所说的"才能"或"本事"，即人们运用知识和智力成功地进行实际活动的本领，是人的基本素质和智力因素在各种不同条件下的综合表现。公共关系人员应具备多方面的综合能力。

1. 组织协调能力

公关工作是一项有计划、有步骤的活动。公关人员在从事每项公关活动时，需要做大量的事务性工作：搜集整理有关信息；制定相应的计划；协调各方面人员负责实施；组织领导每一项具体活动；随时控制整个工作过程；及时进行调整和修正；处理应急事件……诸多千头万绪的繁杂工作，要求公关人员必须具备较强的组织协调能力，尤其是在一些重大的专题活动中，更需要做到计划周全、安排合理，以保证活动有条不紊地进行。

组织领导及协调能力的培养是多方面的。首先，要掌握与人合作的工作方法，善于听取别人的意见，注重调动和激发下属的积极性，人尽其用，充分发挥各自的才能。其次，判断和决策必须果断明确、指挥有方，同时善于协调各方面的关系，同心协力，共同致力于公关目标的实现。再次，应熟知一些常见活动的组织方法。比如，主持会议的程序；搞专题活动应做的筹备工作；处理应急事件应注意的事项……只有熟练掌握公共关系的工作技巧与方法，才有可能充分发挥组织协调能力，否则将事倍功半、效率低下。

2. 表达传播能力

表达传播能力主要是指口头表达与书面表达两大能力。能写会道是公关人员应该掌握的两项最基本的传播技巧。

公关人员在工作中，常常要撰写通讯、新闻稿件，拟订工作计划与活动方案，编纂企业简报和年鉴，撰写公文、贺词、柬帖、通知等公关文书。因此，公关人员必须具备良好的文字功底和写作技巧。这就需要熟练地掌握一些常用文体的书写形式和撰写技巧，文字表达的准确性、简洁性、生动性等规律，力求在全面、客观、真实的基础上，突出重点，加强趣味性和可读性，吸引各类社会公众，达到传播的目的。

口头语言表达能力要求公关人员必须掌握说话的艺术。公关人员与公众接触的机会较多，应充分利用一切交际场合，发表适时适地的演说，向社会公众传播信息、沟通感情、施加影响，使公众建立起对本组织良好的信誉和形象，为组织发展创造有利的舆论环境。为此，公关人员应充分掌握说话技巧，注意语词、语气、节奏的运用，把握好说话的分寸和时机，并利用"动作语言"传达感情、表露心绪，从而提高自身表达能力和传播效果。

3. 策划创新能力

公关活动讲究借势、造势、融势。公关人员要根据环境的态势、企业的要求，设计出新颖独到、令人耳目一新的公关活动，才能引起公众对企业及其产品的关注。这就需要公关人员具有较强的策划创新能力。

公关人员的策划创新能力表现在以下几个方面：首先，善于根据收集到的信息，策划出能够使公众广为关注的公关活动，并使这一活动成为社会的热点。其次，善于在别人看似平淡之处找出奇特之点，并策划出相应的公关活动。最后，能够在危机公关中找出机会，制造"公关新闻"，使企业转危为安。

公关人员只有在公关活动中具有策划创新能力，才能使公关工作富有新奇感和挑战性。

4. 社会交往能力

企业公关人员必须从一点一滴做起，不断培养和提高自己的社交活动能力，注意自己的仪容仪表和言谈举止。为此，公关人员要善于理解他人、宽容他人，细心体察不同公众的行为及心理特征，能在尴尬的场合中保持愉快、幽默的心境，并能主动打破僵局，化干戈为玉帛。充满自信、友好、轻松的微笑，是公关人员良好形象的外在体现，也是人际吸引的重要因素。同时，熟知人际交往中基本的礼仪常识和社交技巧，如接待客人、赴宴、出席会议等礼节，也是公关人员社交能力形成的必备知识。另外，公关人员还应培养自己多方面的爱好和特长，包括书法、桥牌、交谊舞、棋类、烹调、集邮，等等。这不仅有利于公关人员陶冶性情，而且有助于在交际场合充当与各类公众沟通的"桥梁"。

第三节　公关人员的礼仪修养

下面探讨公关人员培养礼仪修养的基本途径，同时介绍一些个人基本素质的测量方法，以帮助公共关系人员更好地认识自我，不断提高自身素质。

一、公关人员礼仪修养的途径

礼仪修养是一个自我认识、自我养成、自我提高的过程，是通过有意识的学习、仿效、积累而逐步形成的，是要有高度的自觉性的。一位饭店服务员，在饭店内工作，只是迫于店规的压力才对宾客致意问候，似乎是彬彬有礼，而步出饭店，换了环境，就举止轻浮，谈吐不雅，这实际上是礼仪修养缺乏的表现。只有人们把礼仪修养看作是自身素质不可或缺的一部分，是事业发展的基础，是完美人格的组成，才会真正有自觉意识和主动性。培养良好的礼仪修养可以通过以下途径。

1. 加强道德修养

礼仪修养是道德修养的外在表现，道德修养决定着人们具有什么样的理想、信念、情感、意志、规范等，它是调节人们相互关系的行为规范总和。加强道德修养的过程是一个自我认识、自我解剖、自我教育、自我改造和提高的过程，在这个过程中，外部的教育影响不可少，但最终还是取决于个人有无高度的主动性和自觉性。道德不同于法律，法律要求人们遵守法规，主要运用强制力量使人服从，而道德是依靠人们内在的主动性和自觉性，并主要通过社会舆论、传统习惯、内心信念起作用。因此，道德修养强调主动性和自觉性。

例如，语言既是传递信息的符号，也是表达思想的工具。一个人的语言修养如何，往往反映了这个人的思想道德修养水平。一般来说，一个人思想进步、品德高尚，他自然对人尊重、说话和气；相反，心术不正、品质恶劣，则必然是骗人欺人、言语污秽。因此，公关人员要提高社交语言艺术的修养，首先应该努力做一个热爱生活、尊重他人、助人为乐、礼让谦逊、表里如一的有高尚道德的人。

2. 学习礼仪知识

如果懂得的礼仪知识越广博、越全面，在待人接物时就越能应付自如。有的人也具有较高的道德修养和良好的品德，但在涉外工作和旅游服务工作中，因对其他国家或某一具体活动的礼仪知识不了解，凭以往的经验办事，轻则闹笑话，重则影响工作效果，甚至造成误解。因为不同国家具有不同的习俗和礼节礼貌，就我国五十六个民族而言，各个民族的礼节习俗也是各不相同的。我国几千年的文明，在各个历史阶段都有浩繁的有关礼节礼貌的知识，我们应注意搜集、学习，久而久之，自己不但在礼节礼貌方面博闻多识，而且在礼仪修养的实践上也能提高到新的高度。

3. 提高文化素养

文化素养的高低决定了人们精神活动层次的高低，文化素养高的人大都是学识较高的人，这类人往往思考问题周密，分析问题透彻，处理问题有方，在人际交往中具有独特的魅力。而文化素养低的人，往往难以应付各种社交活动，在人际交往中会形成一些障碍。

古人云："慧于心而秀于言。"也就是说，心灵聪慧则语言秀美。我们的古人非常讲究语言表达要谦敬文雅，而没有一定的文化修养，是很难做到言谈文雅的。例如，在日常生活中，问"您叫什么名字"就不如说"请问您贵姓"更为礼貌；问"您有什么事"就不如说"有什么需要我帮助您吗"更为文雅。公关人员要能够感觉和掌握这些言语中的细微差别，就需要提高文化素养，注意吸收生活中人们运用语言的艺术和技巧，自觉培养良好的语言习惯。所以，应该培养自己对知识的广泛兴趣，努力涉猎多方面的知识，提高文学、艺术欣赏能力，提高审美能力，这样，就会有意无意地按照美的规律来认识生活和改造周围的环境，同时，在人际交往中，自己的言行也会更具美感。

4. 坚持从小事做起

《礼记·中庸》这部书里说："君子戒慎乎其所不睹，恐惧乎其所不闻。莫见乎隐，莫显乎微。故君子慎其独也。"意思是说，一个有道德的人，要做到在别人看不到的时候，能十分谨慎，在别人听不到的时候，能十分警惕，不要因为隐蔽和微小的过失，就可以去做。培养礼仪修养需要我们具有这种精神。有些人在某些场合很懂礼貌，而在另外一些场合却放肆、粗野。这种随环境的改变而表现出的不一致行为，说明礼貌行为并未真正上升到修养的高度，也没有形成内在的道德自律，这种礼貌、礼节方面时好时坏的表现，会损害一个人在社交中的完整形象。

所以，人们常说"于细微处见精神"、"细节决定成败"，一个具有礼仪修养的人，应从一点一滴开始，在一言一行上严格要求自己，毫不原谅自己的"小毛病"。古人说："勿以善小而不为，勿以恶小而为之"，这应成为我们培养礼仪修养的警言。

5. 参加社交活动

实践是动机和效果由此及彼的桥梁，我们掌握了礼节礼貌知识，就要到实际社交活动中去加以运用。有的人说起来头头是道，一到实际社交场合，就害怕、出"洋相"或者紧张、羞怯，这都是缺乏实践锻炼所造成的。只有积极投身到实践之中，才能发现自己的优势和弱点，也才能对症下药，弥补不足之处。只要在社交活动中多听、多看、多想、多学，自己的礼仪修养就会不断提高，在社交活动中也会越来越受到人们的欢迎。

二、公关人员的素质测量

公关礼仪是公共关系的手段，是公关策略的一部分。公关礼仪贯穿于公共关系工作之中，能否搞好公关礼仪是能否做好公关工作的重要条件之一。因此，从事公关工作，必定要懂公关礼仪，也要具备做公关礼仪工作的现实条件。那么，如何知道自己的现实条件是否与公关工作条件相吻合呢？最简单的办法就是通过一些量表进行自我测试。下面，提供一些有关量表，供测试之用。

1. 你能胜任公共关系工作吗

下列问题，每小题答案为"是"，计1分，答案为"否"，计0分。满分为

100分。

（1）知识。

①是否大学毕业？

②是否经过公共关系学方面的专门学习和训练？

③是否掌握经济学方面基本知识？

④是否掌握社会学方面的基本知识？

⑤是否掌握经营和管理学方面的基本知识？

⑥是否掌握市场营销学方面的基本知识？

⑦是否了解财务、会计方面的基本知识？

⑧是否受过哲学和逻辑学方面的思维训练？

⑨是否了解传播学？

⑩是否对心理学感兴趣？

⑪是否掌握舆论调查和民意测验的方法、技术？

（2）技术。

⑫是否能够独立拟定各类新闻稿件？

⑬是否掌握摄影技术？

⑭是否了解美工技术？

⑮是否掌握演讲技术？

⑯是否有较好的演讲口才？

⑰是否了解广告技术？

⑱是否掌握打字技术？

⑲是否能够运用计算机进行信息传播？

⑳是否懂得各种印刷规则？

㉑是否掌握公众关系礼仪？

（3）性格。

㉒是否性情中庸、和悦近人？

㉓接人待物是否从容不迫、落落大方？

㉔是否能来往于大庭广众之下而不畏惧？

㉕是否乐观？

㉖是否有耐性？

㉗是否有奉献精神？

㉘是否有决心和毅力面对困境和挫折？

㉙做事是否按部就班？

㉚是否健谈？

㉛仪表是否动人？

（4）品德。

㉜为人是否公道正派？

㉝说话办事是否诚实可靠？

㉞做工作是否有良好的责任感和道德感？

㉟是否有明辨是非的能力？

㊱是否能以大我的利益为重？

㊲是否相信人性本善说？

㊳是否对他人有信任感？

㊴是否关心他人并赢得同事的信赖？

㊵能否遵守诺言？

㊶行为是否严谨？

㊷是否有高尚的情操？

（5）经验。

㊸是否有新闻工作的经验？

㊹是否有与新闻界打交道的经验？

㊺是否有广告、推销方面的经验？

㊻是否有人事管理方面的经验？

㊼是否有社会交际或社会活动的经验？

㊽是否从事过舆论调查和民意测验？

㊾是否有谈判方面的经验？

㊿是否有教师的工作经验？

51是否有财会部门的工作经验？

（6）阅历。

52阅历是否广泛？

53是否了解世界各国的风俗习惯？

54是否了解中国各地的不同习惯？

55是否了解我国各民族的民族特点？

56是否了解各宗教信仰的特点？

57是否能与各种类型的人打交道？

（7）思维。

58是否在不同的环境中都能发现问题？

59是否善于思考、勤于分析？

60反应问题是否敏捷？

(61)观察问题是否细心？
(62)分析问题是否深刻？
(63)遇事是否冷静？
(64)是否有综合、客观分析问题的能力？
（8）胆识。
(65)是否有战略眼光，能否制订长期的公共关系规划？
(66)是否能为长期规划的实现做好充分准备？
(67)是否能做好每一件小事？
（9）谈吐。
(68)是否有幽默感？
(69)谈吐能否吸引人？
(70)谈吐是否轻松？
(71)是否有通过谈吐摆脱僵化局面的能力？
(72)通过谈吐能否化解各种矛盾？
（10）精神。
(73)是否有进取精神？
(74)是否有奉献精神？
(75)是否有感染别人的精神？
（11）智慧。
(76)对人对事是否有好奇心并保持浓厚兴趣？
(77)是否精于观察他人的言行？
(78)能否当一个好听众欣赏别人的谈话？
(79)是否善于处理尴尬的局面？
(80)写作是否流畅？
(81)每天是否抽空读书看报？
(82)做事是否富于想象力和创造性？
（12）能力。
1）组织能力。
(83)是否有制定计划方案的能力？
(84)是否能合理地分授职权？
(85)是否善于发现人们的长处？
(86)能否用人所长、调动部属的积极性？
(87)是否善于协调不同性格的人一道工作？
(88)能否理解上级意图及接受指示？

⑧是否能创造轻松愉快的组织工作气氛？

⑩是否善于主持各种会议？

2）交际能力。

⑨是否能与各种不同性格的人打交道？

3）适应能力。

⑫是否能适应不同的环境？

⑬是否能与和自己意见不一致的人共事？

4）表达能力。

⑭对问题的描述是否全面、准确？

⑮阐述问题是否口齿伶俐？

⑯是否能准确地使用"动作语言"和"体态语言"？

5）辨析能力。

⑰是否能总体估量组织内部与组织外部的各种关系？

⑱对不同意见是否有分析概括能力？

6）应变能力。

⑲是否有应付各种偶发事件的能力？

（13）其他。

⑩能否尽快恳切地承认自己的错误并坦诚地接受惩罚？

对以上问题的回答，60分以下者，不适合从事公共关系工作；60分以上为及格，但需设法改进自己的弱点，才有可能从事公共关系工作；70分以上者，有资格从事公共关系工作；80分以上者，可以成为合格的公共关系工作者；90分以上者可以成为公共关系方面的专家。

2. 你受人欢迎吗

对以下问题的回答，肯定得5分，否定得0分。

①当你离开和朋友相处的地方，朋友们会感到依依不舍吗？

②你有病休息在家，是否有朋友围绕在你身旁谈天说地，使你不感到孤独？

③你很少因为一点小事与别人争吵吗？

④你是否觉得有很多人都给你留下美好的印象，从而使你喜欢他（她）们？

⑤朋友们感到有趣的事，你也感到有趣吗？

⑥你愿意做你朋友喜欢做的事吗？

⑦经常有友人来约你叙谈聊天吗？

⑧友人是否常常请你组织安排或者主持舞会、野外郊游等集体活动？

⑨你是否喜欢参加或被人邀请参加各种社交性聚会？当这些聚会预先在你眼前出现的时候，你会感到愉快吗？

⑩是不是常常有人欣赏、夸奖你的仪表、才能和品质？

⑪数日不见的朋友，你会立刻记起他（她）的名字吗？

⑫同不同类型脾气与个性的人打交道，你能否很快地适应？

⑬当你遇上一个陌生人时，你认为他喜欢你的可能性大，还是不喜欢你的可能性大？

⑭你能否相当容易地去找到你需要找的人？

⑮你是否愿意与他人共度周末假日？

⑯你是否能在短时期内与你所遇到的各种人物熟悉、热乎起来？

⑰你觉得你所遇到的大多数人是否容易接近呢？

⑱他人是否很少指责、批评甚至恶语于你，而且很快地原谅、更理解你的过失和错误？

⑲你与异性是否很容易接近？

⑳你的朋友是否容易受你的感染，接受你提出的意见和建议？

对以上问题的回答，70分以上，你可以非常自豪地说："我是一个最受欢迎的人。"60～70分，你可以聊以自慰："我是一个比较受欢迎的人。"如果在50～60分，你可稍稍乐观："我在别人的眼中印象不坏。"如果在40～50分，那你还可以松口气："勉强受人欢迎。"40分以下，你必须引起注意，因为这表明你不受人欢迎。

3. 你的修养如何

你是不是有修养，不妨将下面这个简单的自我测验做一次，每一个问题，只要用"是"或"不是"来加以回答。

①你对待店里的售货员或饭店的女服务员是不是跟你对待朋友那样很有礼貌呢？

②你是不是很容易生气呢？

③如果有人赞美你，你是不是会向他说"谢谢"呢？

④有人尴尬不堪时，你是不是觉得很有趣？

⑤你是不是很容易展露出笑容，甚至是在陌生人面前？

⑥你是否会关心别人的幸福和舒适？

⑦在你的谈话和信件中，你是不是时常提到自己？

⑧你是不是认为礼貌对一个男子汉无足轻重？

⑨跟别人谈话时，你是不是一直很注意对方的反应？

答案：

①是。一个富有修养的人，不论是对什么样身份的人，始终都彬彬有礼。

②不是。动不动就生气的人，修养不会很好。

③是。关于接受他人赞美是一种做人的艺术。

④不是。幸灾乐祸显出你的修养较差。

⑤是。微笑始终是自己或其他人通往快乐的最好入场券。

⑥是。关心体贴别人是一个人成熟和有魅力的第一个条件。

⑦不是。那些经常大谈他自己的人很少会受到别人的欢迎。

⑧不是。良好的风度和礼貌，是做人所必需而且应该具有的自然反应。

⑨是的。尊重别人的意见才能使别人尊重你。

4. 你属于哪种性格类型

怎样才能知道自己的性格是外向还是内向？下面介绍一些特征以供参考：

（1）以下这些特征是外向型性格。

①对人十分信任。

②能在大庭广众之中工作。

③不常分析自己的思想和动机。

④自己擅长的工作愿意别人在旁观看。

⑤能把强烈的情绪（如喜、怒、悲）表现出来。

⑥不拘小节。

⑦与观点不同的人自由联络。

⑧好读书而不求甚解。

⑨喜欢经常变换工作。

⑩不愿别人提示，而愿自己解决。

（2）以下这些特征是内向型性格。

①喜静安闲。

②工作时不愿别人在旁观看。

③遇有集体活动愿在家而不参加。

④宁愿节省而不愿耗费。

⑤很讲究写应酬信。

⑥常写日记。

⑦不轻易信任别人。

⑧常检查自己的思想和行为。

⑨在群众场合中很安静。

⑩三思而后决定。

如果外向、内向的性格都不明显，那就应该是性格平衡的类型了。

5. 你有幽默感吗

（1）在一张白纸上随便画个符号。

（2）在 10 秒钟内画一个人。

（3）在 10 秒钟内画一个火星上的生物。

（4）你要参加一个化妆舞会，将穿哪种服装？

①贵族装　　　　　②孩子式的盛装　　　　　③小丑装

（5）你讲故事时，是否连细节也仔细地叙述？

（6）下列哪种动物你最感兴趣？

①袋鼠　　　　　②猴子　　　　　③长颈鹿

（7）你绘画、跳舞、听音乐时，会发出会心的微笑，甚而大笑吗？

（8）你的一枚铜板掉进水里，你会设法取出吗？

（9）你常因听笑话而发笑——即使是不懂的笑话？

答案：

（1）符号上有角或直线代表你是个紧张与难取悦之人。一个有幽默感的人往往会画出波状或环形的符号。

（2）如果你画的人脸上有笑容，那你是在找寻人生幽默的一面。你没有画上一顶帽子或衣服扣子吧，好，因为你以为别人是不能伤害你的。

（3）要是你画的火星人多多少少像我们人类，那就表示你有幽默感。

（4）如果你选择了小丑装，那么你具有相当的幽默感。

（5）过分地注意小节，表明你是个严肃之人，不喜欢追求乐趣。

（6）选择猴子的人具有较高的幽默感。

（7）答"是"者有幽默感。

（8）设法取出，表示你有幽默感。

（9）如果你常听不懂别人的笑话，那么你的幽默感一定是太一般。

6. 自测是否受人尊重

你是否受人尊重？请你自测以下内容：

（1）尊重别人的意见，永不告诉别人，他是错的。

①做不到　　　　　②有时能做到　　　　　③经常是这样

（2）如果你错了，迅速地承认。

①做不到　　　　　②吞吞吐吐，勉强承认　　　　　③完全能够做到

（3）同他人交往用友善的方法开始。

①做不到　　　　　②根据自己情绪的好坏而定　　　　　③经常如此

（4）尽量不与别人辩论。

①做不到　　　　　②有时可以做到　　　　　③完全能做到

（5）无论说什么，能使对方立刻说："是，是。"

①不能　　　　　②有时能　　　　　③能

（6）使对方多多说话。

①做不到　　　　　②有时能　　　　　③经常是这样

（7）真诚地尽力用对方的观点看事。

①很难做到　　　　②有时做到　　　　③经常是这样

（8）同情于对方的愿望和困境。

①不容易做到　　　②出于怜悯　　　　③发自内心

评分标准：A＝0分，B＝2分，C＝5分。

结论：如果你的成绩为35～40分，那么你是一个比较受人尊重的人；如果成绩在25～30分，那么，你只受部分人尊重；成绩在25分以下，只有极个别人尊重你。

镜头中的形象

在电视事业蓬勃发展的今天，以前只有资格当观众的人，现在会有很多机会在电视上"露脸"。假如你下个星期要以本公司工作人员的身份去电视台录制一个节目，那么在形象方面应该注意哪些呢？

1. 摄像机会让你的重量"增加"

有位女士看到自己在电视中的形象以后，惊呼"天哪，我怎么这么胖！"其实，如果不参加模特大赛，这位女士绝对是我们普通人中的"标准身材"。那么，为什么在电视中显得胖了10斤呢？原因是图像背景是浅色的，这位女士穿的浅色衣服又恰好与背景融为一体，根本看不清楚轮廓线在哪里，造成了"肥胖"的错觉，实在遗憾。

正确的方法：事先了解场地背景，选择与背景反差较大的外衣色彩，使你看上去轮廓分明。录制节目之前，如果先向该节目的摄影师请教，他们通常会非常高兴地给你一大堆"忠告"。另外，男士的外衣与衬衫、领带或女士的外衣与丝巾、胸针等配饰之间，也应有较大的反差，这样才能在屏幕上产生悦目的效果。

2. 穿得体的衣服

拍摄电视节目并不意味着你必须穿最好的衣服，你也不一定非要为上电视而购置新衣。重要的是你的着装风格必须与节目的风格保持一致。如果你要讨论商业、企业、金融、法律、质量、售后服务等方面比较严肃的主题，严谨的职业套装是最好的选择。如果你在"东芝动物乐园"节目中，谈论动物园里新来的非洲大象和斑马，或者是在"欢乐总动员"中与竞争对手进行友谊比赛，那么休闲装则是最好的选择。不管你选择哪种衣服，一定要选择合适的领口，否则，不舒适的衣领会让你难受，从而分散你的注意力，影响你的思维。

3. 慎重使用白色

白色在生活中很讨人喜欢。但是，在拍摄电视节目时，需要慎重使用白色。其一，白色的图像给人以"膨胀"感，除非你非常苗条，否则不宜穿着白色。其二，白色织物会强烈地反射光线。想一想，当你站在白茫茫的雪地里时，你的瞳孔会怎样反应？它会自动收缩以减少射入眼底的光线。摄像机也是一样，当它遇到大面积的白色时，它会自动调节曝光数据，减少画面亮度，如此一来，你看到的画面效果是你的脸在大面积的白色映衬下显得很黑，毫无光彩可言。

假如你的脸色不是那种像白种人一样的白颜色，而你又非常喜欢白色上镜，那么你应当把白色的面积控制在整体面积的1/2以下；或者用其他颜色的外衣或围巾、颜色反差较大的胸针、轮廓明显的项链来打破单一的白色。这样，既保留了白色的清纯与现代感，又弥补了白色在镜头中产生的缺陷。

4. 不要穿格子花呢

普通电视机画面的清晰度无法分辨出格子花呢中微小的颜色差异。如果参加者在讲话时喜欢使用手势，或者这个节目要拍摄一些活动的画面，那么一定要避免穿格子花呢（例如颜色反差较大的犬牙花纹）。这是因为格子花呢会使画面看上去模糊不清，那些线条仿佛变成了流动的光影。细条纹或小点状花纹的衣服也会使画面看上去不稳定。

5. 现场的温度

拍摄现场很可能让你感叹"这里好热！"大家在拍照片时常常需要用闪光灯来补充照明，摄像时也一样。在正规的演播室里通常威力强大的照明系统，它们除了会产生明亮的光线以外，还会产生大量的热能。虽然演播室有中央空调来控制温度，但是，由于你是被拍摄的主体，因此，你将会得到比观念更多的来自照明灯的热量。假如你处于压力之下感到紧张，或是对不熟悉的环境心怀恐惧，那你很可能会出汗。因此，不要穿得太厚，也不要穿不透气的衣服，否则你在拍摄过程中会感到"备受煎熬"。别忘了带一块手帕备用。

6. 你需要特别化妆

如果你的脸不是非常光洁细腻，摄像机会把这一切夸张地显现出来。因此，女士的上镜妆要比日常妆画得更仔细一些，粉底、眼影、腮红、睫毛膏、眼线、唇膏一样也不能少，最后还要扑一些透明散粉。男士在上镜之前同样需要修面，并扑一些散粉遮盖脸上过多的油光。

很多节目剧组都配备有专业的化妆师，他们会帮助你解决化妆问题。事先询问是否有化妆师，假如没有，你就应当自己解决这个问题。如果你实在不会自己化妆，可以事先到美容院预约专业化妆师（对于女士来说尤为重要），花费也不会太大。为了自己以及公司的形象，这点投资也是值得的。

7. 佩戴简单大方、不戴叮咚作响的配件及首饰

避免佩戴那些总是发出声响的首饰，除非你是在给这些产品做宣传。录制节目时，工作人员通常会在你的衣领附近别上一个微型麦克风，它会把那些噪音完全展示出来，让观众以为你身上的口袋里装了很多零钱。

8. 上镜之前仔细检查

如果镜头主要拍摄你的脸，那么你就需要对着镜子仔细检查你的脸，确保"万无一失"。除了化妆和头发之外，还要注意眉毛是不是乱了，牙齿是不是清洁。请别人从其他角度看看你的头发，不要有影响整体效果的凌乱发丝。尽量不要戴眼镜，因为镜片容易反光，影响画面效果。

如果镜头可以专门拍摄你的手（比如详细介绍产品使用方法的节目），千万不要忘记修剪指甲。

（资料来源：徐克茹. 商务礼仪标准培训［M］. 北京：中国纺织出版社，2007.）

松下的形象

日本著名跨国公司"松下电器"的创始人、被称为"经营之神"的松下幸之助，从前不修边幅，企业也不注重形象，因此企业发展缓慢。一次到银座的一家理发室去理发，理发师看到他的形象后，毫不客气地对他说："你对自己的容貌修饰毫不重视，就如同将你的产品弄脏似的。作为公司的代表，如果你不注意形象，产品能打开销路吗？"一句话将松下幸之助问得哑口无言。他将理发师的劝告牢记在心，从此后对自己的外在形象十分重视，生意也随之兴旺起来，现在，松下电器的产品享誉天下，与松下幸之助长期率先垂范，要求员工懂礼貌、讲礼节是分不开的。

（资料来源：国英. 公共关系与现代礼仪案例［M］. 北京：机械工业出版社，2004.）

讨论题:

(1) 为什么要注意仪容美?

(2) 本案例对你有何启示?

气质魅力从头开始

华盛集团公司的卫董事长有一回要接受电视台的采访。为了郑重起见,事前卫董事长特意向公司为自己特聘的个人形象顾问咨询,有无特别需要注意的事项。对方专程赶来之后,仅仅向卫董事长提了一项建议:换一个较为儒雅而精神的发型,并且一定要剃去鬓角。对方的理由是发型对一个人的上镜效果至关重要。果然,改换了发型之后的卫董事长在电视上亮相时,形象焕然一新。他的发型使他显得精明强干,他的谈吐使他显得深刻稳健。两者相辅相成,令电视观众们纷纷为之倾倒。

(资料来源:张文.礼仪修养与实训教程〔M〕.广州:华南理工大学出版社,2009.)

讨论题:

(1) 发型在社交中发挥了怎样的作用?

(2) 本案例对你有哪些启示?

谈判因何未成功?

国内一家效益很好的大型企业的总经理王克,经过多方努力和上级有关部门的牵线搭桥终于使德国一家著名的电气企业同意与自己的企业合作。谈判时,为了给对方留下精明强干、时尚新潮的好印象,王克上身穿了一件T恤衫,下身穿一条牛仔裤,脚穿一双旅游鞋。当他精神抖擞、兴高采烈地带着秘书出现在对方面前时,对方瞪着不解的眼睛上下打量了他一会儿后,显出不满的神情。这次合作没能成功。

(资料来源:陈光谊.现代实用社交礼仪〔M〕.北京:清华大学出版社,2009.)

讨论题:

(1) 谈判因何未成功,请分析一下原因。

(2) 本案例对你有哪些启示?

小李的尴尬

小李和几个外国朋友相约周末一起聚会娱乐，为了表示对朋友的尊重，星期天一大早，小李就西装革履地打扮好，对照镜子摆正漂亮的领结前去赴约。北京的八月天气酷热，他们来到一家酒店就餐，边吃边聊，大家好不开心快乐！可是不一会儿，小李已是汗流浃背，不住地用手帕擦汗。饭后，大家到娱乐厅打保龄球，在球场上，小李不断为朋友鼓掌叫好，在朋友的强烈要求下，小李勉强站起来整理好服装，拿起球做好投球准备，当他摆好姿势用力把球投出去时，只听到"嚓"的一声，上衣的袖子扯开了一个大口子，弄得小李十分的尴尬。

（资料来源：陈光谊. 现代实用社交礼仪［M］. 北京：清华大学出版社，2009.）

讨论题：

（1）小李着装存在哪些问题？

（2）本案例对你有何启示？

小节的象征

一位先生要雇一个没带任何介绍信的小伙子到他的办公室做事，先生的朋友挺奇怪。先生说："其实，他带来了不止一封介绍信。你看，他在进门前先蹭掉脚上的泥土，进门后又先脱帽，随手关上了门，这说明他很懂礼貌，做事很仔细；当看到那位残疾老人时，他立即起身让座，这表明他心地善良，知道体贴别人；那本书是我故意放在地上的，所有的应试者都不屑一顾，只有他俯身捡起，放在桌上；当我和他交谈时，我发现他衣着整洁，头发梳得整整齐齐，指甲修得干干净净，谈吐温文尔雅，思维十分敏捷。怎么，难道你不认为这些小节是极好的介绍信吗？"

（资料来源：杨友苏，石达平. 品礼：中外礼仪故事选评［M］. 上海：学林出版社，2008.）

讨论题：

（1）本案例对你有哪些启示？

（2）你已经拥有了哪些"介绍信"？

（3）反省自身一天的言谈举止，看看忽略了哪些细节，请注意及时改进。

用微笑沟通心灵

孟昆玉是北京宣武区和平门岗的一位普通交警,凡是从这个十字路口经过的人,几乎第一感觉都是他的微笑。他的微笑不仅是他的一张"名片",而且成为他工作中与司机有效沟通的"秘密武器"。孟昆玉参加工作以来,每天都把笑容挂在脸上,用微笑化解矛盾,赢得理解,建立了非常和谐的警民关系,工作中没有一起投诉,他不仅获得了"微笑北京交警之星"、"百姓心中好交警"、"首都五一劳动奖章"等荣誉称号,而且还被广大网友盛赞为"京城最帅交警"。

警察,在人们心目当中,一般都是很严肃的。而孟昆玉,一个年轻的"80"后交警,何以有这样好的心态,能保持8年如一日的微笑呢?孟昆玉说:"从参加工作以来,我的口头语就是'您好'。无论是在路面上还是在单位见到同志,我觉得一个微笑,一个'您好',就能够拉近人和人之间的距离,如果你给司机一个微笑、一个敬礼、一个'您好',就有了沟通的基础。"

是啊,微笑是人类最美的表情,是人们心灵沟通的钥匙。当一个人对你微笑时,你能感觉到他心中的暖意,感受到他对你的善意和友好。反之,一个人若总是紧绷着脸,冷若冰霜,就会让人退避三舍,不愿接近。让我们都像孟昆玉一样,用微笑去沟通心灵,让文明成为一种行动,让我们居住的这座城市因你我更加美丽!

(资料来源:侯爱兵. http://blog.sina.com.cn/s/blog-5a/5f4820100fqg6.html.)

讨论题:

(1)结合自身感受谈谈微笑的作用。

(2)微笑应注意什么?

(3)本案例对你有哪些启示?

1. 女性面部化妆

实训目标:掌握化妆的基本操作规程。

实训学时:1学时。

实训地点:实训室。

实训准备:化妆盒、棉球、粉底霜、胭脂、眼影、眉笔、唇彩、香水等。

实训方法：按照化妆的一般方法，教师为一名学员操作示范，然后学员分别操作，教师重点指导。针对若干化妆好的学员进行分析总结。

2. 服饰展示会

实训目标：掌握不同场合服饰的穿戴与搭配。

实训学时：2 学时。

实训地点：礼仪实训室。

实训准备：半正式场合、休闲场合、运动场合、商务酒会等场合男士、女士的服饰，数码摄像机、投影设备等。

实训方法：学生分组设计不同场合，每组学生进行角色扮演，演示各场合服饰的穿戴与搭配，用数码摄像机记录整个过程，然后投影回放，学生自我评价，找出不合规范之处，授课教师总结、点评学生存在的个性和共性问题。最后，评选出"最佳表现组"。

3. 站姿训练

实训目标：掌握站姿的基本要领和不同场合下的站姿，纠正不良站姿。

实训学时：2 学时。

实训地点：形体训练室。

实训准备：四面墙安装长度及地镜子的形体训练室、书籍、音乐播放器材、音乐歌曲 CD、磁带等。

实训方法：

(1) 面向镜子按着动作要领体会标准的站姿。

(2) 个人靠墙站立，要求后脚跟、小腿、臀、双肩、后脑勺都紧贴墙，进行整体的直立和挺拔训练。每次训练20分钟左右（应坚持每天一次）。

(3) 在头顶放一本书使其保持水平促使人把颈部挺直，下巴向内收，上身挺直，每次训练20分钟左右（应坚持每天一次）。

(4) 训练时可以配上优美的音乐，放松心情，减轻单调、疲劳之感。女性穿半高跟鞋进行训练，以强化训练效果。

4. 坐姿训练

实训目标：掌握坐姿的基本要领和不同场合下的坐姿，纠正不良坐姿。

实训学时：2 学时。

实训地点：形体训练室。

实训准备：四面墙安装长度及地镜子的形体训练室、靠背椅子若干把、书籍、音乐播放器材、音乐歌曲 CD、磁带以及训练器材等。

实训方法：

(1) 面对镜子，按坐姿基本要领，着重脚、腿、腹、胸、头、手部位的训练，体会不同坐姿，纠正不良习惯，尤其注意起坐、落座练习。每次训练20分钟（应坚持每天一次）。

（2）训练时可以配上优美的音乐，放松心情，减轻单调、疲劳之感。女性穿半高跟鞋进行训练，以强化训练效果。

（3）利用器械训练，增强腰部、肩部力量和灵活性，进行舒肩展背动作练习。

5. 走姿训练

实训目标：掌握走姿的基本要领和特定场合下的走姿，纠正不良走姿。

实训学时：2 学时。

实训地点：形体训练室。

实训准备：四面墙安装长度及地镜子的形体训练室、书籍、音乐播放器材、音乐歌曲 CD、磁带等。

实训方法：

（1）在地面上画一条直线，行走时手部掐腰，上身正直，双脚内侧踩在线上，行走时按要求走出相应的步位与步幅。可以纠正行走时摆胯、送臀、扭腰以及"八字步态"、步幅过大过小的毛病。训练时配上行进音乐，音乐节奏为每分钟60拍。

（2）头顶书本行走，进行整体平衡练习。重点纠正行走时低头看脚、摇头晃脑、东张西望、脖颈不正、弯腰弓背的毛病。

（3）进行原地摆臂训练。站立，两脚不动，原地晃动双臂，前后自然摆动，手腕进行配合，掌心要朝内，以肩带臂，以臂带腕，以腕带手，纠正双臂横摆、同向摆动、单臂摆动、双臂摆幅不等的现象。

（4）对镜子行走，进行面部表情等的整体协调性训练。

（5）训练时可以配上优美的音乐，放松心情，减轻单调、疲劳之感。女性穿半高跟鞋进行训练，以强化训练效果。

6. 眼神训练

实训目标：掌握眼神的基本要领，正确使用眼神。

实训学时：2 学时。

实训地点：教室。

实训准备：每人一面小镜子、音乐播放器材、音乐歌曲 CD、磁带、优秀影视剧中的演员和节目主持人通过眼神表达内心情感的影像资料等。

实训方法：以下方法坚持天天训练，不要间断，必使目光明亮有神：

（1）睁大眼睛训练。有意识地练习睁大眼睛的次数，增强眼部周围肌肉的力量。

（2）转动眼球训练。头部保持稳定，眼球尽最大努力向四周做顺时针和逆时针360°转动，增强眼球的灵活性。

（3）视点集中训练。点上一支蜡烛，视点集中在蜡烛火苗上，并随其摆动，坚持训练可达目光集中、有神，眼球转动灵活。

（4）目光集中训练。眼睛盯住三米左右的某一物体，先看外形，逐步缩小范围到物体的某一部分，再到某一点，再到局部，再到整体。这样可以提高眼睛明亮度，使眼睛十分有神。

（5）影视观察训练。观看录像资料，注意观察和体会优秀影视剧中的演员和节目主持人是如何通过眼神表达内心情感的。

（6）训练时可以配上优美的音乐，放松心情，减轻单调、疲劳之感。

7. 微笑训练

实训目标：掌握微笑的基本要领，在交往中正确使用微笑，养成爱微笑的习惯。

实训学时：2 学时。

实训地点：教室。

实训准备：每人一面小镜子、音乐播放器材、音乐歌曲 CD、磁带、优秀影视剧中的演员和节目主持人微笑的影像资料等。

实训方法：

（1）情绪记忆法，即将自己生活中，最高兴的事件中的情绪储存在记忆中，当需要微笑时，可以想起那件最使你兴奋的事件，脸上会流露出笑容。注意练微笑时，要使双颊肌肉用力向上抬，嘴里念"一"音，用力抬高口角两端，注意下唇不要过分用力。普通话中的"茄子"、"田七"、"前"等的发音也可以辅助微笑口型的训练。

（2）对着镜子，练习微笑，调整自己的嘴型，注意与面部其他部位和眼神的协调，做最使自己满意的微笑表情，到离开镜子时也不要改变它。

（3）练习微笑之前要忘掉自我和一切烦恼，让心中充满爱意。

（4）训练时可以配上优美的音乐，放松心情，减轻单调、疲劳之感。

8. 手势训练

实训目标：掌握手势的基本要领、常用手势的标准，纠正不正确的手势，养成良好习惯。

实训学时：2 学时。

实训地点：形体训练室。

实训准备：四面墙安装长度及地镜子的形体训练室、音乐播放器材、音乐歌曲 CD、磁带、投影设备，毛泽东、周恩来等伟人的音像资料等。

实训方法：

（1）先观看毛泽东、周恩来等伟人的音像资料，然后开始训练。

（2）调整体态，保持良好的站姿。

（3）每两人一组对镜子练习常用手势并互相纠正。

（4）教师最后点评、总结。

1. 假如你是一名即将毕业的大学生，准备去参加招聘面试，为了能更好地展示自己良好的形象，能在众多的应聘者中脱颖而出，除了注意服装搭配外，在仪容修饰方面你该如何准备？

2. 公关人员应怎样提高礼仪修养？请根据所掌握的礼仪知识，结合个人实际，为自己设计一份"提高个人礼仪综合素养"的计划书。

3. 请运用本章提供的各个量表进行自我素质测评。

4. 作为男士，请每天出门前对照以下"男士仪容仪表自我检测"仔细审视自己，看看自己哪些方面需要改进，以养成良好的习惯。

男士仪容仪表自我检测

发型款式大方，不怪异，头发干净整洁，长短适宜。无浓重气味，无头屑，无过多的发胶、发乳。

鬓角及胡须已剃净，鼻毛不外露。

脸部清洁滋润。

衬衣领口整洁，纽扣已扣好。

耳部清洁干净，耳毛不外露。

领带平整、端正。

衣、裤袋口平整服帖。衬衣袖口清洁，长短适宜。

手部清洁，指甲干净整洁。

衣服上没有脱落的头发和头皮屑。

裤子熨烫平整，裤缝褶痕清晰。裤腿长及鞋面。拉链已拉好。

鞋底与鞋面都很干净，鞋跟无破损，鞋面已擦亮。

5. 作为女士，请每天出门前对照以下"女士仪容仪表自我检测"仔细审视自己，看看自己哪些方面需要改进，以养成良好的习惯。

女士仪容仪表自我检测

头发保持干净整洁，有自然光泽，不要过多使用发胶；发型大方、高雅、得体、干练，前发以不要遮眼、遮脸为好。

化淡妆：眼亮、粉薄、眉轻、唇浅红。

服饰端庄：不太薄、不太透、不太露。

领口干净，脖子修长，衬衣领口不过于复杂和花哨。

饰品不过于夸张和突出，款式精致、材质优良，耳环小巧、项链精细，走动时安静无声。

公司标志佩戴在要求的位置，私人饰品不与之争夺别人的注意力。

衣袋中只放小而薄的物品，衣装轮廓不走样。

指甲精心修理过，不太长、不太怪、不太艳。

裙子长短、松紧适宜。拉链拉好，裙缝位正。

衣裤或裙子以及上衣的表面无明显的内衣轮廓痕迹。

鞋洁净，款式大方简洁，没有过多装饰与色彩，鞋跟不太高、不太尖。

衣服上没有脱落的头发和头皮屑。

丝袜无钩丝、无破洞、无修补痕迹，包里有一双备用丝袜。

6. 请根据你同事的脸形、形体和个性特点，给他（她）在服饰运用上提些合理化建议。

7. 学校将举行首届校园礼仪形象大赛，请为此进行个人形象整体设计。

8. 今天你微笑了吗？试着每天清晨起床后，对着镜子整理仪容的同时，把甜美愉快的笑容留在脸上。

9. 你对自己的仪态满意吗？请观察一下你周围人士的站姿、坐姿、走姿等方面存在什么问题？提醒自己避免出现这些问题。

10. 在人际交往中，还有哪些手势语显得失礼，是我们要避免使用的？

11. 请制定一份班级举止文明公约。

12. 请以"风度的培养"为题写一篇小论文，全文不少于1500字。

第三章 公关日常礼仪

非礼勿视，非礼勿听，非礼勿言，非礼勿动。

——《论语·颜渊》

礼尚注来，注而不来，非礼也。来而不注，亦非礼也。人有礼则安，无礼则危。故曰：礼者不可不学也。夫礼者，自卑而尊人。虽负贩者，必有尊也，而况富贵乎？富贵而知好礼，则不骄不淫；贫贱而知好礼。则志不慑。

——《礼记·曲礼》

学习目标

➤ 在交际中能够得体地称呼对方
➤ 得体地进行自我介绍、他人介绍，更好地与人相识
➤ 熟练运用标准的握手、鞠躬等见面礼节
➤ 能够设计富有特色的名片，在交际中能够规范地使用名片
➤ 能够恰当地选择礼品，互赠礼品
➤ 正确地运用鲜花表达情意
➤ 礼貌地使用电话进行沟通
➤ 礼貌地使用手机进行沟通
➤ 运用短信沟通，符合礼仪要求
➤ 礼貌地使用电子邮件、发帖聊天、微信等网络沟通手段
➤ 接待、拜访符合礼仪规范
➤ 恰当得体地与人进行交谈
➤ 能够自觉地使用礼貌用语与人交谈

➢ 会选择交谈的合适话题

➢ 在交谈中注意倾听

➢ 能够做好差旅出行的准备

➢ 乘坐交通工具遵守礼仪规范

➢ 宾馆住宿符合礼仪要求

➢ 遵照办公室的各项礼仪规范，使自身的职业生涯有一个良好的起点

➢ 与上司、同事、下属、异性交往符合礼仪规范

如此见面

　　小李今年大学刚毕业，在大华公司总经理办公室做秘书工作。一天，公司王总经理派他到机场去接广州明光公司销售部的吴丽晶经理。小李准时来到机场，在出口处吴经理见到小李手中的字牌，走到小李面前说："你好！你是小李吧，我是吴丽晶！"小李连忙用不太标准的普通话说："是的是的，我是小李，您好！您就是广州过来的狐狸精（吴丽晶）吧？我是王总派来接您的。我是东方大学行政管理专业毕业的研究生，现在是王总的秘书。"一边说一边伸手准备与吴经理握手。面对小李这样的称呼、这样的自我介绍、这样的握手方式，吴经理会是什么感觉呢？

　　（资料来源：吴蕴慧，徐静. 现代礼仪实务［M］. 上海：上海交通大学出版社，2008.）

一个人在社会中生存、发展，就必须以各种形式与其他人进行交往。因为没有交往就难以合作；没有合作就难以生存、发展。对于交际，不但要积极参与，总结经验，吸取教训，更要重视基本的日常交际礼仪的学习，并在实践中正确地应用，这样才能加倍体验交际成功带来的欢乐。

第一节 见面的礼节

见面是交际的开始，了解与掌握见面时的礼节，可以帮助公关人员顺利地通往交际的殿堂。本节所介绍的称呼、握手、介绍、名片等都是最常见的见面礼节。

一、称呼

在社会交往中，交际双方见面时，如何称呼对方，这直接关系到双方之间的亲疏、了解程度、尊重与否及个人修养等。一个得体的称呼，会令彼此如沐春风，为以后的交往打下良好的基础，否则，不恰当或错误的称呼，可能会令对方心里不悦，影响到彼此关系乃至交际的成功。

如著名传记作家叶永烈在着手写陈伯达传记时，需采访陈伯达，采访时究竟怎样称呼陈伯达，叶永烈颇费了一番心思。采访的前一天晚上，叶永烈辗转反侧，明天见到了陈伯达到底该叫他什么呢？叫他陈伯达同志，不合适，因为陈伯达是在监狱服刑的犯人，叫他老陈，也不行，因为陈伯达已经是八十四岁的老人了，而自己才四十八岁，究竟应怎样称呼他呢，突然叶永烈灵机一动，称呼他陈老，这是再恰当不过的称呼了。果然，第二天采访时，叶永烈一声"陈老"的亲切得体称呼，令陈伯达听了感动万分，眼里充满了泪花。由此可见，一个得体的称呼真可谓是交际的"敲门砖"啊！

1. 称呼姓名

一般的同事、同学关系，平辈的朋友、熟人，均可彼此之间以姓名相称。例如，"王小平"、"赵大亮"、"刘军"。长辈对晚辈也可以如此称呼，但晚辈对长辈却不可这样做。为了表示亲切，可以在被称呼者的姓名前分别加上"老"、"大"、"小"字相称，而免称其名。例如，对年长于己者，可称"老张"、"大李"；对年幼于己者，可称"小吴"、"小周"。但这种称呼多在职业人士间常见，不适合在校学生。对同性的朋友、熟人，若关系极为亲密，可以不称其姓，而直呼其名，如"春光"、"俊杰"；对于异性一般则不可这样做，因为若如此，那不是其家人，就是其配偶了。

2. 称呼职务

在工作中，以交往对象的职务相称，以示身份有别、敬意有加，这是一种最常见的称呼方法。具体做法上可以仅称呼职务，如"局长"、"经理"、"主任"，等等；可以在职务前加上姓氏，例如，"王总经理"、"李市长"、"张主任"，等等；还可以在职务之前加上姓名，这仅适用于极其正式的场合。例如，"×××主席"、"×××省长"、"×××书记"，等等。

3. 称呼职称

对于有职称者，尤其是有高级、中级职称者，可以在工作中直接以其职称相称。可以只称职称，例如，"教授"、"研究员"、"工程师"等等；可以在职称前加上姓氏。例如，"张教授"、"王研究员"、"刘工程师"，当然有时可以简化，如将"刘工程师"简化为"刘工"，但使用简称应以不发生误会、歧义为限；可以在职称前加上姓名，它适用于十分正式的场合。例如，"王久川教授"、"周蕾主任医师"、"孙小刚主任编辑"，等等。

4. 称呼学衔

在工作中，以学衔作为称呼，可增加被称呼者的权威性，有助于增强现场的学术氛围。可以在学衔前加上姓氏，例如，"张博士"；可以在学衔前加上姓名，如"张明博士"。一般对学士、硕士不称呼学衔。

5. 称呼职业

称呼职业，即直接以被称呼者的职业作为称呼。例如，将教员称为"老师"，将教练员称为"教练"或"指导"，将专业辩护人员称为"律师"，将财务人员称为"会计"，将医者称为"大夫"或"医生"，等等。一般情况下在此类称呼前，均可加上姓氏或姓名。

6. 称呼亲属

亲属，即本人直接或间接有血缘关系者。在日常生活中，对亲属的称呼业已约定俗成，人所共知。面对外人，对亲属可根据不同情况采取谦称或敬称。对本人的亲属应采用谦称。称辈分或年龄高于自己的亲属，可以在其称呼前加"家"字，如"家父"、"家叔"。称辈分或年龄低于自己的亲属，可在其称呼前加"舍"字，如"舍弟"、"舍侄"。称自己的子女，则可在其称呼前加"小"，如"小儿"、"小女"、"小婿"。对他人的亲属，应采用敬称。对其长辈，宜在称呼前加"尊"字，如"尊母"、"尊兄"。对其平辈或晚辈，宜在称呼之前加"贤"字，如"贤妹"、"贤侄"。若在其亲属的称呼前加"令"字，一般可不分辈分与长幼，如"令堂"、"令爱"、"令郎"。

在公关实践中，称呼还要注意以下技巧：

一是初次见面更要注意称呼。初次与人见面或谈业务时，要称呼姓＋职务，要一字一字地说得特别清楚，比如"王总经理，您说得真对……"如果对方是个副总经理，可删去"副"字；但若对方是总经理，不要为了方便把"总"字去掉，而变为经理。

二是称呼对方时不要一带而过。在交谈过程中，称呼对方时，要加重语气，称呼完了停顿一会儿，然后再谈要说的事，这样能引起对方的注意，他会认真地听下去。如果你称呼得很轻又很快，有种一带而过的感觉，对方听着不但不顺耳，有时也听不清楚，就引不起听话的兴趣。相比之下，如果忽视了对方的姓名，而过分强调要谈的事情，那就会适得其反，对方不会对你的事情感兴趣了。所以一定要把对方完整的称呼，很认真、很清楚、很缓慢地讲出来，以显示尊重。

三是关系越熟越要注意称呼。与对方十分熟悉之后，千万不要因此而忽略了对对方的称呼，一定要坚持称呼对方的姓＋职务（职称），尤其是在有其他人在场的情况下。人人都需要被人尊重，越是朋友，越是要彼此尊重。如果熟了就变得随随便便，"老王"、"老李"，甚至用一声"唉"、"喂"来称呼，这样是极不礼貌的，是令对方难以接受的。

二、打招呼

在人际交往中，当商界人士互相见面或被他人介绍时，应起身站立，热情认真地向对方打个招呼，这是最普通的礼节。

1. 打招呼时应注意的问题

（1）男士尊重女士。如果你在途中遇见相识的女士，倘若她不打招呼，你就不要去打扰她。她是不是主动向你打招呼，全由她去决定。你只可向她答礼，除非你和她非常熟悉。男士主动先向女士打招呼，有时会给女士带来不便或尴尬。

（2）不用莽撞的问候方式。如果你在公共场所遇见了久违的好朋友，请不要太激动。在街上，突然冲向对方，甚至冲撞了行人；在会场上，猛然从座位上跳起来，并穿过整个大厅；在人群里，冷不丁高呼朋友的名字，让旁人吓一跳，并为之行侧目礼等，都是很失礼的。

（3）不苛求"熟视无睹"的相识者。有时会因碰见相识者对你"熟视无睹"，而感到不高兴，其实这大可不必。请不要把不经心的视而不见与故意的轻蔑混为一谈。这很可能是对方正在沉思，或者眼睛近视，也可能因为你的外貌有了改变。例如，有位女士对自己所从事的专业很有研究和造诣，是行业中公认的专家。但她的同事对她一直很有意见，认为她骄傲、不理人、摆架子。其实她的"视而不见"，是因为她习惯在行走和空闲时，独自一人沉思。

（4）适时、适地打招呼。如果参加一个国际性的或者是跨省市、跨行业的会议，在一天内几次遇见同一个熟人，每次都说"您好"似乎太单调了。可以根据时间、场合，适地、适时地用不同的方式打招呼。

（5）与相遇的人打招呼。有时因出差、开会、旅游等，在旅馆居住或在商店购物等，都应该同遇见的服务员或售货员打招呼。只要是经常同自己打交道的人，不论地位高低、贫富不同，都要注意见面打招呼。

2. 正式场合打招呼的方式——招手致意

招手致意是公关正式交往中打招呼时常用的礼节方式。招手致意的功能因招手高度与方式的不同而有所区别。右手高举过顶，并用目光示意是表示招呼对方，受这种礼时必须答礼。手高举过头顶、掌心向前、左右不停摆动，是告别礼，其答礼式也是向对方施以这种摇手礼。右手举起过肩但不过头，掌心向侧面，可作为与客人中距相望或行进中的礼节，亦需面带笑容，用目光示意对方，一般表示再会的意思。

三、介绍

介绍是社交活动最常见，也是最重要的礼节之一，它是初次见面的陌生双方开始交往的起点。介绍在人与人之间起桥梁与沟通作用，几句话就可以缩短人与人之间的距离，为进一步交往开个好头。

1. 介绍的基本规则

为他人做介绍时必须遵守"尊者优先了解情况"的规则，在为他人做介绍前，先要确定双方地位的尊卑，然后先介绍位卑者，后介绍尊者。具体如下：

（1）先将男士介绍给女士。例如，介绍王先生与李小姐认识，介绍人应当引导王先生到李小姐面前，然后说："李小姐，我来给您介绍一下，这位是王先生。"注意在介绍的过程中，被介绍者的名字总是后提。

（2）先将年轻者介绍给年长者。把年轻者引见给年长者，以示对前辈、长者的尊敬。如"王教授，让我来介绍一下，这位是我的同学张明。""张阿姨，这是我的表妹王丽。""刘伯伯，我请您认识一下我的表弟李强。"在介绍中应注意，有时虽然男士年龄较大，但仍然是将男士介绍给女士。

（3）先将未婚女子介绍给已婚女子。如，"张太太，让我来介绍一下，这位是李小姐。"注意当被介绍者无法辨别其是已婚还是未婚时，则不存在先介绍谁的问题，可随意介绍。如，"张女士，我可以把我的女朋友李小姐介绍给您吗？"

（4）先将职位低的介绍给职位高的。在实业界或公司中，在商务场合要先将职位低的介绍给职位高的。如，"王总，这位是××公司的总经理助理刘女士。"注意这里我们先提到的是王总经理，这是因为我们把王总经理的职位看作高于刘女士，尽管王总经理是一位男士，仍不先介绍他。

（5）先将家庭成员介绍给对方。在向别人介绍自己的家庭成员时，应谦虚地说出对方的名字。这不仅是出于礼貌，而且对介绍自己的家庭成员也比较方便。如，"张先生，我想请您认识一下我的女儿晓芳。""张先生，请允许我介绍一下我的妻子。"

（6）集体介绍时的顺序。在被介绍者双方地位、身份大致相似，或者难以确定时，应当使人数较少的一方礼让人数较多的一方，一个人礼让多数人，先介绍人数较少的一方或个人，后介绍人数较多的一方或多数人。

若被介绍者在地位、身份之间存在明显差异，特别是当这些差异表现为年龄、性别、婚否、师生以及职务有别时，则地位、身份为尊的一方即使人数较少，甚至仅为一人，仍然应被置于尊贵的位置，最后加以介绍，而先介绍另一方人员。

若需要介绍的一方人数不止一人，可采取笼统的方法进行介绍，例如，可以说："这是我的家人"，"他们都是我的同事"，等等，但最好还是要对其一一进行介绍。进行此种介绍时，可比照他人介绍时位次尊卑顺序进行介绍。

若被介绍双方皆不止一人，则可依照礼规，先介绍位卑的一方，后介绍位尊的一方。在介绍各方人员时，均需由尊到卑，依次进行。

2. 自我介绍

在不同场合，遇见对方不认识自己，而自己又有意与其认识，当场没有他人从中介绍，往往需要自我介绍。

（1）自我介绍的方式。根据不同场合、环境的需要，自我介绍的方式有以下五种：

1）应酬式。这种自我介绍方式最简单，往往只包括姓名一项即可。如，"您好！我叫王敏。"应酬式的自我介绍适合于一些公共场合和一般性的社交场合，如途中邂逅、宴会现场、舞会、通电话时等。它的对象主要是一般接触的交往人士。

2）工作式。工作式自我介绍的内容，包括本人姓名、供职的单位及部门、担任的职务或从事的具体工作等三项，又叫工作式自我介绍内容的三要素，通常缺一不可。姓名应当一口报出，不可有姓无名，或有名无姓；单位是指供职的单位及部门，如可能最好全部报出，具体工作部门有时也可以暂不报出；职务指担任的职务或从事的具体工作，有职务最好报出职务，职务较低或者无职务，则可报出目前所从事的具体工作。

3）交流式。交流式的自我介绍，也叫社交式自我介绍或沟通式自我介绍，是一种刻意寻求与交往对象进一步交流与沟通，希望对方认识自己、了解自己、与自己建立联系的自我介绍。适用于社交活动中，大体包括本人的姓名、工作、籍贯、学历、兴趣以及与交往对象的某些熟人的关系等。如，"我的名字叫王红，是××公司副总裁。六年前，我和您先生是同事。"

4）礼仪式。礼仪式的自我介绍是一种表示对交往对象友好、敬意的自我介绍。适用于讲座、报告演出、庆典、仪式等正规的场合，内容包括姓名、单位、职务等。自我介绍时，还应多加入一些适当的谦辞敬语，以示自己尊敬交往对象。如："女士们、先生们，大家好！我叫任仿，是××公司的总经理。值此之际，谨代表本公司热烈欢迎各位来宾莅临指导，谢谢大家的支持。"

5）问答式。针对对方提出的问题做出自己的回答。这种方式适用于应试、应聘和公务交往。在普通交际应酬场合，它也时有所见。如对方问："这位小姐贵姓？""免贵姓周，周恩来的周。"

（2）自我介绍的时机。因业务关系需要相互认识，进行接洽时可自我介绍：

当遇到一位你知晓或久仰的人士，他不认识你，你可自我介绍："×××（称呼），您好！我是×××（单位）的×××（姓名），久仰大名，很荣幸与您相识。"

第一次登门造访，事先打电话约见，在电话里应自我介绍。

参加一个较多人的聚会，主人不可能一一介绍，与会者可以与同席或身边的人互相自我介绍。自我介绍前应有一句引言，以使对方不感到突然，如"我们认识一下吧。我叫×××，在××公司公关部工作"。

在出差、旅行途中，与他人不期而遇，并且有必要与之建立临时接触时，可适当自我介绍，等等。

初次前往他人住所、办公室，进行登门拜访时要自我介绍。

应聘求职时需首先做自我介绍，等等。

（3）自我介绍的要求。自我介绍时，要及时、清楚地报出自己的姓名和身份。大方自然地进行自我介绍，可以先面带微笑，温和地看着对方说声"您好！"以引起对方的注意，然后报出自己的姓名身份，并简要表明结识对方的愿望或缘由。进行自我介绍一定要力求简洁，尽可能地节省时间，介绍以半分钟为佳。

进行自我介绍，态度务必自然、友善、亲切、随和。要充满信心和勇气，敢于正视对方的双眼，显得胸有成竹。介绍时语气要自然、语速要正常、语音要清晰，这对自我介绍的成功十分有好处。

进行自我介绍时所表述的各项内容，一定要实事求是，真实可信。没有必要过分谦虚，一味贬低自己去讨好别人。但也不可自吹自擂，夸大其词，在自我介绍时掺水分，会得不偿失。

他人进行自我介绍时也要注意：

一是引发对方做自我介绍时应避免直话相问，缺乏礼貌，如，"你叫什么名字"，而应该尽量客气一些，用词更敬重些："请问尊姓大名"、"您贵姓"、"不知怎么称呼您"、"您是……"等。

二是他人做自我介绍时要仔细聆听，记住对方的姓名、职业等。如果没有听清楚，不妨在个别问题上再仔细问一遍，这比他人做过自我介绍，而你还是不明情况的好。

三是等一个人做了自我介绍后，另一个人也做相应的自我介绍，这才是礼貌的。

3. 他人介绍

（1）为他人做介绍的方法。在公关交往中，在为他人做介绍时，根据实施需要的不同，介绍时所采取的方式也会有所不同。常见的介绍方法如下：

1）一般式。也称标准式，以介绍双方的姓名、单位、职务等为主。这种介绍方式适合于正式场合。如，"请允许我来为两位引见一下，这位是××公司主任王刚先生，这位是××集团副总裁贺宏先生。"

2）引见式。介绍者所要做的是将被介绍者双方引到一起即可，适用于普通场合。如，"两位互相认识一下。大家其实都在同一个单位工作，只是平时没机会认识。那我先失陪了。"

3）简单式。只介绍双方姓名一项，甚至只提到双方姓氏，适用一般的社交场合。如，"我来为大家介绍一下，这位是贺总，这位是许总。希望大家合作愉快。"

4）附加式，也可以叫强调式，用于强调其中一位被介绍者与介绍者之间的特殊关系，以期引起另一位被介绍者的重视。如，"大家好！这位是××公司的营销部主任汪洋先生。这是小儿王伟，请各位多多关照。"

5）推荐式。介绍者经过精心准备再将某人举荐给某人，介绍时通常会对前者的优点加以重点介绍。通常，适用于比较正规的场合。如，"这位是李峰先生，这位是某公司的刘朋董事长。李峰刚从国外留学回来，他是经济学博士，管理学专家。刘董，我想您一定有兴趣和他聊一聊。"

6）礼仪式。这是一种最为正规的他人介绍，适用于正式场合。在介绍语气、表达称呼上都更为规范和谦恭。如，"王女士，您好！请允许我把××公司的总经理王小东先生介绍给您。王先生，这位是就××集团的生产部经理王玲女士。"

（2）他人介绍的时机。他人介绍，即社交中的第三者介绍。在他人介绍中，为他人做介绍的人一般是社交活动中的东道主、社交场合中的长者、家庭聚会中的女主人、公务交往活动中的公关人员（礼宾人员、文秘人员、接待人员）等。他人介绍的时机包括以下内容：在家中接待彼此不相识的客人；在办公地点接待彼此不相识的来访者；与家人外出，路遇家人不相识的同事或朋友；陪同亲友，前去拜会亲友不相识者；本人的接待对象遇见了其不相识的人士，而对方又跟自己打了招呼；陪同上司、长者、来宾时，遇见了其不相识者，而对方又跟自己打了招呼；打算推介某人加入某一交际圈；受到为他人做介绍的邀请。

（3）他人介绍的注意事项。在为他人做介绍时，介绍者对介绍的内容应当字斟句酌，慎之又慎。

在正式场合，内容以双方的姓名、单位、职务等为主。如，"我来给两位介绍一下。这位是 A 公司的公关部主任李芳女士，这位是 B 公司的总经理汪洋先生。"

在一般的社交场合，其内容往往只有双方姓名一项，甚至可以只提到双方姓氏为止。接下来，则由被介绍者见机行事。如，"我来介绍一下，这位是老张，这位是小王，你们认识一下吧。"

在比较正规的场合，介绍者有备而来，有意将某人举荐给某人，因此在内容方面，通常会对前者的优点加以重点介绍。如，"这位是李明先生，这位是我们公司的林楠总经理。李先生是一位管理方面的专业人士，他还是北大的 MBA。林总我想您一定很想认识他吧！"

在进行他人介绍时，介绍者与被介绍者都要注意自己的表达、态度与反应。介绍者为被介绍者介绍之前，不仅要尽量征求一下被介绍双方的意见，而且在开始介绍时还应再打一下招呼，切勿上去开口即讲，显得突如其来，让被介绍者措手不及。

被介绍者在介绍者询问自己是否有意认识某人时，一般不应加以拒绝或扭扭捏捏，而应欣然表示接受。实在不愿意时，则应说明原由。

当介绍者走上前来，开始为被介绍者进行介绍时，被介绍的双方应起身站立，面含微笑，大大方方地注视介绍者或者对方，神态庄重、专注。

当介绍者介绍完毕后，被介绍双方应依照合乎礼仪的顺序进行握手，并且彼此问候对方。此时的常用语有"您好"、"很高兴认识你"、"久仰大名"、"认识您非常荣幸"、"幸会，幸会"，等等。必要时还可做进一步的自我介绍。

介绍时要注意实事求是，掌握分寸，不能胡吹乱捧。

介绍姓名时，一定要口齿清楚，发音准确。把易混的字咬准，如"王"和"黄"、"刘"和"牛"，等等；对同音字、近音字必要时要加以解释，如"邹"

和"周"。"张"和"章"、"徐"和"许",等等。

四、握手

相传在刀耕火种的年代,人们经常持有石头或棍棒等武器,陌生者相遇,双方为了表示没有敌意,便放下手中的武器,并伸出手掌,让对方抚摸掌心。久而久之,这种习惯便逐渐演变为今日的握手礼节。当今,握手已成为世界上最为普遍的一种礼节,其应用的范围远远超过了鞠躬、拥抱、接吻等。在日常交际中,我们必须注意握手的基本礼节。

1. 握手的次序

根据礼仪规范,握手时双方伸手的先后次序,一般应当遵守"尊者先伸手"的原则,应由尊者首先伸出手来,位卑者只能在此后予以响应,而绝不可贸然抢先伸手,不然就是违反礼仪的举动。其基本规则如下:

(1)男女之间握手。男女之间握手,男士要等女士先伸出手后才握手。如果女士不伸手或无握手之意,男士向对方点头致意或微微鞠躬致意。男女初次见面,女方可以不和男士握手,只是点头致意即可。男女握手时,男士要脱帽和脱右手手套,如果偶遇,匆匆忙忙来不及脱,要道歉。女士除非对长辈,一般可不必脱手套。

(2)宾客之间握手。宾客之间握手,主人有向客人先伸出手的义务。在宴会、宾馆或机场接待宾客,当客人抵达时,不论对方是男士还是女士,女主人都应该主动先伸出手。男士因是主人,尽管对方是女宾,也可先伸出手,以表示对客人的热情欢迎。而在客人告辞时,则应由客人首先伸出手来与主人相握,在此表示的是"再见"之意。

(3)长幼之间握手。长幼之间握手,年幼的一般要等年长的先伸手。和长辈及年长的人握手,不论男女,都要起立趋前握手,并要脱下手套,以示尊敬。

(4)上下级之间握手。上下级之间握手,下级要等上级先伸出手。但涉及主宾关系时,可不考虑上下级关系,做主人的应先伸手。

(5)一个人与多人握手。若是一个人需要与多人握手,则握手时亦应讲究先后次序,由尊及卑,即先年长者后年幼者,先长辈后晚辈,先老师后学生,先女士后男士,先已婚者后未婚者,先上级后下级,先职位高、身份高者后职位低、身份低者。

注意:在公务场合,握手时伸手的先后次序主要取决于职位、身份。而在社交、休闲场合,则主要取决于年龄、性别、婚否。

2. 握手的方式

握手的标准方式,是行礼时行至距握手对象约 1 米处,双腿立正,上身略向前倾，伸出右手，四指并拢，拇指张开与对方相握。握手时应用力适度，上下稍许晃动三四次，随后松开手来，恢复原状。具体注意如下几点：

（1）神态。与人握手时神态应专注、热情、友好、自然。在通常情况下，与人握手时，应面含微笑，目视对方双眼，并且口道问候。在握手时切勿显得自己三心二意，敷衍了事，漫不经心，傲慢冷淡。如果在此时迟迟不握他人早已伸出的手，或是一边握手，一边东张西望，目中无人，甚至忙于跟其他人打招呼，都是极不礼貌的。

（2）力度。握手时用力应适度，不轻不重，恰到好处。如果手指轻轻一碰，刚刚触及就离开，或是懒懒地、慢慢地相握，缺少应有的力度，会给人勉强应付、不得已而为之的感觉。一般来说，手握得紧是表示热情，男人之间可以握得较紧，甚至另一只手也加上，包括对方的手大幅度上下摆动，或者在手相握时，左手又握住对方胳膊肘、小臂甚至肩膀，以表示热烈。但是注意，既不能握得太使劲，使人感到疼痛，也不能显得过于柔弱，不像个男子汉。对女性或陌生人，轻握是很不礼貌的，尤其是男性与女性握手应热情、大方、用力适度。

（3）时间。通常是握紧打过招呼后即松开。但如亲密朋友意外相遇，敬慕已久而初次见面，至爱亲朋依依惜别，衷心感谢难以表达等场合，握手时间就长一点，甚至紧握不放，话语不休。在公共场合，如列队迎接外宾，握手的时间一般较短。握手的时间应根据与对方的亲密程度而定。

3. 握手的禁忌

在人际交往中，握手虽然司空见惯，看似寻常，但由于它可被用来传递多种信息，因此，在行握手礼时应努力做到合乎规范，并且注意下述几点：

不要用左手与他人握手，尤其是在与阿拉伯人、印度人打交道时要牢记此点，因为在他们看来左手是不洁的。

不要在握手时争先恐后，而应当遵守秩序，依次而行。特别要记住，与基督教信徒交往时，要避免两人握手时与另外两人相握的手形成交叉状，这类似十字架，在基督教信徒眼中是很不吉利的。

不要戴着手套握手，在社交场合女士的晚礼服手套除外。

不要在握手时戴着墨镜，只有患有眼疾或眼部有缺陷者才能例外。

不要在握手时将另外一只手插在衣袋里。

不要在握手时另外一只手依旧拿着香烟、报刊、公文包、行李等东西而不肯放下。

不要在握手时面无表情、不置一词，好似根本无视对方的存在，而纯粹是为了应付。

不要在握手时长篇大论、点头哈腰、滥用热情，显得过分客套，让对方不自在、不舒服。

不要在握手时把对方的手拉过来、推过去，或者上下左右抖个没完。

不要在与人握手之后，立即擦拭自己的手掌，好像与对方握一下手就会使自己受到感染似的。

4. 握手的技巧

在公关交际场合，握手应注意掌握如下技巧：

（1）主动与每个人握手。在商务场合，如谈判开始之前，双方都要互相介绍认识一下。这时候，你最好表现得积极一些，主动一些，表示你很高兴与他们认识。为了表示你这种善意，你可以主动地与他们每一个人握手，因为你主动就说明你尊重对方，只有在你尊重别人时，才会受到别人的尊重。

（2）有话想让对方出来讲，握手时不要松开。有时你找对方谈一些事，不巧的是里边还有其他人在，你想与对方单独谈，耐心等了很久以后仍没有机会，那你只好想办法让对方出来说了。但你不能明白告诉对方："我有点事，咱们到外边说"，这显然是不礼貌的。你得想办法让对方起身相送。在你起身告辞时，对方站起来，你就边与对方交谈，边向外走。如果对方无意起身，你就走近他，很礼貌地与他握手，出于礼貌对方会站起身走出自己的座位，然后你边说边往外走，千万不能断了话。因为当你还有话要说时，对方是很不好意思不送你的。说话时，眼睛也要看着对方，不要只顾走。走到门口对方要与你告辞，你主动伸手与他握手，握手之后不要马上松开，要多握一会儿，并告诉对方，"你看我还有件事……"你说得缓慢些，对方也就意识到了，便会主动走出来了。

（3）握手时赞扬对方。握手时的寒暄话是非常重要的，在你与对方握手时，可以向对方表示一下关心和问候，或赞扬对方两句。握手时双方的距离很近，对方的衣着服饰可以尽收眼底，如果你用心观察，肯定会有某一方面值得你赞扬的。而每个人又都有自己特别注重修饰的地方，有人特别爱惜自己的发式，每天修理头发，使自己神采奕奕；有人特别注意领带，不惜高价买一条，或用一枚精制的领带夹子点缀一下，使自己容光焕发；有的穿了一件新西装，质地优良、做工讲究；有的穿一件衬衣色彩和谐明快，使人显得年轻漂亮。见面握手时不能对这些熟视无睹，要加以赞美。双方会因此而显得亲近，你则显得格外大方、热情、细心，因而会给人留下一个好印象。

5. 常见的其他见面礼

在国内外交往中，除握手之外，以下见面礼也颇为常见。

（1）点头礼。点头礼适用于路遇熟人，在会场、剧院、歌厅、舞厅等不宜与人交谈之处，在同一场合碰上已多次见面者，遇上多人又无法一一问候之时。行礼的做法：头部向下轻轻一点，同时面带笑容，不宜反复点头不止，也不必点头的幅度过大。

（2）举手礼。行举手礼的场合与行点头礼场合大致相似，它最适合向距离较远的熟人打招呼。其做法是右臂向前方伸直，右手掌心向着对方，其他四指并齐、拇指分开，轻轻向左右摆动一两下。不要将手上下摆动，也不要在手摆动时用手背朝向对方。

（3）脱帽礼。戴着帽子的人，在进入他人居所，路遇熟人，与人交谈、握手或行其他见面礼，或进入娱乐场所，升挂国旗，演奏国歌等一些情况下，应自觉、主动地摘下自己的帽子，并置于适当之处，这就是所谓脱帽礼。女士在社交场合可以不脱帽子。

（4）注目礼。具体做法：起身立正，抬头挺胸，双手自然下垂或贴放于身体两侧，笑容庄重严肃，双目正视于被行礼对象，或随之缓缓移动。一般在升国旗、游行检阅、剪彩揭幕、开业挂牌等情况下，使用注目礼。

（5）拱手礼。拱手礼是我国民间传统的会面礼，在过年时举行团拜活动，向长辈祝寿，向友人恭喜结婚、生子、晋升、乔迁，向亲朋好友表示无比感谢，以及与海外华人初次见面表示久仰大名时使用。行礼时应起身站立，上身挺直，两臂前伸，双手在胸前高举抱拳，自上而下，或者自内向外，有节奏地晃动两三下。

（6）鞠躬礼。在日本、韩国、朝鲜等国，鞠躬礼十分普遍。在我国，主要适用于向他人表示感谢、领奖或讲演之后、演员谢幕、举行婚礼或参加追悼活动。行礼时应脱帽立正，双目凝视受礼者，然后上身弯腰前倾。男士双手应贴放于身体两侧裤线处，女士的双手则应下垂搭放于腹前。下弯的幅度越大，所表示的敬重程度就越高。

（7）合十礼。在东南亚、南亚信奉佛教的地区以及我国傣族聚居区，合十礼最为普遍。行合十礼时，双掌十指在胸前对合，五个手指并拢向上，掌尖和鼻尖基本持平，手掌向外侧倾斜，双腿立直站立，上身微欠低头，可以口颂祝词或问候对方，亦可面带微笑，但不准手舞足蹈，反复点头。一般而论，行此礼时，合十的双手举得越高，越体现出对对方的尊重，但原则上不可高于额头。

（8）拥抱礼。在西方，特别是在欧美国家，拥抱礼是十分常见的见面礼与道别礼。在人们表示慰问、祝贺、欣喜时，拥抱礼也十分常用。正规的拥抱礼，讲究两人正面面对站立，各自举起右臂，将右手搭在对方左肩后面；左臂下垂，左手扶住对方右腰后侧。首先各向对方左侧拥抱，然后各向对方右侧拥抱，最后再一次各向对方左侧拥抱，一共拥抱3次。在普通场合行礼，不必如此讲究，次数也不必要求如此严格。

（9）亲吻礼。亲吻礼，也是西方国家常用的见面礼，有时它会与拥抱礼同时使用。行礼时，通常忌讳发出亲吻的声音，而且不应将唾液弄到对方脸上。在行礼时，双方关系不同，亲吻的部位也有所不同。长辈吻晚辈，应当吻额头；晚辈吻长辈，应当吻下颌或吻面颊；同辈之间，通行应当贴面颊，异性应当吻面颊。接吻，即吻嘴唇，仅限于夫妻与恋人之间，而不宜滥用，不宜当众进行。

（10）吻手礼。吻手礼，主要流行于欧美国家。它的做法，男士行至已婚妇女面前，首先垂手立正致意，然后以右手或双手捧起女士的右手，俯首以自己微闭的嘴唇，去象征性地轻吻一下其手背或是手指。行吻手礼的地点，应在室内为佳。吻手礼的受礼者，只能是妇女，而且应是已婚妇女。

五、名片

名片是现代社会中必不可少的社交工具。两人初次见面，先互通姓名，再奉上名片，单位、姓名、职务、电话等历历在目，既回答了一些对方心中想问而有时又不便贸然出口的问题，又使相互之间的距离一下子接近了许多，在交往中，熟悉和掌握名片的有关礼仪是十分重要的。

1. 名片的制作

名片一般为 10 厘米长，6 厘米宽的白色卡片。我们经常使用的规格略小，长 9 厘米，宽 5.5 厘米。如无特殊需要，不应将名片制作过大，甚至有意搞折叠式，免得给人以标新立异、虚张声势之感。

印制名片，纸张选用最好以耐折、耐磨、美观、大方的白卡纸、再生纸、合成纸、布纹纸、麻点纸、香片纸为佳。至于高贵典雅、纸质挺括的刚古纸、皮纹纸，则可量力而行，酌情选用。必要时，还可覆膜。

印制名片的纸张，宜选庄重、朴素的白色、米色、淡蓝色、淡黄色、淡灰色，并且以一张名片一色为好。

很多企业认为名片是宣传组织的一个极好媒体，若所有工作人员，特别是业务员的名片若设计得风格一致，个性鲜明，将会给人一种统一的视觉印象，而这种个性很大程度表现在名片的内容设计上。

一般地，名片上应该印上工作单位、姓名、身份、地址、邮政编码，等等。工作单位一般印在名片的上方，社会兼职紧接工作单位排列下来；姓名印在名片中央，右旁印有职务、职称；名片的下方为地址、邮政编码、电话号码、传真、E－mail 地址等。

名片的背面，一般都印上相应的英文，作为对外交往时用。但也有些名片在背面印上企业、公司的简介、经营范围、产品及服务范围以方便客户和作为宣传。

很多企业有标准的员工名片格式，有的要加印公司的标识，甚至企业经营理念，并且规定名片统一规格、格式等。

2. 名片的用途

对现代人来讲，名片是一种物有所值的实用型交际工具，其用途是多方面的。

（1）介绍自身。名片最主要的用途是介绍自身。会客交友，取出一张名片，自我的基本情况跃然纸上，让他人一目了然。它在介绍中的好处是简明扼要，介绍方便。在当着一两个人面前私人口头自我介绍时，总是很简短，几乎就是姓名、单位。有时候职务不便开口说出，因为介绍自己的一官半职总有自我炫耀之嫌，当身兼数职时更不好——启齿。但有了名片，一切都写得清清楚楚，不用为难和啰唆，他人就能较多地了解你。

（2）维持联系。名片犹如"袖珍通讯录"，利用它所提供的资料，即可与名片的提供者保持联系。正因为有了名片上所提供的各种联络方式，人们的"常来常往"才变得更加现实和方便。

（3）显示个性。通过名片展示个性，获得他人对自我多方面和多层次的了解。可以在名片上印上代表自己个性的爱好和特点，如"酷爱足球，性喜笔耕，嗜辣如命，钟情绿色，崇尚真诚"，这样的名片很快就让别人读懂了自己，也赢得了友善。也有的人在名片上印上自己的座右铭或喜爱的格言及与对方相识的真诚的话语等，如"一握你的手，永远是朋友"、"不握你的手，照样是朋友"这样的名片，很容易给对方留下好感，加深交往。

（4）拜会他人。初次前往他人居所或工作单位进行拜会时，可将本人名片交由对方门卫、秘书或家人，转交给被拜访者，以便对方确认"来系何人"，并决定见与不见。这种做法比较正规，可以避免冒昧造访。

此外，名片在交往中有多种用途，如馈赠附名、代替请柬、喜庆告友、祝贺升迁等。

3. 名片的交换

要使名片在人际交往中正常地发挥作用，交换名片时还需得法。遇到以下几种情况时需与对方交换名片：一是希望认识对方时；二是被介绍给对方时；三是对方提议交换名片时；四是对方向自己索要名片时；五是初次登门拜访对方时；六是通知对方自己的变更情况时；七是打算获得对方的名片时。

（1）递交名片。名片的持有者在递交名片时动作要洒脱、大方，态度从容、自然，表情要亲切、谦恭。应当事先将名片放在身上易于掏出的位置，取出名片便先郑重地握在手里，然后再在适当的时机得体地交给对方。

递交名片的姿势：要双手递过去，以示尊重对方。将名片放置手掌中，用拇指夹住名片，其余四指托住名片反面，名片的文字要正向对方，以便对方观看，若对方是外宾，则最好将名片上印有对方熟悉文字的那一面面对对方，同时讲些"请多联系"、"请多关照"、"我们认识一下吧"、"有事可以找我"之类友好客气的话。

递交名片的时间，应当根据具体情况而定。如果名片持有者与人事先有约，一般可在告辞时再递上名片。如果双方只是偶然相遇，则可在相互问候，得知对方有与你交往的意向时，再递交名片。

与多人交换名片时，要注意讲究先后次序，或由近而远，或由尊而卑。一定要依次进行，切勿采取"跳跃式"。

（2）接受名片。接受他人名片时，应恭恭敬敬，双手捧接，并道感谢。接受名片者应当首先认真地了解名片上所显示的内容，必要时可以从上到下，从正面到反面重复看一遍，也可把名片上的姓名、职务（较重要或较高的职务）读出声来，如"您就是张总啊。"以表示对赠送名片者的尊重，同时也加深了对名片的印象。然后把名片细心地放进名片夹或笔记本、工作证里放好。

在别人给了名片后，如有不认识或读不准的字要虚心请教。请教他人的姓名，丝毫不会降低你的身份，反而会使人觉得你是一个对待事情很认真的人，增加对你的信任。

接受名片时应避免：马马虎虎地用眼睛瞄一下，然后顺手不经意地塞进衣袋；随意往裤子口袋一塞、往桌上一扔；名片上压东西、滴到了菜汤油渍；离开时把名片忘在桌子上。名片是一个人人格的象征，这些行为是对其人格的不尊重，这样都会使人感到不快。

当然在收到了别人的名片后，也要记住给别人自己的名片，因为只收别人的名片，而不拿出自己的名片，是无礼拒绝的意思。

此外，还要注意索取名片的礼仪：

如果没有必要最好不要强索他人名片。若索取他人名片，则不宜直言相告，而应委婉表达此层意思：可向对方提议交换名片、主动递上本人的名片；询问对方："今后如何向您指教？"（向尊长者索要名片时多用此法）询问对方："以后怎么与您联系？"（向平辈或晚辈索要名片时多用此法）

反过来，当他人向自己索取名片时，自己不想给对方时，不宜直截了当，也应以委婉方式表达此意。可以说："对不起，我忘带名片了"，或"抱歉，我的名片用完了"。

4. 名片的存放

（1）名片的放置。在参加交际活动之前，要提前准备好名片，并进行必要的检查。随身所带的名片最好放在专用的名片夹里，也可放在上衣口袋里。不要把名片放在裤袋、裙兜、提包、钱包里等，那样既不正式，又显得杂乱无章。在自己的公文包以及办公桌抽屉里，也应经常备有名片，以便随时使用。在交际场合，如感到要用名片，则应将其预备好，不要在使用时瞎翻乱找。

参加交际活动后，应立即对所收到的他人名片加以整理收藏，以便今后利用方便。不要将它随意夹在书刊、材料，压在玻璃板底下，或是扔在抽屉里面。存放名片的方法大体有四种，他们还可以交叉使用。①按姓名的外文字母或汉语拼音字母顺序分类。②按姓名的汉字笔画多少分类。③按专业或部门分类。④按国别或地区分类。

若收藏的名片甚多，还可以编一个索引，那么用起来就更方便了。

（2）名片的利用。随着人际交往的不断深入，还可在收藏的他人名片上随手记下可供本人参考的资料，使其充当社交的记事簿。在收藏的他人名片上可记下有利于人际交往的资料如下：①收到名片时的具体情况。包括收到名片的地点、时间，以及是否与对方亲自交换，等等。在国外有一种做法，即把名片的右上角向下折，然后再使其恢复原状，它表示该名片是对方亲自与自己交换的。②交换名片者个人的资料。例如性别、年龄、籍贯、学历、专长、嗜好，等等。这既可备忘，也可充作资料。③交换名片者在交换名片后变化的情况，例如，单位、部门的变化，职业的变动调任，职务、学衔的升降，联络方式的改变，等等。

5. 使用名片的忌讳

（1）不要把名片当作传单随便散发。有一位来自美国得克萨斯州半导体公司的总裁，去日本参加一个商务会议，尽管她是商务代表团的团长，但其他日本代表团的成员根本不正眼看她，不和她说话。原来，她递名片的动作就像打扑克牌，把名片随意地扔到桌子对面，落在对方的座位前。

（2）不要随意地将他人给你的名片塞在口袋里；如果暂时放在桌上，切忌在名片上放其他物品，也不要漫不经心地放置一边，更不要忘记带走。

（3）不要随意拨弄他人的名片。美国的《纽约时报》曾有一则生动的报道：午餐后的商务会议顺利开始了。西服革履的美国公关公司人员坐在谈判桌的一边，有可能成为他们客户的日本人则坐在另一边。会议中，在译员进行冗长的翻译时，美方首席代表思想开小差了。他开始拨弄起日方首席代表的名片，几乎是下意识地把名片拿到嘴边，用名片的尖角上上下下仔细地剔着牙，因为午饭后，他的牙缝中间塞进了饭渣。会谈的结果可想而知，合同泡汤了。

（4）在对方的名片上做一些简单的记录和提示，是帮助我们记忆的好办法。但是，不要在他人的名片上乱写一些有关名片主人特征的词，如"小个子"、"戴眼镜"等。靳羽西女士为了记住对方的名字，习惯在对方的名片上注一些词，以便下次交往时记住对方，但有一次却使她很尴尬。她回忆说："北京有一个有名的记者，她注意到我在每一个人的名片上都写了一些字，忍不住要看看我在她的名片上写了什么——我写了 short（很矮）。当时，我真的很不好意思。"

第二节 通讯的礼节

在信息时代，人们之间的联系、交流正因为科学技术提供的先进通讯工具和手段而变得更加方便、准确和及时。过去人们联系主要是写信、拍发电报，现在不仅固定电话普及，移动电话以及电子邮件、短信、微信等网络通信等也都成为现代交际活动的重要通讯工具和手段。使用各类通讯工具与人交往时，讲究基本的礼仪、礼节是必不可少的。

因此，在享受通讯的便捷与快乐时，请不要忘记通讯时的礼貌。

一、电话的礼节

电话是人们开展社交活动不可缺少的工具，在日常生活社交和工作交往中，都要利用电话与别人取得联系和交谈。据美国《电话综述》（Telephone Review）统计，一个人一生平均有 8760 小时在打电话。在录像电话还没普及之前，人们通过电话给人的印象完全靠声音和使用电话时的习惯，要想有"带着微笑的声音"或者通过电话赢得信任，就必须掌握使用电话的礼节与技巧。

1. 电话语言要求

目前大部分电话能传输的信号是声音，但这一信号载体却包含着许多信息。说话人想做什么，要做什么，是高兴还是悲伤，还有对另一方的信任感、尊重感，彼此都可以清晰地得知，这些都取决于电话的语言与声调。因此，电话语言要求礼貌、简洁和明了，以准确地传递信息。

（1）态度礼貌友善。当使用电话交谈时，不能简单地将对方视做一个"声音"，而应看做是面对一个正在交谈的人。尤其是对办公人员来说，面对的是组织的一名公众，如果你们是初次交往，那么，这样一次电话接触便是你在公众的第一次"亮相"，应十分慎重。因此，在使用电话时，多用肯定语，少用否定语，酌情使用模糊用语；多用些致歉语和请托语，少用些傲慢语、生硬语。礼貌的语言、柔和的声音，往往会给对方留下亲切之感。正如日本一位研究传播的权威所说："不管是在公司还是在家庭里，凭这个人在电话里的讲话方式，就基本可以判断出其'教养'的水准。"

（2）传递信息简洁。电话用语要言简意赅，将自己所要讲的事用最简洁、最明了的语言表达出来。因为通话的一方尽管有诸如因紧张、失望而表情异常的体态语言，但通话的另一方不知道，他能得到的判断只是来自听到的声音。在通话时，最忌讳发话人吞吞吐吐、含糊不清、东拉西扯，正确的做法：问候完毕对方，立即开宗明义，直言主题，少讲空话，不说废话。

（3）控制语速语调。通话时语调温和，语气、语速适中，这种有魅力的声音容易使对方产生愉悦感。如果说话过程语速太快，则对方会听不清楚，显得应付了事；太慢，则对方会不耐烦，显得懒散拖沓；语调太高，则对方听得刺耳，感到刚而不柔；太低，则对方会听得不清楚，感到有气无力。一般说话的语速、语调和平常一样就行了，即使是长途电话，也无需大喊大叫，把受话器放在离嘴两三寸的地方，正对着它讲就行了。另外通电话时，周围有种种异样的声音，会使对方觉得自己未受尊重而变得恼怒，这时应向对方解释，以保证双方心情舒畅地传递信息。

（4）使用礼貌用语。在电话交际中应使用礼貌用语。

2. 接电话

"如何接电话"，正是国际上许多大公司作为培训其员工职业化程度的一项内容。比如微软公司的员工拿起电话，第一句话肯定是"你好，微软公司！"有一次公司举行庆祝会，员工们集体在一家宾馆住宿。深夜，某项活动日程临时变动，前台小姐只得一个个打电话通知。第二天她面露惊奇："你知道吗？我给145个房间打电话，起码有50个电话的第一句话是'你好，微软公司！'"。在深夜里迷迷糊糊地接电话，第一句话依然是"你好，微软公司！"可见微软文化的力量，同时也显示了微软人的职业水准。接电话的礼仪包括以下内容：

（1）迅速接听。接电话首先应做到迅速，力争在铃响三次之前就拿起话筒，这是避免让打电话的人产生不良印象的一种礼貌。电话铃响过三遍后才做出反应，会使对方焦急不安或不愉快。正如日本著名社会心理学家铃木健二所说："打电话本身就是一种业务。这种业务的最大特点是无时无刻不在体现每个人的特性。""在现代化大生产的公司里，职员的使命之一是，一听到电话铃声就立即去接。"接电话时，也应首先自报单位、姓名，然后确认对方，如："您好！这是××公司营销部。"如果对方没有马上进入正题，可以主动请教："请问您找哪位通话？"

（2）积极反馈。作为受话人，在通话过程中，要仔细聆听对方的讲话，并及时作答，给对方以积极的反馈。通话中听不清楚或意思不明白时，要马上告诉对方。在电话中接到对方邀请或会议通知时，应热情致谢。

（3）热情代转。如果对方请你代转电话，应弄明白对方是谁，要找什么人，以便与接电话人联系。此时，请告知对方"稍等片刻"，并迅速找人。如果不放下话筒喊距离较远的人，可用手轻捂话筒或按保留按钮，然后再呼喊接话人。如果你有别的原因决定将电话转到别的部门，应客气地告知对方，你将电话转到处理此事的部门或适当的职员。如，"真对不起，这件事是由财务部处理，如果您愿意，我帮您转过去好吗？"

（4）做好记录。如果要接电话的人不在，应为其做好电话记录，记录完毕，最好向对方复述一遍，以免遗漏或记错。可利用电话记录卡片做好电话记录。

3. 打电话

（1）时间适宜。打电话的时间应尽量避开上午7时前、晚上10时以后的时间，还应避开晚饭时间。有午休习惯的人，也请不要用电话打扰他。电话交谈所持续的时间也不宜过长，事情说清楚了就可以了，一般以3～5分钟为宜。因为在办公室打电话，要照顾到其他电话的进出，不可过久占线，更不可将办公室的电话或公用电话当做聊天的工具，这是惹人讨厌的行为。著名相声表演艺术家马季曾说过一段相声《打电话》讽刺的就是这种人。

（2）有所准备。通话之前应该核对对方公司或单位的电话号码、公司或单位的名称及接话人姓名。写出谈话要点及询问要点，准备好在应答中使用的备忘纸和笔，以及必要的资料和文件。估计一下对方情况，决定通话时间。

（3）注意礼节。接通电话后，应主动友好，自报一下家门和证实一下对方的身份。应先说明自己是谁，除非通话的对方与你很熟悉，否则就该同时报出你的公司及部门名称，然后再提一下对方的名称。打电话要坚持用"您好"开头、"请"字在中，"谢谢"收尾，态度温文尔雅。你找的人不在，可以请接电话的人转告，如："对不起，麻烦您转告×××……"然后将你所要转告的话告诉对方。最后别忘了向对方道一声谢，并且问清对方的姓名。切不可"咔嚓"一声就把电话挂了，这样做是不礼貌的，即使你不要求对方转告，你也应该说一声："谢谢，打扰了。"打电话结束时，要道谢和说声再见，这是通话结束的信号，也是对对方的尊重。注意声音要愉快，听筒要轻放。一般来说，应是打电话的人先搁下电话，接电话的人再放下电话。但是，假如是与上级、长辈、客户等通话，无论你是通话人还是发话人，都最好让对方先挂断。

二、手机及短信礼仪

1. 使用手机的礼仪

当今，手机沟通已经变得十分普及。但无论是在社交场所还是工作场合，放肆地使用手机，已经成为礼仪的最大威胁之一，手机礼仪也越来越受到关注。在国外，如澳大利亚电讯的各营业厅就采取了向顾客提供"手机礼节"宣传册的方式，宣传手机礼仪。在使用手机时应该注意以下礼仪。

（1）遵守秩序。使用手机时不允许有意、无意地破坏公共秩序，具体来说，此项要求主要是指以下内容：

在会议中或和别人洽谈时，最好的方式还是把手机关掉，起码也要调到振动状态。这样既显示出对别人的尊重，又不会打断发言者的思路。而那种在会场上铃声不断，像是业务很忙，使大家的目光都转向他，这实际给人的印象只能是缺少教养。

使用手机注意礼仪的人，不会在公共场合或接听座机电话时、开车时、飞机上、剧场里、图书馆和医院里接打手机，就是在公交车上大声地接打电话也是有失礼仪的。

在公共场合，特别是在楼梯、电梯、路口、人行道等地方，不可以旁若无人地使用手机，应该把自己手机的声音尽可能地压，而绝不能大声说话，同时不要妨碍他人通行。

在一些场合，比如在看电影时或在剧院打手机是极其不合适的，如果非得回话，采用静音的方式或发送手机短信是比较适合的。

在餐桌上，关掉手机或把手机调到振动状态还是必要的。避免正吃到兴头上时，被一阵烦人的铃声打断。

在体育比赛场馆，观看射击等比赛项目，运动员需要安静环境，这时也应注意使手机关机或处于静音状态。

（2）考虑对方。给对方打手机时，尤其当知道对方是身居要职的忙人时，首先想到的是，这个时间他（她）方便接听吗？并且要有对方不方便接听的准备。在给对方打手机时，注意从听筒里听到的回音来鉴别对方所处的环境。如果很静，应想到对方在会议上，有时大的会场能感到一种空旷的回声，当听到噪音时对方就很可能在室外，开车时的隆隆声也是可以听出来的。有了初步的鉴别，对能否顺利通话就有了准备。但不论在什么情况下，是否通话还是由对方来定为好，所以"现在通话方便吗"通常是拨打手机的第一句问话。其实，在没有事先约定和不熟悉对方的前提下，我们很难知道对方什么时候方便接听电话。所以，在有其他联络方式时，还是尽量不打对方手机好些。

不要在别人能注视到你的时候查看短信。一边和别人说话，一边查看手机短信，是对别人不尊重。

当与朋友面对面聊天时，不要正对着朋友拨打手机，避免发射时高频大电流对他产生辐射，让对方心中不愉快。

（3）注意安全。使用手机时必须牢记"安全至上"，否则不但害人，还会害己。要注意以下几点：不要在驾驶汽车时，使用手机电话，或是查看寻呼机内容，以防止发生车祸。不要在病房、油库等地方使用手机，免得他们所发出的信号有碍治疗，或引发火灾、爆炸。不要在飞机飞行期间使用手机，否则极可能使飞机"迷失方向"，造成严重后果。

（4）置放到位。在一切公共场合，手机在没有使用时，都要放在合乎礼仪的常规位置。不要在并没使用的时候放在手里或是挂在上衣口袋外。放手机的常规位置：一是随身携带的公文包里，这种位置最正规。二是上衣的内袋里；有时候，可以将手机暂放腰带上，也可以放在不引人注意的地方，如手边、背后、手袋里，但不要放在桌子上，特别是不要对着对面正在聊天的客户。

（5）彩铃文明。另外现在有不少人，特别是年轻人喜欢使用彩铃。有些彩铃很搞笑，或很怪异，与千篇一律的铃声比较起来，确实有独特之处。但是彩铃是给打电话的人听的，如果你需要经常用手机联系业务，最好不要用怪异或格调低下的彩铃，以免影响你的形象和公司的形象。

2. 短信的礼仪

（1）发送手机短信礼仪。手机短信也成为我们从事商务活动和待人处世的一种重要方式。书写发送短信有以下几点需要特别注意：

1）内容要简单明了。大多数人在看短信时，都不太有耐心，而且也没有太多的时间，所以所要表达的内容，尽量要简单扼要、条理分明、避免长篇大论。有的手机因为内容容量大，一条短信可以写很长的内容，分段发出，但是电信运营商是根据规定的字数容量按条数收费的，你的字数多，就相当于几条短信。

2）语意要清楚。有的短信使用标点符号，有的不使用标点符号，但短信要语意清楚连贯，字句段落尽可能分明，以免对方产生误解或摸不着头绪。

3）检查文法和错别字。在短信发出前，最好自己从头到尾先检查一遍，看有没有文法错误、语意不通之处或是错别字。尤其是写给上司和重要客户的短信，更要特别注意。

4）短信拜年，记得署名。短信拜年时最好要自己动手写，更有针对性，也更亲切；在短信最后或前面要署名，要让对方知道是谁发的短信，否则就会出现既不是垃圾短信，又不知道是谁发的无名短信。

（2）接收手机短信礼仪。主要包括如下几方面：

1）接收短信及时回复。接到短信，如果有必要回复，要及时回复短信，短信说不清的，可以回电询问。有时候电话打不通，就发个短信简单告知一下。

2）及时删除不用短信。由于手机内存大小不同，但都是有限的，不删除旧有的短信，新的短信就无法接收进来，因此要及时删除不用的短信。

3）重要短信及时移至收藏夹。手机短信收藏夹有储存重要短信功能，不易被误删除，因此重要短信要及时移至收藏夹，妥善保存起来。

4）垃圾短信处理。手机短信多，牟利的人也随之钻空子，因此垃圾短信也就产生了。经常有手机短信通知中奖的，最好别上当，天上不会掉馅饼。行骗的、推销的、做广告的经常不期而至，防不胜防，只有及时删除。一些定制的短信，稍不注意也是垃圾短信，既收你的钱，又浪费你的精力，有时甚至破坏你的情绪，千万别上当，一旦上当，要及时取消不需要的定制业务。

三、网络礼仪

1. 收发电子邮件礼仪

电子邮件，即通常说的 E‐mail，是一种重要的通讯方式。对待电子邮件，应像对待其他通联工具一样讲究礼仪。

（1）书写规范。虽然是电子邮件，但写信的内容与格式应与平常书信一样，称呼、敬语不可少，签名则仅以打字代替即可。写电子邮件语言要简略、不要重复、不要闲聊，写完后要检查一下有无错误。因为发出去的邮件很可能被对方打印出来研读或是贴在公告牌上。写完后还要核定所用字体和字号大小，太小的字号不仅收件人读起来费力，也显得粗心和不够礼貌。写邮件时最好在主题栏写明主题，以便让收件人一看就知道来信的主旨。

（2）发送讲究。电子邮件的发送有如下讲究：最好不要将正文栏空白只发送附件，除非是因为各种原因出错后重发的邮件，否则不仅不礼貌，还容易被收件人当作垃圾邮件处理掉。重要的电子邮件可以发送两次，以确保能发送成功。发送完毕后，可通过电话等询问是否收到邮件，通知收件人及时阅读。应尽快回复来信，如果暂时没有时间，就先简短回复，告诉对方自己已经收到其邮件，有时间会详细说明。

（3）注意安全。电子邮件是计算机病毒重要的传染源和感染病毒的主要渠道。收发电子邮件都要注意远离计算机病毒。不小心把有毒信寄给对方。要是没有把握不妨用贴文的方式代替附加文档。

接收电子邮件时的安全问题更为重要，对来历不明的信件必须谨慎处理，若不确定则最好删除。

此外，要注意定期及时清理邮件收件箱、发件箱、回收箱，空出有限的邮箱容量空间。及时将一些有用的电子邮件地址记下来，并存入通讯簿也是很必要的。

2. 发帖、聊天礼仪

发帖指在任何被允许发表自己言论的论坛、博客等网络提供的交流平台上，针对某一主题发表自己的观点、意见和看法；聊天指与特定的网友在上述交流平台上进行互动式的沟通。利用互联网搭建的交流平台与人交往，重要的是必须考虑如何给自己带来愉快与如何避免给他人带来不愉快，同时要提高自我保护意识。一般来说，发帖、聊天要遵守下面的礼仪规范：

（1）记住你是在跟"人"打交道。互联网给来自不同地域的人们提供了一个共享、沟通的平台，这是高科技的优点，但往往也使人们觉得面对着的只是电脑屏幕，而忘了自己是在跟其他人打交道，很多人在上网时放松了自我道德约束，降低了自己的道德标准，允许自己的行为更粗俗和无礼。为了构建一个融洽、和谐的网络交流平台，人人都应该做到当着别人的面不能说的话在网上也不要说，发帖以前仔细斟酌用词和语气，不要故意挑衅和使用脏话，为自己塑造良好的网络形象。

（2）尊重别人的时间。打算在一个论坛上发表主题时，首先要看看该论坛是否开展过类似的讨论，有可能现成的答案随手可及。不要以自我为中心，随意提问，让别人为你寻找答案而消耗时间。

（3）自觉遵守论坛规则。同样是网站，不同的论坛有不同的规则。在这个论坛可以做的事情，也许到那个论坛就不能做。因此，先浏览一下论坛中的内容，熟悉该论坛的气氛，然后再发帖子。注意不要全部用大写字母键入信息，这表示在大喊大叫，会触怒很多网络高手。

（4）树立共享知识的理念。在网上交流时，当你提了一个有意思的问题而得到很多回答之后，应该写一份总结与大家分享，同时表明谢意。这是对那些未曾谋面的热心人必不可少的交代。

（5）提倡有风度的辩论。在网络上，人们持不同的观点、看法，是正常现象，辩论甚至争论也是正常现象。辩论时要保持翩翩君子的风度，以理服人，以情感人。不要一遇不同观点就大动肝火，用过激的言辞对对方进行人身攻击。

（6）重视保护隐私权。不随意公开个人情报，比如个人的邮件地址、真实姓名、住宅地址、电话号码、手机号码等。对于他人的情报，应该更加注意，以免给人带来伤害。别人与你用电子邮件或私聊（QQ）的记录应该是隐私的一部分。假如你认识的某个人用笔名上网，未经过他同意就将其真名在论坛上公开，也是一种不道德的行为。

（7）以宽容之心对待网友。当看到别人写错字、用错词、问低级问题时，不要讽刺挖苦或严厉训斥，应该用平和、平等的语气指出来。如果你想进一步帮助他，最好用电子邮件或其他联系方式私下沟通，这样就能有效地维护网络新手的尊严。

（8）坚决杜绝有害行为。切忌以淫秽内容伤害他人，或表面文质彬彬地恶意攻击行为，或者导致他人的计算机和网络系统受损。蓄意的破坏者常常悄悄地进入他人的系统，或者发现死循环指令让他人的计算机当场死机。这些行为都是不道德的，甚至是非法的。

3. 微信礼仪

如果你的微信更多是用于公关工作，而不是生活，应该注意以下几点：

（1）微信的设计。微信的昵称建议使用真实姓名，最好带上你的公司名称或者产品名称；不然谁能保证都对你过目不忘呢；微信的头像尽可能接近本人，这样当客户见到你本人的时候，容易对上号；微信的签名要给一些有用信息，你想告诉别人什么，就在这里了，免得别人还得问你。

（2）微信交际礼仪。打招呼不要说"你好"，不要问"在不在啊"，请直接说明来意；拉群之前请一定征求被拉对象的意见；建议针对群的主题修改一下自己的群昵称，以降低沟通成本；群名称要清晰明了，使大家都能知道这是个什么群；发微信不要造成他人困扰。发的内容自己一定要认真读过，微信传播的"形象"亦是个人形象的组成部分之一。因此，要对传播内容负责，如果做商务微信用，请每天向朋友圈发吃喝玩乐信息不要高于5条；转发他人原创资料，请写明转发出处，这是对发信人的起码尊重；关注微信内容质量，仅仅关注数量来进行传播，就会演变成路边的小广告，引起反感，太频繁的信息更新，过犹不及，最后就被自动忽略了。

第三节　馈赠的礼节

中华民族素来重交情，古代就有"礼尚往来"之说。亲友和商务伙伴之间的正当馈赠是礼仪的体现，感情的物化。在正常的交际活动中，用以增进友情的合理、适度的赠礼与受礼是必要的。

一、馈赠礼品的标准

1. 情感性

馈赠礼品要重视其情感意义。礼品作为友好的象征物，其意义并不在礼品本身，而在于通过礼品所传达的友好情意，这是馈赠礼品的基本思想，所谓"千里送鹅毛，礼轻情义重"，情义是无价的，情义是无法用金钱来衡量的。"烽火连三月，家书抵万金。"同样说明"情"的价值，丝毫也不夸张。著名作家萧乾当年访问一位美籍华人朋友，特意捎去几颗生枣核。他深深知道，朋友身在异国他乡，年纪越大，思乡越切。送去几颗故乡故土的生枣核，让它在异国他乡生根、开花、结果。果然那位美籍朋友一见到那几颗生枣核，勾起了缕缕乡情，他把枣核托在手掌，仿佛比珍珠玛瑙还贵重。因此，选择礼品时，勿忘一个"情"字，应挑选价廉物美、具有一定纪念意义，或具有某些艺术价值，或为受礼人所喜爱的小艺术品，如纪念品、书籍、画册等。

选择礼品的价值要"得体"，并非是价值越昂贵的礼品所表达的送礼者情意越深厚。送礼要与受礼者的经济状况相适合，中国人历来有"礼尚往来"的习俗，若受礼者的经济能力有限，当接到一份过于贵重的礼品时，其心理负担一定会大于受礼时的喜悦，尤其当你有求于对方时，昂贵的厚礼会让人有以礼代贿的嫌疑，不但加重了对方接受这份礼品的心理压力，也失去了平衡交流的意义。

2. 独创性

送人礼品，与做许多其他事情一样，是最忌讳"老生常谈"、"千人一面"的。选择礼品，应当精心构思，匠心独具，富于创意，力求使之新、奇、特。这就是礼品的独创性。赠送具有独创性的礼品给人，往往可以令其耳目一新，既兴奋又感动，因为这等于是"特别的爱献给特别的你"。真是这样的话，赠送者在对方心目中往往也会因此"升值"。

3. 时尚性

赠送礼品应折射时代风尚。当今人们追求生活的高尚品位，什么样的礼品上档次，多半取决于礼品是否符合时代风尚。改革开放以来，随着人们生活水准的提高和思想观念的转变，人们相互馈赠礼品也发生了质的变化和飞跃，从经济实用的物质型礼品向高雅、新潮的精神型礼品转化。"精神礼品"受青睐，已成为当今人际交往中的一道亮丽的风景线。它包括智力型，如报纸、杂志、图书、各种教学录音带、电脑软件等；娱乐型，如体育比赛门票、演唱会、晚会、展览会入场券等；祝贺型，如鲜花、贺卡等。

4. 适俗性

挑选礼品时，特别在为交往不深或外地区人士和外国人挑选礼品时，应当有意识地使赠品与对方所在地的风俗习惯一致，在任何情况下，都要坚决避免把对方认为属于伤风败俗的物品作为礼品相赠，这样才表明尊重交往对象。如在我国大部分地区，老年人忌讳发音为"终"的钟，恋人们反感发音为"散"的伞；阿拉伯地区严禁饮酒；在西方药品不宜送人。因此，在涉外交往中，要根据不同国家、地区的习惯与个人的爱好做必要的选择，赠礼问俗是我们不能忽视的，这也是一个重要标准。1972年，尼克松总统准备访华，急于寻求能代表国家的礼物。美国保业姆公司闻讯后，趁此良机，向尼克松总统献上公司生产的一尊精致的天鹅群瓷器珍品，因为瓷器的英文China，也具有"中国"的意思，尼克松一见，大喜过望，于是把这尊具有双重意义而且具有很高艺术价值的瓷器珍品带到了中国。

二、馈赠礼品的场合

在公共关系交往中，人们在不同的场合下选送不同的礼品。

1. 表示谢意敬意

当我们接受他人或某个组织的帮助之后，应当表示感谢。如某位医生妙手回春治愈你多年的顽症；某个组织为你排忧解难，等等，此时，为表示感谢和敬意，可考虑送锦旗，并将称颂之语书写在锦旗上。

2. 祝贺庆典活动

当友人和其他组织适逢庆典纪念之时，如某公司成立二十周年纪念，为表示祝贺，可送贺匾、书画或题词，既高雅别致，又具有欣赏保存价值。

3. 公共关系礼品

开展公共关系活动中所送的礼品要与公共关系活动的目标一致，并且送礼的内容与送礼的组织形象是相符的。例如，上海大众汽车公司赠给客人的桑塔纳车模型，上海大中华橡胶厂精心设计研制的轮胎外形的钢皮卷尺等。

4. 祝贺开张开业

社会组织开张开业之际，都是宣传自身、扩大影响的好机会，一般来讲，都是要借机大肆宣传一番的。因而，适逢有关组织开张开业之际，应送上一份贺礼，以示助兴和祝愿。一般选送鲜花和贺篮为多，在花篮的绸带上写上祝贺之语和赠送单位或个人的名称。

5. 适逢重大节日

春节、元旦等节庆日都是送礼的旺季，组织可向公众、组织内部的员工等，适时地送上一份小小的礼物，对他们给予组织工作的关心和支持表示感谢，并希望继续得到他们的帮助。亲朋好友之间也可通过节日联络感情，此时也可选择适宜的礼品相赠。

6. 探视住院病人

公司的客人、员工生病或亲友患病住院，均应前去探视，并带上礼品。探视病人的礼品也不断地从"讲实惠"到"重情调"。从送营养品、保健品，变为用多种水果包装起来的果篮、一束束鲜花。有一位教授住院，学生送他一束鲜花，夹在鲜花中的一张犹如名片大小的礼卡上，写着这样的话语："尊敬的导师：花香带来温馨的祝福，愿您静心养病，早日康复。您的弟子赠。"字里行间，充满了关切之情和师生之意。

7. 应邀家中做客

我们经常会应邀到别人家中做客或者出席私人家宴。为了礼尚往来，出于礼貌，应带些小礼品。如土特产、小艺术品、纪念品、水果以及鲜花等。有小孩的可送糖果、玩具之类。

8. 遭受不测事件

世上难有一帆风顺之事，一个家庭或组织遇上不测事件之时，及时地送上一份礼物表示关心，更能体现送礼者的情谊。比如，对方遇上火灾、地震等灾难，马上去函或去电表示慰问，也可送上钱款相助。

三、馈赠礼品的现场礼仪

1. 赠送礼品的礼仪

（1）精心包装。送给他人礼品，尤其是在正式场合赠送于人的礼品，在相赠之前，一般都应当认真进行包装。可用专门的纸张包裹礼品或把礼品放入特制的盒子、瓶子里等。礼品包装就像穿了一件外衣，这样才能显得正式、高档，而且还会使受赠者感到自己备受重视。

（2）表现大方。现场赠送礼品时，要神态自然，举止大方，表现适当。千万不要像做了"亏心事"，小里小气，手足无措。一般在与对方会面之后，将礼品赠送给对方，届时应起身站立，走近受赠者，双手将礼品递给对方。礼品通常应递到对方手中，不宜放下后由对方自取。如礼品过大，可由他人帮助递交，但赠送者本人最好还是要参与，并援之以手。若同时向多人赠送礼品，最好先长辈后晚辈、先女士后男士、先上级后下级，按照次序，依次有条不紊地进行。

（3）认真说明。当面亲自赠送礼品时要辅以适当的、认真的说明。一是可以说明因何送礼，如若是生日礼物，可说"祝你生日快乐"；二是说明自己的态度，送礼时不要自我贬低，说什么"没有准备，临时才买来的"，"没有什么好东西，凑合着用吧"，而应当实事求是地说明自己的态度，比如"这是我为你精心挑选的"、"相信你一定会喜欢"等；三是说明礼品的寓意，在送礼时，介绍礼品的寓意，多讲几句吉祥话，是必不可少的；四是说明礼品的用途，对较为新颖的礼品可以说明礼品的用途、用法。

2. 接受馈赠的礼仪

（1）受礼坦然。在一般情况下，对于对方真心赠送的礼物不能拒收，因此没完没了地说"受之有愧"、"我不能收下这样贵重的礼物"这类话是多余的，有时还会使人产生不愉快的感觉。即使礼物不称你心，也不能表露在脸上。接受礼物时要用双手，并说上几句感谢的话语。千万不要虚情假意，推推躲躲，反复推辞，硬逼对方留下自用；或是心口不一，嘴上说"不要，不要"，手却早早伸了过去。

（2）当面拆封。如果条件许可，在接受他人相赠的礼品后，应当尽可能地当着对方的面，将礼品包装当场拆封。这种做法在国际社会是非常普遍的。在启封时，动作要井然有序，舒缓得当，不要乱扯、乱撕。拆封后还不要忘记用适当的动作和语言，显示自己对礼品的欣赏之意，如将他人所送鲜花捧在身前闻闻花香，然后再插入花瓶，并置放在醒目之处。

（3）拒礼有方。有时候，出于种种原因，不能接受他人相赠的礼品。在拒绝时，要讲究方式、方法，处处依礼而行，要给对方留有退路，使其有台阶可下，切忌令人难堪。可以使用委婉的、不失礼貌的语言，向赠送者暗示自己难以接受对方的好意，如当对方向自己赠送一部手机时，可以告知："我已经有一部了"；可以直截了当向赠送者说明自己之所以难以接受礼品的原因。在公务交往中，拒绝礼品时此法最为适用，如拒绝他人所赠的大额贵重礼品时，可以说："依照有关规定，你送我的这件东西，必须登记上缴。"

四、赠花的礼仪

鲜花是美好、吉祥、友谊和幸福的象征。我国早在汉代就有"折柳送别话依依"的诗句，可见在当时已有交际中赠花之习俗。在当今社交中，无论是欢迎、送别、婚寿庆祝，还是节庆、开业、慰问、吊唁及国际交往中，人们经常赠之以鲜花，言志明心。但由于各地风俗习惯不同，花的含义也不同，送花时必须注意得体，要做到以下几点。

1. 了解"花卉语"

当我们用花为媒来传递友谊时，要注意运用正确的"花卉语"，以免出现尴尬。以下是几种常见的花卉的寓意：

荷花——纯洁、淡泊和无邪	菊花——长寿高洁
月季——幸福、光荣	兰花——优雅
红玫瑰——爱情	剑兰——步步高升
白菊——真实	松柏——坚强
百合——圣洁、幸福、百年好合	橄榄枝——和平
野百合——幸福即将来临	梅花——刚毅、坚贞不屈
红罂粟——安慰、慰藉	文竹——祝贺长寿
红蔷薇——求爱、爱情	常春藤——结婚、白头偕老
杜鹃——节制、盼望	水仙——尊敬、自尊
康乃馨——健康长寿	牡丹——拘谨、害羞
红茶花——天生丽质	牵牛花——爱情
山茶花——美好的品德	紫丁香——初恋
勿忘草——永志不忘、真挚和贞操	野丁香——谦逊、美好

黄郁金香——爱的绝望　　　　　万年青——长寿、友谊长存

红郁金香——宣布爱恋　　　　　红豆——相思

蓝郁金香——诚实　　　　　　　仙人掌——热心

樱花——心灵的美　　　　　　　美人蕉——坚实

并蒂莲——夫妻恩爱　　　　　　……

在不同的国家和地区，同一种花也许会有不同的寓意，例如，在一些国家，菊花和康乃馨被认为是厄运的象征。垂柳在美国表示"悲哀"，但在法国，柳则是"仁勇"的象征。实际上，同一种类型的花卉，因其不同的颜色，也有不同甚至截然相反的意思。如红色的郁金香是"爱的表示"，蓝色的郁金香象征"诚实"，而黄色的郁金香则象征"无望的恋爱"。因此，要恰当运用好"花卉语"。

2. 不同场合的赠花

向恋人赠玫瑰花的花语是"我真心爱你"，蔷薇花象征"我向你求爱，小天使"，桂花表示"我挚意爱你"，这类花卉赠之恋人，可谓心有灵犀一点通之功。若将这类花卉赠之其他对象，则会交际不成，反而引火烧身。

婚礼赠花可以送一束美丽鲜艳的由红玫瑰、吉祥草、文竹等花组成的花束。红玫瑰象征爱情美好；吉祥草祝朋友吉祥如意、生活美满；文竹绿叶葱葱，祝朋友爱情永葆青春。此外，并蒂莲表示"恩爱如初，幸福长存"，百合花象征"百年好合"，它们及红色郁金香等花都是婚礼的理想花卉。

慰问病人，送一束黄月季，表示"早日康复"，一束芝兰，象征"正气清运，贵体早康"，或送一束松、柏、梅花，以鼓励他们与病魔做斗争"坚贞不屈"，"胜利属于你"。

庆贺生日赠花，年轻一点的可送其火红的石榴花、鲜红的月季花、美丽的象牙花，祝其前程如火样红烈，青春如红花鲜艳等。对年老者，赠之以万年青、寿星草、龟背竹等，以示祝福老人健康长寿、快乐幸福。

3. 赠花的注意事项

在正式场合，如组织开张、纪念、庆典等，大多可送花篮；在迎宾、欢送、演出时，送给演员，大多送花环、花束；宴请、招待会等送胸花；参加追悼会时送花圈以示哀悼。

送花一般不能送单一的白色花，因为会被人认为不吉利；送玫瑰花时应送单数，不要送双数，但十二除外，不要将红玫瑰送给未成年的小姑娘，不要将浓香型的鲜花送给病人。

送一束花时最好用彩色透明纸将花包装好，再系一根与鲜花颜色相匹配的彩带，这样既便于携带，又使花显得更漂亮。

第四节　拜访接待礼节

拜访与接待是公共关系日常工作中的重要内容，公共关系人员必须掌握接待与探访的基本礼节，赢得公众的信任和支持。

一、拜访

拜访是公务、商务等社会活动中一件经常性的工作，是最常见的社交形式，同时也是联络感情、增进友谊的一种有效方法。要使拜访做得更得体、更有效，更好地实现拜访的目的，就要重视和学习拜访的礼仪。

1. 约好时间

拜访前，应事先联络妥当，尽可能事先告知，最好是和对方约定一个时间，以免扑空或打乱对方的日程安排，即使是电话拜访也不例外，不告而访是非常失礼的。如果双方有约，应准时赴约，不能轻易失约或迟到。但如果因故不得不迟到或取消访问，一定要设法在事前通知对方，并表示歉意。拜访应选择适当的时间，选择一个对方方便的时间。做客拜访一般可在平时晚饭后或假日的下午，要避免在吃饭或休息的时间登门造访。

2. 做好准备

（1）明确拜访目的。无论是初次拜访还是再次拜访，都要事先明确拜访的主要目的。

（2）准备有关资料。商务拜访，比如客户拜访，要准备的资料就包括公司及业界的资料、相关产品资料、客户的相关信息资料、销售资料及方案、针对可能出现的情况事先拟订的解决方案或应对方案、一些小礼品等。此外，名片、电话号码簿等也要事先准备好。

（3）设计拜访流程。要针对拜访环节准备好最稳妥、最得体的称呼和开场白，选择好话题材料，确定话题范围等。

（4）电话预约确认。出发前应致电被拜访者，再次确认本次拜访人员、时间和地点等事宜。

（5）注意礼仪细节。到达前，最好先稍事整理服装仪容。如果是重要的拜访对象，要事先关掉手机，这体现了对拜访对象的尊敬，对访问事宜的重视。

3. 上门有礼

到达拜访地点后，如果对方因故不能马上接待，可以在对方接待人员的安排下在会客厅、会议室或在前台，安静地等候。如果等待时间过久，可以向有关人员说明，并另定时间，不要显出不耐烦的样子。如果接待人员没有说"请随便看看"之类的话，就不要随便东张西望，到处窥探，那是非常不礼貌的。到达被访人所在地时，一定要事先轻轻敲门，进屋后等主人安排后坐下。后来的客人到达时，先到的客人应站起来，等待介绍或点头示意。对室内的人，无论认识与否，都应主动打招呼。如果与对方是第一次见面，应主动递上名片，或做自我介绍。对熟人可握手问候。如果你带其他人来，要介绍给主人。进门后，应把随身带来的外套、雨具等物品搁放到对方接待人员指定的地方，不可任意乱放。接茶水时，应从座位上欠身，双手捧接，并表示感谢。吸烟者应在主人敬烟或征得主人同意后，方可吸烟。和主人交谈时，应注意掌握时间。有要事必须要与主人商量或向对方请教时，应尽快表明来意，不要不着边际，浪费时间。

4. 礼貌告辞

拜访结束时彬彬有礼地告辞，可给对方留下良好的印象，同时也给下次的拜访创造良好氛围和机会。所以，及时告辞、礼貌告辞这一环节相当重要。拜访时间长短应根据拜访目的和主人意愿而定，通常宜短不宜长，适可而止。当接待者有结束会见的表示时，应立即起身告辞。告辞时要同主人和其他客人一一告别。如果主人出门相送，应请主人留步并道谢，热情说声再见。中途因特殊情况不得不离开时，无论主人在场与否，都要主动告别，不能不辞而别。

5. 拜访过程应注意的礼仪

（1）准时到达。让被拜访者无故等候，无论因何原因都是严重失礼的事情。如果是对方不能按时到达，要安静等待。可充分利用剩余的时间，检查准备工作。

（2）控制时间。谈话时开门见山，不要海阔天空，浪费时间。最好在约定时间内完成访谈，如果客户表现出有其他要事的样子，千万不要再拖延，如为完成工作，可约定下次拜访时间。

（3）注意言谈举止。要以优雅、得体的言谈举止体现素质、涵养和职业精神，赢得对方的好感和敬重。即便与接待者的意见相左，也不要争论不休。要注意观察接待者的举止神情，当有不耐烦或有为难的表现时，应转换话题或口气。总之，要避免出现不愉快或尴尬的场面。

（4）处理好"握手"与"拥抱"的关系。必须事先搞清对方人员的真实身份，根据主次或亲疏关系，处理好见面时的礼仪关系。

（5）尊重对方习惯。由于被拜访者的国别、民族、年龄、性别以及爱好、兴趣、习惯各有不同，事先要了解清楚，并给予充分的尊重。

（6）讲究服饰。服饰事关拜访者自身的职业形象和所代表的机构形象，也体现对被拜访者的尊重。所以，拜访前对服饰的选择和斟酌马虎不得。

（7）及时致谢。对拜访过程中接待者提供的帮助要及时适当地致以谢意。

（8）事后致谢。若是重要约会，拜访之后给对方寄一封谢函或留一条短信，会加深对方的好感。

二、接待

迎来送往，接待访客，是公关人员工作中常遇到的任务。接待工作的好坏，直接影响到组织的形象以及组织与公众的关系。随着经济的发展，对外交往的扩大，企业接待及拜访工作越来越频繁，正确运用接待礼仪，对企业间建立联系、发展友谊、沟通合作有着极其重要的作用。

1. 接待前的准备

（1）接待前的心理准备。首先要待客诚恳。公关人员在对待客人时，要以自己最大的诚心、热情和耐心面对一切问题。无论是预约的客人还是没有预约的，无论是通情达理的客人还是脾气暴躁的，都要让对方感到自己是受欢迎的、得到重视的。接待客人时要有一种"欢迎光临"、"感谢惠顾"的心理。其次要善于合作。当看到同事招待客人比较忙碌，要主动帮助同事做一些力所能及的事情。另外，即使不是负责接待工作部门的员工，见到来客时也要态度诚恳，尽量帮忙，因为同是一家公司的员工，这样做能传递一种协作精神，一种真诚的友谊，一种企业的氛围，让客人感受到这是一个团结合作、奋发向上、有集体荣誉感的团队，有助于提升企业形象。

（2）接待前的物质准备。首先是环境准备。为了使接待活动给来宾留下美好印象，要充分布置好活动地点及周边的环境。接待环境应该清洁、整齐、明亮、美观、无异味。可以在前台、走廊、会客室等地放置一些花束或绿色植物，使客人产生好感。其次是办公用品准备。让客人站着是不礼貌的，所以前厅要准备沙发或座椅，样式要线条简洁流畅，摆放要整齐舒适。会客室里桌椅要摆放整齐，桌面清洁。茶具、茶叶、饮料应该事先准备好，茶杯要干净，不可有污渍，不可有缺口。会议室墙上可以挂一些雅致的壁画，让人一进门就觉得清静雅致，身心愉悦。最后是了解来宾的基本情况。公关人员在接待来宾之前，要准确掌握对方的基本情况。对于对方主宾的基本信息，如姓名、性别、年龄、籍贯、民族、单位、职务，以及文化程度、宗教信仰、生活习惯、家庭状况等，都要一清二楚。对于来宾的具体人数、性别概况、组团情况也要给予一定的关注。对于来宾正式抵达的时间，如具体日期、具体时间，以及相关的航次、车次、地点等，接待人员也必须充分掌握。

（3）制定接待流程。一般性的接待活动，特别是需要举行专门仪式的接待活动，都必须事先制定接待流程，以保证接待事务循序而行、井井有条。

1）确定接待规格。接待人员要在接待之前确定接待规格，这关系到由哪位管理人员出面接待、陪同，以及接待用餐、用车、活动安排等一系列接待活动的规格。接待规格主要取决于接待方主陪人的身份。高规格接待，就是主陪人比主宾的职务高的接待方式；对等规格接待，就是主陪人与主宾的职务相当的接待方式；低规格接待，就是主陪人比主宾的职务低的接待方式。

2）拟定日程安排。为了让所有有关人员都准确地知道自己在此次接待活动中的任务，可制定两份表格，印发给各有关人员。①人员安排表。包括时间、地点、事项、主要人员、陪同人员。②日程安排表。包括日期、活动时间、地点、内容和陪同人员等。

3）注意细节。在接待宾客的具体活动中，接待人员既要事事从大局着眼，又要处处从小事着手，关注具体的细节问题。

在准备中，要时时关注天气的变化情况，掌握当地的天气变化规律，针对可能产生天气变化的情况，制定应急方案。同时还要注意交通状况，树立"安全第一"的观念。

2. 接待的礼仪

（1）迎候礼仪。迎接宾客，要体现出主人应有的主动和热情。对于远道而来的客人，要派专人提前到机场、码头或车站去等候迎接。在人声嘈杂的迎候地点迎接素不相识的客人时，为了方便客人识别，可使用以下方法：①使用接站牌。接站牌上可以写上"热烈欢迎某某同志"或者"某单位接待处"。②悬挂欢迎条幅。在迎接重要客人或众多客人时，这种方法最适合。③佩戴身份胸卡。迎宾人员佩戴供客人确认身份的标志性胸卡，其内容主要为本人姓名、工作单位、所在部门及现任职务等。

（2）见面礼仪。在接待宾客时，要注意正确使用日常见面礼仪。接待人员要品貌端正，举止大方，服饰要整洁、端正、得体、高雅。当宾客到达后，要主动迎上去，热情地与对方握手，并有礼貌地询问和确认对方的身份，如，"您好，请问您是从某某公司来的吗？"对方认可后，接待人员应做自我介绍，如："您好，我是某某公司的秘书，我叫张某某。"然后把迎客方的成员按一定顺序一一介绍给客人。如果客人递送名片时，应双手接住，认真仔细地看一看，然后很郑重地把名片放入名片夹中，或放进上衣上部口袋中。

（3）乘车礼仪。对方如有行李，接待方应主动帮客人把行李提到车上。上车时，最好让客人从右侧门上，主人从左侧门上。安排座位要符合规范。轿车的座次尊卑一般是右高左低，前高后低。在公务接待中，轿车前排副驾驶座通常为"随员座"，唯独在主人亲自驾驶时，主宾应坐在副驾驶座上，与主人"平起平坐"。

（4）引导礼仪。当客人到达公司时，要引导客人进入会客室。引导要注意以下一些礼仪，在走廊上时，引导人员应走在访客左前方2~3步，当访客走在走廊正中央时，接待人员要走在走廊的一旁，偶尔向后望，确认访客跟上了，当转弯时，接待人员要说："请往这边走。"

在楼梯上时，接待人员先说一声："在某某楼层。"然后引领访客到楼上。一般来说，高的位置代表尊贵。上楼时应该让访客先走，下楼时让客人后行，在上下楼梯时，不应并排行走，而应当右侧上行，左侧下行。

上电梯时，接待人员要先按电梯按钮，让客人先进。若客人不止一人时，接待人员可先进电梯，一手按住"开"按钮，对客人礼貌地说："请进！"到目的地后，接待人员要一手按"开"按钮，一手做请出的动作，并说道："到了，您先请！"客人走出电梯后，接待人员应立即走出电梯，在客人前面引导方向。到达会客室开门时，接待人员要把住门把手，站在门旁让客人先进。

（5）座次礼仪。客人进入会客室后，接待人员要请客人入座。招待客人入座时，要讲究座次礼仪。

1）面门为上。主客双方采用"相对式"就座时，依照惯例，通常以面对房门的座位为上座，应让客人就座；以背对房门的座位为下座，宜由主人就座。

2）以右为上。主客双方采用"并列式"就座时，以右侧为上，应请客人就座；以左侧为下，应主人自己就座。若主客双方参与会见者不止一人，则双方的其他人员可分别按照各自身份的高低，由近而远在己方负责人两侧就座。

3）居中为上。如果客人较少，而主方接待者较多，往往可由主方的人员以一定的方式围坐在客人的两侧或者四周，而请客人居于中央。

4）以远为上。当主客双方并未面对房间的正门，而是居于房内左右两侧之中的一侧时，一般以距离房门较远的座位为上座，应请客人就座；而以距离房门较近的座位为下座，由主人就座。

（6）端茶倒水礼仪。当客人入座后，接待人员要主动及时地给客人斟茶。以茶待客是最具中国特色、最受中国人欢迎的待客方式。若来访的客人较多，上茶的顺序一定要慎重。合乎礼仪的做法是先为客人上茶，后为主人上茶；先为主宾上茶，后为次宾上茶；先为女士上茶，后为男士上茶；先为长辈上茶，后为晚辈上茶。

标准的上茶步骤：双手端着茶盘进入客厅，首先将茶盘放在临近客人的茶几上或备用桌上，然后右手拿着茶杯的杯托，左手附在杯托附近，从客人的左后侧双手将茶杯递上去，并置于客人右前方。茶杯放置到位后，杯耳应朝向右侧。有时为了提醒客人注意，可在为之上茶的同时，轻声告知："请您用茶。"若对方向自己道谢，不要忘记答以"不客气"。如果自己的上茶打扰了客人，则应对其道一声"对不起"。

（7）送客礼仪。当接待人员与来访者交谈完毕或领导与来访客人会见结束时，接待人员一般都应礼貌地送别客人。"出迎三步，身送七步"是接待宾客最基本的礼仪。接待宾客要善始善终，所以送别客人是必不可少的环节之一。接待工作是否圆满，在很大程度上体现在送别来宾这一环节上。

送别来宾时，有很多方面需要注意。首先不要在客人面前看表，否则会给客人带来要下"逐客令"的感觉，所以在会客时，接待人员不应该总看时间。当客人提出告辞时，要等客人起身后再站起来相送，切忌没等客人起身，自己先于客人起立相送。更不能嘴里说再见，而手中却还忙着自己的事，甚至连眼神也没有转到客人身上。最后当客人起身告辞时，应马上站起来，主动为客人取下衣帽，与客人握手告别，同时选择最合适的言辞送别，如"希望下次再来"等礼貌用语。尤其对初次来访的客人更应热情、周到、细致。

1）送别本地客人。对本地客人，一般陪同送至单位楼下或大门口。客人带有较多或较重东西时，送客时要主动帮客人提重物。出办公室时，要轻轻关门，不可将门"砰"地关上，这样极不礼貌。在门口告别时，接待人员要与客人握手，帮客人拉开车门，待其上车后轻轻关上车门，挥手道别，目送客人离开。要以恭敬、真诚的态度，笑容可掬地送客，不要急于返回，应挥手致意，待客人移出视线后，才可结束告别仪式。

2）送别外地客人。首先要确定时间。对于远道而来的客人，负责送别来宾的接待人员必须重视，一定要提前与对方商定双方会合的时间和地点。对于送别的具体时间，双方不仅要事先商定，而且通常要讲究主随客便。接待人员在安排有关送别活动的时间表时，要留有一定的时间幅度。要在执行上留有适当的余地，即送别人员在执行送别任务时，应当提前到场、最后离场，并且在特殊情况发生时见机行事。其次要充分准备。具体从事来宾接待工作时，接待人员必须高度重视送别工作，并悉心以对。在送别时，接待人员要注意以下三点：一是限制送别的规模。目前要求简化接待礼仪，所以有必要对送别规模加以限制。在组织活动时，应突出实效、体现热情，但在实际操作上则应务实从简，在参加人数、主人身份、车辆档次与数量上严格限制，不搞前呼后拥、人海战术。二是在力所能及的情况下，送别来宾所使用的交通工具应由主办方负责提供。对于主办方来说，一定要保证交通工具的数量能够满足要求，以备不时之需。三是要热情话别。为客人送行，应使对方感受到自己的热情、诚恳、礼貌和修养。接待方应提前为客人订返程的车票、船票或机票。在一般情况下，公务接待人员应专程陪同来宾乘车前往车站、码头或机场，亲自为来宾送行。必要时，可在贵宾室与来宾稍叙友谊，或举行专门的欢送仪式。在宾客临上火车、轮船或飞机之前，送行人员应按一定顺序同来宾一一握手话别，祝愿客人旅途平安，并欢迎再次光临。火车、轮船开动之时或飞机起飞之后，送行人员应向宾客挥手致意，直至他们在视野中消失。

第五节　交谈的礼节

美国哈佛大学前校长伊立特曾说："在造就一个有修养的人的教育中，有一种训练必不可少，那就是优美、高雅的谈吐。"交谈是交流思想和表达感情最直接、最快捷的途径。在人际交往中，因为不注意交谈的礼仪规范，或用错了一个词，或多说了一句话，或不注意词语的色彩，或选错话题等，而导致交往失败甚至影响人际关系的事时有发生。因此，在交谈中必须遵从一定的礼仪规范，才能达到双方交流信息、沟通思想的目的。

一、讲究语言艺术

语言作为人类的主要交际工具，是沟通不同个体心理的桥梁。交谈的语言艺术包括以下几个方面。

1. 准确流畅

在交谈时如果词不达意、前言不搭后语，很容易被人误解，达不到交际的目的。因此，在表达思想感情时，应做到口音标准、吐字清晰，说出的语句应符合规范，避免使用似是而非的语言。应去掉过多的口头语，以免语句割断；语句停顿要准确，思路要清晰，谈话要缓急有度，从而使交流活动畅通无阻。

语言准确流畅还表现在让人能听懂，因此，言谈时尽量不用书面语或专业术语，因为这样的谈吐让人感到太正规，受拘束或是理解困难。古时有一笑话：有一书生，突然被蝎子蜇了，便对其妻子喊道："贤妻，速燃银烛，你夫为虫所袭！"他的妻子没有听明白，书生更着急了："身如琵琶，尾似钢锥，叫声贤妻，打个亮来，看看是什么东西！"其妻仍然没有领会她的意思，书生疼痛难熬，不得不大声吼道："快点灯，我被蝎子蜇了！"真乃自作自受。

2. 委婉表达

交谈是一种复杂的心理交往，人的微妙心理、自尊心往往在里面起重要的控制作用，触及它，就有可能产生不愉快。因此，对一些只可意会不可言传的事情、人们回避忌讳的事情、可能引起对方不愉快的事情，不能直接陈述，只能用委婉、含蓄、动听的话去说。常见的委婉说话方式如下：

避免使用主观武断的词语，如，"只有"、"一定"、"唯一"、"就要"等不带余地的词语，要尽量采用与人商量的口气。

先肯定后否定，学会使用"是的……但是……"这个句式。把批评的话语放在表扬之后，就显得委婉一些。

间接地提醒他人的错误或拒绝他人。

3. 掌握分寸

谈话要有放有抑有收，不过头，不嘲弄，把握"度"；谈话时不要唱"独角戏"，夸夸其谈，忘乎所以，不让别人有说话的机会；说话要察言观色，注意对方情绪，对方不爱听的话少讲，一时接受不了的话不急于讲。开玩笑要看对象、性格、心情、场合，一般来讲，不随便开女性、长辈、领导的玩笑，一般不与性格内向、多疑、敏感的人开玩笑，当对方情绪低落、心情不快时不开玩笑，在严肃的场合、用餐时不开玩笑。

4. 幽默风趣

交谈本身就是一个寻求一致的过程，在这个过程中，常常会出现不和谐的地方，进而产生争论或分歧。这就需要交谈者随机应变，凭借机智抛开或消除障碍；幽默还可以化解尴尬局面或增强语言的感染力。它建立在说话者高尚情趣、较深的涵养、丰富的想象、乐观的心境、对自我智慧和能力自信的基础上，它不是要小聪明或"卖嘴皮子"，它应使语言表达既诙谐，又入情入理，应体现一定的修养和素质。一次，梁实秋的幼女文蔷自美返台探望父亲，他们便邀请了几位亲友，又到"鱼家庄"饭店欢宴。酒菜齐全，惟独白米饭久等不来。经一催二催之后，仍不见白米饭踪影。梁实秋无奈，待服务小姐入室上菜之际，戏问曰："怎么饭还不来，是不是稻子还没收割？"服务小姐眼都没眨一下，答称："还没插秧呢！"本是一个不愉快的场面，经服务小姐这一妙答，举座大乐。

二、使用礼貌用语

在实际的社会交往中，日常礼貌用语归结起来，主要可划分为如下几个大类：

1. 问候语

人们在交际中，根据交际对象、时间等的不同，常采用不同的问候语。比如，在中国实行计划经济的年代，由于经济发展水平不高，人们面临的首要问题是温饱问题，因而人们见面的问候语是"你吃了吗？"今天，在中国不发达的农村，这句问候语仍然比较普遍，而经济比较发达的农村和城市，这句问候语已经很少听到了。人们见面时的问候语是"您好"、"您早"等。在英国、美国等说英语的国家，人们见面的问候语根据见面的时间、场合、次数等不同而有所区别。如双方第一次见面，可以说"How do you do"（您好），如果双方第二次见面，可以说"How are you"（您好），如早上见面可以说"Good morning"（早上好），中午可以说"Good noon"（中午好、午安），下午可以说"Good afternoon"（下午好），晚上可以说"Good evening"（晚上好）或"Good night"（晚安）等。在美国非正式场合人们见面时，常用"Hi、Hello"等表示问候。在信仰伊斯兰教的国家，人们见面时常用的问候语是"真主保佑"，在信奉佛教的国家，人们见面时常用的问候语是"菩萨保佑"或"阿弥陀佛"。

2. 欢迎语

交际双方一般在问候之后常用欢迎语。世界各国的欢迎语大都相同。如"欢迎您"（Welcome you）！"见到您很高兴"（Nice to meet you）！"再次见到您很愉快"（It is nice to see you again）！

3. 回敬语

在社会交往中，人们常常在接受对方的问候、欢迎或鼓励、祝贺之后，使用回敬语以表示感谢。由此，回敬语又可称为致谢语。回敬语的使用频率较高，使用范围较广。俗话说礼多人不怪，在通常情况下，只要你受到了对方的热情帮助、鼓励、尊重、赏识、关心、服务等，都可使用回敬语。在我国使用频率最高的回敬语是"谢谢"、"多谢"、"非常感谢"、"麻烦您了"、"让你费心了"等。在西方国家，回敬语的使用要比中国更为广泛而频繁。在公共交往中，凡是得到别人提供的服务，在中国人认为没有必要或是不值得向人道谢的情况下，也要说声谢谢，否则是失礼行为。

4. 致歉语

在社会交往过程中，常常会出现由于组织的原因或是个人的失误，给交际对象带来了麻烦、损失，或是未能满足对方的要求和需求，此时应使用致歉语。常用的致歉语："抱歉"或"对不起"（Sorry），"很抱歉"（Very sorry，so sorry），"请原谅"（Pardon），"打扰您了，先生"（Sorry to have bothered you，sir），"真抱歉，让您久等了"（So sorry to keep you waiting so long）等。

真诚的道歉犹如和平的使者，不仅能使交际双方彼此谅解、信任，而且有时还能化干戈为玉帛。道歉也有艺术，在人际交往中，有些人有时放不下架子或碍于面子，不愿直接道歉，这也是人之常情。其实，道歉的方式很多，道歉时可采用委婉的手法。比如，今天的交际对象是你以前曾经冒犯过的人，那么你可以说："真是不打不相识啊，俗话说得好，不是冤家不聚头，来让我们从头开始！"道歉并非降低你的人格，及时得体的道歉也充分反映出你的宽广胸襟、真诚情感和敢于承担责任的勇气。

有时候，由于组织的原因或个人原因给交际对象造成一定的物质上、精神上的损失或增加了心理上的负担，在道歉的同时还可赠送一些纪念品、慰问品以示诚心道歉。

5. 祝贺语

在交际过程中，如果你想与交际对象建立并保持友好的关系，你应该时刻关注交际对象，并与他们保持经常性联系。比如，当你的交际对象过生日、加薪、晋升或结婚、生子、寿诞，或是你的客户开业庆典、周年纪念、有新产品问世或获得大奖等，你可以以各种方式表示祝贺，共同分享快乐。

祝贺用语很多，可根据实际情况需要进行选择。如节日祝贺语："祝您节日愉快"（Happy the festival），"祝您圣诞快乐"（Merry christmas to you）；生日祝贺语："祝您生日快乐"（Happy birthday）；当得知交际对象取得事业成功或晋升、加薪等，可向他表示祝贺："祝贺你"（Congratulation）。常用的祝贺语还有"恭喜恭喜"、"祝您成功"、"祝您福如东海、寿比南山"、"祝您新婚幸福、白头偕老"、"祝您好运"、"祝您健康"等。

此外还可通过贺信，在新闻媒介刊登广告等形式祝贺。如"庆祝大连国际服装节隆重开幕！""××公司恭贺全国人民新春快乐！"等等。总之，在当今社会，适时使用祝贺用语，对交际来说有百益而无一害。

6. 道别语

交际双方交谈过后，在分手时，人们常常使用道别语，最常用的道别语是"再见"（Goodbye），若是根据事先约好的时间可说"回头见"（See you later）、"明天见"（See you tomorrow）。中国人道别时的用语很多，如"走好"、"慢走"、"再来"、"保重"等。英美等国家的道别语有时比较委婉，常常有祝贺的性质，如"祝你做个好梦"、"晚安"等。

7. 请托语

在日常用语中，人们出于礼貌，常常用请托语，以示对交际对象的尊重。最常用的是"请"，其次，人们还常常使用"拜托"、"劳驾"、"借光"等；在英美等国家，人们在使用请托语时，大多带有征询的口气，如英语中最常用的"Will you please …?""Can I help you?"（你想买点什么?）"Could I be of service?"（能为您做点什么?），以及在打扰对方时常使用"Excuse me"，也有征求意见之意。日本常见的请托语是"请多关照"。

三、有效选择话题

所谓话题，是指人们在交谈中所涉及到的题目范围和谈资内容。换言之，话题是一些由相对集中的同类知识、信息构成的谈话资料及其相应的语体方式、表述语汇和语气风格的总和。在人际交往中，学会选择话题，就能使谈话有个良好的开端。

1. 宜选的话题

首先，应选既定的话题，即交谈双方业已约定，或者一方先期准备好的话题，如征求意见、传递信息、研究工作等。

其次，选择内容文明，格调高雅的话题，如文学、艺术、哲学、历史、地理、建筑等，这类话题适合各类交谈，但忌不懂装懂。

再次，选择轻松的话题，这类话题令人轻松愉快、身心放松，适用于非正式交谈，允许各抒己见，任意发挥。如文艺演出、流行、时装、美容美发、体育比赛、电影电视、休闲娱乐、旅游观光、名胜古迹、风土人情，名人轶事、烹饪小吃、天气状况，等等。

最后，选择时尚的话题，即以此时此刻正在流行的事物作为谈论的中心，这类话题变化较快，不太好把握。

另外，选择话题时还要注意选择擅长的话题，尤其是交谈对象有研究、有兴趣的话题。比如，青年人对于足球、通俗歌曲、电影电视的话题较多关注，而老年人对于健身运动、饮食文化之类的话题较为熟悉；公职人员关注的多是时事政治，国家大事，而普通市民则更关注家庭生活，个人收入等；男人多关心事业、个人的专业，而妇女对家庭、物价、孩子、化妆、衣料、编织等更容易津津乐道。

在交谈时还要注意对交谈的话题有所忌讳。例如，若双方是初交，则有关对方年龄、收入、婚恋、家庭、健康、经历这一类涉及个人隐私的话题，切勿加以谈论。

2. 扩大话题储备

由于人们的经历、职业、兴趣、学习状况不同，每个人所掌握的话题状况各不相同，都有一定的局限性，因此，必须尽量扩大话题储备。为此，要有知识储备。对于掌握话题广度影响最大的是自身的学习状况和进取精神。一个人如果有理想、有追求，思想境界高，而且肯下功夫学习，爱读书看报，并关注社会现实生活，有较多的朋友，把看到、听到的东西，有意识地加以记忆和积累，就会变得学识渊博，时事政策、天文地理、政治外交、文艺体育、花鸟鱼虫、音乐美术等几乎无所不知，由于视野开阔，谈资和知识面自然会比别人宽得多。

四、学做最佳听众

"人为什么两只耳朵一张嘴？即耳朵的数量是嘴的两倍，有人说：那是因为上帝造人的时候就要求我们少说多听"，我国古代就有"愚者善说，智者善听"

之说。听，可以从谈话中获得必要的信息，领会谈话者的真实意图。如果不能认真地聆听，就无法了解和满足对方的需求，和谐的人际关系也只能是空谈。况且聆听本身还是尊重他人的表现，因此应充分重视听的功能，讲究听的方式，追求听的艺术。

1. 要耐心

在对方阐述自己的观点时，应该认真地听完，并真正领会其意图。许多人在听的过程中，一听到与自己意见不一致的观点或自己不感兴趣的话题，或者因为产生了强烈的共鸣，就禁不住打断对方或做出其他举动，致使他人思路中断、意犹未尽，这是不礼貌的表现。当别人正讲在兴头上时，不宜插话，如必须打断，应适时示意并致歉后插话；插话结束时，要立即告诉对方"请您继续讲下去"。聆听中还应注意自己的仪表，不应该从自己的举止或姿态中流露出不耐烦、疲劳或是心不在焉的情绪，因为这样会伤害对方的自尊。

2. 要专心

在听对方说话时，应该目视对方，以示专心。要真正了解对方，语言只传达了部分信息，所以还应注意说话者的神态、表情、姿势以及声调、语气等非语言符号的变化，传递的非语言信息，以便全面、准确地了解对方的思想感情。同时，以有力而专注的目光表示认真聆听，对说话者来说也是一种尊重和鼓励，可以使其感到自己谈话的重要性和必要性。

3. 要热心

在交谈中，强调在对方谈话时目视对方、认真专心地去听，并不是说聆听者完全被动地、默默地听。经验告诉人们，在说话时，如果对方面无表情、目不转睛地盯着自己看，便会使谈话者怀疑自己的仪表或讲话有什么不妥之处而深感不安。因此，聆听者在听取信息后，为使对方感到你的确在听而非发呆，可以根据情景微笑点头或发出"哦"、"嗯"的应答声，甚至可以适时插入一两点提问，例如，"哦，原来这样，那后来呢？""真的吗？"等。这样就能够实现谈话者与聆听者不断的交流，形成心理上的某种默契，使谈话更为投机。

五、弥补言行失误

如果在与人交往中不注重礼仪，可能由于举止言行的某一个失误，导致终生遗憾。那么，在言行出现失误时，公关人员该怎样弥补这一过失呢？

1. 及时纠正

俗话说"亡羊补牢，未为晚也！"每个人的言行不可能永远正确，当你因一时失误时，应及时纠正，这才是明智之举。

一次，美国总统里根访问巴西，由于旅途疲乏，年岁又大，在欢迎宴会上，他脱口说道：

"女士们，先生们！今天，我为能访问玻利维亚而感到非常高兴。"

有人低声提醒他说溜了嘴，里根忙改口道：

"很抱歉，我们不久前访问过玻利维亚。"

尽管他并未去过玻利维亚。当人们还来不及反应时，他的口误已经淹没在后来滔滔的大论之中了。这种方法，在一定程度上避免了当面丢丑，不失为补救的有效手段。

2. 及时移植

及时移植，就是把错话移植到他人头上。如说："这是某些人的观点，我认为正确的说话应该是……"这就把自己已出口的某句错误纠正过来了。对方虽有某种感觉，但是无法认定是你说错了。

3. 及时引申

迅速将错误言辞引开，避免在错中纠缠。就是接着那句错误的话之后说"然而正确说话应是……"或者说"我刚才那句话还应作如下补充……"这样就可将错话抹掉。

4. 借题发挥

借题发挥就是错话一经出口，在简单的致歉之后立即转移话题，有意借着错处加以生发，以幽默风趣、机智灵活的话语改变场上的气氛，使听者随之进入新的情境中去。曾有一个新毕业的大学生去某合资公司求职，一位负责接待的先生递过来名片。大学生神情紧张，匆匆一瞥，脱口说道："滕野先生，您身为日本人，抛家别舍，来华创业，令人佩服。"那人微微一笑："我姓滕，名野七，地道的中国人。"大学生面红耳赤，无地自容，片刻后，神志清醒，诚恳地说道："对不起，您的名字使我想起了鲁迅先生的日本老师——滕野先生。他教给鲁迅许多为人治学的道理，让鲁迅受益终生。希望滕先生日后也能时常指教我。"滕先生面带惊奇，点头微笑，最终录用了他。

5. 将错就错

将错就错这种方法就是在错话出口之后，能巧妙地将错话续接下去，最后达到纠错的目的。其高妙之处在于，能够不动声色地改变说话的情境，使听者不由自主地转移原先的思路，不自觉地顺着我之思维而思维。

在某次婚宴上，来宾济济，争向新人祝福。一位先生激动地说道："走过了恋爱的季节，就步入了婚姻的漫漫旅途。感情的世界时常需要润滑。你们现在就好比是一对旧机器……"其实他本想说"新机器"，却脱口说错，令举座哗然。一对新人更是不满之意溢于言表，因为他们都曾各自离异，自然以为刚才之语隐含讥讽。那位先生的本意是要将一对新人比作新机器，希望他们能少些摩擦，多谢谅解。但话既出口，若再改正过来，反而不美。他马上镇定下来，略一思索，不慌不忙地补充一句："已过磨合期。"此言一出，举座称妙。这位先生继而又深情地说道："新郎新娘，祝福你们永远沐浴在爱的春风里。"大厅内掌声雷动，一对新人早已笑若桃花。

这位来宾的将错就错令人叫绝。错话出口，索性顺着错处续接下去，反倒巧妙地改换了语境，使原本尴尬的失语化作了深情的祝福，同时又道出了新人之间情感历程的曲折与相知的深厚，颇有些"点石成金"之妙。

六、避免冷场发生

与人交谈，一个话题谈完了，如果两个人不善言谈，而另一个话题又没接上，那么，就有可能出现"冷场"的尴尬局面，别人会显出局促不安的神态，你也会无所适从，怎么办？一般来说，冷场分为两种情况：一种是单向交流，听的人毫无兴趣，注意力分散；另一种是双向交流中，听者毫无反应，或仅以"嗯"、"噢"之类应付。不管是哪种情况出现的冷场，根本原因都在于听者不愿听说话人所说的话，听者仅仅出于纪律的约束或处世的礼貌而扮演一个"接受"的角色。发言者既要发言，又必须实施控制，避免冷场的发生。避免和控制的办法如下：

1. 发言简短

单向交流中那种应景式讲话，越短越好。如某商场举行开业仪式，邀请了市内各方面的人士参加。总经理只说了两句话："女士们，先生们：热忱欢迎各位光临！现在我宣布：××商场正式开业!"

在双向交流中，任何一方都不要滔滔不绝地"包场"，要有意识地给对方留下发言的时间和机会。自己一轮讲不完，应待对方有所反应后再讲，不要一轮就讲得很长。

2. 交换话题

单向交流的话题变换是暂时的，所变换的话题是为了吸引听者的注意力，调动他们的兴趣。这一目的达到后，仍要回到原有话题的轨道。比如教师在讲课过程中发现学生精力分散，东张西望、打瞌睡、窃窃私语、在桌上乱画，可以暂停讲授，穿插几句应景、时髦、诙谐的话；或者简短地讲一个与教学多少相关的典故、趣闻，学生的精力便会一下集中起来，之后，再继续教学。双向交流的话题变换是不定的，可根据现场情况随时进行。比如你与别人谈今日凌晨看的一场世界杯足球赛电视直播，可别人并不喜欢足球，也没有在半夜爬起来观看，对你所议显得毫无兴趣，出现冷场。这时，你就应及时将话题转到其他方面去。

3. 中止交谈

任何人在交谈时都不希望听者不愿接受。但若这种情况出现后，自己又采取了诸如简短发言、变换话题等控制手段，仍然不能扭转冷场的局面，那就应中止交谈。没有人愿意接受的交谈是无意义的，既白白消耗自己的精力，又无端浪费别人的时间。

第六节　差旅出行礼节

任何一个企业都离不开对外交往，并且常常需要到对方所在地参观考察、联系业务，这就要涉及差旅问题，做好差旅前的各项准备，选择适当的交通工具等，是保证出行能否顺利的前提，否则一旦出现问题，将影响整个差旅的顺利进行，甚至对工作造成重大影响。

一、差旅出行的准备

1. 明确目的

常见的商务旅行目的有推销、洽谈业务、参观访问、出席会议、签订合同、实地考察等。只有明确了旅行的目的，才能有的放矢地做好旅行的各项准备工作，不至于浪费时间或者准备不足。

2. 制定商务旅行计划

制定商务旅行计划时要综合考虑时间、地点、气候以及当地的交通状况，选择合适的交通工具，同时与拜访的对方或者会议的主办方取得联系，安排好日程。一般而言，日程安排应尽可能详尽，以确保万无一失。

旅行计划中应包括：出发日期、到达日期、会晤的具体时间；目的地、中转站以及旅行中开展各项活动以及食宿的地点；交通工具安排；参观访问、会议、洽谈、宴请、私人活动等具体事项；要注意的其他事项，如特殊服务、时差、当地风俗习惯和礼仪以及当地联系人与宾馆等的详细信息。旅行计划完成之后，一般可以一式几份，一份留给自己，一份留给家人，一份留给秘书，还可以留一份存档。

3. 准备携带物品

商务人员常因商务洽谈或商务考察而出差旅行，每次差旅，除携带一些生活用品外，还要准备一些与本次差旅主要活动相关的物品。因此，要注意携带和使用的基本礼仪。

（1）业务资料。旅行时要带上业务联系所需的全部工作资料。并且要将这些资料分门别类地用卷宗、文件夹等妥善放置。

（2）办公用品。这是商务人员处理公务时经常需要使用的一些用品，如公文包、名片、钢笔、记事本、计算器、笔记本电脑等。要保证在需要的时候，这些物品能够信手拈来。办公用品的准备，可从一个侧面展现商务人员细致、严谨、认真的工作作风。

（3）个人必需物品。除上述用品外，商务人员还需携带一些为证明身份或方便生活的个人必需物品。

二、乘交通工具礼仪

商务人员的出行不同于一般的观光旅游，它是现代商务人员工作的重要组成部分。商务人员在出行的过程中始终代表着所在企业的形象，甚至代表着国家的形象。所以，无论在哪里，无论在什么情况下，商务人员都应该展示其良好的职业风范，体现良好的礼仪素养。

1. 乘坐轿车礼仪

（1）讲究上下车顺序。同女士、长者、上司或嘉宾乘双排座轿车时，应先主动打开车后排的右侧车门，请女士、长者、上司或嘉宾在右座上就座，然后把车门关上，自己再从车后绕到左侧打开车门，在左座坐下。到达目的地后，若无专人负责开启车门，则自己应先从左侧门下车后绕到右侧门，把车门打开，请女士、长者、上司或嘉宾下车。

（2）注意车上谈吐举止。在轿车行驶过程中，乘车人之间可以适当交谈，但不宜过多与司机交谈，以免司机分神。话题一般不要谈及车祸、劫车、凶杀、死亡等使人晦气的事情，也不要谈论隐私性内容以及一些敏感且有争议的话题，可以讲一些沿途景观、风土人情或畅叙友情等能够使大家高兴的事，使大家的旅行轻松愉快。举止要文明，不要在车内吸烟，因为车内相对封闭容易使空气浑浊。不要在车内脱鞋赤脚，女士不要在车内化妆。不要在车内乱吃东西、喝饮料，不要在车内吐痰或向车外吐痰，更不要通过车窗向车外扔东西，这是有损形象和社会公德的。

（3）注意进出车的举止。尤其是女士更要注意进出小轿车时举止优雅得体。进车时，首先开门后手自然下垂，可半蹲将整裙摆顺势坐下，依靠手臂作支点腿脚并拢抬高，继续保持腿脚并拢姿势，脚平移至车内，略调整身体位置，坐端正后，关上车门。出车时双脚膝盖并拢抬起，同时移出车门外，身体可以随转，着裙装时小腿膝盖都要并拢并同时移出车门。身体保持端坐状态，侧头，伸出靠近车门的手，打开车门，然后略斜身体把车门推开。双脚膝盖并拢着地，一手撑座位，另一手轻靠门框，身体移出车门。当身体从容地从车身内移出，双脚可分开些，但保持膝盖并拢，起身直立身体后，转身关车门，关车门时不要东张西望，而是面向车门，好像关注的样子。

2. 自驾车礼仪

（1）严格遵守交通规则。驾驶车辆须严格遵守交通规则，您的方向盘就是您的形象。驾驶人员应该树立正确的驾驶观念，把遵守交通规则当作保护自己和他人生命财产的一种方式。上车后，行驶之前，务必系好安全带，这是出于对自身安全的考虑。安全带在发生碰撞或紧急刹车时会迅速收紧，能有效防止身体撞到前面坚硬的物体（如转向盘等）。

（2）养成良好的行为习惯。驾驶人员要注意自己的道德修养，养成良好的行车习惯，在一些细小的做法上都要注意自己的行为举止。

（3）安全礼让。驾驶人员在行车中，经常会遇到违章行驶、占道抢行、强行超车等不讲文明礼貌的行为。此时，驾驶人员应正确处理好有理与无理的关系，要宽容、大度和注意礼让；经常保持冷静的心态，"宁可有理让无理，不可无理对无理"，尽量避免引起事端。

（4）助人为乐。要做到：①行车中，发现有需要援助的车辆时，应该减速停车，给对方以帮助；②发现其他车辆陷入损坏路段而不能行驶时，应尽力给予帮助；③遇其他驾驶人员向自己询问路线时，应耐心回答，实事求是；④发现其他驾驶人员行驶的路线不正确时，应及时提醒，耐心回答和解释；⑤前方遇有交通事故，需要帮助时，应减速停车，协助对方，保护事故现场，并立即报警；⑥发现其他驾驶人员的车辆有隐患或驾驶操作方法不正确时，应及时提醒对方，以防事故的发生。

（5）文明行车。驾驶人员在行车中，必须严格遵守法律、法规和规章，始终坚持文明驾驶，礼让行车；做到不开英雄车、冒险车、赌气车和带病车。

（6）规范停车。停车时，要清楚前后左右的情况，不要堵住别的车，也不要堵住行人和自行车的习惯通道，不要堵别人的门口，不仅招人讨厌，还容易被蹭到。建议不要占用绿地停车，不要堵在小区出入口，不要停在垃圾站门前。不管车位拥挤与否，都应该按车位线或按大家停车的方向停车，不管技术好不好，都请尽量不要与别的车靠近，给后来的车留出车位。如果实在没车位，又一定要短暂停留，可在车上贴个字条写上自己的电话，告知需要挪车时电话联系你。不要不管不顾地停，因为后果很难预料，特别注意不要随便停车。

此外，要保持车容的整洁，这也是为都市增色。同时，为了您和他人的安全，千万别酒后开车。

3. 乘飞机礼仪

飞机是最快捷的交通工具，具有速度快、时间短、乘坐舒适等特点，很适合人们的旅行。由于空中旅行与地面旅行有很多差异，必须注意以下礼仪：

（1）登机前的礼仪。乘坐飞机要求提前一段时间去机场。国内航班一般要求提前半小时到达，而国际航班需要提前一小时到达，以便留出托运行李，检查机票、身份证和其他旅行证件的时间。大多数机场的登记行李和检查制度效率很高，等待时间很短。但有时飞机起飞时间快到了，而你却排在长长的人龙后面，这会使你心生焦虑。这时一方面要注意礼节，耐心等候；另一方面也提醒你以后要提前去机场。

乘飞机需要尽可能轻便。手提行李一般不超过 5 公斤，其他能托运的行李要随机托运。国际航班上，对行李重量有严格限制。

乘坐飞机前要取到登机卡。有的航班在买机票时就预留了座位，同时发登机卡。大多数航班都是在登记行李时由工作人员为乘客选择座位卡。登机卡应在候机室和登机时出示。

领取登机卡后，乘客要通过安全检查门。乘客应先将有效证件（如身份证、军官证、警官证、护照、台胞回乡证等）、机票、登记卡交安检人员查验，放行后通过安检门时需将小刀等金属物品放入指定位置，手提行李放入传送带。乘客通过安检门后，注意将有效证件、机票收好以免遗失，只持登机卡进入候机室等待。

上下飞机时，均有空中小姐站立在机舱门口迎送乘客。她们会向每一位通过舱门的乘客热情地问候。此时，作为乘客应有礼貌地点头致意或问好。

（2）登机后的礼仪。登机后，乘客要根据飞机上座位的标号按秩序对号入座。飞机座位分为两个主要等级，也就是头等舱和经济舱。经济舱的座位设在靠中间的到机尾的地方，占机身的 3/4 空间或更多一些，座位安排较紧；头等舱的座位设在靠机头部分，服务较经济舱好，但票价较高。所以登机后购买经济舱票的人不要因头等舱人员稀少就抢坐头等舱的空位。找到自己的座位后，要将随身携带的物品放在座位头顶的行李箱内，较贵重的东西放在座位下面，自己管好，注意不要在过道上停留太久，以影响其他人。

飞机起飞前，乘务员通常给旅客示范表演如何使用降落伞和氧气面具等，以防意外。当飞机起飞和降落时要系好安全带。在飞机上要遵守"请勿吸烟"的规定，同时禁止使用移动电话、AM/FM 收音机、便携式电脑、游戏机等。

飞机起飞后，乘客可看书报或与同座交谈。如你愿意交谈，可以"今天飞行的天气真好"等开场白来试探同座是否愿意交谈，在谈话中不必互通姓名，只是一般谈谈而已。如你不愿交谈，对开话头的人只需"嗯哼"表示，或解释"我很疲倦"。飞机上的座椅可调整，但应考虑前后座位的人，不要突然放下座椅靠背或突然推回原位，或跷起二郎腿摇摆颤动，这些都会引起他人的反感。

在飞机上使用盥洗室和卫生间的规则与其他交通工具上的相同。要注意按次序等候，注意保持其清洁。同时不要在供应饮食时去厕所，因为有餐车放在通道中，其他人无法穿过。如果晕机，可想办法分散注意力，如若呕吐，要吐在清洁袋内，如有问题，可打开头顶上放的呼唤信号，求得乘务员的帮助。

（3）停机后的礼仪。停机后，乘客要带好随身携带的物品，按次序下飞机，不要抢先出门。

国际航班上下飞机要办理入境手续，通过海关便可凭行李卡认领托运行李。许多国际机场都有传送带设备，也有手推车以方便搬运行李。还有机场行李搬运员可协助乘客。在机场除了机场行李搬运员要给小费外，其他人不用给小费。

下飞机后，如一时找不到自己的行李，可通过机场行李管理人员查询，并可填写申报单交航空公司。如果行李确实丢失，航空公司会照章赔偿的。

4. 乘坐火车礼仪

火车是重要的交通工具之一。良好的乘车环境需要大家共同努力，因此，在乘车过程中，要讲文明、懂礼貌，多一分宽容，多一分礼让，这样，不仅能减少许多不必要的麻烦，还能保持良好的心情，减轻旅途疲劳。

三、宾馆住宿礼仪

宾馆客房是客人临时之家，是为客人提供休息的场所。在我国，客人的入住一般须出示居民身份证等有效证件，然后办理住宿登记等手续。在一些发达国家，大都是先预订房间，到达后，只要说出自己的姓名，然后在登记册上签名即可。根据工作需要，旅行人员亦可在房间办公、举行小型会议、洽谈业务或会友。不论将客房作为休息场所还是临时办公地点，掌握入住基本规定，对自己、对工作都是十分有益的。要注意以下几个方面：

1. 内外有别

因为旅店既是休息的地方，又是工作的地方，所以，室内着装可相对随便些。但是，如果约好客人在下榻饭店的客厅或自己的房间洽谈业务，则要仪表端庄，注意自己的职业形象，同时亦应遵守前面提到的待客礼仪和日常礼仪。为客人准备好相关的茶水和饮料。

2. 文明入住

住店要处处体现文明。关房门时注意用力轻一些。如果与别人合住，应该注意出门时随手将门关上，不要在房间里喧哗，以免影响他人休息。休息的时候可以安上"请勿打扰"的标志灯，或在门外挂上"请勿打扰"牌子。到别的房间找人，应该敲门，经主人许可再进入，不要擅自闯入。

3. 安全第一

入住宾馆，进入客房后应先阅读房间门后消防逃生路线图，熟悉所在房间的位置和逃生楼梯的方位。之后，要查看一下窗户和侧门是否锁好。旅行期间，只要可能就要将你所带来的贵重物品随身携带。不要把钱或贵重物品留在房间里，要把珠宝、照相机、文件等都锁在饭店的保险箱里。进入饭店房间后，离开房间时，为了安全起见，如果条件允许，你可以让电视机开着。待在房间里的时候，把门关好并上好锁。除非你在等人，否则不要开着门；开门前要先问一声，或从窥孔查看来人是谁。如果对方宣称自己是饭店员工，可以给前台打电话进行核实。晚上睡觉前，应将防撬链扣好挂好。房门钥匙要随身携带。不要当众展示你的钥匙，也不要把它放在饭馆的餐桌上、健身房里或者其他容易丢失的地方。门厅的灯可以亮着，可以开夜灯睡觉，或者开着洗手间的灯睡觉，以便让自己感到安全，或者遇到紧急的情况，可以照亮。

4. 爱护设施

宾馆客房内备有供旅客生活使用的各种物品，如桌、椅、灯具、电视、空调以及洗漱和卫生洁具、浴具等设施，使用时应予以爱护，不许用力拧、砸、敲。如不慎损坏应主动赔偿，故意破坏房内物品或损坏了物品不声不响，甚至把房内不属于自己的东西随意拿走等，都是违背社会公德的不文明行为。

5. 保持卫生

在客房内衣物和鞋袜不要乱扔乱放。废弃物应投入垃圾桶内，也可放到茶几上让服务员来收拾，千万不要扔进马桶里，以免堵塞，影响使用。吸烟者不要乱弹烟灰、乱抛烟头，以免烧坏地毯或家具，甚至引起火灾。出门擦鞋应用擦鞋器，用枕巾、床单擦鞋是不道德的行为。

第七节 工作交往的艺术

人人都希望自己有一个愉快的工作环境，愉快的工作环境会有助于事业的成功。美国著名成功学大师卡耐基曾说过："一个人事业上的成功=15%专业技术+85%人际关系和处世技巧。"可见，公关人员在工作中掌握良好的交往艺术是多么重要。有些人的失误之处在于不懂得办公室的一些礼仪规范，不懂得工作中与上司、同事之间的交往艺术。

一、办公室的一般礼仪规范

1. 办公室布置

办公室是日常办公和洽谈业务的场所。整洁、明亮、舒适的办公环境，能使员工产生积极的情绪，工作效率也随之提高。同时，员工办公区域的设置能体现员工的精神面貌，也会对人际交往产生影响。正如鲁迅所说："几案精严见性情。"

办公桌上不要摆放太多的东西，只放当天或当时处理的公文，其他书籍报纸不能放在桌上。如果要暂时离开座位，应将文件覆盖起来。如果文具种类比较多，应放进笔筒，而不能零散地放在桌上。下班前一定要将桌面收拾、整理一下，使所有办公设备及地面保持干净、整洁、井然有序。

2. 办公室礼仪

（1）严格守时。迟到是工作的大忌，所以上班前应该把诸多影响正点到达的因素考虑进去。例如，临行接到电话、路上遇到熟人、交通堵塞等。上班时间应是开始工作的时间，而不是进门的时间。一般要提前十分钟到岗，在办公桌前准备办公需要的物品，到点即可投入工作。

（2）保持良好形象。工作时间，必须穿着正式。穿着随意的男士上班族会给人一种粗心大意、不守规矩的印象；而穿着邋遢的女性上班族则会给人不端庄、不自信的形象。反过来也不宜过分修饰，女员工不能在办公室内化妆，更不能在办公桌上摆放化妆品。

（3）办公室内勿办私事。私人事情不要带到办公室做，办公室的设备是为办公方便而设，所以上班时间，最好不要拨打私人电话，更不要利用公司网络的便利，上网查看股票行情。

二、与上司交往的艺术

在一个工作单位里，与上级的交往是最重要的人际关系之一，为了事业有良好的发展空间，员工一定要学会与上级交往的艺术。

1. 日常交际礼仪

员工在日常工作中，见到上司要主动打招呼。如果距离较远，不方便呼叫，可注视之，目光相遇，点头示意即可。近距离时，则用礼貌用语问候上司，如"王经理，您好"。进上司办公室时，应先敲门，通报姓名，得到上司允许方可入内。与上司在一起时，言谈举止都要表现出应有的尊重和礼节。比如，上司与你在谈话时，如果你是坐着的，而上司是站着的，你就应该站起来，请上司就座，而不应该毫不在乎地坐在那里。

2. 工作方面礼仪

工作中与上司的交往礼仪主要表现在汇报工作与执行工作上。在汇报工作时，要注意自己的仪态，汇报时，表情应该自然，彬彬有礼，语速、音量都要适中，要让领导轻松而又清楚地听到你的汇报内容，汇报的语气中要充分表现出对上司的尊重。在上司发表意见时，不要插嘴，不要显得不屑一顾。

在听领导布置工作时，一定要专心致志，不能目无领导。当工作无法完成时，或出现比较棘手的任务时，要及时通报，并说明缘由。工作中做错了事，要学会自我检讨，不要找借口，推卸责任。

3. 与上司沟通的技巧

首先要忠于上司。上司总是希望下级与自己一条心。如果他发现自己的下属和自己不是一条心，甚至有背叛之心或者是"墙头草，随风倒"，他就会对这个人产生强烈的反感，也会想办法让这个人从自己的身边消失。下级对上级的忠诚主要体现在能够出色地完成上级交给的任务。上级最信得过的下级是爱岗敬业、忠于职守、勤勤恳恳的下级，所以，作为一个下级，要乐于"鞠躬尽瘁，死而后已"，要尽职尽责、积极主动、出色地做好本职工作，不可故作姿态，光说不练。要以自己的精明实干和出色的工作能力奠定和上司交往的基础。

其次要虚心接受上司批评，巧妙指出上司错误。谁都可能出错，面对上司的批评，一定要调整好心态，应虚心接受上司的批评。要有一定的组织观念，上司并非是在找你的茬儿，他是在履行他的职责。要尊重上级的意见，上级的意见与自己的想法不一样时，如果他的意见没有失误，应按上级的安排去做；如果上级的意见确实不妥，也不要当面顶撞，这样会让他下不了台。这时应该巧妙地指正上级。例如，在上司情绪平稳时，找一个单独相处的机会，提出自己不同的想法。如果在讨论问题时，对于上司的意见你有更好的建议，可以先引述、认同上司的某些观点，然后再发表自己的看法，不要全盘否定上司的意见。

最后要注意不要到处表现自己。在上司面前下级应尽量摆低姿态，要表现得谦虚、朴实。正如一位西方教授所说，人们最迫切的愿望就是希望自己受到重视，尊重上司，就会给他带来成就感。越是表面谦虚的人，越是聪明且工作认真的人，如果你表现得大智若愚，使对方陶醉在优越感中，你就已经赢得了上司的青睐。同时，不要忘记赞扬的作用，人的本性都是喜欢听赞扬而不是听批评的话，身为一个上司，更是希望从别人的赞扬中得到对自己工作的肯定。赞扬不代表阿谀奉承、溜须拍马，真心的赞扬是对他人的一种尊重和肯定。它不但可以满足他人的自尊心，还能赢得上司的好感与信任。还要记住，当自己在工作中取得了成绩，不要到处去宣扬，以免让上司感到你是个居功自傲的人。遇到棘手的问题时，也要谦虚请教顶头上司，不要越级去见别的上司。

三、与同事交往的艺术

在一天的工作中，人们大部分时间是和同事在一起的。同事之间相处得如何，直接关系到自己的工作、事业的进步和发展。同事之间关系融洽、和谐，人们就会感到心情愉快，有利于工作的顺利进行。而同事之间存在既合作又竞争的特点，使得同事关系微妙复杂，学会同事间的交往艺术，对自己的工作和生活都有很大帮助。

1. 互相尊重

孟子云："爱人者，人恒爱之；敬人者，人恒敬之。"要处理好复杂的同事关系，必须要懂得尊重他人。尊重同事，就要尊重同事的隐私。隐私是关系到个人名誉的问题。背后议论别人的隐私，会损害其名誉，可能造成同事间关系紧张。当同事在写东西、阅读书信时，或打电话时，应避开，做到目不斜视、耳不旁听。尊重同事，还在于不轻易翻动同事的东西。如果要找同事的东西，要请同事代找，如果他本人不在，要先征求同事的意见。

2. 真诚待人，互相帮助

办公室是一个小社会，也是一个小集体。同事间要真诚相待，相互帮助，相互理解，相互宽容。这样的集体，才能成为一个团结战斗的集体，才能成为一个有凝聚力、使人心情舒畅的大家庭。同事有困难时，应主动询问，伸出援助之手，给他以人力、物力的帮助；当某位同事受挫时，应给予诚恳的安慰，要热情地鼓励他，帮助他走出困境；当同事间发生误会时，要有度量，应主动道歉，说明情况，征得对方的谅解，这样会增进双方的感情，使关系更加融洽。对同事的错误和误解要能容纳，"宰相肚里能撑船"，不可"小肚鸡肠"、耿耿于怀。

3. 经济往来要一清二楚

同事之间可能有相互借钱、借物、馈赠礼品或请客吃饭的往来，但不能大意忘记。每一项都要清楚明白，即使是小款项也应记在备忘录上，以提醒自己及时归还。向同事借东西如不能及时归还，应每隔一段时间向对方说明一下情况。总之，同事间的物质经济往来要清楚明白，无论是有意或无意地占人便宜都会令对方感到不快，也会影响同事之间的关系。

4. 透明竞争，权责分明

同事之间既有合作也避免不了竞争。与同事共处应遵守尊重、配合的原则，明确权责，尽量施展自己的才华，绝不轻率地侵犯同事的业务领域。应在透明、公平竞争中，各自施展自己的才华并求得发展。不要过分表现自己，免得落得孤芳自赏的名声，最后只是孤家寡人一个。但是，也不可组建自己的小团伙，在制造流言蜚语中伤害某位竞争对手。同时做事要尽力而为，量力而行，踏踏实实做好自己的本职工作，不让别人有诋毁自己的机会，努力创造更多与同事沟通的机会，增进同事间的感情，消除彼此间的隔膜，在合作中良性竞争。

5. 言谈要得体

与同事交谈时，一定要注意语言要有分寸、要得体。在工作场合中要保持高昂的情绪，即使遇到挫折、饱受委屈、得不到上级的信任时，与同事交谈也不要牢骚满腹、怨气冲天。不要把痛苦的经历当作谈资一谈再谈，这样会让人退避三舍。谈论自己和别人时，不要滔滔不绝，要观察对方的反应来决定谈话是否应该继续进行。在工作场合中，不要说悄悄话，耳语就像噪音，影响人们的工作情绪，也会引起同事的反感。在与同事相处中，不要得理不饶人。有些人总喜欢嘴巴上占便宜，争上风。他们喜欢争辩，有理要争，没理就更要争三分，这样会使同事们感到烦闷，不利于同事之间的交往。要知道，一个好的倾听者，就是一个好的谈话者。善于倾听别人，能表现出自己对对方的关心与尊重，使对方获得满足感，从而愿意与自己交流。同事之间，善于倾听的人能拥有最多的朋友。

四、与下级交往的艺术

孔子认为"君使臣以礼"，领导对下属应以礼相待。礼贤下士在中国已经存在了近两千年，像中国古代的点将台、拜将台，都是礼遇下属的体现。作为领导者，应该以礼对待员工，积极与员工进行有效的沟通。

1. 待人要公平、公正

《孙子兵法》中所言："上下同欲者胜。"只有上下同心，企业才会有发展。要做到这一点，领导者必须尽力做到公平、公正。因此，上级应该坚持客观、公正地对待下级，不要受情绪的影响。要学会做一个好的倾听者，站在下属的角度去考虑问题。身为领导者，要能听出下属的弦外之音、言外之意，对于下属的情绪和处境要多加理解，抛开自己的情绪。

作为领导，待人不能受偏见的影响，应该平等待人。有些人对某人向来印象不好，无论那个人有多好都会视而不见、听而不闻。领导者不应该被各种各样的偏见蒙蔽。同时，身为领导者也不应该太偏激独断，能够听取别人意见才会与员工建立融洽的关系。

"经营之神"松下幸之助就是一位善于倾听，待人公正的企业家。他经常问他的下属，"说说看你对这件事是如何考虑的？""如果是你干的话，你会怎么办？"他一有时间就到工厂里转转，以便听取工人的意见和建议。

2. 尊重理解下属

一个成功的领导者应该尊重和理解他的下属，为工作营造一个良好的氛围。上级要尊重下属的人格，尊重他们的意见和建议，让每个人都感受到自己是团队的一员。当下属的工作没有按预定目标完成时，要学会换位思考，理解他们的难处，不能把责任都推到他们头上。领导者要有宽容人的度量，在与下属沟通时，不可分亲疏远近，也不能因顾及面子而冷落了才智之士奋发向上的心，还要以开阔的心胸容纳别人，原谅别人的过错。一个好的上司，要在尊重理解员工之时，宽以待人，也要严于律己。遇事先从自己身上找原因，这样才能博得下属的爱戴和敬重。

3. 批评和表扬的技巧

表扬和批评相结合是人类自古以来形成的一种管理方法。对于领导者，批评和表扬下属是激励他们继续努力工作必不可少的手段。

（1）批评的技巧。批评是需要理由的，很多领导会不知不觉地把批评下属当作是发泄情绪或证明自己权威的一种手段。一个优秀的领导者，应该在工作中建立明确的奖惩制度，并且贯彻落实，奖罚有度，才能树立自己的威信。

（2）表扬的技巧。有时，领导的一句"你这个主意很好"或"你很有想法"，就会使员工精神百倍，自信心增加。可见，表扬是提高领导人格魅力和领导力的有力工具。当员工工作成绩提高时，作为上司，应不吝表扬。不过，表扬也要找好时机，如果毫无缘由的表扬，就会让人觉得那是在奉承，也不要在时隔很久之后才想到表扬对方，这样会使下属有被忽略的感觉，此外，表扬也要选择场合。比如，在众人面前表扬下属时，一定要明确客观，否则被表扬人会遭受众人的反感和嫉妒。

五、与异性交往的艺术

1. 异性交往中女性的礼仪修养

女性在工作中首先要注意自己的个人形象。职业女性发型应以保守为佳，妆容以淡妆为好。办公室女性着装应该庄重、大方，能够体现职业女性的专业素质。同时职业女性还要注意自己的举止应该是端庄、自然、优雅。不要风风火火、慌慌张张，也不要忸怩作态、装腔作势。

女职员在工作中要注意时间效率。尤其在打电话时，最好控制在 5 分钟以内，因为女性在表述事件时，往往不够概括，交代事宜重复啰唆，这会使人怀疑她的工作能力。

女性要公私分明。在工作时间内应专心致志地办理公务，不要在工作时间处理私事，要不断提高自身的素质，培养事业心和责任感。

女性在与异性同事交往时得到男性的照顾是很自然的事情。但要保持清醒的头脑，弄清楚男性是出于礼貌还是另有其他目的，再根据情况恰当处理。

2. 异性交往中男性的礼仪修养

男性在工作交往中，不必过分追求外表的光鲜，要给人以稳重干净的感觉。男性要讲信誉，说话算数，一言九鼎，俗话说"大丈夫一言既出，驷马难追"。男性只有言出必行，工作认真，办事负责，对女性谦虚和气、有礼貌，才能取得女性的信任。

在与异性交往中，男性要有度量，从大处着眼，目光远大，胸怀大志，不计较是非小事，宽厚待人，这样才能获得女性的赞赏。

3. 异性交往的礼仪原则

首先要坦然交往。工作中男女同事完全可以堂堂正正地交往。有些人在与异性交往时表现得过分矜持、紧张或扭扭捏捏，这是一种不自信的表现，更是对别人的一种伤害，因为这会让对方觉得受冷落、受拘谨。现代社会，尤其是女性，应摈弃封建社会的陈规陋习，坦然、大方、开朗地与男性同事交往。因为生理原因，男性在工作的有些方面会比女性有优势，与男性同事关系相处好，可以在工作中获得一些帮助。

其次要注意分寸。"男女授受不亲"的时代虽然已成历史，但在办公室中，异性之间的交往无论国内还是国外，还是要有一定的度，这就是说要注意一定的分寸。异性在工作交往中要保持一定的距离。彼此说话要注意分寸场合，不能含有挑逗性的语言，以免引起误会。女性在男性面前的动作也要有所注意，不能在男性面前梳理头发、抚摸自己的皮肤，不能过度地扭动自己的臀部和腰肢，以免发出错误的信号。异性同事之间最好不要过多倾诉婚姻上的不如意。女性与异性上司的交往也应注意分寸。要保持适当的距离，这既是对上司的尊重，也是异性交往中必须做到的。女性在工作之余，不能参与到上司的私生活中，以免陷入工作之外的纷争。保持适当的距离，出色完成本职工作，才是打动上司的最佳途径，也是保住自己工作岗位最得体的方法。

拓展阅读

企业接待与拜访秘诀

一、拜访客户

——小天鹅的"12345"服务承诺

"全心服务"是小天鹅人一贯坚持的服务理念，是一切服务活动的宗旨。秉承这种服务理念，小天鹅人根据市场变化及顾客需求，不断变革服务模式，注入新的服务内涵。小天鹅率先提出了公司人员上门为客户服务的"12345"服务承诺。

一双鞋：上门服务自带专用鞋。

二块布：一块垫机布，一块擦机布。

三句话：进门服务第一句话"我是小天鹅服务员×××，前来为您服务"；第二句话"非常感谢您对小天鹅的信任"；服务后一句话"今后有问题，随时听候您的召唤"。

四不准：不准顶撞用户，不准吃喝用户，不拿用户礼品，不准乱收费。

五大件：免费保修三年（含国家规定以外的五大件：存水桶、脱水桶、悬挂系统、排水阀、连接盘）。

小天鹅"12345"服务承诺，首次将"拜访客户"规范化、流程化，"服务"这一模糊的人为行动第一次得到量化，它充分体现了企业为客户着想，对客户细致入微的关爱，从而反映出了一个企业的文化与管理理念。

二、接待客户："一灯"礼仪公司的"前台接待流程"

以下是大连一灯礼仪公司接待客户和准客户时制定的独到的礼仪规范：

前台接待流程

（一）电话用语

"您好，一灯婚庆，××为您服务。"

（二）接待客人

前台所有人始终微笑服务，接待时，时常看着新人，看新人眉心位置，不允许自顾自低头讲单。不允许只盯着新郎讲话或者只盯着新娘讲话，话语的最终落脚点在新娘身上。

1. 分组

1组2个人，A主要负责迎宾、接待客人；B主要负责接单。

2. 客人进门后

（1）问询

A："您好，欢迎光临一灯，您是咨询婚庆还是有预约？"同时前台其他婚礼顾问（没谈单的顾问）必须在位置上站好，客人目光看到谁，谁要说："您好"。客人落座后，其他人才可落座。

（2）请客人落座

A说："请这边坐"，同时伴随着手势（一般情况下伸朝向座位方向的手，大臂微弯）。

（3）饮品

A问客人："您想喝点什么？我们这有果汁和咖啡。"如果客人选择其中一种，A再问："我们这有××果汁（咖啡），您想喝哪种？"如果客人说来点水就可以了，绝不能给客人倒水，也要说，要不然建议您来点果汁（清凉润喉）或咖啡（提神醒脑）吧。

（4）介绍搭档B

A说："给您介绍一下，这是我们首席高级策划师××，由她为您服务。"介绍完后，A去为客人倒水。

（5）B自我介绍

B说："您好，我是一灯婚庆的婚礼策划师，我叫××，您也可以叫我××。"同时双手把名片递上。在坐下的同时，坐垫要高起来，位置要比客人高。目的是增加心理优势。B在谈单时，不要一开始就讲单，首先要了解客人的自然情况，想办什么样的婚礼。A倒完水，为B拿笔、咨询表等。

（6）A坐在B旁边旁听，辅助B

（7）送客

讲完单后，客人不起身，接待人员不能起身。要先客人一步到达门口，为客人开门，然后寒暄之后，说"感谢您的光临"，送客人要送到楼梯下边，客人走了之后再回来。

（资料来源：以上两则材料分别来自相关企业。）

金先生的失礼之处

风景秀丽的某海滨城市的朝阳大街，高耸着一座宏伟楼房，楼顶上"远东贸易公司"六个大字格外醒目。某照明器材厂的业务员金先生按原计划，手拿企业新设计的照明器材样品，兴冲冲地登上六楼，脸上的汗珠未来得及擦一下，便直接走进了业务部张经理的办公室，正在处理业务的张经理被吓了一跳。"对不起，这是我们企业设计的新产品，请您过目。"金先生说。张经理停下手中的工作，接过金先生递过的照明器，随口赞道："好漂亮啊！"并请金先生坐下，倒上一杯茶递给他，然后拿起照明器仔细研究起来。金先生看到张经理对新产品如此感兴趣，如释重负，便往沙发上一靠，跷起二郎腿，一边吸烟一边悠闲地环视着张经理的办公室。当张经理问他电源开关为什么装在这个位置时，金先生习惯性地用手搔了搔头皮。好多年了，别人一问他问题，他就会不自觉地用手去搔头皮。虽然金先生做了较详尽的解释，张经理还是有点半信半疑。谈到价格时，张经理强调："这个价格比我们预算高出较多，能否再降低一些？"金先生回答："我们经理说了，这是最低价格，一分也不能降了。"张经理沉默了半天没有开口。金先生却有点沉不住气，不由自主地拉松领带，眼睛盯着张经理，张经理皱了皱眉，"这种照明器的性能先进在什么地方？"金先生又搔了搔头皮，反反复复地说："造型新、寿命长、节电。"张经理托辞离开了办公室，只剩下金先生一个人。金先生等了一会儿，感到无聊，便非常随便地拿起办公桌上的电话，同一个朋友闲谈起来。这时，门被推开，进来的却不是张经理，而是办公室秘书。

（资料来源：http://www.docin.com/p-360563.html.）

讨论题：

(1) 请指出金先生的失礼之处。

(2) 本案例对你有何启示？

名片的遭遇

某公司王经理约见一个重要的客户方经理。见面之后，客户就将名片递上。王经理看完名片就将名片放到了桌子上，两人继续谈事。过了一会儿，服务人员将咖啡端上桌，请两位经理慢用。王经理喝了一口，将咖啡杯子放在了名片上，自己没有感觉，客户方经理皱了皱眉头，没有说什么。

（资料来源：http://zwx.bzu.edu.cn/Upfiles/Article/201011832544141.doc.）

讨论题：

(1) 请分析王经理的失礼之处。

(2) 接过对方的名片后应如何放置？

对方会看到你打电话的表情

日本有一个特别有名的销售员，有人结合他的经历写了一本书，叫《史上最伟大的推销员》。这个推销员的伟大之处在哪儿呢？他的工作中又有哪些有趣的故事？

一天晚上，他到家后累了，决定先睡一觉。但他定了一个闹钟，同时告诉他老婆，晚上十点时，一定要把他叫起来，因为他跟一个很重要的客户约好在十点半的时候打电话。

到十点时，不等他老婆催他，他听到闹钟就醒了，然后去洗手间洗漱，接着又是刮胡子，又是穿衬衫、打领带的，还穿上了西装和皮鞋。最后拿了个本子，在电话机旁正襟危坐，一到十点半就准时给对方打电话。

业务倒是谈得很顺利，十几分钟就搞定了。但他这番怪举动让他老婆感到很奇怪：不就一个电话吗？有必要搞得跟个神经病似的吗？大半夜还要起来精心打扮一通，好像现在不是晚上，而是星期一一大早。

你猜他是怎么解释的？他跟他老婆说，如果我很邋遢、很懒散，对方虽然看不到我的样子，但我自己的精神面貌不好，而这会通过我的语气变化传达到对方那里。经过这么一番打扮，我看起来正式多了，人也精神多了。虽然看不见对方，我也要尊重对方，我相信，对方一定能感受得到！

一个人的成功与伟大，从来都不是无缘无故的。他凭借着这样的好心态赢得了众多的客户，很多客户觉得，不管什么时候和这个推销员打电话，都会感觉他精神百倍，好像全心全意地在做这件事。客户要是感觉到你是全心全意的，哪怕只是对待一个电话，他也会觉得受到了极大的尊重。

（资料来源：陈乾文. 别说你懂职场礼仪［M］. 北京：龙门书局，2010.）

讨论题：

（1）与客户进行电话沟通时，怎样让客户觉得你是尊重他（她）的？

（2）本案例对你有什么启示？

一毛钱的作用

几个刚毕业的大学生到一家公司参加面试。这家公司很特别，把面试的地点放在了远离公司的地方。

到了面试的时间，工作人员提出了一个奇怪的要求："现在你们都用手机发一条署名的短信给经理，向经理询问公司的地址，经理会告诉你们是否被录取。"

尽管大家都觉得很奇怪，但还是照做了。他们都用毕恭毕敬的语气给经理发了短信，没过多久，大家就收到了经理的回复，上面显示的正是那家公司的地址。有人举起手机问那个工作人员："就是这样吗？"

工作人员微笑着说："就是这样，请你们再等会儿，十分钟后经理就会宣布录取结果。"

十分钟以后，工作人员收到了一条手机短信，她抬头念出了一个名字，告诉他录取了。剩下的几个人感到很奇怪，纷纷询问自己到底哪里做得不好。工作人员告诉他们："如果你们收到回复后，能像他一样，肯多花一毛钱，再给经理发一条感谢的短信，或许你们就会被录取。"

有时，微不足道的一毛钱，正代表了你对他人的态度。

（资料来源：吴欣琪．一毛钱的作用［J］．故事会，2009（2月下）．）

讨论题：

（1）使用短信有哪些礼仪规范？

（2）本案例对你有哪些启示？

什么使老太太改变主意？

日本有一家叫木村事务所的企业想扩建厂房，看中了一块近郊土地意欲购买。而同时其他几家商社也想购买这块地。可地主是一位老太太，说什么也不卖。

一个下雪天，老太太进城购物，顺便来到木村事务所，她本想告诉木村先生死了这份心。老太太推门刚要进去，突然犹豫起来，屋内那么干净，而自己脚下的木屐沾满雪水，肮脏不堪。正当老人欲进又退之时，一位年轻的小姐出现在老人面前："欢迎光临！"小姐看到老太太的窘态，马上回屋想为她送一双拖鞋。不巧没有了，小姐便毫不犹豫地把自己的拖鞋脱下来，整齐地放在老人脚下，让老人穿上。

等老人换好鞋，小姐才问道："老人家，请问我能为您做些什么？"

"哦，我要找木村先生。"小姐就像女儿搀扶母亲那样，小心翼翼地把老太太扶上楼。

于是，就在要踏进木村办公室的一瞬间，老人改变了主意，决定把地卖给木村事务所。

那位老人后来告诉木村先生说："在我漫长的人生里，遇到的大多数人是冷酷的。我也去过其他几家想买我的地的公司，他们的接待人员没有一个像你这里的小姐对我这么好，你的女职员年纪这么轻，就对人那么善良、体贴，真令我感动。真的我不缺钱花，我不是为了钱才卖地的。"

一家大公司倾其全力交涉了半年之久也徒劳的事，竟因一位女职员小小的爱心行为而在无意中促成了。事实上，女职员并不知道这位老太太是公司的重要客户，她仅仅按公司的要求，尽了一个职员应尽的职责。这位小姐的行为与其说是一种个体行为，不如说是富有人情味的企业文化的具体体现。

（资料来源：http：//www.sc.gov.cn/zwgk/swzc/gzyj/200807/t20080728_ 300434.shtml.）

讨论题：

（1）请结合本案例谈谈是什么使老太太改变主意？

（2）本案例对你有哪些启示？

麦克拜访客户的秘诀

麦克具有丰富的产品知识，对客户的需要很了解。在拜访客户以前，麦克先是掌握了客户的一些基本资料。麦克常常以打电话的方式和客户约定拜访时间。

今天是星期四，下午4点刚过，麦克精神抖擞地走进办公室。他今年35岁，身高6英尺，深蓝色的西装上看不到一丝的皱褶，浑身上下充满朝气。

从上午7点开始，麦克便开始了一天的工作。麦克除了吃饭的时间，始终没有闲过。麦克五点半有一个约会。为了利用四点至五点半这段时间，麦克便打电话，向客户约定拜访的时间，以便为下星期的推销拜访而预做安排。

打完电话，麦克拿出数十张卡片，卡片上记载着客户的姓名、职业、地址、电话号码资料以及这些资料的来源。卡片上的客户都是居住在市内东北方向的商业区内。

麦克选择客户的标准包括客户的年收入、职业、年龄、生活方式和嗜好。

麦克的客户来源有三种：一是现有的顾客提供的新客户资料；二是麦克从报刊上的人物报道中收集的资料；三是从职业分类上寻找客户。

在拜访客户以前，麦克一定要先弄清楚客户的姓名。例如，想拜访某公司的执行副总裁，但不知道他的姓名，麦克会打电话到该公司，向总机人员或公关人员请教副总裁的姓名，知道了姓名以后，麦克才进行下一步的推销活动。

麦克拜访客户是有计划的。他把一天当中所要拜访的客户都选定在某一区域之内，这样可以减少来回奔波的时间。根据麦克的经验，利用45分钟的时间做拜访前的电话联系，即可在某一区域内选定足够的客户供一天拜访之用。

麦克下一个要拜访的客户是国家制造公司董事长比尔西佛。麦克正准备打电话给比尔先生，约定拜访的时间。

做好拜访前的准备工作使麦克成为一名优秀的业务员。

（资料来源：http：//www.upsales.com.cn/conceptinfo/jituandakehuxiaoshou/xei1.html.）

讨论题：

（1）麦克拜访客户有哪些秘诀？

（2）本案例对你有何启示？

乘飞机的孩子们

美国迪斯尼优秀教师奖获得者罗恩·克拉克，在其《教育的55个细节》中谈到这样一个礼仪教育故事：

那一回，当我的学生坐上从哈莱姆飞往洛杉矶的飞机时，我已经先期抵达，在那儿等候他们了。校长助理卡斯蒂略夫人护送他们，同行的还有几位老师和家长。一个星期以前，我们就在班里练习过乘坐飞机的礼仪了。我将座位摆成过道，我扮演飞机上的乘务员，乘务员要解决问题、维持秩序以及核对学生们的票。我把他们在飞机上的表现事先想得太差了，在没有我随时提醒的情况下，我真有点担心。到了机场，第一个从飞机上下来的旅客一边环顾四周，一边问道："那位克拉克先生在哪儿啊？"我想："噢，我的天啊！这些孩子都做了些什么呀？"然而，每一个从飞机上下来的人都想和我握手。他们说，当他们看到有一群孩子上来的时候，心想这下可完了，但孩子们自始至终表现得有礼貌、懂规矩、令人尊敬。飞机上的机长甚至通过广播介绍过我们这个班，说孩子们表现得如何好。尽管在天上飞的感觉并不是很舒服，可我们却越来越开心。

我认为最重要的一句恭维话，是一位女士对我说的："我想让你知道，我坐在头等舱。你一半以上的学生路过我座位的时候，都碰到了我的胳膊，但是他们每个人每一次都会转过身来和我说对不起。"

（资料来源：http://www.zxxk.com/Article/0711/30129.shtml.）

讨论题：
（1）请结合本案例谈谈礼貌用语的作用。
（2）本案例对你有何启示？

作家梁晓声讲的故事

梁晓声访问法国，他跟两个老作家一同坐车到郊区。那天刮着风，不时有雨滴飘落。前面有一辆旅行车，车上坐着两个漂亮的法国女孩，不停地从后窗看他们的车。前车车轮碾起的尘土扑向他们的车窗，加上雨滴，车窗被弄得很脏。

他们的车想超过，但路很窄。他问司机："能超吗？"司机说："在这样的路上超车是不礼貌的。"

正说着，前面的车停了下来，下来一位先生，先对后车的司机说了点什么，然后让自己的车靠边，让他们先过。梁晓声问司机："他刚才跟你说什么了？"司机转述了那位先生的话："一路上，我们的车始终在前面，这不公平！车上还有我的两个女儿，我不能让她们感觉这是理所当然的。"

梁晓声说，这句话让他羞愧了好几天。

（资料来源：http：//news. gmw. cn/newspaper/2013 – 09/17/content_ 2123454. htm.）

讨论题：

（1）梁晓声为什么感到羞愧？

（2）行车应该注意哪些礼仪？

（3）本案例对你还有哪些启示？

施女士该怎么办？

施女士年初被提升，干上了她非常喜欢的工作。她的上司钱先生是一位良师益友，对她的工作给予很大的支持，她的上司的上司梁先生对她也很认同，所以施女士工作上如鱼得水。但是，上个月，她的上司钱先生因故离开了公司，经钱先生推荐，公司从外面引进了一个人才李先生，作为施女士新的上司。

李先生的到来使施女士的情况完全改变了。用施女士的话来说："简直要崩溃了。"事情是这样的：李先生到来后，总是对施女士的决定做事后诸葛亮。有时候，甚至将施女士做过的工作再按李先生自己的方式重新做一次。最不能让施女士容忍的是，李先生不止一次在施女士的下属面前对施女士的工作方法表示怀疑。施女士很苦恼，她想跳过李先生，和李的上司梁先生反映一下情况。但是，又觉得可能会把问题搞僵。想同李先生谈谈，又担心控制不住情绪，反而更糟。想和老上司钱先生沟通一下，又担心让钱先生为难。

（资料来源：http：//www. examw. com/hr/gls/moniti/208495/）.

讨论题：

（1）请你帮助施女士分析一下她所面对的问题。

（2）施女士究竟应该怎么办？请谈谈你的看法。

（3）如何更好地与上司沟通？

投诉电话

一日，某公司的员工小林接到客户的抱怨电话，于是发生了如下一段对话：

客户：你们公司的效率怎么这么差？！

小林：赵科长，很抱歉！我姓林，能否告诉我究竟是什么原因让您那么生气？

客户：上个月跟你们公司订了一台裁纸机，说好上个周五送货过来，现在都星期三了，为什么到现在还没有看到货呀？

小林：赵科长真是抱歉，耽误了贵公司的作业，我马上帮您查出货单，真是抱歉！这是本公司的疏忽，我会向主管反映此事，麻烦您给我贵公司的电话号码，查完出货单，马上给您回电话，请不要生气。

……

小林：赵科长，您好，我是××公司，敝姓林，我已经帮您查过了，您订的机器，因为缺少一个小零件，所以延误至今还没有给贵公司送过去，本公司未能及时告知，这是我们的疏失，已经跟经理汇报了，经理也已经下达命令给生产科，这个星期五以前一定把机器给您送过去，经理会亲自到贵公司向您致歉，真是抱歉！

（资料来源：http://www.docin.com/p-606272242.html.）

讨论题：

（1）小林的行为符合礼仪规范吗？

（2）应该怎样对待客户的电话投诉？本案例有哪些可借鉴之处？

1. 见面场景模拟训练

实训目标：熟练、规范地运用见面的各种礼节进行交际。

实训学时：2学时。

实训地点：实训室。

实训准备：见面场景、名片若干张。

实训方法：3~5人一个小组，每组设计一个见面场景，将称呼、介绍、握手等见面礼、问候、递接名片等交际礼仪，连贯地演示下来，学生对各组的表演进行评价，最后教师总结。表演之前，每组应就设计的场景和成员的角色进行说明。

2. "我是谁"

实训目标：通过个人选择代表自己的某一件物件达到相互认识的目的。

实训学时：2学时。

实训地点：教室。

实训准备：每个人的代表自己的某一物件。

实训方法：每位学员课前找一个能够代表自己个性特征或表达自己身份的物件（必须是可以拿得到的），并把它带到课堂上。让每一位成员展示自己所选的物件，并解释其表达的含义（例如："我选择了一块石头，因为它坚硬、光滑、色彩丰富等"）。如果人数较多，可以在小组内进行，然后再挑选代表上台展示。

实训思考：

（1）你从其他成员身上学到了什么？

（2）通过这个游戏，你对其他参加者的了解达到何种程度？

3. 见面会游戏

实训目标：训练学生与陌生人见面、交往的技巧。

实训学时：2学时。

实训地点：大学生活动中心。

实训准备：简单布置见面会会场。

实训方法：

（1）教师预先设计一些社会角色，确保每个角色都有一个人扮演。活动开始前，给大家一点时间对自己的角色进行熟悉。

（2）活动开始后，大家可以随意走动、聊天。言行一定要符合他所扮演的人的身份。每位同学要不断地相互交流，尽可能多地让对方知道自己的角色，同时获知对方的角色。

（3）活动过程中要正确运用所学的交际礼仪。

（4）15分钟以后，游戏结束，让大家描述一下他（她）所扮演的角色以及他所用的表达方式。选出最佳演员。

（5）教师可以根据人数分组。

4. 特色名片设计

实训目标：掌握名片的设计要素，设计出体现个人或公司特点的富有特色的名片，并能规范地使用名片。

实训学时：1学时。

实训地点：教室。

实训准备：彩笔、名片纸等。

实训方法：设计出富有个性的名片，然后相互之间练习名片的递接。选出最具特色的名片，进行一次名片展览。

5. 电话（手机）使用模拟训练

实训目标：掌握使用电话（手机）的礼仪。

实训学时：1学时。

实训地点：教室。

实训准备：固定电话或手机。

实训方法：两人一组，用固定电话或手机现场表演各类情形的通话，其他同学观摩，表演结束后，由同学们点评，最后老师总结。以下情形供参考。

（1）双方第一次进行业务联系。

（2）下级向上级通过电话汇报工作。

（3）正在与客户交谈时电话振动提示有来电。

（4）在电影院看电影时必须接听一个十分重要的来电。

也可发挥想象，设计其他情形。

6. 自编小品"打电话"

实训目标：强化电话礼仪规范。

实训学时：2学时。

实训地点：实训室。

实训准备：场地、电话等。

实训方法：学生3~5人分为一组，自编小品表演打电话（手机），可以将打电话（手机）中不规范的礼仪表现演示出来，师生点评。

7. 手机短信的使用

实训目标：掌握手机短信的礼仪。

实训学时：1学时。

实训地点：教室。

实训准备：手机。

实训方法：每两人一组，模拟各种情形进行手机短信的发送和回复，然后相互评论对方发送短信的做法有无不符合礼仪之处，最后老师总结。

8. 馈赠礼品模拟训练

背景介绍：假设A公司和B公司拟进行技术合作，共同开发新型汽车发动机。A公司位于湖北武汉，B公司为辽宁省大连市的一家公司。双方在大连市合作会谈非常顺利。临近本次合作会谈尾声，B公司公共关系部的王经理特地为远道而来的A公司李总经理一行5人每人准备了一袋海产品，作为一点礼物赠送给对方。

实训学时：1学时。

实训地点：实训室。

实训准备：5份包装精美的礼品。

实训方法：每6名学生为一组，将全班同学分成若干组，然后安排学生分别扮演B公司的王经理和A公司的李总经理等5人，模拟进行礼物馈赠练习。演示礼品馈赠时，应注意礼品馈赠时的口头语言与体态语言。

学生之间互相点评，教师指导纠正。

9. 拜访、接待模拟训练

实训目标：熟悉接待、探访的有关礼节，能够正确运用其礼仪规范。

实训学时：2 学时。

实训地点：实训楼前、电梯间、会议室。

实训准备：办公家具、茶具、茶叶、热水瓶或饮水机、企业宣传资料等。

实训方法：一部分学生扮演来访团体成员，另一部分学生扮演接待方成员，模拟演示以下情景：

(1) 在门口迎接客人。

(2) 引导客人前往接待室。

(3) 与客人搭乘电梯。

(4) 引见介绍。

(5) 招呼客人。

(6) 为客人奉送热茶。

(7) 送别客人。

演示完毕后，两组人员角色可对调，再演示一遍，充分体会探访、接待的不同礼仪要求。

10. 乘坐轿车训练

实训目标：掌握轿车座位的安排。

实训学时：1 学时。

实训地点：实训室。

实训准备：模拟轿车座位（可用椅子代替）。

实训方法：若干人一组，并确定各自的角色（客人、女士、上级或主人、男士、下级等），表演按着正确的座次乘车。

(1) 客方1人，我方3人（主要接待1人、陪同1人、司机1人），乘一辆车。

(2) 客方2人，我方2人（主要接待1人、司机1人），乘一辆车。

(3) 客方3人，我方3~4人（重要接待1人、陪同兼司机2人），分乘2辆车。

11. 自我测试

请你完成下面的选择题，看看自己在办公室是否受欢迎：

(1) 是否经常早到10分钟？（ ）

A. 经常　　　　B. 很多次　　　　C. 偶尔　　　　D. 从不

(2) 是否经常打水、扫地？（ ）

A. 经常　　　　B. 很多次　　　　C. 偶尔　　　　D. 从不

(3) 是否经常翻人家的东西？（ ）

A. 经常　　　　B. 很多次　　　　C. 偶尔　　　　D. 从不

（4）是否传小道消息？（　　　）

A. 经常　　　　B. 很多次　　　　C. 偶尔　　　　D. 从不

（5）是否经常打断别人的谈话而自己浑然不知？（　　　）

A. 经常　　　　B. 很多次　　　　C. 偶尔　　　　D. 从不

（6）是否经常向人得意洋洋地夸耀在哪儿进餐、在哪儿购物？（　　　）

A. 经常　　　　B. 很多次　　　　C. 偶尔　　　　D. 从不

（7）是不是经常"一杯茶，一根烟，一张报纸看半天"？（　　　）

A. 经常　　　　B. 很多次　　　　C. 偶尔　　　　D. 从不

（8）有没有借同事的钱没有还的事情发生，即使数额不多？（　　　）

A. 经常　　　　B. 很多次　　　　C. 偶尔　　　　D. 从不

[参考答案]

如果回答 A 项居多，就要好好反省了，因为测试表明你很可能不怎么受同事欢迎；如果回答 D 项居多，那说明你很懂得办公室里的礼仪，应该是很受大家欢迎的人物。

12. 模拟公众来访投诉的接待

实训目标：掌握公众投诉接待的礼仪。

实训学时：2 学时。

实训地点：教室或实训室。

实训背景：一位顾客冲进办公室，怒气冲天，因为她上个月刚买的电视机坏了，维修部的工作人员答应前去修理，但迟迟未见人。

实训方法：学生可分别扮演企业投诉中心接待人员和顾客，顾客就其问题进行投诉。

实训要求：注意模拟演示必须强调进入情景之中，注意接待礼节中的细节，讲究语言艺术，注意体态语，把握好表情。学生也可以设计其他场景进行练习。

13. 制定员工或顾客关系协调方案

目的：通过实地调查，有针对性地制定公共关系协调方案，使学生具有员工关系或顾客关系协调方案的设计与操作能力。

时间：4 学时。

地点：当地企业、学校。

要求：把学生分成几组；每组至少选定一个企业，最好是对国际或国内知名企业进行调查；调查之前策划周密的调查方案，其中包括调查哪些人员，应该提问哪些问题。如果是顾客协调，也可以扮演成顾客，当然是比较挑剔的、问题多多的顾客，与企业直接交流，从而发现其顾客关系或员工关系中值得肯定的方面和存在的问题，并为之设计一个搞好员工关系或顾客关系的方案。

1. 设想几种不同的社交场景，如何根据交往对象不同进行称呼。

2. 请分别用一句话、用一分钟时间、用 5 分钟时间介绍你自己。

3. 请就以下为他人介绍的事例分别进行分析，看看各存在什么问题。

（1）这位是×××公司的人力资源部张经理，他可是实权派，路子宽，朋友多，需要帮忙可以找他。

（2）约翰·梅森·布朗是一位作家兼演说家。一次他应邀去参加一个会议，并进行演讲。演讲开始前，会议主持人将布朗先生介绍给观众，下面是主持人的介绍语："先生们，请注意了。今天晚上我给你们带来了不好的消息。我们本想要求伊塞卡·马克森来给我们讲话，但他来不了，病了。（下面嘘声）后来我们要求参议员布莱德里奇前来，可他太忙了。（嘘声）最后，我们试图请堪萨斯城的罗伊·格罗根博士，也没有成功。（嘘声）所以，结果我们请到了——约翰·梅森·布朗。（掌声）"

（3）我给各位介绍一下：这小子是我的铁哥们儿，开小车的，我们管他叫"黑蛋"。

4. 找几个伙伴练习握手的礼仪。

5. 为什么说"从电话礼仪就可基本看出对方的教养如何"？

6. 欣赏相声表演艺术家马季的相声《打电话》，讨论打电话应该注意的礼节。

7. "人心隔肚皮"，更何况是在虚拟世界。你可能是一位网络常客，你认为应该重视网络礼仪吗？

8. 利用课后或者周末时间逛逛花店，面对绚丽多彩的鲜花，进一步熟悉花的语言。

9. 假如你明天要拜访一位重要客户，列出你需要做哪些形象准备和资料准备？

10. 请根据交谈礼仪的要求与同学模拟一次交谈。

11. 讨论在交谈中遇到以下三种情况该如何处理：

（1）对方不知不觉将话题扯远了；

（2）对方心血来潮，忽然想到了他得意的事；

（3）对方故意转变话题，不愿意再谈原来的事。

12. 领导派你下周去 1000 公里以外的城市，如上海出差（如果你现在在上海，就去北京），那么你应当准备哪些物品？请列出清单。

13. 如果下周你打算到南方（如果你现在南方，就去北方）出差，打开你的衣橱，谈谈携带哪些衣服比较合适。

14. 在宾馆里与当地客户见面时，应注意哪些问题？

15. 根据你的出行经验，举例说明各种典型的违反出行礼仪的行为。

16. 以下是中央文明办、国家旅游局联合发布的《中国公民国内旅游文明行为公约》的内容：

中国公民国内旅游文明行为公约

营造文明、和谐的旅游环境，关系到每位游客的切身利益。做文明游客是我们大家的义务，请遵守以下公约：

维护环境卫生。不随地吐痰和口香糖，不乱扔废弃物，不在禁烟场所吸烟。

遵守公共秩序。不喧哗吵闹，排队遵守秩序，不并行挡道，不在公众场所高声交谈。

保护生态环境。不踩踏绿地，不摘折花木和果实，不追逐、投打、乱喂动物。

保护文物古迹。不在文物古迹上涂刻，不攀爬触摸文物，拍照、摄像遵守规定。

爱惜公共设施。不污损客房用品，不损坏公用设施，不贪占小便宜，节约用水用电，用餐不浪费。

尊重别人权利。不强行和外宾合影，不对着别人打喷嚏，不长期占用公共设施，尊重服务人员的劳动，尊重各民族宗教习俗。

讲究以礼待人。衣着整洁得体，不在公共场所袒胸赤膊；礼让老幼病残，礼让女士；不讲粗话。

提倡健康娱乐。抵制封建迷信活动，拒绝黄、赌、毒。

讨论题：
为什么中央文明办、国家旅游局要颁布《中国公民国内旅游文明行为公约》？

17. 办公室的天地虽小，可这天地之间方寸皆讲礼仪，你知道办公室礼仪都包括哪些方面吗？假如你要去一个办公室实习，你该做哪些准备？

18. 在职场，你认为哪些礼仪是我们需要特别关注的？

19. 一位顾客在一家百货公司买了一件黑色西服，刚穿上就发现褪色，弄脏了衬衫领子。他拿着衣服到百货公司去讲理。接待他的是一位售货员，不等他把话说完就不耐烦地说："像这样的衣服我们已经卖了上千套了。从来没有听说顾客有什么不满意，怪了，怎么你这衣服有问题?"旁边的一个售货员也认为他说谎骗人，还嘲弄他没钱买更好的衣服。

这种事情在我们周围很常见，请你思考，面对这种情况，用哪一种公共关系方法，既不伤害顾客的自尊，又能使商场不受较大的损失?

20. 一位顾客硬是说他在商场买的香烟是假的，而商场从进货渠道来看，根本不可能出现这样的情况。模拟演示商场接待人员接待投诉者的情景。

21. 你是一家房地产公司的秘书，这天有 20 多位住户认为你公司开发的房产有质量问题，集体闯到你的办公室，请演示接待的情景。

第四章　公关活动礼仪

优优大哉！礼仪三百，威仪三千，待其人而后行。

——《礼记·中庸》

商务礼仪是企业及管理者在商务场合中的脸面，如果不注重仪表，就会失去笑脸。

——【日】松下幸之助

➤ 组织商务会议并注重其中的礼仪规范
➤ 成功地组织签字仪式、开业仪式、剪彩仪式，并符合礼仪规范
➤ 熟悉宴请的程序和规范，熟练、得体地遵守中、西宴会礼节
➤ 根据中餐和西餐的特点和区别，有针对性地选择参加宴会的礼仪
➤ 成功地筹备、举办一次舞会，舞会上做到礼貌邀舞或委婉拒绝
➤ 公关推销讲究礼仪

嘉宾已经陆续到来

海达公司的新产品发布会即将开始，总经理秘书小叶正站在会议大厅的入口

处，她一边做最后的检查，一边等嘉宾的到来。她检查主席台上放置的名签时，发现有问题，一位嘉宾因故不能前来，名签却没有撤掉，而另一位嘉宾刚才来电话说要来参加新产品发布会，名签却没有准备。这时她的手机又响了，原来是接电视台记者的汽车在路上抛锚了，重新派车已经来不及了。同时，会议秘书组的人员来报，宣传材料不够。此时嘉宾已经陆续到来。

（资料来源：http：//xb. gxsdxy. cn/wh/Article_ Show. asp？ ArticleID = 1222.）

在开展公共关系活动中，除了有大量的日常性工作要做外，公共关系部门还要有计划、有目的地开展一些专项活动，也叫做公共关系专题活动。这些活动内容广泛，形式多样，有许多技术性问题需要把握。

第一节　商务会议的礼仪

会议是指三人以上参加、聚集在一起讨论和解决问题的一种社会活动形式。人们通过会议交流信息、集思广益、研究问题、决定对策、协调关系、传达知识、布置工作、表彰先进、鼓舞士气等。随着社会的发展，人们已经难以想象"没有任何会议"的情形。而会务礼仪正是适应会议工作内容的需要而产生的。

商务会议是商务活动中最重要、最频繁的内容之一。有一项调查表明，大多数商务人士有 1/3 的工作时间用于开会，有 1/3 的时间用于商务旅行。正如深圳万科公司的老总王石曾经说过的非常形象的一句话："我如果不是在开会，就是在去往下一个会议的路上。"因此，虽然会议可能会带来资源、人力、物力的巨大耗费，但是谁都不得不承认，会议是一种非常有效的商务沟通方式和手段，因为面对面的交流可以传递更多、更及时的信息，尤其是需要各方面协作的工作更需要会议这个纽带来进行协调、安排与推进。

一、商务会议的筹备

筹办、主持或者参加一次有效的商务会议，遵守商务会议的礼仪规范，对于商务人员来说是十分重要的。在筹办会议时，各方面都要考虑周全。主持会议要体现出会议主持人员对整个会议的良好控制能力；出席会议时，仪态、精神都要与会议的内容、主题吻合。一个重要会议的举行往往是商务人员才华显现的机会，又是其礼仪修养和礼仪业务水平的表演舞台，所以应特别留心。

筹备一次商务会议，必须对会议的礼节要求、仪式过程了如指掌，如邀请哪些人员与会，会议通知如何措辞，会议的标题、口号、徽记怎么设计，仪式顺序怎么安排，会场怎么布置，礼品奖品怎么颁发，照相时怎么安排位置，怎样调节会议节奏，怎样对外宣传会议，怎样做好会后扫尾工作等。只有了解了这些会议礼仪工作的基本内容，才能在每次会议召开之前，有条不紊地做好充分准备。商务会议筹备有以下基本要求：

1. 周全考虑

商务会议工作礼仪的周全考虑，是指在酝酿会议时，对会议活动过程中的各个环节、各个细节都要做全面的考虑，以防差错和闪失。大型会议活动的通知一旦发出后，所有准备工作都进入倒计时状态，倘若没有事先的周全考虑，是无法应付的。

周全考虑，不仅指对会议各项议程的考虑，还包括对一切可能影响会议顺利举行的因素做充分的考虑，如天气状况就是一个重要因素。天的阴晴、气温的高低，对在室外举行会议的影响十分大。雨水可能将事先准备的会标、鲜花、旗帜淋坏；与会者也会因天气原因而产生人数、纪律等方面的混乱；雨中的节目表演难以进行；雨中的扩音设备易出故障等。如果室外气温过高，会议参加者中可能会出现中暑昏倒，会场秩序由此也许会引起骚动混乱。即便是在室内举行的会议，天气也是影响其正常进行的重要因素，太冷、太热、太闷都不利于会议顺利召开。天气因素还可能影响交通顺畅，与会者因此可能没法准时到会。所以，根据天气情况，充分考虑会议期间可能发生的天气变化，是会议礼仪所要考虑的一个重要方面。把各种可能发生的情况都充分考虑到，才能对会议期间复杂忙乱的状况应付自如。

会议的场所定在哪里，也应重点考虑。选择的场所要适宜开会、不受干扰、便于集中。虽然目的地选得不错，但如果忽略了交通的便利，这也是考虑不周的表现。

在会议出席者的安排上更要考虑周全。有些会议往往是对与会者一种资格、权利和待遇的体现。如股东大会、理事会等，倘若考虑不周邀请了不该邀请的人员，或者把重要的人员遗忘了，虽然可能是偶然的疏忽，但是却会引起很大的麻烦，甚至导致会议进程受阻或者决策无法及时做出。

因此，在安排会议工作时，一定要从客观条件、主观因素等诸多方面来考虑会议的礼仪工作，以确保会议圆满成功。

2. 周密安排

在周全考虑的前提下做出细致安排，努力使会议开得顺利。首先体现在会期和会议内容的安排上，既要张弛结合，又要紧凑高效。与会者参加会议，总是放下日常工作而来，如果不考虑会议的主题，在会议过程中安排过多的游览、宴请等活动，这种安排是不科学、不合理的，是违背会议宗旨的；但一个报告接着一个报告，一个讨论接着一个讨论，又会使与会者感觉疲劳，从而影响会议效果。如果会期太长，与会者可能会因疲劳退场；会期太短，则又来不及反映有关情况，信息得不到充分的交流与反馈。所有这些都说明，只有周密安排会议才能确保会议目标的实现。

周密安排还体现在会议准备工作是否做得充分。与会者来了，筹备者却发现未给与会者准备足够的文件袋；会议临开场了，发现代表证未配好别针，没法佩戴；表决投票之后，计票结果迟迟未能公布，让场内与会者空等；会议开始了，才发现文件袋内少了一份昨晚刚赶出来的文件，与会者必定会心生埋怨……一切安排的不周，都会影响会议的气氛和与会者的情绪。

怎样安排与会者的入场和退场、怎样接送与会者、怎样安排与会者就座，这些都须事先周密安排。

怎么休息，也是会务礼仪应该周密安排的。会场布置中安全通道的位置、工作人员工作区和记者席的位置，都要便于其工作的展开。一些庄重的仪式性会议，其仪式所需要的各种用品、设备，事先都应做充分检查，以防万一发生故障。会议中需要使用的多媒体幻灯片、录音、录像等，都应在正式使用前先试放。而对特别重大活动，则应在事先做演练。

3. 周到服务

商务会议礼仪与会议服务有着紧密的关系，保证会议圆满完成各项议程，保证每个与会者精神振奋、情绪饱满地参加会议，保证与会者的安全，是会议服务工作的出发点和最终目的。

会议的服务对象主要有与会领导和贵宾、普通与会者、采访会议的新闻工作者等。进行会议服务时，注意针对不同的服务对象要有不同的服务内容，使会议的主题不仅在会内得到体现，而且在会外得到延伸。

领导是会议的灵魂。会议服务首先要为领导提供服务。应根据会议的主题、目的，为领导准备好相关材料，提供可靠翔实的数据，引证真实充分的事实。在会议进行期间，秘书人员要妥善安排领导的其他工作，或由别人代理，或延期改期，或取消。当然，这一切安排都必须在领导同意批准之后才能实施。打搅干扰领导出席会议的事情要尽量少做，在会议进程中发生的各种情况应及时报告给领导，使领导始终能够从统领全局的高度参与会议，而不是和普通与会者一样，被会议既定议程牵着走。

与会贵宾的身份特殊，他们的到来往往是一种会议礼仪的需要。他们不一定有正式与会者的全部权利，然而却享有比正式与会者更高的待遇。他们可能是上级、前辈、功臣、协作方等。会议过程中为贵宾服务，要本着敬重、照顾的原则，使他们也能够被会议的气氛所感染，从而在精神上融入会议，真正为会议锦上添花。

对普通与会者应提供实实在在的服务。从发会议通知开始，直到将与会者送走，按时下发会议纪要，让与会者对会议的精神、目的了然于心；解决会议期间所有工作和生活的不便，从而使与会者安心开会、行使权利、有所收获。

商务会议经常需要邀请新闻媒体的相关人员参加，以扩大会议影响。因此，会议开始之前，会议组织人员就要与领导商量对会议报道到什么程度，以便做到统一口径对外发稿，以免与新闻宣传方面发生矛盾，进而影响会议形象、破坏会议气氛。

二、商务会议的环境礼仪

会议的环境礼仪，是将会议现场做配合会议主题精神的布置。即便是一般的常规小型会议，如每周一次的经理办公会议、部门负责人碰头会议、中层干部例会等，会场也应布置得井井有条、干净明亮，使与会者精神振奋、情绪饱满，从而保证会议的顺利进行。根据各种会议的议题、议程和出席对象不同，会场环境布置也有不同的礼仪要求。

1. 商务会议环境布置的基本要求

（1）突出主题。会议环境是指会场的内外布置情况，它是衬托、渲染主题的重要手段。从会场选址到大小会场的布置；从会议标语、旗帜到鲜花、座位的安排，都必须根据会议的主题来统一筹划，按不同主题分别布置成庄严隆重、喜庆热烈、轻松和睦或肃穆深沉，使与会者一进入会议区，一踏进会场，就会被会议的精神、气氛所感染和引导，从而全身心地投入会议。

（2）经济高效。筹办会议应该本着经济高效的原则，花最少的钱获得最好的结果。比如，应尽可能利用本单位现有的条件安排会场，不要动辄找风景名胜，借开会之机大肆游山玩水。每次会议结束后，相关会议用品要收好，以便今后必要时再用。注重会议效益还表现在会议用品不能滥发，文件、文具、奖品、礼品都要严格控制。即便是展览性、展示性的会议，也应多发宣传资料，滥发礼品有违会议主旨，也不是会议应有的正确礼仪。

2. 商务会议环境礼仪规范

（1）会场选择。大型会议的会场选择对会议主题的深化有密切关系，对与会者参会的情绪也有很大影响。举办会议首先要选准会场会址。要考虑交通便利、设施齐全、环境安静、停车方便、大小适中、费用合理等因素，使与会者能够方便地到会，安心地开会。

（2）会场布置。对于一般的小型会议，会议室只要清洁、明亮，有足够的桌椅让与会者方便地看文件、做记录、讨论发言就行了。而大型会议的会场准备则比较复杂，需要体现会议的主题，应注意会场内座位的布局、主席台的布置以及其他可以渲染和烘托气氛所做的装饰等，一定要讲究科学性、合理性和艺术性。

1）会标。会标即会议全称的标题化。应将会议全称用大字书写后挂在主席台的正上方，一般用红底白字，也可以用红底金字。这是会议礼仪十分重要的一点、点睛的一点。它能增强会议的庄重性，揭示会议的主题与性质，使与会者一进会场就被会标引导，进入会议状态。

2）会徽。会徽是体现或象征会议精神的图案性标志。要选择具有强烈感染和激励作用的图案，重大会议的会徽可向社会征集，也可在单位组织内部征集。会徽图案要简练、易懂、寓意丰富。有些会议可用本组织的徽志作会徽，如党徽、国徽、团徽、警徽等，这些都可起到渲染突出会议精神的作用。

3）标语。标语当然是会议主题的体现，会场上的气氛往往就是被恰到好处的标语、旗帜等渲染起来的。标语在准备会议文件时就应拟就，并报请领导批准。会议标语要集中体现会议精神，使其简洁、上口、易记，具有宣传性和号召力。

4）旗帜。会议的旗帜包括主席台上悬挂的旗帜和会场内外悬挂的旗帜。主席台上的旗帜应围挂在会徽两边，显得庄严隆重；主席台的两侧插上对应的红旗或彩旗，又可增添喜庆气氛。而会场门口和与会者入场的路旁插上红旗或彩旗，使会议的热烈气氛洋溢在会场内外，以衬托会议的隆重。

5）花卉。花卉是礼仪不可缺少的重要道具，在会场上，花卉还能起到解除与会者疲劳的作用。选用花卉应突出中华民族的文化特色，以梅花、牡丹、菊花、兰花、月季、杜鹃、山茶、荷花、桂花、水仙等十大名花为代表的中国原产花卉，早已被赋予浓重的文化色彩，以这些花为主构成的花卉艺术品，如插花、盆景等都能以无声的语言向人们传播中华民族文化，表现民族精神。因此，越是重大的会议，越应选取有代表性的中国原产花卉作为主体花卉摆放，并将中国传统艺术花卉的插放造型作为会议花卉的礼仪形式。

6）灯光。会议场所的灯光应该明亮、柔和，既给人适宜的照明，也可减缓因会议时间过长而带来身体或精神上的疲劳。大型会议的会场灯光应设计几套，以便于会议颁奖、照相、演出等多种需要。

7）座位。会场内座位的布局要根据会议的不同规模、主题，选择合适的摆放形式。"而"字形的布局格式比较正规，有一个绝对的中心，因此容易形成严肃的会议气氛，如图4-1所示。一些小型的、日常的办公会议以及座谈会等通常在会议室、会议厅进行，可以根据需要将座位摆放成椭圆形、圆形、回字形、T字形、马蹄形和长方形等，这些形式可以使参加会议的人坐得比较紧凑，彼此面对面，容易消除拘束感，如图4-2所示。座谈会、小型茶话会、联谊会等多选择六角形、八角形或者半圆形等布局形式①。

---

① 杨海清. 现代商务礼仪［M］. 北京：科学出版社，2006.

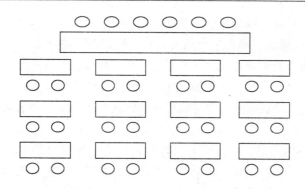

图4-1　"而"字形会议室布局

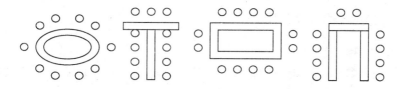

图4-2　椭圆形、T字形、回字形、马蹄形会议室布局

（3）主席台布置。主席台是会议的中心，也是会场礼仪的主要表现位置。主席台布置应与整个会场布置相协调，并做强调突出。

1）座位。主席台座位要满座安排，不可空缺。倘原定出席的人因故不能来，要撤掉座位，而不能在台上留空。主席台座位若有多排，则以第一排为尊贵。第一排的座位以中间为贵，依我国传统一般由中间按左高右低顺序往两边排开，即第二领导坐在最高领导左侧，第三领导坐在最高领导右侧，以此类推。如果人数正好成双，则最高领导在中间左侧，第二领导在中间右侧，也以此类推。但目前国际上流行右高左低，因此安排涉外会议时，也要灵活依据有关规矩。时下一般处理方式：开会时以左为尊，宴请以右为尊。每个座位的桌前左侧要安放好姓名牌，既方便入座，又便于台下与会者和新闻采访人员辨认熟悉有关人士。主席台座位不要排得太挤，桌上也不要摆放鲜花之类，以免阻碍视线，但要便于主席团成员打开文件、做记录、翻阅讲话稿，并置放笔、茶水、眼镜等物。

2）讲台。主席台的讲台应设于主席台前排右侧台口，讲台不能放在台中央，使主席团成员视线受妨碍。讲台上主要放话筒，也可适当放上一盆平铺的花卉。讲台桌面要便于发言者打开讲话稿或摆放相关材料。整个主席台的台口可围放一圈花卉，但要选低矮的绿色品种。

3）话筒。发言席和主席台前排座位都应设有话筒，以便于发言者演讲和会议主持人或领导讲话。一般发言席和主持人话筒专用，其他主席台前排就座者合用两三个话筒，并且一般置放于主要领导面前。

4）后台。一般在主席台的台侧与后台，应设为在主席台就座领导和与会者的休息室，以便于安排他们候会，并尽可能在后台排好上台入座次序，以免造成混乱。有时会议也许会发生一些小意外，后台还可以供有关人员作商量对策、排除困难之用。主席团成员开会也可利用后台休息室。所以，秘书人员切不可忽视后台的作用。

（4）会议其他用品。为方便会议进行，秘书人员应为会议准备各种工作文具用品，如纸、笔、投影仪、指示棒、黑白板、复印机、电脑数据库以及投票箱等。不同会议有各种不同的需求，满足与会者的需求是有关人员在安排会议、布置会场时必须考虑的。

三、商务会议的服务礼仪

1. 会议准备阶段

（1）时间选择。开会时间选择要合适。大型会议尽可能避开公众节假日。同时注意会期不能安排太长，否则会影响与会者的日常工作，当某些紧急事件发生时，可以取消或延期会议举行。

（2）邀请对象。对出席会议对象的选择要考虑各种因素，与会者既要有与会资格，又要有参与能力和水平修养。如果被邀与会者不能完成会议的有关任务，会感到痛苦或尴尬，使与会成了一次不愉快的经历，对会议组织者来说，这也是礼仪考虑不周的表现。

（3）详尽通知。会议通知的发送要做到：①发得早——既便于与会者安排手头工作，又便于与会者为会议内容做准备；②内容细——会议名称、届次、主要议题议程、出席范围、与会者应递交什么材料或做哪些准备、会期、会址等都应明明白白告知，便于与会者有备而来，从而提高会议效率；③交代明——食宿如何安排、费用多少、交通线路怎样，都要交代清楚，以免造成麻烦。对特邀贵宾的通知，应派专人登门呈送，以示郑重。

2. 会议召开阶段

（1）接站。一般会议都规定了报到日期。在报到日期应安排好接站。在车站、码头、机场等主要交通站点，用醒目的牌子标明"××会议接站"，使与会者一下交通工具就能看见接站牌而安心。对所接到的与会者要表示欢迎，并慰问其旅途劳顿。

（2）登记。对到达报到地点的与会者，首先要做好签到、登记、收费、预订返程票、发放会议资料、发放会议身份证件等工作。这一过程应尽量在登记处一揽子解决，并应迅速办理，让与会者尽早到客房休息。登记时，对与会者的合理要求应尽量予以满足。大型会议的东道主应在会议召开前一天晚上,到会议各住宿地看望与会者,尤其是特邀贵宾和与会领导。

(3)联络。会议进行期间要注意与各小组联络,不要使任何与会者有被冷落的感觉。会议简报要对各小组相对均衡报道,不要只将视点聚焦于有大人物、有热点的小组,使其他小组产生不愉快心绪。

(4)安全。要确保每一位与会者的安全,包括其人身安全、财物安全以及食品卫生。涉密会议还必须强调文件安全。秘书人员要尊重每一个与会者,但涉机密时,必须按章办事。

(5)娱乐。若会期较长,在会议期间可安排一些影视放映和文艺演出,以调剂精神。也应鼓励与会者主动参与文体活动。可组织一些自娱自乐的卡拉 OK 演唱或球类、棋牌活动等,活跃会议气氛,调节与会者情绪。还可适当组织与会者参观游览,使会议节奏张弛得当。

3. 会议结束阶段

(1)照相。如果会议有照相安排应早作安排,以免个别与会者提前离开而不能参与。早安排也可使与会者在离会前拿到照片。

(2)材料。发给与会者的材料要有口袋,便于集中携带。如需收回的材料要早打招呼,发现有人未交,应尽早查问。不一致的意见不要写到会议的决议或纪要中去。要乐于为与会者提供复印材料、邮寄材料或其他物品等有关服务。

(3)送客。将与会者所订票交给其本人时,要仔细核对车次、航班或船期,并仔细向与会者交代。若有不对或不周处,应主动承担责任。如果有人需要照顾而影响到了其他人,应向其他人解释,以争取大家谅解。在每一个与会者离开时,都要热情相送,对集中离开的与会者,要尽可能准备车辆送他们去车站、机场或码头,对贵宾则必须送至机场登机处。

第二节 仪式活动的礼仪

仪式是指在人际交往中,特别是在一些比较重大、比较庄严、比较隆重、比较热烈的正式场合里,为了激发出席者的某种情感,或者为了引起其重视,而郑重其事地参照合乎规范与管理的程序,按部就班地举行的某种活动的具体形式。在现实生活里,我们可能接触到的仪式很多,诸如签字仪式、剪彩仪式、交接仪式、庆典仪式,等等。

从根本上讲,仪式是现代社会发展的产物。因为利益与仪式作为人们生活中的行为模式、行为规范，是属于社会的上层建筑，由社会经济基础决定，并随着经济基础的变化而变化，随着社会实践的发展而不断地丰富发展。而社会生产力水平决定了一个社会的经济基础，所以礼仪及仪式的产生和发展最终是由社会生产力水平所制约和决定的，随着现代社会生产力水平和人们物质文化水平的提高，社会所固有的仪式也在不断地发展和臻于完善。

当今社会，对组织而言，仪式有着重要的作用，它有利于提高组织的知名度和美誉度，塑造组织形象；有利于鼓舞员工的士气，激发员工对本组织的热爱，培育组织员工的价值观念，增强组织的凝聚力；有利于传递组织的信息，使组织赢得更多的成功机会和合作伙伴；有利于沟通情感，传达意愿，增进友情。讲究仪式礼仪是现代交际的一项重要内容，也是组织成功的关键。

一、签字仪式

签字仪式是组织与对方经过会谈、协商，形成了某项协议或协定，再互换正式文本的仪式。它是一种比较隆重的活动，礼仪规范也比较严格。

1. 签字仪式的准备

签字仪式是组织具有"里程碑"意义的大事，组织应予以充分准备，做到万无一失。

（1）准备待签文本。洽谈或谈判结束后，双方应指定专人按谈判达成的协议做好待签文本的定稿、翻译、校对、印刷、装订、盖印等工作。文本一旦签字就具有法律效力，因此，对待文本的准备应当郑重、严肃。

在准备文本的过程中，除了要核对谈判协议条件与文本的一致性以外，还要核对各种批件，主要是项目批件、许可证、设备分交文件、用汇证明、订货卡等是否完备，合同内容与批件内容是否相符等。审核文本必须对照原稿件，做到每字不漏，对审核中发现的问题，要及时互相通报，通过再谈判，达到谅解一致，并相应调整签约时间。在协议或合同上签字的有几个单位，就要为签字仪式提供几份样本。如有必要，还应为各方提供一份副本。与外商签订有关协议、合同时，按照国际惯例，待签文本应同时使用宾主双方的母语。

待签文本通常应装订成册，并以仿皮或其他高档质料作为封面，以示郑重。其规格一般为大八开，所用的纸张务必高档，印刷务必精美。作为主方准备文本应准确、周到、快速、精美。

（2）布置签字场地。签字场地有常设专用的，也有临时以会议厅、会客室来代替的。布置它的总原则是要庄重、整洁、清净。

一间标准的签字厅，应当室内铺满地毯，除了必要的签字用桌椅外，其他一切陈设都不需要，正规的签字应为长桌，其上最好铺设深绿色的台呢。

按照仪式礼仪的规范，签字桌应当横放。在其后，可摆放适量的座椅。签署双边性合同时，可放置两张座椅，供签字人就座。签署多边性合同时，可以仅放一张座椅，供各方签字人签字时轮流就座。也可为每位签字人都各自提供一张座椅。

在签字桌上，应事先安放好待签文本，以及签字笔、吸墨器等签字时所用的文具。

与外商签署涉外商务合同时，须在签字桌上插放有关各方的国旗。插放国旗时，在其位置与顺序上，必须依照礼宾序列而行。例如，签署双边性文本时，有关各方的国旗须插放在该方签字人座椅的正前方。如签署多边性合同、协议等时，各方的国旗应依一定的礼宾顺序插在各方签字人的身后。

（3）安排签字人员。在举行签字仪式之前，有关各方应预先确定好参加签字仪式的人员，并向其有关方面通报。客方尤其要将自己一方出席签字仪式的人数提前通知主方，以便主方安排。签字人要视文件的性质来确定，可由最高负责人签，但双方签字人的身份应该对等。参加签字的有关各方事先还要安排一名熟悉签字仪式详细程序的助签人，并商定好签字的有关细节。其他出席签字仪式的陪同人员，基本上是双方参加谈判的全体人员，按一般礼貌做法，人数最好大体相等。为了表示重视，双方也可对等邀请更高一层的领导人出席签字仪式。

由于签字仪式的礼仪性极强，签字人员的穿着也有具体要求。按照规定，签字人、助签人以及随员，在出席签字仪式时，应当穿着具有礼服性质的深色西装套装或西装套裙，并且配以白色衬衫与深色皮鞋。

在签字仪式上露面的礼仪、接待人员，可以穿自己的工作制服，或是旗袍一类的礼仪性服装。

签字人员应注意仪态、举止，要落落大方、得体自然，既不要严肃有余，也不要过分喜形于色。

2. 签字仪式的程序

虽然签字仪式的时间不长，但它是合同、协议签署的高潮，其程序规范、庄重而热烈。主要有以下几项：

（1）签字仪式开始。有关各方人员进入签字厅，在既定的位次上坐好。签字者按照主居左、客居右的位置入座，对方其他陪同人员分主客两方，以各自职位、身份高低为序，自左向右（客方）或自右向左（主方）排列站于各签字人之后，或坐在己方签字者的对面。双方助签人分别站在己方签字者的外侧，协助翻揭文本，指明签字处，并为业已签署的文件吸墨防洇。

（2）签字人签署文本。签字人签署文本通常的做法是先签署己方保存的合同文本，再接着签署它方保存的合同文本，这一做法在礼仪上称为"轮换制"。

它的含义，是在位次排列上，轮流使有关各方有机会居于首位一次，以显示机会均等，各方平等。

（3）交换合同文本。双方签字人，正式交换已经由有关各方正式签署的文本，交换后，各方签字人应热烈握手，互致祝贺，并相互交换各自方才使用过的签字笔，以志纪念。这时全场人员应该鼓掌，表示祝贺。

（4）共同举杯庆贺。交换已签订的合同文本后，礼宾小姐会用托盘端上香槟酒，有关人员，尤其是签字人当场干上一杯香槟酒，这是国际上通用的旨在增添喜庆色彩的做法。

（5）有秩序退场。接着请双方最高领导者及客方先退场，然后东道主再退场。整个签字仪式以半小时为宜。

二、开业仪式

开业仪式，是指在单位创建、开业，项目完工、落成，某一建筑物正式启用，或是某工程正式开始之际，为了表示庆贺和纪念，而按照一定的程序所隆重举行的专门仪式。筹备和举行开业仪式始终应按着"热烈、隆重、节约、缜密"的原则进行。

1. 开业庆典的准备

（1）做好舆论宣传。举办开业仪式的主要目的是提高组织的知名度和美誉度，塑造良好的组织形象，吸引社会各界对组织的重视与关心，因此，必须运用传播媒介，广泛刊登广告，以引起公众的注意。这种广告的内容一般应包括开业仪式举行的日期、地点、企业的经营特色、开业时对顾客的优惠等。同时别忘了邀请新闻界的记者光临开业仪式，对组织的开业仪式进行采访、报道，进一步扩大组织的影响。

（2）拟订宾客名单。开业仪式成功与否，在很大程度上与参加典礼的主要宾客的身份、人数有直接关系。因此，在开业典礼前应邀请上级领导、知名人士、有关职能部门、社区负责人、社团代表及新闻媒介等方面的人士参加。对邀请出席的来宾，应将请柬送达，以示对客人的敬重。请柬要精美、大方，一般用红、白、蓝色，填写好的请柬，应放入信封内，约提前一周邮寄或派人送到有关单位和个人。

（3）布置现场环境。举行仪式的现场可以是正门之外的广场，也可是正门之内的大厅。在现场应悬挂开业仪式的会标，庆祝或欢迎词语等。由于开业仪式一般是站立举行的，所以要在来宾站立处铺设红色地毯，以示尊敬和庄重。会场两边可放置来宾赠送的花篮，四周悬挂彩带和宫灯。还要准备好音响、照明设备，使整个场地显得隆重、热烈。对于音响、照明设备，以及开业仪式举行之时所需使用的用具、设备，必须事先认真进行检查、调试，以防其在使用时出现差错。

（4）安排接待服务。对来宾的接待服务工作一定要指派专人负责，重要来宾的接待应由组织负责人亲自完成。要安排专门的接待室，接待室要求茶杯洁净，茶几上放置烟灰缸，如不允许吸烟，应用礼貌标语标牌放置在接待室中，提示来宾；要准备好来宾的签到处，准备贵宾留言簿，最好是红色或金色锦缎面高级留言册，同时准备好毛笔、砚、墨等留言用的文具。为了便于来宾了解组织的情况，可以印刷一些材料，如庆典活动的内容、意义，来宾名单和致词，组织经营项目和政策等。

（5）拟订仪式程序。为了使开业仪式顺利进行，在筹备之时必须草拟具体程序，并选定好称职的主持人。开业仪式的程序包括确定主持人，介绍重要来宾，组织负责人或重要来宾致辞、剪彩或参观、座谈、联欢等。

（6）准备馈赠礼品。开业仪式上向来宾赠送的礼品是一种宣传性传播媒介，只要准备得当，往往能产生很好的效果。礼品要突出纪念性，具有一定的纪念意义，让人珍惜，同时也要突出其宣传性，可以在礼品的包装上印上组织标志、庆典开业日期、产品图案、企业口号和服务承诺等。

2. 开幕仪式礼仪

开幕仪式是开业仪式常见的形式之一，通常是指公司、企业、宾馆、商店、银行等正式启用前，或各类商品的展示会、博览会、订货会正式开始前，所正式举行的相关仪式。每当开幕仪式举行之后，公司、企业、宾馆、商店、银行等将正式营业，有关商品的展示会、博览会、订货会将正式接待顾客与观众。一般举行开幕式时要在比较宽敞的活动空间中进行，如门前广场、展厅门前、室内大厅等处，都是较为合适的地点。

开幕式的主要程序如下：

第一，宣布仪式开始，全体肃立，介绍来宾。

第二，邀请专人揭幕或剪彩。揭幕时揭幕人行至彩幕前恭敬地站立，礼仪小姐双手将开启彩幕的彩索递交对方。揭幕人随之目视彩幕，双手拉起彩索，展开彩幕。全场目视彩幕，鼓掌并奏乐。

第三，在主人的亲自引导下，全体到场者依次进入幕门。

第四，主人致辞答谢。

第五，来宾代表发言祝贺。

第六，主人陪同来宾参观，开始正式接待顾客或观众，对外营业或对外展览宣告开始。

3. 奠基仪式礼仪

奠基仪式，是指一些重要的建筑物，如大厦、场馆、亭台、纪念碑等，在动工修建前，正式举行的庆贺性活动。其举行地点应选择在动工修建的建筑物施工现场，一般在建筑物的正门右侧，在奠基仪式的举行现场设有彩棚，安放该建筑物的模型、设计图、效果图，并使各种建筑机械就位待命。

用来奠基的奠基石应是一块完整无损、外观精美的长方形石料。在奠基石上文字应当竖写，在其右上款，写上建筑物的名称，正中央应有"奠基"两个大字，左下款刻有奠基单位的全称以及举行奠基仪式的具体年月日。奠基石上的字体，大都用楷体字刻写，并且最好用白底金字或黑字。在奠基石的下方或一侧，还应安放一只密闭完好的铁盒，内装与该建筑物相关的各有关资料以及奠基人的姓名。届时，它将同奠基石一道被奠基人等培土掩埋于地下，以志纪念。

奠基仪式的程序如下：

第一，仪式正式开始，介绍来宾，全体起立。

第二，奏国歌。

第三，主人对建筑物的功能、规划设计等进行介绍。

第四，来宾致辞道贺。

第五，正式进行奠基。奠基人双手持握系有红绸的新锹为奠基石培土，再由主人与其他嘉宾依次为之培土，直至将其埋没为止。奠基时应演奏喜庆乐曲或敲锣打鼓，营造良好的气氛。

4. 落成仪式礼仪

也称竣工仪式，它指本单位所属的某一建筑物或某项设施建设、安装工作完成之后，或是某一纪念性、标志性建筑物——诸如纪念碑、纪念塔、纪念堂等建成之后，以及某种意义特别大的产品生产成功之后，所专门举行的庆贺性活动。落成仪式一般应在现场举行，如新落成的建筑物之外，纪念碑、纪念塔的旁边等。参加落成仪式要注意情绪，在庆贺工厂大厦落成、重要产品出厂等时应表现出欢乐和喜悦，在庆祝纪念碑、纪念塔等落成时应表现出庄严而肃穆。

落成仪式的程序如下：

第一，宣布仪式开始。全体起立，介绍各位来宾。

第二，奏国歌，并演奏本单位标志性乐曲。

第三，本单位负责人发言，以介绍、回顾、感谢为主要内容。

第四，进行揭幕或剪彩。

第五，全体人员向刚刚落成的建筑物行注目礼。

第六，来宾致辞。

第七，全体人员进行参观。

三、剪彩仪式

剪彩仪式是有关的组织为了庆贺其成立开业、大型建筑物落成、新造的车船和飞机出厂、道路桥梁落成首次通车、大型展销会和展览会的开幕而举行的一种庆祝活动。

剪彩作为一种庆典仪式，可以在开业典礼中举行，也可举行专门的剪彩仪式，以期引起社会各界的重视。

1. 剪彩仪式的由来

剪彩仪式起源于开张。据说美国人做生意保留着一种习俗，即一清早必须把店门打开，为了使人们知道这是一个新开张的店铺，还要特地在门前横系上一条布带。因为这样做既可以防止店铺未开张前闯入闲人，又起引人注目、标新立异的作用。等店铺正式开张时才将布带取走。

1912 年，美国的圣安东尼州的华狄密镇上有一家大百货公司将要开张，老板威尔斯严格地按照当地的风俗办事，在早早开着的店门前横系一条布带，万事俱备，只等开张。这时，老板威尔斯十岁的女儿牵着一只哈巴狗从店里匆匆跑出来，无意中碰断了这条布带。这时在门外等候的顾客及行人以为正式开张营业了，蜂拥而入，争先恐后地购买货物，真是生意兴隆。不久，当老板的一个分公司又要开张时，想起第一次开张时的盛况，又如法炮制。这次是有意让小女把布带碰断，果然财运又不错。于是，人们认为让女孩碰断布带的做法是一个极好的兆头，因而争相效法，广为推行。此后，凡是新开张的商店都要邀请年轻姑娘来撕断布带。

后来，人们又用彩带取代色彩单调的布带，并用剪刀剪代替用手撕，有的讲究用金剪子。这样一来，人们就给这种正式做法取了个名——"剪彩"。剪彩的人也逐渐被一些德高望重的社会名流甚至是国家元首代替。

2. 剪彩仪式的礼仪规则

（1）邀请参加者。参加剪彩仪式的人员如下：主办单位负责人和组织仪式的人员，上级领导、主管单位负责人、知名人士、记者等来宾；主办单位企业的员工；有关管理人员和技术人员。通过参加仪式，参加者身临其境，感受项目或展览的重要，从而形成深刻难忘的印象。对仪式的参加者应做好接待工作；当宾客到达时，接待人员要请宾客签到，然后引领他们到指定的位置上。

（2）准备工作。剪彩仪式的主席台要事先布置好，主席台要蒙好台布，摆放茶水和参加人员的名牌。为了增添热烈而隆重的喜庆气氛，可以邀请礼仪小姐参加仪式。礼仪小姐可从本组织中挑选，也可到礼仪公司聘请。对礼仪小姐要求仪容、仪表、仪态文雅，大方、端庄。着装宜选择西式套装或红色旗袍，穿高跟鞋，配长筒丝袜，化淡妆，并以盘起发髻的发型为佳。人员确定后，要进行必要的分工和演练。剪彩仪式的用品，如剪刀、白纱手套、托盘，应按剪彩者人数配齐，系有花结的大红缎带约 2 米，馈赠的纪念性小礼品也应准备好。

（3）剪彩者形象。剪彩者是剪彩仪式的主角，其仪表举止直接关系到剪彩仪式的效果和组织形象。因此，作为剪彩者，要有荣誉感和责任感，衣着大方、整洁、挺括，容貌要适当修饰，剪彩过程中要保持稳重的姿态、洒脱的风度和优雅的举止。

（4）仪式开始。仪式主持人在宣布仪式开始时，声音要高亢响亮。然后，向到会者介绍参加剪彩仪式的领导人、负责人与知名人士，并对他们表示谢意，同时，也要对在场的其他与会者表示感谢。感谢还要用掌声表示，主持人把两手高举起一些，以作为对在场各位鼓掌引导的暗示。仪式上可以安排简短发言，言简意赅，充满热情，两三分钟即可，发言者一般为东道主代表、向东道主表示祝贺的上级主管部门、地方政府及其他协作单位的代表。

（5）进行剪彩。主持人宣布正式剪彩之后，剪彩者应在礼仪小姐的引导下，步履稳健地走向剪彩位置，如有几位剪彩者时应让中间主剪者走在前面，其他剪彩者紧随其后走向自己的剪彩位置。主席台上的人员一般要尾随至剪彩者之后 1~2 米处站立。当礼仪小姐用托盘呈上白手套、新剪刀时，剪彩者可用微笑表示谢意，并随即接过手套和剪刀。剪彩前要向手拉缎带的礼仪小姐点头示意，然后，全神贯注、表情庄重地将缎带一刀两断，如果几位剪彩者共同剪彩，要注意协调行动，处在外段的剪彩者应用眼睛余光注视处于中间位置的剪彩者的动作，力争同时剪断彩带。还应与礼仪小姐配合，让彩球落于托盘中，剪彩者在放下剪刀后，应转身向周围的人鼓掌致意，并与主人进行礼节性的谈话，然后在礼仪小姐引导下退场。

（6）参观庆贺。剪彩后，一般要组织来宾参观工程、展览等，有时候要宴请宾客，共同举杯庆祝。

第三节　宴会与舞会的礼仪

宴会和舞会是公共关系工作中经常使用的公关方式，下面分别介绍：

一、宴会的礼仪

宴会是在社交活动中，尤其是在商务场合中表示欢迎、庆贺、饯行、答谢，以增进友谊和融洽气氛的重要手段。招待宴请活动的形式多样，礼仪繁杂，掌握其礼仪规范是十分重要的。

1. 宴会的种类

根据不同的交际目的、邀请对象以及经费开支（公务宴请和家庭宴请），交际场合常见的宴会形式如下：

（1）工作宴会。又称工作餐，是一种多边进餐的非正式宴请形式。按照用餐时间，可分为早、中、晚餐，工作餐不重交际形式而强调方便务实，不需事先发请柬，只邀请与某项特定工作有一定关系的领导、技术人员和其他有关人员，一般不请配偶，但排席位时其座位的安排按参加者职务的高低为序。一般以干净、幽雅、便于交谈为适宜。

（2）冷餐会。又称冷餐招待会、自助餐，是一种方便灵活的宴请形式。其基本特点是以冷食为主，站着吃。一般不设正餐，但可以有热菜，不安排席次，但也设一些散座，供老弱、妇女使用。菜肴、酒水和饮料连同餐桌放在长条菜桌上，供客人自取，也可由服务员端送。这种宴请形式，一是不设固定席位，客人可以自由活动，边走边吃；二是便于接触交谈，广泛交往；三是可以容纳更多的来宾。其布置也比正式宴会简便，既可以在室内，也可以在室外。根据宾主双方身份，冷餐会的规模、隆重程度可高可低，还可视财力情况掌握丰俭，举办时间一般安排在中午12时或下午，每次约进行两小时左右。用餐时要"一次少取，多次取用"，要注意社交形象。须知参加冷餐会，吃是次要的，与人交谈才是主要任务。

（3）酒会。又称鸡尾酒会。以招待酒水为主，略备小吃。酒会不一定都备鸡尾酒，但酒水和饮料的品种应多一些，一般不用烈性酒。食物多为各色面包、三明治、小泥肠、炸春卷等，以牙签取食。酒水和小吃由招待员用盘端送，也可置于小桌上由客人自取。酒会不设座椅，宾主皆可随意走动，自由交谈。这种形式比较灵活，便于广泛接触交谈。举行的时间亦较灵活，中午、下午、晚上均可，持续时间两小时左右。在请柬规定的时间内，宾客到达和退席的时间也不受限制，可以晚来早退。酒会多用于大型活动，因此，可以利用这个机会进行社会交际和商务交际。

（4）家宴。即一般在家中设便宴招待客人，以示亲切、友好。它在社交和商务活动中发挥着敬客和促进人际交往的重要作用，西方人喜欢采取这种形式。家宴按举行的时间不同，又有早宴、午宴和晚宴；在宴请形式上又可分为家庭聚会、自助宴会、家庭冷餐会和在饭店请客等几种。家庭聚会也是我国采用较多的一种请客形式。这种家宴规模较小，形式简单，气氛亲切友好，一般由女主人操办，适合宴请经常往来的至亲好友。自助宴会的特点是灵活自由，宾主可以一起动手准备，大家合作各显其能，边准备边聊天，这种形式比较随便、自然、亲切。家庭冷餐会以买来的现成食品为主，赴宴的客人可以站着吃，也可以坐着吃，还可以自由走动挑选交谈对象，这种形式比较受青年人的欢迎。在饭店请客或请厨师在家中做菜宴客，是较为郑重的家宴形式，适用于宴请某些久别的亲友和比较尊贵的客人，或者规模较大的婚宴、寿宴等。

2. 宴会的组织

宴会对宾客而言是一种礼遇，必须按规定、按有关礼节礼仪要求组织。

（1）确定宴会的目的与形式。宴会的目的一般很明确，如节庆日聚会、工作交流、贵宾来访等。根据目的决定邀请什么人、邀请多少人，并列出客人名单。宴请主宾身份应该对等，多边活动还要考虑政治因素、政治关系等。宴请形式在很大程度上取决于当地的习惯做法。

（2）确定宴请时间和地点。宴会的时间和地点，应当根据宴请的目的和主宾的情况而定。一般来说，宴会时间不应与宾客工作、生活安排发生冲突，通常安排在晚上 6～8 点。同时还应注意宴请在时间上要尽量避开对方的禁忌日。例如，欧美人忌讳"十三"，日本人忌讳"四"、"九"。在宴会时，应避开以上数字的时日。宴请的地点，应依照交通、宴请规格、主宾喜好等情况而定。

（3）邀请。当宴请对象、时间和地点确定后，应提前 1～2 周制作、分发请柬，以便被邀请的宾客有充分时间对行程进行安排。即使是便宴，也应提前用电话准确地通知。

（4）确定宴会规格。宴会规格对礼仪效果的影响十分明显。宴会规格一般应考虑出席宴会的最高身份者、人数、目的、主人情况等因素。规格过低，会显得失礼；规格过高，则无必要。规格确定后，应与饭店（酒店、宾馆）共同拟订菜单。在拟订菜单时，应考虑宾客的口味、禁忌、健康等因素。对于需要个别照顾的宾客，应尽早做好安排。

（5）席位安排。下面着重介绍中餐宴会的席位排列，席位排列关系到来宾的身份和主人给予对方的礼遇，所以是一项重要内容。可分为桌次和位次排列两方面：

1）桌次排列。在中餐宴请活动中，往往采用圆桌布置菜肴、酒水。排列圆桌的尊卑次序，有两种情况：

第一种情况。两桌组成的小型宴请。这种情况，又可以分为两桌横排和两桌竖排的形式。两桌横排，桌次以右为尊，以左为卑。这里说的左和右，是由面对正门的位置来确定的。两桌竖排，座次讲究以远为上，以近为下。这里说的远近，是以距离正门的远近而言。

第二种情况，三桌或三桌以上桌数所组成的宴请。在安排多桌以上的桌次时，除了要注意"面门定位"、"以右为尊"、"以远为上"等规则外，还应兼顾其他各桌离主桌的远近。通常，距离主桌越近，桌次越高；距离主桌越远，桌次越低。中餐宴会三桌、六桌、八桌桌次排列分别如图 4-3、图 4-4 和图 4-5 所示。

在安排桌次时，所用的餐桌的大小、形状要基本一致。除主桌可以略大外，其他餐桌都不要过大或过小。

为了确保在宴请中使赴宴者及时、准确地找到自己所在的桌次，可以在请柬上注明对方所在的桌次、在宴会厅入口悬挂宴会桌次排列示意图、安排引位员引导来宾来桌就座，或者在每张餐桌上排放桌次牌（用阿拉伯数字书写）。

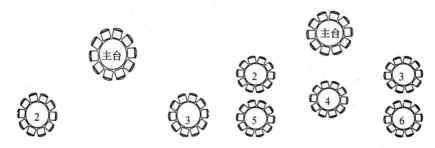

图 4-3　中餐宴会三桌桌次排列　　　　图 4-4　中餐宴会六桌桌次排列

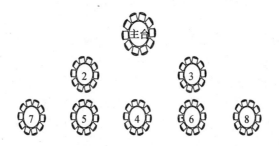

图 4-5　中餐宴会八桌桌次排列

2）位次排列。举办中餐宴会一般用圆桌。宴请时，每张餐桌上的具体位次也有主次尊卑之分。排列位次的基本方法如下，它们往往会同时发挥作用。

方法一，主人大都应面对正门而坐，并在主桌就座。

方法二，举行多桌宴请时，每桌都要有一位主桌主人的代表在座。位置一般和主桌主人同向，有时也可以面向主桌主人。

方法三，各桌位次的尊卑，应根据距离该桌主人的远近而定，以近为上，以远为下。

方法四，各桌距离该桌主人相同的位次，讲究以右为尊，即以该桌主人面向为准，主人右侧为尊，左侧为卑。

另外，每张餐桌上所安排的用餐人数应限在 10 人以内，最好是双数。比如，六人、八人、十人。人数如果过多，不仅不容易照顾，而且也可能坐不下。

根据上面四个位次的排列方法，圆桌位次的具体排列可以分为两种具体情况，它们都和主位有关。

第一种情况，在每张桌上一个主位的排列方法。每张餐桌上只有一个主人，主宾在其右首就座，形成一个谈话中心（见图4-6）。

第二种情况，在每张桌上有两个主位的排列方法。如主人夫妇就座于同一桌，以男主人为第一主人，女主人为第二主人，主宾和主宾夫人分别就座在男女主人右侧，桌上形成了两个谈话中心（见图4-7）。

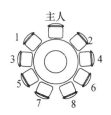

图4-6　中餐宴会次位排列　　　图4-7　中餐宴会次位排列

如遇主宾的身份高于主人时，为表示对他的尊重，可安排主宾在主人位次上就座，而主人则坐在主宾位次上，第二主人坐在主宾的左侧。

如果是本单位出席人员中有身份高于主人者，可请其在主位就座，主人坐在身份高者的左侧。以上两种情况，也可以不作变动，按常规予以安排。

为便于宾客及时准确地找到自己的位次，除安排服务人员引导外，还要在桌子上事先放置座位卡。举办涉外宴会时，座位卡应以中外文两种文字书写，中文写在上面，外文写在下面。必要时，座位卡的正反面均应书写就餐者姓名。

3）排列便餐的席位时，位次的排列遵循四个原则：一是右高左低原则。两人一同并排就座，通常以右为上座，以左为下座。这是因为中餐上菜时多以顺时针方向为上菜方向，居右坐的因此要比居左坐的优先受到照顾。二是中座为尊原则。三人一同就座用餐，坐在中间的人在位次上高于两侧的人。三是面门为上原则。用餐时，按照礼仪惯例，面对正门者是上座，背对正门者是下座。四是特殊原则。在高档餐厅里，室内外往往有优美的景致或高雅的演出，供用餐者欣赏。这时，观赏角度最好的座位是上座。在某些中低档餐馆用餐时，通常以靠墙的位置为上座，靠过道的位置为下座。

（6）餐具的准备。宴请餐具十分重要，考究的餐具是对客人的尊重。依据宴会人数和酒类、菜品的道数准备足够的餐具，是宴会的基本礼仪之一。餐桌上的一切物品都应十分卫生，桌布、餐巾都应浆洗洁白并熨平。玻璃杯、酒杯、筷子、刀叉、碗碟等餐具，在宴会之前都必须洗净擦亮。

（7）宴请程序。迎客时，主人一般在门口迎接。官方活动除男女外，还有少数其他主要官员陪同主人排列成行迎宾，通常称为迎宾线，其位置一般在宾客进门存衣以后进入休息厅之前。与宾客握手后，由工作人员引入休息厅或直接进入宴会厅。主人抵达后，由主人陪同进入休息厅与其他宾客见面。休息厅由相应身份的人员陪同宾客，服务员送饮料。

主人陪同主宾进入宴会厅，全体宾客入席，宴会开始。若宴会规模较大，则可请主桌以外的客人先就座，贵宾席后入座。若有正式讲话，一般安排在热菜之后甜食之前由主人讲话，接着由主宾讲话，也可以一入席双方即讲话。冷餐会及酒会讲话时间则更灵活。吃完水果，主人和主宾起立，宴请即告结束。

外国人的日常宴请在女主人作为第一主人时，往往以她的行动为准。入席时，女主人先坐下，并由女主人招呼开始进餐。餐毕，女主人起立，邀请女宾与其一起离席。然后男宾起立，随后进入休息厅或留下吸烟。男女宾客在休息厅会齐，即上茶或咖啡。主宾告辞时，主人把主宾送至门口。主宾离去后，原迎宾人员顺序排列，与其他宾客握手告别。

3. 赴宴的礼仪

宾客参加宴会，无论是作为组织的代表，还是以私人身份出席，从入宴到告辞都应注重礼节规范。这既是个人素质与修养的表现，又是对主人的尊重。

（1）认真准备。接到邀请，能否出席应尽早答复对方，以便主人做出安排。接受邀请后不要随意改动，万一遇到特殊情况不能出席时，尤其是作为主宾，要尽早向主人解释、道歉，甚至亲自登门表示歉意。应邀出席一项活动之前，要核实宴请的主人，活动举办的时间、地点，是否邀请配偶以及主人对服饰的要求。

出席宴会前，一般应梳洗打扮。女士要化妆，男士应梳理头发并剃须。衣着要求整洁、大方、美观。这将给宴会增添隆重热烈的气氛。

若参加家庭宴会，可给女主人准备一定的礼品，在宴会开始前送给主人。礼品价值不一定很高，但要有意义。

（2）按时抵达。按时出席宴会是最基本的礼貌。出席宴请活动，抵达时间的迟早、逗留时间的长短，在一定程度上反映对主人的尊重，应根据活动的性质和当地习俗掌握。迟到、早退、逗留时间过短被视为失礼或有意冷落。身份高者可略晚些到达，一般客人应略早些到达。出席宴会要根据各地习惯，正点或晚一二分钟抵达；我国则是正点或提前一两分钟抵达。出席酒会可以在请柬注明的时间内到达。抵达宴会活动地点，先到衣帽间脱下大衣和帽子，然后前往迎宾处，主动向主人问候。如果是庆祝活动，应表示祝贺。对在场其他人，均应点头示意，互致问候。

（3）礼貌入座。应邀出席宴会活动，应听从主人安排。若是宴会，进入宴会厅之前，先掌握自己的桌次和座位。入座时注意桌上座位卡是否写有自己的名字，不可随意入座。如邻座是长者或女士，应主动协助帮助他们先坐下。入座后坐姿要端正，不可用手托腮或将双臂肘放在桌上。坐时应把双脚踏在本人座位下，不可随意伸出，影响他人。不可玩弄桌上的酒杯、盘碗、刀叉、筷子等餐具，不要用餐巾或口纸擦餐具，以免使人认为餐具不洁。

在社交场合，无论天气如何炎热，不可当众解开纽扣，脱下衣服。小型便宴时，若主人请宾客宽衣，男宾可脱下外衣搭在椅背上。

（4）注意交谈。坐定后，如已有茶，可轻轻饮用。无论作为主人、陪客或宾客都应与同桌的人交谈，特别是左邻右座，不可只与几位熟人或一两人交谈。若不相识，可自我介绍。谈话要掌握时机，要视交谈对象而定，不可只顾自己一人夸夸其谈，或谈些荒诞离奇的事而引人不悦。

（5）文雅进餐。宴会开始时，一般是主人先致祝酒词。此时应停止谈话，不可吃东西，注意倾听。致辞完毕，主人招呼后，即可开始进餐。

进餐时要注意举止文雅，取菜时不可一次盛得过多。盘中食物吃完后，如果不够，可以再取。

用餐前，应先将餐巾打开铺在腿上。用餐毕，叠好放在盘子右侧，不可放在椅子上，亦不可叠得方方正正而被误认为未使用过。餐巾只能擦嘴，用一只手捏住一面的上端，另一手相助。餐巾不能用于擦面、擦汗。服务员送的香巾是用来擦面的，擦毕放回原盛器内。

若遇本人不能吃或不爱吃的菜品，当服务员或主人夹菜时，不可打手势，不可拒绝，可取少量放入盘中，并表示"谢谢，够了"。对不合口味的菜，勿显出难堪的表情。我方作为主人宴请时，席上不必说过分谦虚的话。对来华时间很长的外国人，不必说这是中国的名酒名菜。在给宾客让菜时，要用公用餐具主动让，切不可用自己的餐具让菜。

冷餐酒会，服务员上菜时，不可抢着去取，待送至本人面前时再取。周围的人未取到第一份时，自己不可急于去取第二份。勿围在菜台旁，取完即离开，以便让别人取食。

吃食物要讲究文雅，要微闭着嘴咀嚼，不可发出声响。要将食物送进口中，不可伸口去迎食物。食物过热时，可稍凉后再吃，切勿用嘴吹。鱼刺、骨头、菜渣等不可直接外吐，要用餐巾掩嘴，用筷子取出，或轻吐在叉匙上，放在碟中。嘴里有食物时不可谈话。剔牙时，要用手绢或餐巾遮口，不可边走动边剔牙。吃剩的菜，用过的餐具、牙签等应放在碟中，勿放置桌上。

（6）学会祝酒。作为宾客参加外国举行的宴请，应了解对方祝酒的习惯，如为何人何事祝酒等，以便做必要的准备。碰杯时主人和主宾先碰，人多时可同时举杯示意，不一定碰杯。祝酒时不可交叉碰杯。在主人和主宾致辞祝酒时应停止进餐，停止交谈。主人和主宾讲话完毕与贵宾席人员碰杯后，往往到其他席敬酒，此时应起立举杯。碰杯时要注视对方，以示敬重友好。宴会上相互敬酒表示热烈的气氛，但切忌饮酒过量。一般应控制在本人酒量的三分之一以内，不可饮酒过量失言失态。不能喝酒时可以礼貌地声明，但不可把杯子倒置，应轻轻按着杯缘。正式场合敬酒一般上香槟酒，此时即使不会喝酒也要多沾一点，不欲再喝时可轻轻再与对方碰一下杯缘，即表示已经够了。一般倒入杯中的酒要喝完，不然就不礼貌了。

（7）告辞致谢。正式宴会一般吃水果后宴会即结束，此时，一般先由主人向主宾示意，请其做好离席的准备，然后从座位上站起，这是请全体起立的信号。一般以女主人的行动为准，女主人先邀请女主宾离席退出宴会厅。告辞时应礼貌地向主人道谢。通常是男宾先向男主人告辞，女宾先向女主人告辞，然后交叉，再与其他人告辞。

席间一般不应提前退席。若确实有事需提前退席，应向主人打招呼后轻轻离去，也可事前打招呼到时离去。退席时要有礼貌，退席理由应当尽量不使主人难堪和心中不悦。从宴会结束到告辞前不可有任何不耐烦的表示。

对主人的致谢，除了在宴会结束告辞时表达谢意之外，若正式宴会，还可在两三天内用印有"致谢"或"P.R."字样的名片或便函表示感谢。有时私人宴请也需致谢，名片可寄送或亲自送达。首先致谢女主人，但不必说过谦的话。

4. 西餐礼仪

西方用餐，人们一是讲究吃饱，二是享受用餐的情趣和氛围。只有掌握一些西餐礼仪，在必要的场合，才不至于"出意外"。

西餐，是西式饭菜的一种约定俗成的统称，大致可分为欧美式和俄式两种。西餐菜肴主料突出、营养丰富、讲究色彩、味道鲜香。其烹饪和食用同中餐都有很大的不同，体现了一种西方文化。

（1）西餐宴会的席位和排列。同中餐相比，西餐的席位排列既有许多相同之处，也有一些区别。

在绝大多数情况下，西餐宴会席位排列主要是位次问题。除了极其盛大的宴会，一般不涉及桌次。了解西餐席位排列的常规及同中餐席位排列的差别，就能够较好地处理具体的席位排列问题。西餐席位排列的规则如下：一是女士优先。在西餐礼仪里，也往往体现女士优先的原则。排定用餐席位时，一般女主人为第一主人，在主位就座。而男主人为第二主人，坐在第二主人的位置上。二是距离定位。西餐桌上席位的尊卑，是根据其距离主位的远近决定的。居主位近的位置要高于居主位远的位置。三是以右为尊。排定席位时，以右为尊是基本原则。就某一具体位置而言，按礼仪规范右侧要高于左侧之位。在西餐排位时，男主宾要排在女主人的右侧，女主宾排在男主人的右侧，按此原则依次排列。四是面向门为上。在餐厅内，以餐厅门作为参照物时，按礼仪的要求，面对餐厅门正门的座位要高于背对餐厅门的座位。五是交叉排列。西餐排列席位时，讲究交叉排列的原则，即男女应当交叉排列，熟人和生人也应当交叉排列。一个就餐者的对面和两侧往往是异性或不熟悉的人，这样可以广交朋友。

席位的排列具体如下：①男女主人在长桌的中央相对而坐，餐桌的两端可以坐人，也可以不坐人，如图4-8所示。②男女主人分别坐在长桌的两端，如图4-9所示。③用餐人数较多时，可以把长桌拼成其他图案，以使大家能一道用餐。要注意的是，长桌两端尽可能安排举办方的男子就座，如图4-10所示。

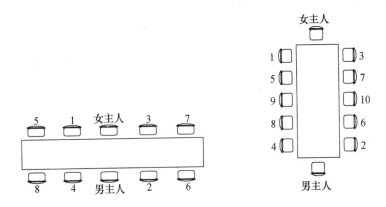

图4-8　西餐席位排列　　　　　　图4-9　西餐席位排列

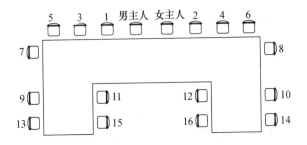

图4-10　西餐席位排列

（2）西餐上菜顺序。在一般情况下，比较简单的西餐菜单：开胃菜—面包—汤—主菜—点心甜品—咖啡。

（3）西餐餐具的摆放。西餐餐具主要有刀、叉、匙、盘、碟、杯等，讲究吃不同的菜肴用不同的刀叉，饮不同的酒要用不同的酒杯。其摆法：正面放着汤盘，左首位放叉，右首位放刀，汤盘前方放着匙，右前方放着酒杯。餐巾放在汤盘上或插在水杯里，面包、奶油盘摆放在左前方，见图4-11。

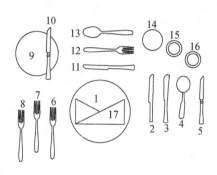

图4-11 西餐餐具的摆放

（4）西餐餐具的使用。用西餐时，特别要注意西餐刀叉、餐匙、餐巾等餐具的使用。

1）刀叉。用刀、叉进餐是西餐的重要特征之一。除此之外，西餐的主要餐具还有餐匙和餐巾，用法也有特殊之处。正确使用刀叉要做到以下几点：一是要正确识别刀叉。在正规的西餐宴会上，讲究吃一道菜换一副刀叉。吃每道菜，都要使用专门的刀叉，既不能乱用，也不能从头到尾仅使用一副刀叉。吃正餐时，摆在每位就餐者面前的刀叉有吃黄油的刀叉、吃鱼的刀叉、吃肉的刀叉，吃甜点、水果的刀叉，要注意识别。二是正确使用刀叉。刀叉的使用方法有两种：一种是英国式的，要求在进餐时，始终是右手持刀，左手持叉，一边切割，一边用叉食用，叉背朝着嘴的方向进餐。这种方式比较文雅。另一种是美国式的，先右手刀左手叉，把餐盘的食物全部切割好，然后把右手的餐刀斜放在餐盘的前方，将左手的餐叉换到右手，再品尝。这种方式比较省事。三是正确用手取食。西餐桌上的食物一般都是用刀叉进食，但小萝卜、青果、水果、点心、炸土豆片、田鸡腿及面包等可用手取食。吃有骨头的肉时，可以用手拿着吃。若想吃得更优雅，还是用刀较好。用叉子将整片肉固定（可将叉子朝上，用叉子背部压住肉），再用刀沿骨头插入，把肉切开。最好是边切边吃。必须用手吃时，会附上洗手水。当洗手水和带骨头的肉一起端上来时，意味着"请用手吃"。用手指拿东西吃后，将手指放在装洗手水的碗里洗净。吃一般的菜时，如果把手指弄脏，也可请侍者端洗手水来，注意洗手时要轻轻地洗。四是要知道刀叉的暗示。如果在就餐过程中，需要暂时离开一下，或与人攀谈，应放下手中的刀叉，刀右、叉左，刀口向内、叉齿向下，刀刃朝向自身，呈"八"字形摆放在餐盘之上，它表示此菜尚未用毕，还要继续吃。如果吃完了，或者不想再吃了，可以刀口向内，叉齿向上，刀右、叉左并排放在餐盘上，它表示不再吃了，可以连盘一起收走。如图 4－12 所示。不用刀时，也可以用右手持叉，但若需要做手势时，就应放下刀叉，千万不可手执刀叉在空中挥舞摇晃，也不要一手拿刀或叉，而另一只手拿餐巾擦嘴，也不可一手拿酒杯，另一只手拿叉取菜。切记，任何时候都不可将刀叉的一端放在盘上，另一端放在桌上。注意不要把刀叉盘放在桌面上，尤其是不要将刀叉交叉放成十字形，这在西方人看来，是令人晦气的图案。

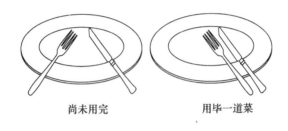

尚未用完　　　　　　　　用毕一道菜

图 4－12　刀叉的暗示

2）餐匙。一是要区分不同餐匙。汤匙也放在食盘右边。食盘上方放吃甜食用的匙和叉、咖啡匙。二是要正确使用餐匙。

3）餐巾。一是餐巾的铺放。在正规的晚餐，要等女宾将餐巾对折轻轻放在膝上后，男士再放餐巾。最好用双手打开餐巾，切忌来回抖动地打开餐巾。不要将餐巾别在领口上、皮带上或夹在衬衣的领口。二是餐巾的用途。在西餐宴会中，餐巾是一个重要的道具，有很多信号的作用。在正式宴会上，女主人把餐巾铺在腿上是宴会开始的标志。它可以暗示宴会的开始和结束。西方讲女士优先，西餐宴会上女主人是第一顺序，女主人不坐，别人是不能坐的，女主人把餐巾铺在腿上就说明大家可以开动。女主人如果把餐巾放在桌子上了，是宴会结束的标志。要注意，餐巾只能铺在腿上，不能放在别处。一般把它叠成长条形或者叠成三角形铺在腿上，避免吃饭时菜肴、汤汁把裙子或裤子搞脏了。高档的餐厅餐巾往往叠得很漂亮，有的还系上小缎带。注意，别拿餐巾擦鼻子或擦脸。弄脏嘴巴时，一定要用餐巾擦拭，避免用自己的手帕。用餐巾内侧擦拭，而不是弄脏其正面，是应有的礼貌。手指洗过后也是用餐巾擦的。若餐巾脏得厉害，请侍者重新更换一条。三是餐巾有暗示作用。就餐期间，如果暂时离开座位，可以把餐巾放在椅子上。千万不要把餐巾放在桌上，否则就意味着你不想再吃，让服务员不再给你上菜。万不得已要中途离席时，最好在上菜的空当，向同桌的人打声招呼，把餐巾放在椅子上再走，别打乱了整个吃饭的程序和气氛。吃完饭后，只要将餐巾随意放在餐桌即可，不必特意叠整齐。中途离开，餐巾应当放椅面上。

（5）西餐上菜顺序。吃西餐在很大程度上是吃情调，大理石的壁炉、熠熠闪光的水晶灯、银色的烛台、缤纷的美酒，再加上人们优雅迷人的举止，这本身就是一幅动人的油画。

正式的西餐宴会，一般有九至十道菜点，按上菜的顺序，吃什么菜用什么餐具，喝什么酒用什么酒杯，否则就是"外行"。

第一道面包、黄油。面包撕成小块，抹黄油，吃一块抹一块。

第二道冷小吃。用中刀叉。

第三道汤。饮舍利酒，用舍利杯。

第四道鱼。饮白葡萄酒，用白酒杯。

第五道副菜（小盘）。用中刀叉。

第六道主菜（大菜）。整只熏烤动物，如烤火鸡，用大刀叉；饮红葡萄酒，用红酒杯。

第七道甜点。用点心勺和中叉，饮香槟酒，用香槟杯。

第八道水果。用水果刀。

第九道咖啡。如加牛奶，用咖啡勺搅拌后饮用。

第十道立口酒（蜜酒）。用立口杯，但在一般西餐中，餐具比较简单，菜点也比较简单。

（6）西餐用餐的具体方法。在西餐就座时，身体要端正；手肘不要放在桌面上，不可跷足，与餐桌的距离以便于使用餐具为佳。餐台上已摆好的餐具不要随意摆弄。将餐巾对折轻轻放在膝上。

1）开胃菜。一般有冷盘和热盘之分，既可以是沙拉，也可以是海鲜、蔬菜组成的拼盘。也有常见的鱼子酱、鹅肝酱、熏鲑鱼、奶油鸡酥盒、焗蜗牛等。

2）面包。面包一般放在自己的左前方，在吃第一道菜时开始食用。正确的做法：用左手撕下一块大小合适的面包，用黄油刀涂上黄油或果酱，送入口中。不要拿着整块面包，全部涂上黄油，双手托着吃；不能用叉子叉着面包吃，不能用刀叉切开吃。如盘内剩余少量菜肴时，不要用叉子刮盘底，更不要用手指相助食用，应以小块面包或叉子相助食用。如果是烤面包就不要撕开。甜食上来后，最好就不要再吃面包了。吃面包可蘸调味汁，吃到连调味汁都不剩，是对厨师的礼貌。注意不要把面包盘子"舔"得很干净，而要用叉子叉住已撕成小片的面包，再蘸一点调味汁来吃。

3）汤。汤大致可分为清汤、奶油汤、蔬菜汤和冷汤 4 类。喝汤时不要啜，要用右手拇指和食指持汤匙，从汤盘靠近自己的一侧伸入汤中，向外侧将汤舀起。喝汤时不要端起盘子来喝；不要用嘴唇或咂嘴发出声音，吃东西时要闭嘴咀嚼；如汤菜过热，可待稍凉后再吃，不要用嘴吹，或用匙搅拌降温。汤盘中的汤快喝完时，用左手将汤盘的外侧稍稍翘起，用汤勺舀净即可。吃完汤菜时，将汤匙留在汤盘（碗）中，匙把指向自己。

4）主菜。西餐的主菜花样品种繁多，肉、禽类菜肴是主菜。其中最有代表性的是牛肉或牛排；切肉时左手拿叉按住食物，右手执刀将其锯切成小块，然后用叉子送入口中。吃鱼、肉等带刺或带骨的菜肴时，不要直接外吐，可用餐巾捂嘴轻轻吐在叉上放入盘内。吃鸡时，欧美人多以鸡胸脯肉为贵。吃鸡腿时应先用力将骨去掉，不要用手拿着吃；吃鱼时不要将鱼翻身，要吃完上层后用刀叉将鱼骨剔掉后再吃下层；吃肉时，要切一块吃一块，绝不能切得过大，或一次将肉都切成块。用餐时打嗝是最大的禁忌，万一发生此种情况，应立即向周围的人道歉。取食时不要站起来，坐着拿不到的食物应请别人传递。就餐时不可狼吞虎咽。对自己不愿吃的食物也应要一点放在盘中，以示礼貌。每次送入口中的食物不宜过多，在咀嚼时不要说话，更不可主动与人谈话。有时主人劝客人添菜，如有胃口，添菜不算失礼，相反主人也许会引以为荣。肉类菜肴配用的调味汁主要有西班牙汁、浓烧汁精、蘑菇汁、白尼丝汁等。禽类菜肴的原料取自鸡、鸭、鹅；主要的调味汁有咖喱汁、奶油汁等。其中，蔬菜类菜肴，可以安排在肉类菜肴之后，也可以与肉类菜肴同时上桌，蔬菜类菜肴在西餐中称为沙拉。

5）点心甜品。西餐的甜品是主菜后食用的，它包括所有主菜后的食物，如布丁、冰淇淋、奶酪、水果，等等。吃水果，不要拿着整个水果去咬，应先用水果刀切成四五瓣，再用刀去掉皮、核，用叉子叉着吃。

6）热饮。招待客人时不要把热水放在玻璃杯里，这样既不科学，又不安全，因为玻璃杯容易烫手。所以，热水、热茶等，应该放在瓷杯里，玻璃杯是用来装冰块或是冷水的。

5. 喝咖啡的礼仪

咖啡可以自己磨好咖啡豆以后用咖啡壶煮制，也可以用开水冲饮速溶的。一般认为自制的咖啡档次比较高，而速溶的咖啡只是为节省时间罢了。

饮用时可以加入牛奶和糖，称为牛奶咖啡。也可以不加牛奶和糖，称为清咖啡或黑咖啡。在西餐中，饮用咖啡是大有讲究的。

（1）杯的持握。供饮用的咖啡，一般都是用袖珍型的杯子盛出。这种杯子的杯耳较小，手指无法穿过去。但即使用较大的杯子，也不要用手指穿过杯耳端杯子。正确的拿法，用右手的拇指和食指握住杯耳，轻轻地端起杯子，慢慢品尝。不能双手握杯，也不能手端起碟子去吸食杯子里的咖啡。用手握住杯身、杯口，托住杯底，也都是不正确的方法。

（2）杯碟的使用。盛放咖啡的杯碟都是特制的。它们应当放在饮用者的正面或右侧，杯耳应指向右方。咖啡都是盛入杯中，放在碟子上一起端上桌子。碟子是用来放置咖啡匙，并接收溢出杯子的咖啡。喝咖啡时，可以用右手拿着咖啡的杯耳，左手轻轻托着咖啡碟，慢慢地移向嘴边轻啜。不要满把握杯大口吞咽，也不要俯首去就咖啡杯。如果坐在远离桌子的沙发上，不便用双手端着咖啡饮用，此时可以作一些变通。可用左手将咖啡碟置于齐胸的位置，用右手端着咖啡饮用，饮毕应立即将咖啡杯置于咖啡碟中，不要让二者分家；如果离桌子近，只需端起杯子，不要端起碟子。添加咖啡时，不要把咖啡杯从咖啡碟中拿起来。

（3）匙的使用。咖啡匙是专门用来搅咖啡的，如果咖啡太热也可用匙轻轻搅动，使其变凉。饮用咖啡时应当把咖啡匙取出来，不要用咖啡匙舀着咖啡喝，也不要用咖啡匙来捣碎杯中的方糖。不用匙时，应将其平放在咖啡碟中。

（4）咖啡的饮用。饮用咖啡时，不能大口吞咽，更不可以一饮而尽，而是一小口一小口细细品尝，切记不要发出声响，这样才能显示出品位和高雅。如果咖啡太热，可以用咖啡匙在杯中轻轻搅拌，使之冷却，或者等自然冷却后再饮用。用嘴试图去把咖啡吹凉，是很不文雅的动作。

（5）给咖啡加糖。给咖啡加糖时，砂糖可用咖啡匙舀取，直接加入杯内；也可先用糖夹子把方糖夹在咖啡碟的近身一侧，再用咖啡匙把方糖加入杯子里。如果直接用糖夹子或手把方糖放入杯内，有时可能会使咖啡溅出，从而弄脏衣服或台布。

（6）用甜点的要求。有时喝咖啡可以吃一些点心，但不要一手端着咖啡杯，一手拿着点心，吃一口、喝一口地交替进行，这样的行为是非常不雅观的。喝咖啡时应当放下点心，吃点心时则放下咖啡杯。

在咖啡屋里，举止要文明，不要盯视他人。交谈的声音越轻越好，千万不要不顾场合，高谈阔论，破坏气氛。

6. 喝茶的礼仪

中国是茶的故乡，制茶、饮茶已有几千年的历史，名品荟萃，主要品种有绿茶、红茶、乌龙茶、花茶、白茶、黄茶。茶有健身、治疾之药物疗效，又富欣赏情趣，可陶冶情操。品茶待客是中国人高雅的娱乐和社交活动，坐茶馆、茶话会则是中国人社会性群体茶艺活动。中国茶艺在世界享有盛誉，在唐代就传入日本，形成日本茶道。

茶是中国人最喜欢的饮料，同时也为外宾乐于接受。在商务交往中，经常有专门举行茶会招待来宾的。茶水虽然物美价廉，但饮茶却是一种文化。

为客人沏茶之前，首先要清洗双手，并洗净茶杯或茶碗。要特别注意茶杯或茶碗有无破损或裂缝，残破的茶杯或茶碗是不能用来招待客人的。还要注意茶杯或茶碗里面有无茶迹，如果有茶迹一定要清洗掉。茶具以陶瓷制品为佳。不能用旧茶或剩茶待客，必须沏新茶。在为客人沏茶前可以先征求其意见，接待外国客人时，美国人喜欢喝袋泡茶，欧洲人喜欢喝红茶，日本人喜欢喝乌龙茶。

茶水不要沏得太浓或太淡，每一杯茶斟得七成满就可以了。主人在陪伴客人饮茶时，要注意客人杯中、壶中的茶水残留量，一般用茶杯泡茶，如已喝去一半，就要添加开水，随喝随添，使茶水浓度基本保持前后一致，水温适宜。正规的饮茶讲究把茶杯放在茶托上，一同敬给客人。茶把要放在左边。要是饮用红茶可准备好方糖，请客人自取。喝茶时，不允许用茶匙舀着喝。

上茶时，可由主人向客人献茶，或由招待员给客人上茶。主人给客人献茶时，应起立，并用双手把茶杯递给客人，然后说"请"。客人也应起立，以双手接过茶杯，说"谢谢"。添茶水时，也应如此。

由接待员上茶时要先给客人上茶，而不是先给主人上茶。如果客人较多，应先给主宾上茶。上茶的具体步骤：先把茶盘放在茶几上，从客人的右侧递过茶杯，右手拿着茶托，左手扶在茶托旁边。要是茶托无处可放，应以左手拿着茶盘，用右手递茶。注意不要把手指搭在茶杯边上，也不要让茶杯撞击在客人的手上，或洒客人身上。如果妨碍了客人的工作或交谈，要说一声："对不起。"客人对接待员的服务应表示感谢。在往茶杯倒水、续水时，如果不便或没有把握一并将杯子和杯盖拿在左手上，可把杯盖翻放在桌子或茶几上，只是端起茶杯来倒水。服务员在倒、续完水后要把杯盖盖上。注意，切不可把杯盖扣放在桌面或茶几上，这样既不卫生，也不礼貌。如发现宾客将杯盖扣放在桌面或茶几上，服务员要立即撤换，用托盘上，将杯盖盖好。

如果用茶水和点心招待客人，应先上点心，点心应给每个人上一小盘，或几个人上一大盘。点心盘应用右手从客人的右侧送上。待其用毕，即从右侧撤下。

在喝茶时，不应大口吞咽茶水，或喝得咕咚咕咚直响，应当慢慢地一小口一小口地仔细品尝。遇到漂浮在水面上的茶叶，可用杯盖拂去，或轻轻吹开，切不可用手从杯里捞出来扔在地上，也不要吃茶叶。我国旧时有以再三请茶作为提醒客人应当告辞的做法，因此，在招待老年人或海外华人时要注意，不要一而再、再而三地劝其饮茶。西方常以茶会作为招待宾客的一种形式，茶会通常在下午4时左右开始，设在客厅之内，准备好座位和茶几就行了，不必安排座次。茶会上除饮茶之外，还可以上一些点心或风味小吃。

二、舞会的礼仪

舞会是现代交往的重要形式之一，是一种无声的世界语言，是不同国度、不同民族、不同肤色的人进行交流沟通的一种有益工具。

1. 筹办舞会的注意事项

（1）确定舞会的时间、地点、规模、邀请对象的范围。组织舞会应尽早确定时间，尽早发出通知。舞会一般安排在晚餐后 7 点到 11 点为宜，时间一般不要超过三小时，否则会使客人感到疲劳以至于会影响休息和工作。舞会的场地要宽敞、雅洁。舞场的选择应视舞会的规模来确定。舞会邀请的男女客人应大致相等。被邀请的对象一经确定，就应及时发出请帖。正式舞会的请帖至少要提前一个星期发出，以便客人及早做出安排或回复。举办舞会，最好准备一些茶点、水果、饮料等，以备客人休息时取用。

（2）邀请乐队，布置舞场。舞会的音乐伴奏十分重要。节奏明快、旋律优美的音乐，会使人心旷神怡、怡然自得。因此，舞会最好请一个乐队伴奏，有条件的也可以请两个乐队轮流伴奏。若请一个乐队，也可以准备一些唱片及音响设备，以便于乐师们休息时使用。如受条件限制，也可采用放音乐的形式，但应注意音响效果，这对舞会的成功与否有着直接的影响。舞场除了应有一个足够客人跳舞的舞池外，还应有衣帽间、饮料室以及场外停车场。舞场应宽敞雅洁，在场边应安放桌椅，供客人交谈、休息。舞场的灯光应柔和、暗淡，不宜明亮。

（3）确定主持人和接待服务人员。大型的较正式的舞会或有特定内容的舞会需要确定一名主持人，一般舞会可不设主持人，但必须有接待服务人员，做好迎送、接待、引导、协调等方面的服务工作。

2. 舞会的一般礼节

交际舞会会场是高雅文明的场所，是较能充分表现一个公关人员的风采和修养的地方，所以也应该注意自己的行为举止。

（1）服装要整洁。参加舞会者，一定要注意着装。正式的较高级的舞会，若对方邀请时对着装有一定的要求，则一定按要求着装。即使没有特殊要求，也应注意服装整洁，颜色搭配协调。男士一般穿西装或中山装、皮鞋，女士穿长裙、西服或晚礼服。在舞会中，无论是天气热或是因跳舞过多而出汗，都不可随便脱去外衣。若是冬天，进入舞池前，应先到衣帽间脱去大衣，摘去帽子、手套、口罩等，然后再进入舞池。

（2）言行举止彬彬有礼。参加舞会者应注意仪表美，讲究清洁卫生。舞会之前不要吃葱、蒜等带有刺激气味的食物，也不应喝酒、抽烟等。若正患病最好辞谢邀请，以免将病菌传染给其他客人。进入舞场后，说话尽量轻声，不可高声大叫，更不可嬉戏打闹，满口脏话。走路脚步要轻，不可在舞池穿行。一首舞曲完毕后，应有礼貌地让女士先就座。在舞场上坐姿端正，不可跷起"二郎腿"或"抖脚"。舞场上禁止吸烟。参加舞会一般是男女成对前往，如果没有异性舞伴，也可以单独前往。在一般情况下，在舞池中是不可以男士与男士、女士与女士跳舞的。

（3）邀舞的礼仪。在比较正式的舞会上，第一支舞曲响起时，往往是主人夫妇，主宾夫妇共舞。第二支舞曲响起时，往往是由主人邀请主宾夫人，主宾邀请主人夫人共舞。第三支舞曲响起时，参加舞会者可纷纷入场跳舞。在一般的交谊舞会上，则没有以上要求，音乐声响起，男士主动走到女士面前，点头或鞠躬，右手前伸，以示邀请；男士也可轻声问候并征求女士"请您跳舞可以吗？"或问"您喜欢这支舞曲吗？"女士同意后起身离座，与男士一起步入舞池。女士一般不要邀请男士跳舞。女士若想和某位男士跳舞，可以用目光或语言暗示。男士邀请女士跳舞时，如果女士的丈夫和亲人在一旁，应向他们招手致意，以示礼貌和尊重。在一般情况下，女士不应拒绝男士的邀请。如若女士确实累了或因其他原因决定拒绝，应站起身来，委婉地说明原因并致歉。无所表示、让对方难堪，是失礼行为。女士拒绝和男士跳舞之后，一般不可再与别人跳舞，即使再想跳，也须等到下一支舞曲开始才能接受他人的邀请。舞场上切忌争风吃醋，在舞会上抢舞伴是极不礼貌的。

（4）舞姿力求优美。跳舞时应注意舞姿。交谊舞的步法以男方为主轴，因此，男士必须熟悉舞步，否则不可贸然邀请，以免踩对方脚或碰撞他人。跳舞时的姿势：女士的左手轻轻地搭在男士的右肩上，右手轻轻地放在男士的左手掌心上，男士的左手应与女士的右手轻轻相握，右手应轻放于女士的腰部。起舞时动作要轻松、柔和、自如，女士应尽量适应男士的舞步，女士不可过于主动，否则会使男士感到吃力，动作难以协调。如果一方由于不慎无意间踩了对方的脚，应立即道歉。男女双方之间应保持一定的距离，通常间距在 15～46 厘米为宜。即使是夫妇、恋人也不可靠得太近，以免给人以轻浮之感。跳舞时，眼睛不应目不转睛地盯着对方，这样会使对方感到拘谨、不自在。在舞场上，不要一味地邀请同一舞伴跳舞，以避免有另有所图之嫌。

（5）礼貌地交谈、致谢。跳舞时，男女双方可以边跳边自由地交谈双方共同感兴趣的话题，但不可询问对方的年龄、收入、婚姻等隐私问题。当音乐结束时，舞步立即停止。男士应陪伴女士坐好后道谢，然后交谈或离开。

舞会结束后，应邀者应主动向邀请者致谢，然后握手道别。

第四节　公关推销的礼仪

组织在特定环境中寻求潜在顾客，主动采取各种方式进行销售的业务活动是不可或缺的，在这一过程中推销礼仪运用是否得当，关系到组织推销结果的成败。

一、外出登门推销礼仪

所谓外出登门推销是相对于组织来客推销而言的，是指组织派推销人员外出，主动上门寻找客户，亲自向顾客介绍商品、展示商品、促成顾客购买的一种推销方式。这里的"登门"意指走出组织、走向顾客，并非单指到顾客家中去，它还包括在公园里、道路旁、车厢中等公共场合。外出登门推销，要注意以下礼仪：

1. 重视给顾客的第一印象

心理学调查表明，人们接触的最初两分钟，彼此印象最为深刻。因此，推销人员首先要特别注意自己的外貌，这是第一印象产生的最初原因，要热情开朗、诚恳自信，争取被顾客接纳而不产生排斥。其次要选择合适的服装。佛朗·贝德格认为，初次见面给人印象的90%产生于服装。当然，并不是说服装要多么高档和华丽，但干净整洁、职业化是应当做到的。国外流行的"TPO"服装术，值得推销人员借鉴。只有在顾客心目中留下并保持良好的第一印象，才能为推销工作的进一步开展打下基础，赢得先机。

2. 登门推销前，应尽量预约

生活中贸然出现的不速之客，尤其是陌生的推销人员，大多是不受欢迎的。在这种情况下，推销人员推销其产品，购买者大多不愿接待，更难得爽快购买。很少见到那种突如其来、一拍即合、相见恨晚的幸运推销。出于礼貌，如有可能，事先与对方预约一下，让双方都有所准备，再与顾客推荐洽谈，效果比贸然造访要好得多。预约时要注意：第一，注意约见的时间最好由顾客来定。这实际上已让顾客为主，不一定选择在顾客家中见面，也可安排在顾客认为安全和方便的场所，还可以请顾客代为召集社区邻里或亲朋好友，选择大家熟悉、干扰少、接待条件良好的地点，开展集中推销。第二，预约的方式要得当。如电话预约、信函预约等，可多提供几种方案让顾客自己挑选，这既是对顾客意见的尊重，又可防止其简单回绝。如果选用信函，时间上应放宽松一些，以防信函在邮路上耽搁而失约。如果网上预约，应留有顾客上网浏览的时间周期。不管如何约见，推销人员自己必须按时赴约。

3. 推销中的礼仪要求

商品推销是个过程，其中每个阶段既有业务技巧上的要求，又有礼貌礼仪方面的规范，二者不可偏废。注意以下几点：①进门。如果是去顾客家中推销，一定要先轻声敲门，节奏应缓慢，经主人应允后方可进入。需特别注意，如果门原来就已开着或虚掩着，也必须先敲门，万万不可径直步入或扒门就进。②自我谦和。自我谦和应准确而有吸引力，切忌冗长、卖弄和自吹，或是讲了半天词不达意。因此，事前应打好腹稿，依不同对象灵活使用，以求明确简洁。③开始推销。主要是介绍商品和展示商品。介绍商品要实事求是，具体讲清商品的性能、特点、质量价格以及给顾客带来的实际利益，必要时出具相应的证书、质检证明、报刊评介等资料和图片，以增强顾客的信任。展示商品要体现自己对商品的细心爱护，让顾客感受到商品的价值和分量。展示中，如果顾客有意，应鼓励他们亲自动手操作以刺激顾客的购买欲望。④注意礼貌告别。特别要注意对那些最终没能成交的顾客，也要感谢他们在耐心听讲、支持工作，为今后可能再次登门推销留下良好的印象，打下稳固的基础。

二、组织来客推销礼仪

如果说外出登门推销还可能让顾客感到有点突然，那么到组织来的顾客则是目的明确、有备而来的，组织推销人员应尽力做好接待，营造良好的购物环境，礼貌地满足顾客需要。在接待组织来的顾客时，推销人员要注意做到以下几点：

1. 注意建立与来客的和谐关系

顾客来到组织，是对组织的信任，但是来到组织未必就一定能如愿购买成交，除去交易中的一系列技术因素、价格因素等原因之外，推销人员与来客的关系是否和谐、投机融洽也是重要因素之一。顾客只有先接受了推销员，才有可能接受推销员推荐的商品。所以，公司业务员应发自内心地感谢顾客的光临，务必使自己态度和蔼、举止得当、言辞讲究，尽力与来客建立起彼此信任的和谐关系。

2. 热情向来客推介商品

顾客一般不会买自己没有认识或并不了解的商品，推销人员有义务向来客推荐、介绍自己的商品。要懂得推介商品的过程，既是帮助顾客了解商品的过程，也是推销员借此了解顾客需求的过程。既尊重顾客，又服务于顾客，才能使商品推介工作得心应手，真正让来客称心和放心。推介商品常用"FABE"说明术："F"指商品特征，"A"指商品优点，"B"代表客户利益，"E"指证据。要根据不同类型的顾客及其不同的购买目的，来组合推介商品的重点。万不可无论对谁推介时都像背书似的千篇一律，讲完了事。推介必须实事求是，不能为一时"奏效"而败坏组织和自己的信誉。

3. 成交时刻不忘记礼仪

接近成交时，推销人员当然兴奋，而此时推销员的礼仪做得如何，对促进成交至关重要。首先，认识上要清楚，即将到来的成功是顾客照顾了公司的生意，功劳归于顾客，不能以为是自己干得漂亮而沾沾自喜，更不能说什么"今天找到我算你走运"之类无礼的话。其次，行动上不要急躁，要多请顾客发表意见，使其有明确的参与决策感，否则在推销人员喋喋不休的推介声中购买，会令顾客产生"被劝购买"的被动感，进而产生不快、厌烦的情绪，甚至打起退堂鼓。最后，神情上要保持平和常态。推销人员此刻应谨防因为盼望快快成交而显得急不可待，也应防止因接近成交而喜形于色。这类不稳重的神情会让顾客疑虑顿生，失去对你的信任，打消购买的念头。因此，推销人员仍应一如初始，不折不扣，从容不迫地服务，恰到好处地促进成交。

4. 礼貌地送别来客

推销完成后，推销人员还应与顾客轻松地谈别的话题，使来客感到与你做交易是件非常愉快的事，相反，此时对顾客变脸或者哪怕有半点冷淡怠慢，都会让顾客觉得刚才你的热情都是为赚钱而装扮的假象，有了上当感的顾客是不会成为回头客的。成交后适当地招待一下公司来客，这不但有延续业务的需要，也有礼仪上的需要，在实践中常可见到，当然这要根据需要和可能相结合来考虑。告别时，可以把顾客送出大门，多讲一些互敬互祝的话，表达愿意保持往来，增进友谊，加强合作，别只说一句"走好"、"再见"。

三、电话推销礼仪

1. 选择推销对象

每个行业都有自己的消费对象，因此要处处留心，在选择时要有针对性。比如针对曾经光顾过公司的人员进行推销效果会更好。利用报刊上的分类广告、工商企业名录以及信息网络单位刊载的会员名册等也会收到意想不到的良好效果。另外，注意不要打对方在接听时需要付费的电话。

2. 选择推销时机

电话推销固然十分方便、不受地点的限制，但在时间的选择上要十分注意，千万不要在对方很忙或者休息打扰对方。打到单位的电话最好是上午10点以后，打给私人住宅的电话最好选择在星期日，同时尊重对方的午休习惯，不要在中午12点到下午3点之间进行电话推销。

3. 建立声音形象

电话推销员给顾客的第一印象完全是由声音形成的。因此，当电话接通以后，应首先问候一句："您好"，然后再做自我介绍。介绍应简洁明了、准确无误，同时注意使用恰当的语音、语速、语调来建立一个亲切可信的电话形象。有人说，人有好几张脸：第一张脸是外表长相，第二张脸是一个人的字，第三张脸是他的声音。作为一名电话推销人员，你的第一张脸、第二张脸都不重要，而第三张脸却是至关重要的。你必须通过声音把这第三张脸做得非常完美，也就是要把你的表情、肢体语言在听筒这边表现出来，然后运用声音通过话筒传递给对方。

进行电话推销时，还要注意根据对方的需要，有针对性地介绍产品的特征、特点、功能、用途、价格的优惠政策等。要十分礼貌地询问对方的需要，态度要诚恳。在推销结束时无论结果如何都要向对方表示感谢，因为至少你占用了对方的时间。

4. 建立长期联系

电话推销最重要的就是争取回头客，因此必须建立起与老顾客长期良好的关系。建立顾客档案是一种行之有效的方法，同时要注意及时更新信息，通过经常给予问候、邮寄节日卡片等方式保持与顾客之间的联系，并建立起良好的私人关系，使得你的业务由老客户带动新客户，不断地保持良性的发展。

礼仪活动的执着、细致与艰辛

婚礼是一项重要的礼仪活动，大多数礼仪服务公司是以此为主业的。以下是大连一灯礼仪公司"婚礼督导师方案"，请从中体会成功举办一次礼仪活动的执着、细致与艰辛。

婚礼督导师方案

一、婚礼前准备工作

1. 确定婚礼仪式，预订喜宴场所。

2. 拍摄婚纱照。

3. 选定伴郎、伴娘。

4. 确定婚礼当天工作人员名单，商议婚礼当天分工。

婚礼当天的工作人员电话：

头车司机电话_____；摄像车司机电话_____；

车队司机电话_____；新郎家人联系电话_____；

新娘家人联系电话_____；摄像车领路人电话_____；

酒店工作人员电话_____；督导师电话_____。

5. 确定婚礼宴请嘉宾名单，制定婚礼程序及座位。

6. 确定婚礼当天车队行驶路线。

7. 设计婚宴现场布置（室内布置、室外布置）。

8. 决定摄像、摄影、车队会合地点。

9. 订购婚礼当天所需香烟、喜酒、饮料、糖果、瓜子，并包好礼包。

10. 准备好婚礼当天的各种费用（红包要分别包好）。

11. 与证婚人或司仪做最后确定。

12. 凡属婚礼当天使用物品，要由专人负责看管（首饰、礼金、礼服、配件和丝袜）。

13. 礼包、白酒、啤酒、摆桌用的烟、瓜子、干果等，头一天晚上送到酒店。

二、婚礼当天安排

1. ____新郎、伴郎到_____提头车。并领取手捧花、胸花、腕花、头花。摄像车到_____接摄像师、摄影师，与头车会合一起去新娘家_____。

2. _____新郎、伴郎、摄影、摄像师到新娘家。

3. _____迎亲车队在新娘家楼下集合。

4. 8：00～8：40：

（1）伴郎下车给新郎开车门，陪伴在新郎的左边，进门后招呼新郎向父母问好，新郎改口叫爸妈，老人赏红包。

（2）进门后，新郎过新娘的姐妹朋友关。

（3）新郎向新娘献花，给新娘戴胸花，同时伴郎给伴娘戴胸花。

（4）新郎给新娘穿袜子、穿鞋，鞋里要压钱，给父母戴花。

（5）新郎抱新娘到桌前吃饺子。

（6）照全家福（1张父母，1张全家福）。

（7）新娘下楼上车（新娘应带八宝盒、化妆盒、礼服）。

（8）新郎、新娘上车，伴郎、伴娘上车（注意带好手绢）。

（9）安排压床小孩和父母坐到第二辆车（注意别空车）。

5. 8：45从新娘家出发车到新房_____。

6. 9：00～9：40在新房。

（1）伴郎下车给新郎开门，新郎扶新娘下车，2人在车前摄影，这时亲友向新人喷撒吉庆礼花。

（2）进门后新娘改口叫爸妈（给红包），给父母戴花。

（3）新娘上床坐福，压床小孩下床拿红包，兄弟订门帘。

（4）伴娘把八宝盒里的物品放在家具上。

（5）带好结婚信物和结婚证。

7. 9：45 鸣放礼炮，从新房出发，途经_____—_____—_____—_____—到酒店。

8. 10：58 到_____酒店。

（1）到酒店前，摄像师、摄影师提前下车，准备好摄影、摄像。

（2）伴郎下车给新郎、新娘、伴娘开车门；下车时新人脚踩爱情对对碰，放飞带着许愿卡的气球。

（3）新人在酒店门前合影，随后进入酒店。

（4）准备入场的亲人进入酒店。

（5）主持人 10：10 前进入场内安排准备。

（6）来宾在 11：00 前进入酒店。

9. 11：28 仪式正式开始。

（1）主持人宣布新婚典礼正式开始，双方父母上主席台。

（2）奏婚礼进行曲，新人手持鲜花行至主席台，正中央站好，伴郎、伴娘在新人后面两侧站好。

（3）介绍双方父母和主要嘉宾。

（4）嘉宾代表讲话。

（5）证婚人证婚。

（6）新人宣誓交换戒指。

（7）新人拜天地。

（8）父母讲话。

（9）主持人致贺词、结束词。

（10）新人入席，宴会开始。

（资料来源：大连一灯礼仪公司。）

案例讨论

会议的就座

某分公司要举办一次重要会议，请来了总公司总经理和董事会的部分董事，并邀请当地政府要员和同行业知名人士出席。由于出席的重要人物多，领导决定用 U 字形的桌子来布置会议桌。分公司领导坐在位于长 U 字横头处的下首，其他参加会议者坐在 U 字的两侧。在会议当天开会时，贵宾们都进入了会场，按安排好的座签找了自己的座位就座，当会议正式开始时，坐在横头桌子上的分公司领导宣布会议开始，这时发现会议气氛有些不对劲，有贵宾相互低语后借口有事站起来要走，分公司的领导人不知道发生什么事或出了什么差错，非常尴尬。

（资料来源：http：//jpk.tgc.edu.cn/coursefile/lvyoufuwuliyi_20100120/index.php.）

讨论题：

（1）请指出此案例中的失礼之处。

（2）本案例对你有哪些启示？

会场的"明星"

小刘的公司应邀参加一个研讨会，该研讨会邀请了很多商界知名人士以及新闻界人士参加。老总特别安排小刘和他一道去参加，同时也让小刘见识大场面。

开会这天，小刘早上睡过了头，等他赶到会场时，会议已经进行了 20 分钟。他急急忙忙推开会议室的门，"吱"的一声脆响，他一下子成了会场上的焦点。刚坐下不到 5 分钟，肃静的会场上响起了摇篮曲，是谁放的音乐？原来是小刘的手机响了！这下子，小刘可成了全会场的"明星"……

没多久，听说小刘离开了该公司。

（资料来源：http：//blog.sina.com.cn/iaiyou1314521.）

讨论题：

（1）小刘失礼的地方表现在哪里？

（2）参加各种会议应该注意哪些礼仪？

狼狈不堪的签约仪式

今年 1 月，宏达公司与美国戴维斯公司经过多轮磋商，达成了合作意向，他们决定 16 日上午 10 点在嘉元宾馆举办正式的签约仪式。准备由宏达公司总经理秘书王芳负责。由于王芳最近工作比较忙，所以准备签约仪式的时候比较紧张。到了这天，她提前半小时到了会场，突然发现合同文本忘记在办公室了，她赶快请办公室文员小李拿上合同，从后勤处要了一辆车，火速赶往签约现场。幸好当天交通状况比较好，没有塞车，合同在会议开始前5分钟送到了，总经理秘书王芳悬着的心终于落下来了。可在主持人宣布签约仪式开始时，王芳发现她忘记安排助签人了，所以她自己临时上阵担任助签人，而她的着装与签约仪式的气氛不是很协调，导致场面有点尴尬。

（资料来源：http://shsy. dlvtc. edu. cn/xdjjly/index. html.）

讨论题：

（1）举行仪典活动应做好哪些准备？

（2）签约仪式对助签人有何要求？

"请张市长下台剪彩！"

某公司举行新项目开工剪彩仪式，请来了张市长和当地各界名流嘉宾参加，请他们坐在主席台上。仪式开始时，主持人宣布："请张市长下台剪彩！"却见张市长端坐没动；主持人很奇怪，重复了一遍："请张市长下台剪彩！"张市长还是端坐没动，脸上还露出一丝恼怒。主持人又宣布了一遍："请张市长剪彩！"张市长才很不情愿地勉强起来去剪彩。

（资料来源：http://docbeta. com/doc/1080192/.）

讨论题：

（1）请指出本案例中的失礼之处。

（2）本案例对你有哪些启示？

如此吃相

在与自己的同事一道外出参加宴会时，财政局干事李君因为举止有失检点，从而招致了大家的非议。

李君当时在宴会上为了吃得畅快，在开始用餐之后便一而再、再而三地减轻自己身上的"负担"。他先是松开自己的领带，接下来又解开领扣、松开腰带、卷起袖管，到了最后，竟然又悄悄地脱去自己的鞋子。尤其令人感到不快的是，李君在吃东西时，总爱有意无意地咂巴其滋味，吃得发出"响声"，并且其响声"一波未平，一波又起"，"一浪高过一浪"。

李君在宴会上的此番作为，不仅令他身边的人瞠目结舌，而且也叫他的同事们无地自容。

（资料来源：http：//blog. sina. com. cn/s/blog_ 5f8793830100d1jd. html.）

讨论题：

（1）参加宴会应该注意哪些用餐礼仪？

（2）李君在餐桌上的不良表现有哪些不利影响？

经理室的对话

小王是一家科教设备公司的推销员，他希望通过勤奋的工作来创造良好的业绩。一天他急匆匆地走进一家公司，找到经理室，于是就有了如下的一段对话：

小王：您好，李先生。我叫王乾，是科教设备公司的推销员。

经理：哦，对不起，这里没有李先生。

小王：你是这家公司的经理吧？我找的就是你。

经理：我姓于，不姓李。

小王：对不起，我没听清你的秘书说你是姓李还是姓于，我想向你介绍一下我们公司的彩色复印机……

经理：我们现在还用不着彩色复印机。

小王：噢，是这样。不过，我们还有别的型号的复印机，这是产品目录，请过目（接着，掏出香烟和打火机），你来一支。

经理：我不吸烟，我讨厌烟味，而且，我们公司是无烟区。

小王：……

（资料来源：http：//www. docin. com/p－500192628. html.）

讨论题：

（1）推销员小王有何失礼之处？

（2）如果你是小王，你怎样与经理对话？

蹩脚的"推销"

一年夏天，推销员小刘浓妆艳抹，衣着时髦地来到顾客家上门推销产品。她敲开门后立即做自我介绍："我是来推销××消毒液的。"当主人正在犹豫时，她已进入室内，拿出商品，说："我厂的产品质量好，是×元一瓶。"顾客说：

"我从来不用消毒液，请你介绍一下消毒液有何用途?"小刘随即往沙发上一坐，对顾客说："天这么热，你先打开空调我再告诉你。"顾客不悦："那算了，你走吧，我不要了。"小刘临走时说："你真傻，这么好的东西都不要，你会后悔的!"

（资料来源：http://www.docin.com/p-37237076.html.）

讨论题：
(1) 为什么顾客没有接受推销商品？小刘在推销商品时有哪些不足之处？
(2) 如果是你，你将会如何进行推销？

1. 模拟洽谈会
实训目标：掌握洽谈会相关礼仪规范。
实训学时：2 学时。
实训地点：实训室。
实训准备：会议桌椅、学院简介、宣传画册、照相机、会议桌牌等。
实训方法：某职业技术学院拟为推荐毕业生就业，专门邀请了 10 家企业的领导进行会谈。请模拟演示这次洽谈会程序，最后安排企业领导与师生合影。
要求：
(1) 实训可以分两组进行，学生分别担任相关角色。
(2) 实训时，会谈的具体内容可虚拟，最终必须达成一致意见。
(3) 学生谈参与训练的感受以及存在的问题，最后教师总结。
2. 模拟开业庆典
实训目标：掌握开业庆典的组织和相关礼仪规范。
实训学时：2 学时。
实训地点：实训室。
实训准备：布置会场、挂横幅、准备致辞等。
实训方法：模拟某企业开业庆典仪式，使仪式落实在某个商业组织上。
要求：
(1) 编制一份庆典仪式程序，仪式按照程序进行。
(2) 重要领导和来宾名单的单位、职务可由学生自己拟订，分别扮演相关角色。

（3）编制一份庆典仪式程序。

（4）庆典结束后，学生评析，教师总结。

（5）实训可分组进行，让学生轮流模拟演示各个角色。

3. 模拟签字仪式

实训目标：掌握签字仪式的程序以及相关礼仪。

实训学时：2 学时。

实训地点：实训室。

实训准备：准备有关签字仪式的道具，包括文本、文件夹、旗帜、签字笔、签字单、吸水纸、酒杯、香槟酒、横幅、照相机、摄像机、会议桌子等。

实训背景：中国清泉饮品公司将迎来一批来自美国的摩尔集团商务考察团，清泉饮品公司准备向摩尔集团订购 2 条先进的罐装流水线设备。在这次考察活动中要进行谈判，将签订合同，举行签字仪式。

实训方法：草拟一份签字仪式的准备方案，布置签字厅并模拟演示签字仪式。

要求：

（1）实训分组进行，学生分别扮演相关角色。

（2）参加实训的双方须简单演示见面礼仪，在着装上适当修饰。

4. 参加中餐宴会活动

实训目标：掌握中餐宴会的桌位和座次要求。

实训学时：2 学时。

实训地点：多功能餐厅。

实训准备：会场背景资料、材料（气球、彩带、花束）、餐桌、餐具、数码摄像机或照相机等。

实训方法：以寝室 6 个人为单位，团体分工合作，分别展示宴会会场布置、餐桌摆放、座次牌摆放，说明这些设计摆放的理由。

然后，用数码摄像机（或数码照相机）记录整个过程，然后大屏幕回放，学生自我评价，授课教师总结、点评学生存在的个性和共性问题，最后评选"最佳设计团队"。

5. 参加西餐宴会活动

实训目标：掌握西餐宴会的礼仪要求。

实训学时：2 学时。

实训地点：多功能餐厅。

实训准备：西餐餐具，宴会桌、椅子、桌布、酒杯等。

背景资料：2008 年新年前夕，海外旅游服务有限公司要答谢客户宴会。企划部门负责人召开部门会议，会上将宴会的时间初步定在12月下旬，地点初步定在某五星级酒店，确定宴请的对象为20多家单位的负责人和重要客户。如果你是被邀请的成员，参加宴会活动应注意什么？

实训方法：将学生分成不同小组，12～15个人为一个团体，分别扮演男女主人、宾客等不同角色参加宴会，并坐在一张餐桌上，使用不同的餐具。说明这些餐具摆放、使用的程序和理由。用数码摄像机（或数码照相机）记录整个过程，然后大屏幕回放，学生自我评价，授课教师总结点评学生存在的个性和共性问题。最后评选"最佳服务先生"和"最佳服务小姐"。

6. 举行舞会

实训目标：掌握舞会举办的礼仪，在舞会上表现得体，符合礼仪要求。

实训学时：1学时。

实训地点：活动中心。

实训准备：准备一篇致辞、一份舞曲目录单、音响等。

实训方法：模拟练习参加舞会的礼仪。

要求：

(1) 举办舞会前，培训练习国标舞慢三、慢四、快三、快四、探戈和伦巴的舞步。

(2) 推选一位女主持人。

(3) 每个人为参加舞会做好精心准备。

7. 手机销售

目的：通过同学间相互售卖手机的游戏，从中体会销售的技巧。

实训学时：2学时。

实训地点：教室。

实训准备：手机等。

实训方法：

(1) 相邻座位的同学两人一组，分别扮演销售员和客户。销售员要将手中的手机成功地销售给客户，在推销过程中，客户提出各种疑问和拒绝，直到被销售员说服主动购买。时间5分钟。

(2) 邀请2～3组同学上台演练，请其余的同学仔细观察细节。

(3) 表演结束后，请参与者谈谈角色感受。

(4) 总结销售各环节的技巧。

1. 作为会议或仪式的组织者，在会议或仪式之前应做好哪些准备？

2. 作为会议或仪式的参加者，应当遵循哪些礼仪？

3. 晓丹是五湖四海股份公司的办公室主任，公司董事会决定在北京举行年度股东大会，晓丹受聘负责会议筹备与接待服务工作。请问晓丹应该从哪些方面着手组织这次会议呢？

4. 某职业技术学院为推荐毕业生就业，专门邀请了 10 家企业的领导进行会谈。请模拟演示这次会谈程序，最后安排企业领导与师生合影。

5. 五湖四海公司为了答谢新老顾客对公司的厚爱，决定在公司会议室举办一次座谈会。如果让你来组织，你将怎样做？

6. 中国北京的兴盛公司与美国的伟达公司经过近一年的谈判，终于达成了正式合作的协议，双方将在北京某大饭店举行签字仪式，如果此次签字仪式由你准备，请列出准备的具体内容和签字仪式的现场布置工作。

7. 有条件的话用 DV 在食堂拍摄同学们吃饭的情景，并与正确的餐饮礼仪对比。

8. 在用餐上，我国存在哪些陋习？请与同学展开讨论。

9. A 公司总经理让其助理郑小姐安排一次中餐接待宴会，宴请公司重要的合作伙伴 B 公司王总经理一行（5 人），郑小姐应该怎样安排这一商务宴请呢？

10. 以寝室为单位，按照宴会的程序，分别组织一场中西式的宴会。

11. 如果你是一位舞会的参加者，你觉得应该遵循哪些礼仪规范？根据你所在地区的习惯，逐条列出。

12. 你正在和一家百货商场的经理谈"速热"牌电暖器，他说："我的库房里已经有很多电暖器了。"对于这点"否定"，你怎样应对？

13. 如果营业员对顾客说的第一句话是：

A. "你要什么？大点声说！"

B. "你要什么？快说！"

C. "你要买什么？"

D. "您要看什么？"

请结合推销的语言艺术对这四句话分别进行评论。

第五章　公关谈判艺术

　　每一个要求满足的愿望、每一项寻求满足的需要，至少都是诱发人们展开谈判过程的潜因。只要人们是为了改变相互关系而变换观点，只要人们是为了取得一致而磋商协议，他们就是在进行谈判。

——【美】杰伦德·尼尔伦伯格

　　掌握谈判中的说话艺术，在谈判中处于优势，就如高明的乒乓球手观察对方球的来势而果断地挥拍迎击一样，往往一击成功。

——【美】戴尔·卡耐基

- ➢ 做好谈判的各项准备工作
- ➢ 谈判各阶段符合礼仪规范
- ➢ 运用谈判的技巧，取得良好的谈判效果

卡耐基的谈判术

　　卡耐基每季要在纽约的某家大旅馆租用大礼堂20个晚上，用以讲授社交训练课程。有一季度，刚开始授课时，忽然接到通知，要他付比原来多3倍的租

金。而这个消息到来以前，入场券已经印好，而且早已发出去了，其他准备开课的事宜都已办妥。怎样才能交涉及成功呢？两天以后，他去找经理。

"我接到你们的通知时，有点震惊。"他说，"不过这不怪你。假如我处在你的地位，或许也会发出同样的通知。你是这家旅馆的经理，你的责任是让旅馆尽可能地多盈利。你不这么做的话，你的经理职位难以保住，也不应该保得住。假如你坚持要增加租金，那么让我们来分析一下，这样对你有利还是不利。"

"先讲有利的一面。"他说："大礼堂不出租给讲课的而是出租给办舞会、晚会的，那你可以获大利了。因为举行这类活动的时间不长，他们能一次付出很高的租金，比我这租金当然要多得多。租给我，显然你吃大亏了。"

"现在，来考虑一下'不利'的一面。首先，你增加我的租金，却是降低了收入。因为实际上等于你把我撵跑了。由于我付不起你所要的租金，我势必再找别的地方举办训练班。"

"还有一件对你不利的事实。这个训练班将吸引万千的有文化、受过教育的中上层管理人员到你的旅馆来听课，对你来说，这难道不是起了不花钱的广告作用吗？事实上，假如你花5000元钱在报纸上登广告，你也不可能邀请这么多人亲自到你的旅馆来参观，可我的训练班给你邀请来了。这难道不合算吗？"讲完后，他告辞："请仔细考虑后再答复我。"

最后，经理让步了。

（资料来源：王晶．气场攻心术［M］．沈阳：辽宁教育出版社，2012.）

组织在与公众的交往过程中，不可避免地会发生各种各样的矛盾，组织必须运用谈判去协商解决，消除彼此间的纠纷、误解，实现互惠互利，建立良好的公众关系。这样谈判便成为组织公共关系人员的一项基本功。

第一节 公关谈判概述

在公共关系职业技能中，首要的是沟通能力，而沟通能力中使用最多的是说与写。据美国公共关系学者 J. V. 麦克的统计，口头沟通在公共关系工作中使用的比例最高，分别为 95.5% 和 93.5%。口头沟通包括在大庭广众面前讲话、谈判、人际之间的相互交流等。在公共关系实务活动中，与各类公众进行磋商和洽谈以及当众讲话都是经常碰到的，若能应付自如，对公共关系工作大有裨益。

我们生活的世界到处都充满矛盾，没有矛盾就没有世界。不同国家之间、民族之间、地区之间、组织之间、个人之间都存在着各种各样的矛盾。有的涉及名誉与尊严，有的涉及利益分配。解决矛盾的方法只有两种：一种是通过武力解决。双方或多方大动干戈，你争我夺，你死我活，其结果是造成社会动荡、民不聊生，弱肉强食。另一种就是通过和平的方式解决。冲突的双方或多方坐在谈判桌前，通过讨论、协商，避免暴力和流血，解决相互间的矛盾。这是当今世界人们推崇的一种解决矛盾的方法。今天，只要我们打开电视机，翻开报纸、杂志时，各种各样的谈判信息便出现在我们的面前，国家间双边谈判、首脑会晤、科技文化交流、停战协议、斡旋活动……正是这样数不清的政治、经济、军事、科技、文化、外交、宗教等的谈判，使我们这个纷繁复杂的世界变得更加和谐，使我们这个小小的地球变得更加热闹非凡。

一、谈判与公关谈判

谈判作为一种人际沟通方式应用非常广泛。从广义上讲，只要人们为某事进行交谈、协商，都可视为谈判。美国谈判学会会长尼尔伦格认为："只要人们为了改变相互关系而交换观点，只要人们为了取得一致而磋商协议，这就是谈判。"谈判是一种协调人们行为的基本手段。严格说来，所谓谈判就是指面临共同问题的双方或多方在谋求合作的基础上，通过讨论协商，为实现利益均沾的目标而进行的信息沟通与交流活动。

谈判的含义包括以下几点：①谈判是在两个或两个以上的组织或个人之间进行；②谈判是一项合作的事业，是一项合作的过程；③谈判双方或多方面临着共同的利益需求；④谈判是一种信息的沟通与交流活动。

谈与判是两个紧密相连的过程。谈，就是各方充分地阐述其追求的目标、利益需求，应承担的义务和权利、建议、意见等。判，则是对各方共同认可的事项的确认。谈是判的基础，判是谈的结果。

谈判是一门高深的科学，是一门复杂的技术，是一门语言艺术。谈判是谈判者知识、信息、修养、口才、风度的综合较量。

公共关系谈判属于谈判的一个局部范畴，是指在公共关系主体——社会组织与其客体——公众之间进行的谈判。从某种意义上说，谈判是公共关系部门的重头戏。因为公共关系工作的主要任务就是传播、沟通与交流，这就是广义上的谈判。因此，作为一名公共关系人员，不了解谈判的知识，不懂得谈判的技巧、方法，不会谈判，就无法胜任本职工作。

任何社会组织都希望通过谈判满足自己的利益要求，又不损害与公众对象之间的关系。为此，公共关系谈判必须树立明确的指导思想，即公共关系谈判是一项合作的事业，是一次合作的过程。公共关系谈判不是一次你输我赢的比赛，也不是一场你死我活的搏斗。公共关系谈判的目标是使各方达成协议，对一场成功的公共关系谈判来说，双方都应该是胜者。

二、公关谈判的准备

古人说凡事"预则立，不预则废"。公共关系谈判获得成功的先决条件是事先做好充分准备。在谈判的准备阶段，主要是分析形势，弄清对手的需要和目标，估计谈判双方的实力，最后确定自己的谈判目标，并制定具体的战略方针。公共关系谈判的准备工作主要包括收集信息资料，制定谈判计划，组织、人员准备和环境物质准备等几个方面。

1. 资料准备

资料准备即收集、整理与谈判有关的信息、资料，具体包括以下内容：

（1）与谈判主题有关的背景材料。如在经贸谈判中，资料的内容包括己方和对方的财务计划、决策的优先顺序、成本分析、期限压力、组织结构、经营方向及宣传资料、报告书、公开声明等。

（2）有关谈判对手的各种情况。包括对手个人的详细资料，如气质、性格、经历、家庭背景、生活习惯、兴趣爱好，甚至思维方式、行为特点和心理倾向等细节。

（3）谈判所涉及的党和国家有关政策法令及其他相关资料。资料的掌握有时对谈判的成功起决定作用，因而它是谈判前最重要的准备工作。谈判决策对资料、信息的基本要求是及时、准确、适用，即信息传递要迅速、及时、准确无误，且具有针对性和适用性，便于谈判者掌握有关决策的主要情况，避免纠缠于芜杂无关的资料而贻误时机。

2. 计划准备

即根据己方的愿望和要求，结合信息资料分析、评估己方实力，了解对手情况，预定出具有现实可能性的谈判目标，然后制定出关于谈判的计划，并且演习和检查这一计划。

（1）确定谈判目标。目标是谈判决策的基础，目标选择的正确与否，直接关系到谈判的成败。但是目标的确立不是随心所欲的，谈判目标是在预测基础上所期望的结果。富有经验的谈判人员将目标分为三个层次：在必要时可以放弃的最高目标；只有在万不得已的情况下才考虑放弃的具有现实可能性的目标；毫无讨价还价余地的必须达成的最低目标。对这些目标区分层次、权衡轻重，才能制定多种方案，力争好的结局。

（2）评估己方实力。要本着实事求是的精神，公正、客观地评价自己的实力，既不要自卑，又不能轻敌。通过对有关信息的分析，弄清己方当前面临的形势是什么，打算通过谈判得到什么、得到多少，谈判成功会出现什么结果，不成功又会怎样。从而选择自己的谈判论据，在心理上做好充分调整，并制定出灵活的谈判策略。

（3）了解对手情况。通过对对手相关资料的分析，认清对手当前面临的形势，把握他们的需要和目标，谈判成功对他们意味着什么，失败又怎样，推测他们可能提出的方案等，并在此基础上，寻找谈判双方的共同利益。

（4）撰写谈判计划。第一步是确定谈判主题或议题。主题是谈判目的的具体表现，应具体、简洁、明快。第二步是确定谈判的要点，包括谈判目的、程序等，其中谈判程序是最主要的环节。第三步是关于谈判策略的运用，如是说服还是强迫，是协作还是争论，是速战速决还是故意拖延等。

（5）演习—检查计划。谈判计划制定出来以后，可以通过演习即模拟谈判来检查。利用不同特征的人扮演谈判对手，尽可能提出谈判时可能出现的种种问题，以检查谈判计划是否存在弊端和漏洞。德国商人常常事先演练重要的谈判，使他们对谈判中的每一个问题几乎都做到心中有数，其结果是增强了谈判的实力，取得了理想的效果。

3. 组织准备

即组织谈判小组，选择谈判人员，确定谈判领导人，准备后援人员；明确各自职责范围，加强相互配合，使之成为一个相互协调、步调一致的整体。在谈判的组织准备中，谈判人的挑选是最关键的环节。在挑选谈判人员时，主要考虑以下几个因素：

（1）谈判人员的知识水平和知识结构。谈判人员应具备谈判可能涉及的各方面的知识，且要求结构合理。

（2）谈判人员的个人素质，包括知识能力、道德、心理等素质。一般来说，谈判人员应具备以下个人素质：追求高目标，具有吸引人的风度、个性和幽默感，观察力敏锐，表达能力强，善于倾听，正直、冷静、自信、灵活、机智等，谈判人员相互间最好能做到性格互补。

（3）谈判人员的年龄。年龄在一定程度上代表着谈判人员的知识、精力和经验，这些对谈判的成功都有一定的影响。英国谈判专家斯科特认为，谈判人员的最佳年龄在 33～35 岁之间。因为，在就业早期，人热衷于竞争，具有理想主义色彩；在就业晚期，则具有容忍他人意见和社会责任感强烈的特点，竞争性已显不足。而在就业的早期与晚期之间的人，则既有一定的经验，又精力充沛、富于进取心。对大多数人来说，这个年龄是在 33～35 岁之间。

（4）物质准备。谈判的物质准备包括谈判环境的布置和谈判人员的住宿安排等方面，由于其体现了作为东道主一方的诚意，对谈判气氛乃至整个谈判的发展方向都有着直接的影响，因此，它也是谈判准备工作中的一项重要内容。

三、公关谈判的各阶段礼仪

谈判是一场知识、信息、心理的较量，也是礼仪修养的竞赛。一场事关组织发展前途的公共关系谈判，谈判人员在谈判程序的任何阶段都需注意礼仪，以留给对方良好的印象。

1. 导入阶段

谈判的导入阶段时间不多，主要是通过介绍，相互认识，自始至终保持轻松、愉快的合作气氛。在介绍时，个人以自我介绍最为适宜；团体则可由团长或司仪介绍，把参加谈判的每一个成员的姓名、身份、职务，简要介绍给对方。一般先由职务高的开始介绍，然后按程序介绍下去，介绍到谁时可起立，也可坐在原来的位置上，面带微笑点头示意。在一方介绍时，另一方要认真倾听，注意力集中，切不可东张西望，心不在焉。

2. 概说阶段

谈判概说阶段的目的是让对方了解自己的期望目标和谈判设想，同时隐藏不想让对方知道的其他资料、信息。这个阶段只需要单纯地说出基本想法、意图与目的，而不宜过早地把谈判意图全部提出。因此，概说阶段要注意以下事项：

（1）保持愉快的气氛。发言的内容要简短，要能把握重点及表示情感。比如："很高兴来这里开会，今天有关引进设备的讨论，希望能有圆满的结果，使双方都满意。"发言时要面带笑容，以示诚恳，在得到对方首肯以后，也要以目光和点头致意，表示彼此意见相投，成功的可能性很大。

（2）倾听对方的发言。在谈判的概说阶段应留出时间让对方发表看法，待认真听完对方的意见后，进一步思考分析，找出双方目的的差别。

3. 明示阶段

明示阶段，谈判双方不再隐瞒自己的真实意图，而把自己的谈判目的和盘托出，使对方明了自己的需求，为交锋阶段做好准备。但是在明示时要注意分寸，把握谈判内容的"度"，绝不要流露自己迫切需要解决问题的心情，否则，就会被对方利用为施加压力的砝码；同时，对自己的真实实力，包括谈判"底线"等，应给予保密，否则在交锋时会使自己处于被动地位。

4. 交锋阶段

谈判的目的就是为了获得自己想得到的利益。谈判双方的对立状态是从交锋开始的。由于双方都想说服对方，以获得更大的利益，因此，彼此都充满信心，运用计谋，斗智斗勇，使争论相当激烈。

在交锋阶段要有应付各种困难的思想准备，随时准备回答对方的质询，并表现出适当的强硬态度。但是高明的谈判者，并不是有勇无谋的人，因为交锋并不是为了证明一方强于另一方，而只是寻求双方利益一致的妥协范围，否则，谈判将导致破裂。因此，谈判者的态度应"硬中有软"，适时地"软硬兼施"。

5. 妥协阶段

妥协是交锋的结果，在相互僵持过程中，总有一方主动做出让步，使另一方也相应退让，若双方都不让步就无法达成妥协协议。让步要选择时间，把握让步的幅度，讲究让步的艺术。谈判中不恰当的让步会让己方难以实现最终愿望。正确的让步是使双方都得益，互为补偿，如果是单方面的让步，就不是成功的谈判。

（1）妥协不是目的，而是手段。妥协就其实质而言，是不得已而为之。因此，在谈判中要慎用妥协，一般在谈判前就应设想自己的妥协范围，并在谈判过程中依据双方情况的变化，寻找理想的妥协时机。妥协不是无限度地一味退让，而是有限度、有范围的，以不损害自己的根本利益为尺度，使对方能接受，从而达成互利互惠协议。

（2）让步要讲究方式。在开始阶段，公共关系人员代表组织可做较大的让步，然后在长时间内再缓慢地一点一点地做小的让步。这样，一开始大的让步能取悦对方，建立好感后再逐步做点小的让步，也就比较顺理成章，容易被对方所接受。当然，具体选择何种让步，还要视对方情况而定。

6. 协议阶段

谈判双方认为已基本上达到自己的谈判目标，共同以签订协议宣告谈判的结束。签订协议是很重要的仪式，双方除了出席谈判的代表外，还可请组织和政府的领导人出席，以示重视。谈判的双方代表在协议上签字后，要交换协议书，并握手祝贺。协议书签订的会场、服务、接待等各项工作都要由专人负责。最后，双方还要发表简短的祝词，以及摄影留念。协议签订的仪式结束后，还可组织招待会、新闻发布会、宴会、舞会等庆祝活动。

第二节　公关谈判的技巧

由于公共关系的宗旨是"内求团结，外求发展"，所以谈判双方难以进入高度的利害冲突状态，往往以合作为主，合作的结果又使双方同时成了赢家。因此，公共关系谈判是一种特殊的谈判，其突出特点：它是一种"赢—赢"式谈判，而非"赢—输"式谈判。正像美国著名律师尼伦伯格在其著作《谈判的策略》一书中举的例子："最近，我的两个儿子为分吃一块苹果馅饼而争了起来，两个人都坚持要切一块大的给自己，结果他们始终分不好。于是我建议他们，有一个人先切，由另一个先拿自己想要的那块，两个人似乎觉得这样公平，他们接受了，并感到自己得到了公平的待遇。"公关谈判也是如此，公关人员代表组织在谈判时，一定不要忽视这一基本点。谈判的技巧主要有以下几方面：

一、积极倾听，用心理解

在许多人看来，谈判中要多发言，这样才能把自己的意图说清楚，使另一方完全明白自己的观点、看法。其实，真正高明的谈判家并不这样做。他们采用的办法大多是"多听少说"。尽量少发表自己的看法，多听对方的陈述，这种听是主动的，并非只是简单地用耳朵就行了，还需要用心去理解，探求对方的动机，积极做出各种反应。这不仅是出于礼貌，而且是在调解谈话的内容和谈判气氛。

首先，要耐心倾听。谈判中的一般交谈内容，并非总是包含许多信息量的。有时，一些普通的话题，对你来说知道得已经够多了，可对方却谈兴很浓。这时，出于对谈判对方的尊重，应该保持耐心，不能表现出厌恶的神色，也不能表现出心不在焉的神情。越是耐心倾听他人意见的人，谈判成功的可能性越大。因为聆听是褒奖对方谈话的一种方式，能提高对方自尊心，加深彼此感情，为谈判成功创造和谐融洽的环境和气氛。

其次，要虚心倾听。谈判的一个主要目的是沟通信息，联络感情，而不是智力测验或演讲比赛，所以，在听人谈话时，应该有虚心聆听的态度，不要中途打断对方的谈话，这也是尊重对方的表现。正确的做法是，听话者在谈判中应随时留心对方的"弦外之音"，回味对方谈话的观点、要求，并把对方的要求与自己的愿望做比较，想好自己要阐述的观点、依据的理由，使谈判走向成功。

最后，要注意主动反馈。在对方说话时，听话者不时发出表示倾听或赞同的声音，或以面部表情及动作向对方示意，或有意识地重复某句你认为很重要、很有意思的话。若一时没有理解对方的话，不妨提出一些富有启发性和针对性的问题，这样对方会觉得你听得很专心，重视他的话。

二、善于发问，控制局面

俗话说："知己知彼，百战不殆。"了解谈判对手，是保证谈判获得成功必不可少的。要深入了解双方，除了仔细倾听对方发言，注意观察对方的举止、神情、仪态以捕捉对方的思想脉络、追踪对方的动机之外，通过适当的语言手段，巧妙发问，随时控制谈话的方向，并鼓励对方说出自己的意见，这是获取必要信息的更为直接的有效方式。

在一般的谈判场合，发问主要划分为封闭式问句和开放式问句两大类。

封闭式问句是指在特定的领域带出特定答复的问句，一般用"是"或"否"作为提问的要求。例如："贵公司给予我公司折扣是多少？""我们能否得到最优惠的价格？""你有勇气承担我公司这项任务吗？"这类问句，可以使发问者得到特定的资料或信息，而答复这类问题也不必花多少思考工夫。但这类问题会有一定程度的威胁性，往往易引起对方不舒服的感觉。

开放式问句是指在广泛的领域内带出广泛答复的问句，通常无法采用"是"或"否"等简单的措辞做出答复。例如，"你看我们的工作应当怎样开展更好？""贵公司对明年的销售有什么考虑？""明年的物价还要上涨，你有什么意见？"这类问句因为不限定答复的范围，所以能使谈判对方畅所欲言，获得更多的信息。

在谈判过程中，发问者要多听少说，多运用开放式问句，谨慎采用封闭式问句。发问者若谈判刚开始就发问，必须先取得对方的同意，这是一种礼节，且所提的问题应围绕谈判议题。提出敏感性问题时要解释一下发问的理由，要由广泛的问题逐渐缩小到特定的问题，避免使用讽刺性或威胁性、教训性的问题，也不要用审问式或盘问式的语气发问，更要避免提一些自我炫耀、显示己方优越性的问题。

三、巧妙应答，避实就虚

谈判是以双方交谈的形式进行的，要求双方都应快速反应，并且对于对方的提问要做出恰如其分的回答。在一般情况下，回答问题的态度也应真诚、坦率，其中也有技巧问题，回答不好往往会使谈判失败，因此应注意：第一，对没有清楚了解真正含义的问题或难度较大的问题，可以模糊回答或顾左右谈其他问题。第二，对于确实不了解的问题应如实告诉对方，并表示弄清楚后再议。第三，对刁钻古怪的问题，不便作答，可反问对方，将问题踢给对方，争取由被动转为主动。第四，把握应答的范围，对只需作局部答复的问题绝不"和盘托出"。

实际上，擅长应答的谈判高手，其应答技巧往往在于给对方提供的是一些等于没有答复的答复。潘肖珏在其所著的《公关语言艺术》中列举了如下实例来说明。

例一：在答复您的问题之前，我想先听听您的观点。

例二：很抱歉，对您所提及的问题，我并无第一手资料可作答复，但我所了解的粗略印象是……

例三：我不太清楚您所说的含义是什么，是否请您把这个问题再说一下。

例四：我们的价格是高了点，但是我们的产品在关键部位使用了优质进口零件，增加了产品的使用寿命。

例一的应答技巧，在于用对方再次叙述的时间来争取自己的思考时间；例二一般是属于模糊应答法，主要是为了避开实质性问题；例三是针对一些不值得回答的问题，让对方澄清他所提及的问题，或许当对方再说一次的时候，也就找到了答案；例四是用"是……但是……"的逆转式语句，让对方先觉得是尊重他的意见，然后话锋一转，提出自己的看法，这叫"退一步而进两步"。我们应当很熟练地掌握和运用这些应答技巧。

四、转移话题，寻求突破

先看一个实例：某年，广东一家玻璃厂与美国某玻璃公司谈判设备引进事宜。在全套引进还是部分引进这个问题上僵住了。双方各执一词，相持不下。我方玻璃厂首席代表为使谈判达到预定的目标，决定打破这个僵局。他略经思索后，笑了笑，换了一种轻松的语气，避开争执的问题，转而说："贵公司的技术、设备和工程师都是世界第一流的。你们投进设备，搞技术合作，帮我们厂搞好，只能用最好的东西，因为这样我们就能够成为全国第一。这不单对我们有利，而且对你们更有利！"美国首席代表听了这番话很感兴趣，气氛轻松了些。这时中方首席代表又乘势话锋一转，接着说："我们厂的外汇的确很有限，不能买太多的东西，所以国内能生产的就不打算进口了。现在，你们也知道，法国、日本和比利时都在跟我们北方人搞合作，如果你们不尽快跟我们达成协议，不投入最先进的设备、技术，那么你们就要失掉中国的市场，人家也会笑贵公司的无能。"

僵局得到了缓解，最后终于达成协议。我方玻璃厂省下一大笔钱，而美国公司也因帮助该厂成为全国同行业产值最高、能耗最低的企业而名声大噪，赢得了很高的声誉。可见，善于运用转移话题的技巧，可使谈判收到"柳暗花明又一村"的新景象。

那么，在什么场合下需要转移话题呢？第一，想避开对己方不利的话题。第二，想避开争论的焦点。第三，想拖延对某问题做出决定。第四，想把问题引向对己方有利的方面。第五，想转换阐述问题的角度，以说服双方。转移话题可谓是打破谈判僵局的最好办法，应恰当地使用。

五、婉言拒绝，不伤情面

在谈判中，拒绝对方要讲策略，婉转地拒绝，使对方被拒绝后不产生反感。公关人员在谈判时，不同意对方的观点，不要直接选用"不"这个具有强烈对抗色彩的字眼。即使对方对你态度粗暴，你也要和颜悦色地用肯定的句型来表达否定的意思。如对方情绪激动、措辞逆耳时，不要指责说"你这样发火是没有道理的"，而应换之以肯定句说"我完全理解你的感情"。这等于婉转地暗示说"但是我并不赞成你这么做"，使对方听了十分悦耳，好感油然而生。

谈判对方提出许多无可辩驳的理由时，也不要发窘，更不要立即和对方争辩，而要鼓足勇气，坚决说"不"字。如果对方一定要你说明理由，可以告诉他："是的，你的讲话很有道理。不过，你知道我也有我的苦衷，恕我不能奉告！"

最后，在拒绝时不要伤害对方自尊心，使对方难堪。为此可采用先肯定、宽慰，再委婉地否定，阐明自己难处的办法，做到既拒绝了对方，又使对方欣然接受。如"我完全懂你的意思，也完全赞成你的意见，但是……"这种貌似承诺，实则什么也没有接受的语言表达方式，体现了"将心比心"这一古老的心理战术。

六、摆脱窘境，反败为胜

谈判中，有时会出现一些意想不到的场面，此时缺乏经验者往往会一时语塞，无言应答，窘态百出。公关人员遇到紧急情况要冷静、沉着，充分运用语言这根"魔棒"调节谈判气氛，尽快摆脱窘境。

1. 引申转移法

谈判时遇到紧急情况，应尽力以新话题、新内容引申转移，把尴尬的情况引开，千万别拘泥一端，执着不放，那会弄成僵持不下，甚至使谈判失败。我国一个贸易代表团到美洲一个国家洽谈贸易，由于会谈十分成功，参加谈判的成员十分高兴。这时，对方一位年长的谈判者为表达兴奋之情，竟热烈地拥抱了我方的一位女士，并亲吻了一下。该女士十分尴尬，不知所措。这时，我方代表团团长走上前来，用一句话打破了窘境。他说："尊敬的××先生，您刚才吻的不是她本人，而是我们代表团，对吧？"那位年长者马上说："对！对！我吻的是她，也是你们代表团，也就是你们中国！"尴尬的气氛顿时在笑声中烟消云散了。

2. 模糊应答法

模糊应答可以应付一些尴尬的乃至困难的场面，使一些难以回答、难以说清的问题变得容易起来。例如，在谈判中，对方提出了一个你既不好当即肯定，也不好当即否定的问题，怎么办？不妨这么回答："这个问题很重要，我们将注意研究。"这就是一种在特定语境中的模糊应答。

3. 反思求解法

有时面对一些很难从正面回答的问题，可以换个角度，从话题的反面去思考，这样常可找到新颖的答案，使人脱离窘境。我方与美方的一次商务谈判已进行到尾声阶段，双方只是就一些细节反复协商。这时，美方有人送来一封信，美方首席谈判者打开一看，信封内空空如也。原来送信人疏忽了，信没装入信封，美方送信人十分尴尬。这时我方代表为缓和气氛，使谈判顺利进行下去，微笑着说："没有消息就是最好的消息。"一句话，使美国送信人解脱了尴尬，冲淡了紧张气氛。这句话是美国人常用的一句谚语，我方代表借此语"反思求解"，使气氛恢复正常。

公关谈判的管理

充分的组织准备为谈判的成功奠定了基础，但仅止于此是远远不够的。在动态的谈判过程中，谈判者必须面对复杂多变的谈判环境。随时处理各种可能出现的问题，如果离开了严格的管理，谈判者的行为就可能偏离既定的计划和目标，甚至蒙受巨大的损失。从某种意义上讲，谈判的管理，不仅关系到某一天交易的成败得失，还对以后的谈判工作产生深远的影响。只有通过科学、严格的管理，才能有效地利用各项资源，把各个因素、各个方面的工作有机地结合起来，提高谈判活动的效率。谈判的管理一般包括谈判人员的行为管理、谈判信息的管理、谈判时间的管理以及谈判后的管理等内容。

1. 谈判人员的行为管理

谈判活动是由谈判人员推动的，而且在多数谈判场合，谈判双方的合作是通过彼此选配的谈判小组来完成的。谈判过程的发展变化，不是取决于某一个谈判人员，而是谈判小组成员共同努力的结果。为了保证谈判小组的协调一致，谈判双方都必须对谈判人员的行为加以管理。

谈判人员行为管理的核心是制定严格的组织纪律，并在谈判过程中认真仔细地给予执行。一个谈判班子的组织纪律应包括以下几个方面的内容。

（1）坚持民主集中制的原则。一方面，在制定谈判的方针、方案时，必须充分征求每一个谈判人员的意见，任何人都可以畅所欲言，不受约束，与谈判有关的信息应及时传达给每一个谈判人员，使他们都能对谈判的全局与细节有比较清楚的了解；另一方面，应由谈判小组的负责人集中大家的意见，做出最后的决策。决策确定以后，任何人都必须坚决地不折不扣地服从，绝对不允许任何人把个人的见解和看法带到谈判桌上去。

（2）不得越权。企业对谈判小组的授权是有限的，同样在谈判中，每个谈判人员的权力也是有限的。任何人都不得超越权限范围做出承诺或提出某些要求。原则上，是否让步或承担某项任务，应由谈判领导人员做出决策。

（3）分工负责、统一行动。在谈判中，谈判人员之间要进行严格的职责分工，某一个人要承担某一方面的工作，每位谈判人员都应把自己的工作严格控制在自己的职责范围之内，绝不可随便干预他人的工作；同时，每一个成员又都必须从谈判的全局出发，服从统一的调遣。除非允许，否则任何人都不得单独地与对方接触，商谈有关内容，以免在不了解全局、考虑不周全的情况下盲目做出决定。

（4）单线联系原则。当谈判小组需要与企业管理主管部门联系时，特别是在客场谈判的情况下，必须实行单线联系的原则，即必须遵循只能由谈判小组的负责人与直接负责谈判的上级领导人进行联系的原则。

谈判班子内其他成员就有关问题与企业相应的职能部门领导进行联系，原则上是不允许的。某个谈判人员如果在某一问题上需要请示，必须通过谈判小组的负责人来进行，由谈判小组的负责人与企业的主管取得联系，并由主管直接与有关人员协商，做出决策。这一程序看上去比较费力费时，但对谈判负责人有效地控制谈判的全过程却是非常重要的。原因如下：首先，他必须审核这种联系的必要性，并检查其安全性；其次，任何一个职能部门的建议，都难免带有不完整性或片面性，比如，财务部门与制造部门对技术的评价往往侧重点不一样，结论也有差别；最后，从维护谈判小组负责人的权威角度，由谈判小组的成员自己向其部门主管汇报，并据以对抗谈判小组负责人的做法，对保证谈判小组内部领导的集中统一也是极为不利的。

2. 谈判信息的管理

信息在谈判中的作用是不言而喻的。谁掌握的信息越多，谁就能在谈判中占有主动和优势。对谈判信息的管理包括两个方面的内容，一是信息的收集与整理，二是信息的保密。信息的收集渠道非常广泛，接触过程中对方的语言、表情、手势乃至"体态"都蕴含着一定的信息，谈判人员要善于获取这种信息。为保证信息的真实性和可靠性，还必须对信息进行分析、处理，去伪存真。在信息的保密方面，以下两种情况需要特别注意。

（1）客场谈判的保密措施。涉外公关谈判在客场进行，在国外的谈判小组必须与国内的管理机构进行联系时，应该采取必要的保密措施。比如，凡发往国内的电报、电传一律自己亲手去发，不要轻信旅馆的服务员、电话总机员，避免因此而泄露机密。又如，对那些在政治上属于敏感性的问题，或者是商业上的机密内容，应该运用事先约定的密码暗语与国内进行通信联络。电报、电传有时会被其他竞争对手窃获。

（2）谈判小组内部信息传递的保密。在谈判桌上，为了协调本方谈判小组各成员的意见和行动，或者为了对对方的某一提议做出反应而需要商量对策时，谈判小组内部需要及时传递信息。由于这种传递本身就处于谈判对手的观察之中，保密就显得尤为重要。

有些人习惯于在谈判桌上或谈判室内把本方人员凑在一起商量，自以为声音很低，又是用本国语言或者本地方言，对方听不见、听不清或听不懂。其实，这样做是很危险的。对方或许有人能听清、听懂你的语言，即使听不懂，但从你及你同事的眼神、面部表情中就能判断出你们之间传递的信息内容。

因此，在谈判桌上如确有必要进行内部信息传递和交流，应尽可能地采用暗语形式，或者通过事先约定好的某些动作或姿态来进行，或者到谈判以外的地方去商量，以求保密。

除了上述两个方面应该注意外，谈判人员还应注意培养自己良好的保密习惯。

第一，不要在公共场所，如车厢里、出租汽车内及旅馆过道等处讨论业务问题。

第二，在谈判休息时，不要将谈判文件留在洽谈室里，资料应随身携带。如果实在无法带走，就要保证自己第一个再度进入洽谈室。

第三，如果自己能够解决，那么最好不要叫对方复印文件、打字等。如果迫不得已，应在己方人员的监督下完成，而不要让对方单独去做。

第四，不要将自己的谈判方案敞露于谈判桌上，特别是印有数字的文件。因为对方可能是一个倒读能手。

第五，在谈判中用过而又废弃的文件、资料、纸片等不能随便丢弃，对方一旦得到，即可获得有价值的情报。

3. 谈判时间的管理

时间的运用是谈判中一个非常重要的问题；忽视谈判时间的管理，不仅会影响到谈判工作的效率，耗时长久而收获甚微。更重要的是，它有可能使我们在时间的压力下做出错误的决策。因此，从某种意义上讲，掌握了时间，也就掌握了主动。

（1）谈判日程的安排。在客场谈判的情况下，做客谈判的一方总会受到一定的时间限制，在安排谈判日程时，要尽可能在前期即将活动排满，尽快进入实质性谈判，以防止因为时间限制而匆忙做出决策。为此，在客场谈判时，一定要有强烈的时间意识和观念，不能被对方的盛情招待迷惑。

如果在主场谈判，由于我方时间安排方面比较宽裕，应想方设法推迟进入实质性谈判，以缩短双方讨价还价时间。为此在谈判的前半段，要尽可能安排一些非谈判的内容，如游览、酒宴等，从而在谈判时间上赢得主动。

（2）对本方行程的保密。客方确定何时返回，这是做东谈判的一方最想知道的信息。因为一旦掌握了这个信息，就可以有针对性地调查和安排谈判日程与谈判策略。因此，客场谈判时绝对不要向对方透露本方准备何时返回，预订机票、车票等工作应回避对方。

（资料来源：龚荒. 公关谈判——理论·策略·实训［M］. 北京：清华大学出版社，2010.）

正式谈判之前

翻译林娟于上午7:50带领外方到达公司会议室。中国开发陈总走上前去，和布朗先生一行一一握手，其他人则在谈判桌原地起立挥手致意。陈总请外方人员入座，服务员立即沏茶。下面是陈总（A）和布朗先生（B）在正式谈判之前的寒暄、介绍、致辞：

A：昨天在现场跑了一天，一定很累吧！

B：不累。北京的城市面貌很美，来北京的第二天就开始"旅游"，这样的安排简直太好了。

A：北京是一座千年古都，有很多不同于西方的文化古迹和自然景观，如长城、故宫、颐和园、天坛。

　　B：东方文化对我们来讲的确十分神秘。有时间的话，我们首先想去参观长城，当一回好汉；其次去一趟故宫，体验一下中国的皇帝和美国的总统有什么不同的待遇。

　　A：好的。那我们就言归正传，尽早完成谈判。

　　首先，我代表中国开发的全体员工对美国机械代表全体成员表示热烈的欢迎。

　　参加今天技术交流的各位昨天都已经认识了，就用不着我一一介绍了。我方对技术交流十分重视，特地请我公司顾问、中国农业大学教授、乳制品机械专家张教授参加。

　　（张教授起立，点头致意）

　　中国是一个巨大的、正在高速增长的市场。随着人民生活水平的不断提高，普通百姓对高档乳品的需求越来越大。我公司四年前引进的年产 4000 吨奶粉生产线已经远远不能满足市场的需求，而且产品档次亟待提高。因此，我们决定在今年再引进一套年产 8000 吨奶粉的生产线。

　　美国机械是国际知名的食品机械生产厂家，其质量得到中国用户的一致好评。我们相信我们和美国机械的合作一定能够取得双赢的结果。

　　现在热烈欢迎布朗总经理讲话。

　　B：我们十分高兴来到美丽的、充满活力的北京。我们对你们为本次谈判所做的细致的准备工作表示感谢。特别是国际知名的张教授能在百忙之中参加今天的技术交流，我们感到十分荣幸。

　　美国机械的主要产品为仪器机械，其中以乳制品设备尤为著名。从 1985 年开始，我们已经向中国境内的企业（包括一些外资企业）提供了 15 套乳制品生产线。随着我们在中国的客户越来越多，我们于 2004 年在上海建立了一个制造、维修中心，从而可以为中国的用户提供更加便利、经济的售后服务。和 20 年前相比，我们的产品不仅质量更加可靠，而且价格更加便宜、服务更加周到。我们相信有远见的中国开发一定会选择我们的设备。

　　现在，请我公司的技术副总、技术专家鲍尔·史密斯先生首先向大家介绍我公司产品的性能。

讨论题：

（1）谈判应注意哪些礼仪？

（2）正式谈判之前如何寒暄？

谈判策略

有一次，印度尼西亚在爪哇岛修建一座电站，要购买一台非常大的发电机。为此，政府举行了公开招标。世界上只有五六家公司能供应这样的电机。

印尼采购官员一开始就想从德国购买，可一直不把德国制造商列入名单，又一直不接见他，德国制造商觉得失去了这笔生意。在其他国家的制造商提出报价后，这位印尼采购官员却邀请了德国制造商，这位官员在要他发誓保密后，把竞争对手的报价单给他看，并补充说，如果他提出一个比最低价还少10%的报价，就可能得到订货。

这样，印尼官员就在德国制造商心中建立了一个打了折扣的期望。如果一开始也邀请德国制造商参加投标，德国人一定会报出最高的价格。这个报价一经提出，就很难改变它了。印尼官员不邀请他们参加投标，却让他报一个低价。德国制造商反复磋商，勉为其难地提出了一个符合印尼方面的报价表。

接着，印尼采购官员又什么也不做。既不见制造商本人，也不接他的电话。德国制造商又一次觉得要丢失这桩买卖。这时，印尼采购官员接见了他。这位采购官员首先对拖延了这么长的时间表示歉意，然后解释说，根据政府的政策，必须等到最后一个报价出来，这个报价刚刚到。很不巧，这个报价比德国的报价低2.5%。因此，如果你方若能把价格再降低3%，他们就能将合同交政府批准。当时国际市场上大型设备的销路不太好，德国人反复商量后，只好同意把价格继续降低3%。

那位采购官员非常高兴地向制造商表示祝贺，并提议第二天双方讨论支付条件。"什么支付条件？"德方惊讶地问道。这个官员解释说，在高通货膨胀和高利率的情况下，德国公司必须同意印尼采用通常的分期付款方式。经过许多争论，制造商在德国政府贷款的帮助下同意提供整整18个月的信贷，这是一个相当大的让步。

讨论题：
印尼官员在谈判中运用了什么谈判策略？请加以分析。

索赔谈判

在《哈佛谈判技巧》中，有这样一个著名的真实案例：杰克的汽车意外地被一部大卡车给整个撞毁了，幸亏他的汽车买了全保。为争取最大权益，于是他与保险公司调查员展开了以下谈判。

调查员：我们研究过当事人的案件，根据保单的条款，当事人可以得到3300美元的赔偿。

杰克：我知道，但你是怎么算出这个数字的？

调查员：依据这部车的现有价值。

杰克：你是按照什么标准算？你知道我现在要花多少钱才能买到同样的车子吗？

调查员：多少钱？

杰克：我找一部类似的二手车价钱是3350美元，加上营业与货物税后大概是4000美元。

调查员：4000美元太多了吧！

杰克：我所要求的不是某个数目，而是公平的赔偿。你不认为我买了全保因而得到足够的钱来换一部车是公平的吗？

调查员：好，我们赔你3500美元，这是我们可以付的最高价。公司政策是这样规定的。

杰克：你的公司是怎么算出这个数字的？

调查员：你知道3500美元是类似情况所能得到的最高数，如果你不想要的话，我就爱莫能助了！

杰克：我可以理解你受公司政策约束，但除非你能客观地说出我只能得到这个数目的理由，我想我们最好还是诉诸于法律，然后再谈。

调查员：好吧。我今天在报上看到一部1978年的菲亚特汽车，出价是3400美元。

杰克：喔，上面有没有提到行车里数？

调查员：49000公里，那又怎样？

杰克：我的车只跑了25000公里，你认为我的车子可以多值多少钱？

调查员：让我想想……150美元。

杰克：假设3400美元是合理的话，那么就是3550美元了。广告上提到收音机没有？

调查员：没有。

杰克：你认为一部收音机值多少钱？

调查员：125美元。

杰克：冷气呢？

2.5小时以后，杰克拿到了4012美元的支票。

讨论题：

（1）杰克是怎样展开同调查员的谈判的？

（2）杰克的谈判为什么能够获胜？

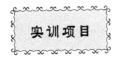

1. 模拟公关谈判

实训目标：做好公关谈判的准备以及掌握相关礼仪。

实训学时：2 学时。

实训地点：实训室。

实训准备：

（1）分组，每组 4~6 人，设一人为组长。

（2）教师提供模拟商务谈判资料，学生根据资料要求进行准备。

（3）抽签决定谈判中的甲乙双方和谈判顺序。按谈判厅要求布置谈判室。准备谈判桌、台布、花饰、水杯和欢迎标语等。双方谈判人员穿戴整齐，以渲染谈判气氛。

实训方法：

（1）按谈判过程展开模拟谈判。

（2）在谈判过程中，各成员要认真严肃，尽力扮演好自己的角色，言谈举止符合谈判气氛要求。模拟谈判结束后双方各选一名代表，解密己方的谈判方案，并谈模拟谈判的体会。

（3）指导教师最后讲评。

2. 模拟实地谈判

实训目标：掌握谈判的基本技巧。

实训学时：1 学时。

实训地点：教室。

实训方法：学生自设场景，分若干小组进行。每组内由同学分别扮演甲方和乙方，就某一分歧问题进行谈判。本案例的模拟演示必须强调进入情景之中，注意接待礼节中的细节，讲究语言艺术，注意体态语，把握好表情，要充分发挥体温、应答、说服的语言技巧。

参考场景：

（1）宿舍的同学就睡觉时是开窗还是关窗进行谈判。

（2）员工向老板要求加薪的谈判。

（3）为了给学校的"礼仪大赛"筹备资金，学生与学校超市老板进行争取赞助费的谈判。

……

3. 谈判能力测试

你的谈判能力如何？请回答下列问题测试一下自己的谈判能力。

（1）在买议价商品的时候，你是否觉得很为难？

①一般不会

②很难说

③是

（2）你觉得谈判就是让对方接受你的条件吗？

①不是

②很难说

③是

（3）在一次谈判没有取得预期效果的时候，你会尝试换一种方式再次努力吗？

①会

②有时会

③还会

（4）你觉得和别人谈判之前是否必须尽量了解对方的情况呢？

①是

②很难说

③不必说

（5）在谈判的时候，你是否觉得充分考虑对方的利益自己就会吃亏？

①不是

②难说

③是

（6）在谈判时，你是否觉得应该居高临下，不给对方留足面子？

①不是的

②要视情况而定

③是的

（7）你觉得对方坚持自己的立场是"冷漠无情"吗？

①不是

②难说

③是

（8）在谈判的时候，你喜欢用反问句式代替直接陈述吗？

①非常喜欢

②有时会用

③几乎不用

（9）你觉得为了赢得一场谈判而失去一个朋友值得吗？

①不值得

②难说

③值得

（10）你是否认为只有达成"双赢"的谈判才是成功的谈判？

①是

②难说

③不是

得分指导：

（1）每个问题选择①，得2分；选择②，得1分；选择③，得0分。

（2）总分在0~12分，说明你的谈判能力较差，必须加强这方面的学习；13~16分，说明你的谈判能力一般，仍需要继续学习和锻炼，不断提高自己；得分在17分以上，说明你的谈判能力很强。

（3）这个评价并不是对你的谈判能力的一个准确衡量，而是一种定性的评估。你的得分表明你目前的水平，而不是表明你潜在的能力。只要不断学习、积极实践，你完全可以改善自己在这方面的能力。

1. 简述谈判在公关中的作用。

2. 谈判前应做好哪些准备？如何灵活应用谈判的各种策略？

3. 公关谈判主要运用哪些语言技巧？这些语言技巧各有什么作用？

4. 假如你与一位采购商进行价格谈判，他处于绝对优势地位，采取了轻视与傲慢的态度，那么你如何与他谈判，你的策略如何？

5. 举例说明哪些地方可以用作正式或非正式谈判场所？

第六章 公关演讲艺术

所有伟大的演说家在开始的时候都不擅长演讲。

——【美】拉尔夫·沃尔多·爱默生

只要遵循正确的方法，做周全的准备，任何人都能成为出色的演说家。反之，不论年纪及经验多么老到，若没有适当的准备，仍会在演讲中出窘。

——【美】戴尔·卡耐基

> ➤ 掌握演讲的含义和特征，了解演讲的创作过程
> ➤ 能够设计高水平的演讲稿
> ➤ 掌握演讲演练的原则和方法，并进行演讲演练

林肯在葛底斯堡国家烈士公墓落成典礼上的演说

87 年前，我们的先辈们在这个大陆上创立了一个新的国家，它孕育于自由之中，奉行一切人生来平等的原则。现在我们正从事一场伟大的内战，以考验这个国家，或者任何一个孕育于自由和奉行上述原则的国家是否能够长久存在下去。我们在这场战争中的一个伟大战场上集会。烈士们为使这个国家能够生存下

去，而献给他们作为最后安息之所。我们这样做是完全应该而且非常恰当的。

　　但是从广泛的意义上来说，这块土地我们不能够奉献，不能够圣化，不能够神化。那些曾在这里战斗过的勇士们，活着的和去世的，已经把这块土地神圣化了，这远不是我们微薄的力量所能增减的。我们今天在这里所说的话，全世界不大会注意，也不会长久地记住，但勇士们所做的事，全世界却永远不会忘记，毋宁说，倒是我们这些还活着的人，应该在这里把自己奉献于勇士们已经如此崇高地向前推进但尚未完成的事业；倒是我们应该在这里把自己奉献于仍然留在我们面前的伟大任务——我们要从这些光荣的死者身上汲取更多的献身精神，来完成他们已经完全彻底为牺牲的事业；我们要在这里下定最后的决心，不让这些死者白白牺牲；我们要使国家在上帝福佑下得到自由的新生，要使这个民有、民治、民享的政府永世长存。

图6－1　美国华盛顿林肯纪念堂的林肯像以及镌刻在墙壁上的这篇演讲词

演讲又称演说、讲演，是人类社会一项非常重要的活动。演讲一词源于英文"Oration"，日本学者福泽谕吉后来把它译成"演讲"，逐渐沿用至今。在现代，随着人们交往范围的扩大，娱乐生活的丰富，人们把当众演讲看成是一种扩大的交流沟通。本章着重探讨一下有关演讲的基本问题。

第一节　演讲的基本概念

正确认识演讲，必须首先确立正确的演讲观，唯有正确的演讲观，才能透过演讲现象，认清演讲区别于其他口语形式的本质属性，才能恰当而准确地掌握其内部的规律和特点，以便驾驭它，发挥其最大的社会效益和作用。

一、演讲的含义

演讲是人类的一种社会实践活动，具有综合性、直观性、现实性和艺术性，这是它的主要特征。作为整个演讲活动，它必须具备以下四个条件：演讲者（主体）、听众（客体）、沟通主客体的信息及主客体同处一起的时境（时间环境）。这四者缺一不可，也就是说，离开任何一个条件，都不足以揭示出演讲的本质属性。因为任何一种带有艺术性的活动，都有自己独特的传达手段和自身特殊的规律，并揭示着自身活动的本质特点。演讲活动自然也不例外。演讲者要想发表自己的意见，陈述自己的观点和主张，从而达到影响、说服、感染他人的目的，就必须运用与其内容相一致的传达手段。演讲的传达手段主要有有声语言、态势语言和主体形象几个方面。

1. 有声语言

有声语言即演讲之"讲"，是演讲活动最主要的一种表达手段，是信息传递的主要载体，它是由语言和声音两种要素构成的。它以流动的声音运载思想情感，直接诉诸听众的听觉器官，产生效应。

对有声语言的要求：吐字清楚、准确；声音清亮、圆润、甜美；语气、语调、声音、节奏富有变化；要注意形式美和内容美。演讲的有声语言还具有时间艺术的某些特点，是听众听觉的接受对象和欣赏对象。

2. 态势语言

态势语言即演讲之"演"，就是演讲者的姿态、动作、手势、表情等。它是流动着的形体动作，辅助有声语言运载着思想和感情，诉诸听众视觉器官，产生效应。由于态势语言是流动的，因此，它存在于一瞬间，转眼即逝，这就要求它准确、鲜明、自然、协调和优美，要有表现力和说服力。这样，才能使听众感受形式美的"演"，从而在心理引起美感，并得到启示。它具有空间艺术的某些特点，是听众理想的接受对象和欣赏对象。然而，态势语言虽然加强着有声语言的感染力和表现力，弥补着有声语言的不足，但如果它离开了有声语言，就没有直接地、独立地表达思想情感的意义了。

不论是有声语言还是态势语言，它们既不同于其他现实中的有声语言和态势语言，因为它们都带有一定的艺术性；也不同于舞台艺术中的有声语言和态势语言，因为它们不是纯艺术。

3. 主体形象

演讲者是亲自出现在听众面前进行演讲的。这样，他就必须以整体形象，包括体形、容貌、衣冠、发型、举止神态等直接诉诸听众的视觉器官。而整个主体形象的美与丑、好与差，在一般情况下，不仅直接影响着演讲者思想感情传达，而且也直接影响着听众心理情绪和美感享受，这就要求演讲者在自然美的基础上，要有一定的装饰美。而这种装饰美，是以演讲者本人为依托的现实的装饰美，它绝不同于舞台艺术的性格化和艺术化的装饰美；而是要求在符合演讲思想情感的前提下，注意装饰的朴素、自然、轻便、得体，注意举止、神态、风度的潇洒、大方、优雅，只有这样，才有利于思想感情的传达，有利于取得演讲的良好效果。

演讲就是靠这些手段，组成了一个综合、统一而完整的传达系统，达到演讲的目的。在综合的传达系统中，缺少任何一个因素也不能构成演讲活动。如果只有"讲"而没有"演"（包括主体形象），只作用于听众的听觉器官，而不作用于听众的视觉器官，就会缺少动人的主体形象及表演活动——即缺少实体感；而如果只有演而没有讲，则犹如在聋哑学校看聋哑手势一样，对大多数人而言，总是令人难以理解。所以，"讲"与"演"这两个演讲的要素是缺一不可的。只有和谐地、有机地统一在一起，才能构成完整的演讲传达手段，并圆满地完成演讲的任务。

然而，"演"与"讲"在演讲实践活动和在传递信息时，并不是平分秋色，各占一半。二者要和谐统一，但不是一加一等于二的统一，而是以"讲"为主，以"演"为辅，既是听觉的，又是视觉的，兼有时间性和空间性艺术特点的综合的现实活动，才是演讲的本质属性，这是演讲区别于其他现实口语表达形式和艺术口语表达形式的关键所在。

可是，在我们现实的演讲活动中，由于有人忽视了演讲的本质属性，经常出现两种错误的倾向：一是不讲艺术倾向。如果不注重演讲艺术的研究，就会出现严肃的、呆板的、没有说服力的报告；演讲者只重视其实用性，而忽视了它的艺术性，由于缺乏艺术性，实用性效果被减弱了。二是追求表演化的倾向。如果演讲者在讲台上过于追求相声、评书以及朗诵等演员的表演艺术，认识不到演讲是一种现实活动，忘记了它的实用性，没有区别演讲艺术与表演艺术的本质不同，就会破坏演讲应有的真实效果及其严肃性。

综上所述，演讲的定义可以做如下表述：演讲是在特定的时境中，借助有声语言（为主）和态势语言（为辅）的艺术手段，针对社会的现实和未来，面对广大听众发表意见，抒发情感，从而达到感召听众，并促使其行动的一种现实信息交流活动。

二、演讲的特征

只有了解和掌握了演讲的特征，才能有效地提高演讲水平，达到演讲的真正目的，具体来说，演讲的特征有如下几点：

1. 现实性

演讲活动属于现实活动的范畴，而不属于艺术活动范畴。它是演讲者通过对社会现实的判断和评价，直接向广大听众公开陈述自己的主张和看法的一种现实活动。

首先，从反映的对象来看，一个人当众演讲，其演讲内容必须具有思想性、原则性、准确性、鲜明性，帮助听众弄清复杂的社会现象，解决某一问题，或者提出问题，分析问题，然后解决这个问题。就其反映的对象来看，是现实的真实，而不是艺术的真实；就其表现的手段来说，是通过判断、论证、推理和一些逻辑手段，而不是通过形象来表现的。

其次，从演讲者的活动来看，演讲者是现实中的自己，走到讲台上仍然是他自己，面向广大听众公开发表自己的主张和观点。另外演讲者总是一身数职，既是演讲词的作者，又是演讲的指导者（导演），还要完成自己的演讲，自始至终表现出演讲者的独创精神和演讲风格。

最后，从表现形式看，演讲是以讲为主，以演为辅的形式，直接抒发情感，公开陈述自己的主张。

2. 艺术性

演讲是现实活动，但它优于一般的现实口语表达形式。演讲虽然是应用性很强的现实活动，但演讲也是一门艺术，是通过有声语言和态势语言的手段所显示出来的艺术，或者叫言（有声语言）态（态势语言）表达艺术。

演讲之所以优于其他一切现实口语的表达形式，并且有较大魅力，因为它不仅是由多系统（如声音系统、表演系统、主体形象系统、时境系统等）要素构成的综合实践活动，而且它还使这些系统的要素系统有机结合，形成了自己的特点。

首先，具有统一的整体感。在演讲中，缺少任何一个系统都构不成演讲，而且任何一个系统如果脱离了演讲的整体，就失去了它作为演讲的一部分的意义和作用。在整个演讲活动中，由于各系统互相联系、互相配合、互相渗透，才给人一种统一的整体感。

其次，具有协调感。演讲活动各系统的每一个要素不仅为了演讲的总目标积极地发挥着自己的功能和作用，而且它们这种功能和作用是靠着它们之间的默契配合、协调一致来完成总目标的。

最后，各系统要素富于变化。演讲的各个要素总是能根据主题和情感的需要而变化着，始终给听众一种新颖感，并扣动听众的心弦。比如声音的抑扬顿挫，速度的快慢变化，态势语言的多种姿态与变化，等等。当然，这种变化是在一定的目的支配下，是有组织的、有设计的，否则就是一片混乱。

3. 鼓动性

鼓动性，是演讲的又一个特征。作为一次成功的演讲，离不开鼓动性。没有鼓动性也就不称其为演讲了。

古希腊的德摩斯梯尼是一位民主政治家和爱国主义者，当他认识到雅典公民们的麻木，发表了一连串的《斥腓力演说》。他以满腔的爱国热情和对敌人的无比愤怒，奔走呼号，唤醒同胞抗击侵略者，拯救祖国。不仅使所有听众为之惊醒，为之激愤，而且团结起来，投身到反侵略的斗争中去了。这就是他演讲的威力，是演讲的鼓动性所致。政治演讲也好，学术演讲也好，不管什么样的演讲，都具有一种鼓动性。演讲之所以具有鼓动性，其原因有以下几个方面：

首先，一切正直的人，都有追求真、善、美的强烈愿望，都有渴求知识的愿望。而演讲的目的就是要传播真、善、美，就是要传播知识，开启人们的智慧，陶冶人们的情操，在这一点上，演讲者与听众之间很容易沟通，并能建立起共识。听众自然愿意听，并愿意为追求真理而献身。

其次，演讲在传播真、善、美和知识的时候，总是饱含着炽烈的情感。"感人心者莫先乎情"，演讲者总是以自己的情感之火去点燃听众的情感之火，以自己炽烈的情感之手去拨动听众的心弦，从而使其动情、引起共鸣，达到影响、征服听众的目的。

再次，演讲有较强的艺术性，诸如演讲者动听的声音、语调，演讲者丰富的表情和多变的手势，都容易感染听众，增强演讲的说服力。另外，那严谨的结构、严密的逻辑，都能像触电一样打动每一位听众，都能像钳子一样钳住每一个听众。

最后，就是演讲的直观性，加强了它的鼓动性。任何一次演讲都是在特定的时空下进行的，演讲者不仅能看到所有的听众，而且听众也能看到演讲者。演讲的自始至终，双方总是在进行着直接的思想感情交流，演讲者不仅随时观察着听众的情绪、反应，而且演讲者也必须及时地根据听众的反应，随时调节自己的演讲，使其更能说服听众，以期达到演讲的最理想效果。

基于上述四点，才使演讲更具有强烈的鼓动性。德摩斯梯尼曾经对他的朋友说过："你所讲的，只令人说个好字，但我却能使听的人一起跳起来，众口同声地说：让我们去抵抗腓力。"拿破仑也是鼓动的能手，一次他在对一支需要整顿的部队演讲时说："士兵们，你们没有衣服穿，吃得也不好，我想带你们到世界最富庶的国家去。"几句话说得士兵们顿时振奋起来，战斗力大增，后来一举征服了意大利。由此可见，鼓动性也是演讲取得成功的力量所在。

4. 工具性

演讲是一门科学，是一门艺术，也是一个工具。语言是人们交流思想的工具，演讲从某种意义上说是语言的艺术化，自然也是工具，是人们交流思想的工具。也可以这样说，任何思想、任何知识、任何发明和创造，都是借助演讲在各种各样的讲台上传播之后，才使得听众了解。因此，演讲是最普遍、最基本的传播手段和工具之一。人们知道，黑格尔的《美学演讲录》是由他为大学开课的讲稿发展而来的；马克思的《资本论》中的某些基本思想和观点，是他曾在工人中演讲过的。物理学家杨振宁、李政道的学术思想也是经常借助演讲进行传播的。总之，各行各业、各种身份的人，都可以利用演讲这个工具来进行信息交流，而且这个工具是最经济、最实用、最方便的。正如秋瑾女士在《演说的好处》一文中所说的：一是"随便什么地方，都可以随时演说"；二是"不要钱，听人必多"；三是"人人都能听得懂，虽是不识字的妇女、小孩子，都可听懂"；四是"只需三寸不烂的舌头，又不要兴师动众，捐什么钱"；五是"天下的事情，都可以晓得。"可见演讲的好处甚多，每一位渴望成功的人士，都应拿起这个工具。

三、演讲的创作过程

演讲创作一般可分为三个阶段，即构思阶段、确定内容和形式阶段与现场创作阶段。

1. 构思阶段

这一阶段主要任务是确定演讲主题、中心思想、演讲风格、结构形式，其中演讲主题是关键。演讲如果没有主题，听众不知道演讲者讲的是什么问题，势必影响演讲效果。演讲的主题应单一，紧紧围绕一个中心，便于听众理解和记忆。构思阶段实际上是对演讲的创意策划，演讲者考虑的问题较多，包括如何上台，如何开头，如何打动观众，如何结尾，何时停顿，何时提高声调等。演讲者思考得越细致，演讲的逻辑结构越清晰、深刻，中心思想的表达也就越透彻。

2. 确定内容和形式阶段

这一阶段主要是确定演讲内容，拟写演讲稿，确定演讲方式及其准备工作。演讲的内容应根据演讲主题确定，其构成要素有四：一是事物（演讲的事项）；二是道理（演讲事物本身蕴涵的道理）；三是情感（演讲者由客观事物引发的内在激情）；四是知识（演讲者的学识、修养）。演讲者要综合协调运用以上四个要素拟写演讲稿。

拟写演讲稿之前，应编写演讲提纲。演讲提纲以表格方式列出演讲观点、材料以及它们的组合与安排方式等。演讲提纲一般包括以下内容：演讲题目、演讲的中心论点和分论点、临场需要的各种材料、演讲内容的顺序和层次、开头与结尾的安排等。演讲提纲可分为概要提纲和详细提纲。概要提纲就是列举出演讲者的主旨、材料、层次、大意，一般包括开场白、论题、正文、结尾。详细提纲就是具体、细致地列出演讲题目、层次结构、论述要点、典型材料、引文材料以及有关材料，显示出演讲的基本内容和详细论证过程。

演讲稿一般包括开头、正文、结尾三部分。开头要精彩、吸引听众，或开门见山，或引经据典，或恰当比喻，引出话题。演讲者在正文阐述观点、表述内容，应抓住演讲内容的四要素，充分揭示各要素之间的内在联系，进行逻辑推理，使听众晓之以理，动之以情。结尾既是演讲的结束，也是强化演讲效果的部分。为了加深听众对演讲的理解和记忆，常采取概括、展望、幽默、含蓄等方式伴以热情洋溢的鼓动结尾。

3. 现场创作阶段

现场创作阶段即指登台演讲。这一阶段的关键是演讲者要有信心，全身心投入。演讲者只有进入角色，才能驾轻就熟，通过生动、具体、中肯的语言，辅之以动作、表情，准确地向听众传播信息，才能活灵活现、融会贯通地与听众交流思想和观点，才能抓住听众的心，达到相互沟通的目的和效果。

第二节　演讲稿的设计

有人做过这样的实验：把用于阅读的一篇优秀文章不加改写地讲给一部分人

听，把另一篇引起过轰动效应的演讲，根据录音一字不差地记录下来，把文稿交给另一组人去读，然后收集两组人的评论意见。实验结果是：对优秀的阅读文章，听者觉得文绉绉的，很有矫揉造作、卖弄文采之态，有些字眼听起来还不顺耳，引起误解；而那篇让人阅读的演讲稿，读者反映他们体会不到精妙动人之处，甚至有许多用语是废话。这个实验表明：长期以来，适应于听的语言和适用于阅读的语言，在习惯上已出现明显的差异，人们对听的语言和读的语言早就默认了两种不同的要求。可见，书面演讲词和书面文章有着区别。同样都是文字表达，二者有什么区别呢？演讲家李燕杰对此有独到见解："文章是让文字躺在纸上，让读者体会文章作者的思想、感情及其所讲述的道理。若把文章比作无声的影片，那么演讲则可以比作立体声的电影。因此，在'制片'时，就应充分考虑视听综合效果，让文字鲜活地'站'在听众面前。"

一、演讲稿的特点

演讲稿是为适应演讲活动的需要而写作的一种实用文体，与其他文体相比，有以下几个特点：

1. 以情感人

演讲必须以情感人，情感是演讲的生命线。没有人愿意坐上几个小时，就为听演讲者这些空而又空、玄而又玄的大话。这样的大话连演讲者自己都不能感动，又怎么能感动别人呢？所以，精彩讲稿的第一个特点是以情感人，说出自己的心里话，而不是"为赋新词强说愁"。那些虚假的事、夸大的情，只会让人感到做作、别扭。社会交往中待人真诚是第一，说话也是真诚第一。

现在最受欢迎的演讲，就是那种情真意切，以情取胜的演讲。

白居易说："动人心者莫先乎情"，唯有炽热真实的感情，才能使"快者撅髯，愤者扼腕，悲者掩泣，羡者色飞"。美国第一任总统华盛顿的就职演讲是这样开篇的：

"参议院和众议院的同胞们：

本月4日收到根据两院指示送达给我的通知。阅悉之余，深感惶恐，我一生饱经忧虑，但过去所经历的任何焦虑均不如今日之甚。一方面，因祖国的召唤，要我再度出山，对祖国的号令，我不能不欣然谨从。然而，退居林下，是我一生向往并已选定的归宿。我曾满怀奢望，也曾下定决心，在退隐之余度过晚年。对此退隐的居所，除喜爱之外，已经习惯；看到自己的健康，因长期操劳，随着时光的流逝而日益衰退，这时，对这更感需要和亲切。另一方面，祖国委我以重托，其艰巨与繁难，即使国内最有才智和最有阅历的人士，亦将自感难以胜任，何况我资质鲁钝，又从未担任过政府行政职务，更感德薄能鲜，难当重任。处于此种思想矛盾中，使我一直认真致力于正确估量可能影响我执行任务的每一种情况，以确定我的职责，这是我所断言的……"

在场面热烈、盛大的就职典礼上，华盛顿说了这样一番并不激昂，甚至有些低调的话，似乎与当时的盛况有些不和谐，但这确实是他的心里话。据当时一家报纸报道，华盛顿在宣誓和演讲时非常"虔诚热情"，很多听众都流下了眼泪，其动人之处正是在于他的虔诚。他讲的确实是一个年近60岁的老人受命承担国家命运时自然的思想斗争。恰恰是因为这斗争的激烈，更让人们看到这位总统的爱国热情，这篇讲稿的名字叫《我的热情驱使我这样做》。这个低调的开篇比那些慷慨激昂的宣告感人得多，因为他讲的是自己的真心话。

2. 切合场景

演讲者要注意自己的演讲切合具体的场景，并能因势利导，使自己的演讲有力度，这正是创造环境，"借东风烧曹船"，它往往能取得意想不到的效果。丘吉尔在"二战"阴影笼罩全球时，在一个圣诞节上，做了以下演讲：

"战争的狂潮虽然在各地奔腾，使我们心惊肉跳。但在今天，每一个家庭都在宁静的、肃穆的气氛里过节。今天晚上，我们可以暂时把恐惧和忧虑抛开、忘记，而为那些可爱的孩子布置一个快乐的晚会。全世界说英语的家庭，今晚都应该变成光明的和平的小天地，使孩子们尽量享受这个良宵，使他们因为得到父母的恩赐而高兴，同时使我们自己也能享受这种无牵无挂的乐趣。然后，我们担起明年艰苦的任务，以各种代价，使我们的孩子所应继承的产业，不致被敌人破坏。因此，在上帝庇佑之下，我谨祝各位圣诞快乐。"

丘吉尔说得多好啊！"使我们的孩子所应继承的产业，不致被敌人破坏。"在一个本是处处洒满圣洁月光的盛大节日，一个本该是和平宁静的节日里，让孩子们快乐，在战争席卷全世界的背景映衬下，这样一种安静、肃穆来得何等艰难！不忘圣诞节的宁静安详，不忘在这样的日子致以希望与祝福，不忘让疲于战争的人们暂时放松，不忘让这样一个盛大的节日不失节日的气氛。但丘吉尔同时也不讳言战争的可怕，让恐怖与安详形成鲜明的对比，让人们更憎恨战争的残酷。多么入情入理！多么扣人心弦！在战争的阴影下，在欢乐的圣诞节日中仍忐忑不安的人们，听了这话能不振奋激动吗？如果在这样的情境中，丘吉尔大呼战争，大呼反抗，大呼"我所能奉献的没有其他，只有热血、辛劳、汗水与眼泪"，这将多么败人兴致、大煞风景呀！但一味地平安祝福，忘了眼前黑暗，又不像一个首相的演讲。他如此巧妙地发表圣诞祝词，尽展一个演讲大师的风度，的确是非常切合时间与场合的。这才是精彩的讲稿。

3. 使用短句

说话与写文章不同，不需要太详细地论证，只要能表情达意即可。

著名的演讲，如林肯的《我们在此立下誓言》（《葛底斯堡的演讲》）、尼克松的《人类历史上最珍贵的一刻》、闻一多的《最后一次演讲》等，都是简洁有力的典型。

下面看看 1941 年 12 月 8 日罗斯福在《一个遗臭万年的日子》中是如何运用短句达到自己的演讲目的的。

"（日本军队）昨天对夏威夷群岛的进攻，给美国海陆军部队造成了严重的损害。我遗憾地告诉各位，很多美国人丧失了生命。此外，据报，美国船只在旧金山港和火奴鲁鲁岛之间的公海上，也遭到了鱼雷的袭击。

昨天，日本政府已发动了对马来西亚的进攻。

昨天，日本政府进攻了香港。

昨天，日本政府进攻了菲律宾群岛。

昨天，日本政府进攻了威克岛。

今晨，日本人进攻了中途岛。"

在这篇著名的演讲中，罗斯福列举了大量的事实，充分说明日本的侵略是蓄谋已久的。用的是短句，但其说服力度绝非长句能比。这一小段演讲词尤其铿锵有力，语感和听觉效果都很不错，排比造成的气势也非同一般，用这样的句式表达愤懑，其愤懑之情溢于言表，很能调动听众情绪。这就是短句得天独厚的优势。

4. 通俗易懂

演讲语言不同于书面语言，演讲是讲给别人听的，讲稿也只是口语的书面文字形式。在写讲稿的时候，必须考虑到听众在现场中不可能有余暇去理解某些生僻的词语和隐晦的意思，更不可能像阅读文章那样进行多次的反复领会。因此，必须尽量避免"文绉绉"、"掉书袋"，少用复杂的结构句式，少用生僻字，要让人一听就懂。

例如，"体面"与"堂皇"、"驼背"与"佝偻"、"寒冷"与"凛冽"等几组近义词或同义词，每组的后一个词语更书面化，更能体现使用者的文化素养。但在演讲中，用后者不如用前者，否则让听众想上一阵恍然明白"佝偻"是哪两个字，是什么意思，后面的演讲就更听不过来了，这样的演讲是在给自己帮倒忙、找麻烦。

5. 文体交融

演讲稿是一种特殊的文体，写作时要交融使用各种语体。文章中的记叙文、议论文、说明文，就其主要表达方式来看，有着单一的对应关系。而演讲稿的写作需要运用各种文体的写作规律，综合各种文体的特点于一体。准确地说，具有论文的结构，新闻的真实，散文的选材，小说的语言，诗歌的激情，戏剧的安排，相声的幽默。所谓论文的结构，是指观点与材料的统一，条理清晰井然；所谓新闻的真实，是指所用事实材料必须取材于生活中的真情实况，不许虚构；所谓散文的选材，是指发散式选材在演讲中体现得最充分，不受时空局限，皆可为我所用；所谓小说的语言，是指经过加工处理的文学化口语，大量使用修辞手法；所谓诗歌的激情，就是演讲稿或热情奔放、或感情充沛、或深沉悲壮、或严肃冷峻；所谓相声的幽默，就是要活泼有趣，雅俗共赏；所谓戏剧的安排，指内容、结构在编排上有张有弛，跌宕起伏，切忌平铺直叙，体现出起承转合的悬念贯一。

演讲不是纯粹的艺术，而是一种讲究艺术性的现实活动。演讲稿的写作则要让各种可用的艺术都为我所用，各种文体的写作技巧在这里都有用武之地，体现出演讲在艺术上的追求。

6. 选例典型

这个要求可归纳为一种模式："画面＋我"。画面，就是通过选讲真实感人的事例，在听众心中构筑一幕幕动人场景和形象。选例具有典型性，一方面是指选何种事例，选多少事例，这要针对演讲主题和现场需求而定，既不能多选，多选有堆砌、讲故事之嫌；也不能少选或不选，否则难以充分说明事理。另一方面，选例还必须具有代表性、时代性。一般来讲，历史的不如现实的，陈旧的不如新近的，陌生的不如熟悉的，书上的不如生活的，而群体的、个体的、伟大的、平凡的、他人的、自己的，凡此种种，则可兼而备之。

二、演讲稿题目的设计

演讲稿由题目、主题、开篇、主体和结尾几个部分构成，把握好演讲稿的题目设计是演讲先声夺人的基础。

演讲的题目是一篇演讲稿有机的组成部分，它与演讲的内容、风格、语调有直接关系。内容决定题目，题目则又鲜明地体现了内容的特点。

1. 演讲题目的作用

一个新颖、生动、恰当而富有吸引力的题目有以下三个作用：一是具有概括性。它能将演讲的主题、内容、目的全面地反映出来。如毛泽东的《反对党八股》、《为人民服务》等演讲题目，一讲出来就让人明白内容和主题。二是具有指向性。题目一讲出来，听众就知道你要讲的是哪方面问题，是政治性的、学术性的、党政军的或是伦理道德的。三是具有选择性。题目能在未讲之前就告诉听众演讲者要讲什么，听众可以据此进行选择听或不听。

2. 确定演讲题目的原则

（1）积极性。题目要给听众一种希望。一方面，要选择那些光明的、美好的、富有建设性的题目，如《自学可以成才》，听到这个题目，就会给人一种鼓励，去掉失望心理，充满信心走自学之路；另一方面，要选择乐观的题目，如《癌症终可治》，听了这个题目，就使听众感到有希望。

（2）针对性。其一，要针对听众的实际。即选题要考虑听众的思想修养、文化水平、职业特点、阅历等，这样才能有的放矢。其二，要注意自己的身份。即选择与自己所从事的工作性质、专业、知识面接近的题目。因为自己熟悉的东西容易讲深讲透，容易收到预期的效果。其三，要估算好演讲的时间，即按规定的时间选择题目，如果规定的时间长，题目就可大些；时间短，题目就可小些。

（3）新奇性。只有"新"和"奇"，才能吸引听众，干瘪瘪的题目是不让听众关注的。比如《我的祖国》、《青春在岗位上闪光》等，听众听完了，恐怕也睡着了。看看鲁迅的演讲题目：《老而不死论》、《伟大的化石》、《老调子已经唱完》、《象牙塔与蜗牛庐》，这样新奇的题目怎能不吸引人呢？

（4）情感性。把强烈的爱憎情感注入到题目里去，从而打动听众并引起共鸣，使题目对听众有一种情感的导向作用和激发作用。如鲁迅的《流氓与文学》、马克·吐温的《我也是义和团》等，其爱憎情感都是很鲜明的。

（5）生动性。演讲题目生动活泼，就能给人一种亲切感和愉悦感，像前面举的《老而不死论》、《象牙塔与蜗牛庐》等就生动活泼。

当然，题目是否生动活泼要由主题和内容而定。严肃的主题和内容就不宜用活泼的题目，否则，会冲淡和破坏演讲的质量和严肃性。为了确保题目臻于完美，还要注意以下三点：

其一，不要太冗长。冗长的题目不仅不醒目，而且也不易记，应该尽可能简洁明快。

其二，不要太深奥。题目太深令人费解，就引不起听众的兴趣。

其三，不要太空泛。空泛就使人抓不住中心。如《我自信》、《理想篇》等，这样的题目听众根本捕捉不到演讲的范围和内容，也不会愿意听讲。

三、演讲稿主题的设计

掌握好演讲的主题，犹如掌握好军队的统率权，有了它，就可以将原来散乱的素材组织成井然有序的演讲稿。

1. 演讲主题的选择

（1）可以选择现实中急需回答的问题。马克思认为：一篇生动的演讲词，究竟能在多大程度上帮助听众弄清社会现实中的复杂现象，并在多大程度上有助于迫在眉睫的社会问题的解决？这是演讲艺术的本质特征。目前在招聘中普遍使用的竞职演讲，就是选择现实中急需回答的问题，其核心的内容就是现在的事，身边的事。

（2）可以选择自己有真知灼见的主题。纵观古今中外诸多优秀的演讲词，都是演讲者以熟悉而有见地的题材为线索构筑起来的。如古希腊苏格拉底的《泛希腊集会辞》、德摩斯梯尼的《反对腓力》等八篇演讲词，李燕杰的《国家、民族与正气》等。演讲者在确定演讲主题时，要把握的一个重要原则就是"讲自己能讲的，讲自己能讲透的"。

（3）可以选择"旗帜鲜明"的主题。在这里，"旗帜鲜明"四字有两层意思：一是听众听后，就知道你谈的主题是什么，而不是让听众感到虚无缥缈。二是演讲的主题要鲜明地表现出演讲者的爱憎情感。只要有益于进步的事物，就宣扬，就支持；只要有碍于进步的事物，就抵制、就批评。切不可似是而非，模棱两可，欲说又止，吞吞吐吐。

2. 演讲主题的提炼

如何提炼一个格调高、内涵深、角度新，并且有一定美学价值的演讲主题呢？这需要把握以下原则。

（1）突出重点原则。一篇演讲主题太分散，就没有重点，听众自然也就不知道你到底在讲什么。主题太多，企图面面俱到，结果蜻蜓点水，不深不透，达不到演讲的目的。所以演讲者选择主题，一定要集中，一定要调动演讲的一切手段，紧紧地围绕一个主题，把问题讲清楚、讲透彻，从而使演讲重点突出，才能使听众留下深刻的印象，收到良好的效益。

（2）抓住动机原则。"动机"即演讲者在接触生活、素材、题材时，接收到它们许许多多信息（即意蕴）。通过演讲者形象的、逻辑的、灵感的三大思维组成的网络，敏锐地发现和捕捉到一个或几个与主题有联系，或者可以发展、提炼和形成主题的"主题意蕴"，这就是演讲的"动机"。

（3）提炼意境原则。演讲的意境，是指演讲者主观的"意"与现实生活中"境"的辩证统一。有了深邃优美的意境，才会使演讲的主题诗意化，产生巨大的艺术魅力。因此，演讲者应善于在现实生活中"捕捉"那些具有诗情画意的情节、细节、场景，通过自己的感受和理解，达到客观与主观的统一，熔铸成深而美的意境，使整个演讲的主题得到升华。

（4）揭示哲理原则。演讲主题要具有一种深刻的内涵，就必须揭示和凝炼生活的哲理，使之贯穿于整个演讲之中，使演讲的主题闪烁着理性的光芒，从而给人以深刻的启迪。

（5）贵在创新原则。演讲艺术的优劣在于一个"新"字。提炼演讲主题要独辟蹊径，别具匠心，把对生活的独特感受、独立思考、独到评价贯穿在整个演讲中，给人以耳目一新之感。

（6）画龙点睛。画龙点睛既是演讲艺术的表现手法，更是一种提炼演讲主题的方法。它是在演讲的关键之处采用片言只语，揭示和突出演讲的主题，使演讲具有一种警策作用，更加耐人寻味、发人深思。1775 年 3 月 23 日，美国人佩特瑞克·亨利发表了《在弗吉尼亚州议会上的演说》。他把演讲的主题提炼为"不自由，毋宁死！"的警句，高度浓缩和概括了反对殖民统治、争取自由独立的重大主题，激励了美国人民的爱国热情，振奋了美国人民的斗志，鼓舞了千百万美国人民拿起武器投入到争取自由独立的战争中。

总之，主题提炼是演讲者形象思维、逻辑思维、灵感思维的结晶，是使演讲形成一个活生生的、统一而完整的好方法。

四、演讲稿开篇的设计

开场道白，如同乐器定调，这个调定得如何，将决定全部演奏的成败。演讲的开场白是演讲者与听众之间的第一座桥梁，是演讲者给听众留下的第一印象。演讲成功与否，开场白往往起关键作用。如果演讲者的开场白能像凤凰之冠那样引人入胜、扣人心弦，就会取得旗开得胜的效果。所以，开头要精心设计，造成一种气氛，务求三言两语即能抓住听众，先声夺人。

1. 开篇的作用

俗话说万事开头难，不论任何形式的演讲，开头总是关键的。在演讲开始后的几分钟或者几秒钟内，听众通常会决定是否接受演讲，是否听下去。准备演讲从来不是从开头入手，而是应当先确立演讲的目的，然后围绕题目收集材料，并将材料加以组织整理，最后才着手准备开头。只有这样才能更好地选择正确而恰当的开头方式。在写演讲稿的开头时，需注意以下要点：

（1）吸引听众注意力。演讲开头成败的关键，在于能否吸引并集中听众的注意力。演讲时获取听众注意力的方式随题材、听众和场景的不同而改变。一般可以运用事例、轶闻、经历、反诘、引言、幽默等手段达到目的。

麦克米兰石油公司副总裁迈克斯·艾萨克松，在一次演讲的开头中便运用了引言和反诘的方法来吸引听众：

"我们都知道，演讲是件很难的事，但是请听听丹尼乐·韦伯期是怎么说的吧：'如果有人要拿走我所有的财富而只剩下一样，那么我会选择口才，因为有了它，我不久便可以拥有其他一切财富。'"

（2）解释关键术语。如果演讲的成功与否取决于听众能否理解演讲中的某些术语或概念，那么在演讲开头时，对关键术语加以解释，就显得格外重要了。

一位公司副总裁在就记者执行会的用途发表演讲时，就很好地运用了这一技巧：

"公共关系，简单地说，就是指'与公众的关系'，即任何涉及公司或个人的关系。它的主要目的就是有效利用媒体——最常见的是书面形式——为公司谋取最佳印象或形象。"

（3）提供背景知识。演讲时，演讲者应当使自己被认为是专家或权威。因此，如果听众对演讲的主题不熟悉或是知之甚少，那么很有必要在开头部分向听众讲述与主题有关的背景知识，它们不仅是听众理解演讲所必需的，而且它们可以体现出主题的重要性。

美国空军少将鲁弗斯·L.比拉普斯在夏努特空军基地的一次宴会上演讲时，就对"黑人遗产周"的有关背景知识及其对美国空军的重要性作了介绍：

"我很高兴来到此地，同时我也很感谢应邀和在座各位讨论有关美国黑人问题。为保持和增进民族间的理解，美国各州又开始纪念'黑人遗产周'。在夏努特空军基地，我们庆祝它，则可以对美国空军进行完整无缺的教育。我们民族的主旋律是：'黑人历史，未来的火炬。'这个已成为美国人民生活一部分的纪念活动，是弗吉尼亚州纽坎顿市卡特·G.伍德森最先提出并计划的，他现在被誉为美国'黑人历史之父'。伍德森先生于1915年成立了'美国黑人生活和历史协会'。后来，他又于1926年发起了'黑人遗产周'纪念活动……"

（4）阐述演讲结构。演讲时，应当利用开头部分对演讲内容加以概述，让听众了解演讲的中心思想和结构。特别是当演讲的主题很复杂，或是专业性较强，或是需要论证几个观点时，这样做就能使演讲显得清楚而易于理解。

汉诺威信托制造公司的主席及总裁约翰·F.麦克基里卡迪在一次演讲的开头中，就很明了地陈述了他演讲的结构及范围：

"女士们，先生们，晚上好！

我很荣幸应科里主任的邀请，来参加这个在我国很有权威的商业论坛，在见解上，它可以与底特律和纽约的经济俱乐部相提并论。

首先，我们对最近的国内经济形势加以展望。我认为，它并非人们有时所想象的那样严峻。

其次，谈谈近期欧佩克的经济增长对国际的经济增长的影响——对包括我们自己在内的许多国家来说是件痛苦的事，但又是完全有办法应付的。

再次，对总统的能源建议做几点评论，我认为它既令人鼓舞，又令人失望。

最后，我将就演讲逐渐成为一种时尚和必要的现象以及美国的现状谈一点个人看法。"

（5）说明演讲目的。在大多数情况下，演讲的开头应揭示出演讲的目的。如果做不到这一点，那么听众可能会对演讲失去兴趣，或会误解演讲的目的，甚至于会怀疑演讲者的动机。

美国快递公司主席詹姆斯·鲁宾逊三世，在短短的 15 秒钟内，便把他的演讲目的陈述给了听众：

"女士们，先生们，早上好。谢谢大家给予我这个露面机会。美国广告联盟是美国传播工业的一个重要组成部分。当前，美国传播工业还面临许多问题，而重担则落在大家的肩上。我今天演讲的目的，便是就这些问题及它们呈现出的挑战，谈谈我的看法。"

（6）激发听众的兴趣。从本质上说，听众是很自私的，他们只是在感到能从演讲中有所收获时，才专心去听演讲。演讲的开头，应当回答听众心中的"我为什么要听？"这一问题。

在对美国会计协会罗切斯特分会的一次演讲中，演讲顾问唐纳德·罗杰斯，通过表达他对听众需要的关心，而激发起他们的兴趣：

"我今晚要演讲的题目是'信息的透露'。确定这个题目之前，我先是查阅了本地的会计年鉴分册和全国会计协会的学术专刊，然后又询问了我的同事亚历克斯·莱文斯顿和戴夫·汉森：'今晚来听演讲的人都有哪些？他们希望我讲什么？'他们告诉我，在座的各位都是些很热心的人，希望我的演讲有趣而富有启发性。因此，我将告诉大家一些有用的知识，我也同时希望，我的演讲简明扼要，并留给大家一定的提问时间。"

（7）获得听众的信任。有时，听众可能会对演讲者的动机发出疑问，或是与演讲者持相反的观点。在诸如此类的场合——特别是想改变听众的观点或行为时，要使演讲成功，就需要建立或提高听众对演讲者的信任感。对于这个问题，应注意下面几点：一是承认分歧的存在，但是着重强调共同的观点和目标。二是对那些连演讲还没有听，就对演讲者的名声和所作所为进行攻击的行为给予驳斥。三是否认演讲的动机是自私和个人的。四是唤起听众的公道意识，让他们仔细地去听演讲。

2. 开篇的方式

演讲的开头是不拘一格、活灵活现的，因时、因地、因人而有所不同。正如一个乐队的演奏，既可以用嘹亮激昂的号角开端，又可以用轻柔舒缓的提琴声作为开端。只要能打动听众的心，使他们产生"继续听下去"的强烈愿望，使其感到不是"要我听"，而是"我要听"，那么这个开头就应该是成功的。下面介绍几种演讲常见的较受欢迎的开头方式：

（1）开门见山式。这是一种最常见的成功的方式。演讲一开始就直截了当地进入演讲本题，简明爽快地讲清所要演讲的论题是什么，这个问题在当前情况下有什么重要性和迫切性，使听众直接明了演讲的重要内容。例如，李斯的《谏逐客书》一开场就直截了当地指出："臣闻吏议逐客，窃以为过矣。"然后用事实作论据，进行分析、推理。这无疑是一个成功的开场白。它可以使听众一目了然地把握演讲的要领，从而把握住听众的注意力，使其聚精会神地围绕演讲者的思路展开联想。

（2）故事导入式。用形象性的语言讲述一个故事作为开场白会引起公众的莫大兴趣，把大家的注意力给"抓"来。选择故事应遵循这样几个原则：要短小，不然成了故事会；要有意味，发人深思；要与演讲内容有关。1962年，82岁高龄的麦克阿瑟回到母校——西点军校。一草一木，令他眷恋不已，浮想联翩，仿佛又回到了青春时光。在受勋仪式上，他有感而发，他的演讲是这样开头的："今天早上，我走出旅馆的时候，看门人问道：'将军你上哪去？'一听说我到西点时，他说：'那可是个好地方，您从前去过吗？'"这个故事情节极为简单，叙述也朴实无华，但饱含的感情却是深沉的、丰富的。既说明了西点军校在人们心中非同寻常的地位，从而唤起听众强烈的自豪感，也表达了麦克阿瑟深深的眷恋之情。接着，麦克阿瑟不露痕迹地过渡到"责任—荣誉—国家"这个主题上来，水到渠成，自然贴切。

下面的演讲更为典型，演讲者一上讲台就说道："有一段相声说，在李莲英大总管大红大紫的年月，中国曾派过体育代表团参加奥运会。这位只喊'喳'的小李子不懂什么是国歌，于是以《贵妃醉酒》来代替。而且选了飞檐走壁的大侠去跳高，选了皇宫里传旨的小太监参加短跑，找了北京天桥几个变戏法的每人怀里揣一个篮球去和洋人比赛，结果把篮球变来变去，不见传球，只见入网。从那以后，打篮球都只穿背心和裤衩，就是因为吃了李莲英的苦才做出这一国际性规定。这段相声曾使我捧腹不已，然而也让人有些解嘲的味儿，跟阿Q说的'先前阔'有点相似。实际上，中国人首次参加奥运会是多年前，运动员仅仅一名，"硕果"是一个鸭蛋。然而，50多年后，地点还是在被称为天使之城的洛杉矶，中国运动健儿却夺得了15枚金牌、8枚银牌、9枚铜牌、名列金牌总数第四位，这可不是相声，是事实……"奥运会取得的佳绩家喻户晓，泛泛而谈，势必不能"抓"人。在《看了金牌之后》这篇演讲中，演讲者借这么一段富有情趣的相声小故事为"引子"，立刻"抓"住了听众的兴趣，取得了很好的效果。

（3）设问祈使式。演讲时以设问或祈使方式开端，提出几个问题或者一个问题，引起听众思考，不仅能吸引听众的注意力，将其置于沉思的境界中，而且能激起听众参与对演讲内容的讨论。被人称为第一演讲家的马相伯，在《第一次国难》演讲中，一开头就是："请看，今日的中国，是谁家的天下？"这一问，一下把听众的精神都震动了。

（4）即景生情式。一上台就开始正正经经地演讲，会给人生硬突兀的感觉，让听众难以接受。不妨以眼前的人、事、景为话题，引申开去，把听众不知不觉地引入演讲之中。可以谈会场的布置，谈当时的天气，谈此时心情，谈某个与会者形象……例如，你可以说："我刚才发现在座的一位同志非常面熟，好像我的一位朋友。走近一看，又不是。但是我想这没关系，我们在此相识，今后不就可以称为朋友了吗？我今天要讲的，就是作为大家的一个朋友的一点儿个人的想法。"在教师节庆祝大会上，如果天气阴沉沉的，你可以这样开头："今天天气不太好，阴沉昏暗，但是我却在这里看到了一片光明。"接着转入正题，讴歌教师的伟大灵魂和奉献精神，他们燃烧了自己，照亮了别人和人类的未来。

1863年，美国葛底斯堡国家烈士公墓竣工。落成典礼那天，国务卿埃弗雷特站在主席台上，只见人群、麦田、牧场、果园、连绵的丘陵和高原的山峰历历在目，他心潮起伏，感慨万千，立即改变了原先想好的开头，从此情此景谈起："站在明净的长天之下，从这片经过人们常年耕耘而今已安静憩息的辽阔田野放眼望去，那雄伟的阿勒格尼山隐隐约约地耸立在我们的前方，兄弟们的坟墓就在我们的脚下，我真不敢用我这微不足道的声音打破上帝和大自然所安排的这意味着的无穷平静。但是我必须完成你们交给我的责任，我乞求你们，乞求你们的宽容和同情……"这段开场白语言优美，节奏舒缓，感情深沉，人、景、物、情是那么完美，那么自然地融合在一起。据记载，当埃弗雷特刚刚讲完这句话时，不少听众已泪水盈眶。

即景生情不是故意绕圈子，不能离题万里、漫无边际地东拉西扯。否则会冲淡主题，也会使听众感到倦怠和不耐烦。演讲者必须心中有数，还应注意渲染的内容必须与主题互相辉映，浑然一体。

（5）反弹琵琶。听众对于平庸普通的论调都不屑一顾，置若罔闻。倘若发人未见，用别人意想不到的方法间接引出话题，造成"此言一出，举座皆惊"的艺术效果，会立即震撼听众，使他们急不可耐地听下去，这样就能达到吸引听众的目的。

例如，在一次毕业欢送会上，班主任给毕业生致辞。他一开口就让学生们疑窦丛生——"我原来想祝福大家一帆风顺，但仔细想一想，这样说不恰当。"这句话把学生们弄得丈二和尚摸不着头脑，大家屏声静气地听下去——"说人生一帆风顺就如同祝福某人万寿无疆一样，是一个美丽而又空洞的谎言。人生漫漫，必然会遇到许多艰难困苦，比如……"最后得出结论："一帆不顺的人生才是真实的人生，在逆风险浪中拼搏的人生才是最辉煌的人生。祝大家奋力拼搏，在坎坷的征程中，用坚实有力的步伐走向美好的未来！"十多年过去了，班主任的话语犹在耳边，给学生们留下了永难磨灭的印象。"一帆风顺"是常见的吉祥用语，而老师偏偏反弹琵琶，从另一个角度悟出了人生哲理。第一句话无异于平地惊雷，又宛若异峰突起，怎么能不震撼人心？

需要注意的是，运用这种方式应掌握分寸，弄不好会变为哗众取宠，故作惊人之语。应该结合听众的心理和理解层次，出奇制胜。再有，不能为了追求怪异而大发谬论、怪论，也不能生硬牵扯，胡乱升华。否则，极易引起听众的反感和厌倦。须知，无论多么新鲜的认识始终是建立在正确主旨之上的。

（6）诙谐幽默式。演讲时用幽默法导入，不仅能够较好地表现演讲者的智慧和才华，而且使听众能在轻松愉快的气氛中自觉不自觉地进入角色，接受演讲的内容。同时，在幽默趣味的开场白中，不时发出一种与导入语的语感、语义十分和谐的笑声，这轻松的一笑，不仅给人以美的感受，而且能沟通双方的感情。约翰·罗克作为一个黑人，面对白人听众，其开场白是："女士们，先生们：我来到这里，与其说是发表讲话，还不如说是给这一场合增添了一点'颜色'"。这诙谐幽默的开场白令听众大笑，牢牢地吸引了听众的注意力，一下子使听众兴趣盎然。

（7）制造悬念式。人们都有好奇的天性，一旦有了疑虑，非得探明究竟不可。为了激发起听众的强烈兴趣，可以使用悬念手法。在开场白中制造悬念，往往会收到奇效。

制造悬念不是故弄玄虚，既不能频频使用，也不能悬而不解。在适当的时候应解开悬念，使听众的好奇心得到满足，而且也使前后内容互相照应，结构浑然一体。比如，有位教师举办讲座，这时会场秩序比较混乱，学生对讲座不感兴趣，老师转身在黑板上写了一首诗："月黑雁飞高，单于夜遁逃。欲将轻骑逐，大雪满弓刀。"写完后他说，"这是一首有名的唐诗，广为流传，又选进了中学课本。大家都说写得好，我却认为它有点问题。问题在哪里呢？等会儿我们再谈。今天，我要讲的题目是《读书与质疑》……"这时全场鸦雀无声，学生的胃口被吊了起来。演讲即将结束，老师说："这首诗的问题在哪里呢？不合常理。既是月黑之夜，怎么看得见雁飞？既是严寒季节，北方哪有大雁？……"这样首尾呼应，能加深听众印象，强化演讲内容，令人回味无穷。

人们都有好奇心理，对于未知的东西有一个探索未知的冲动，这是人的一种本性。在演讲中利用悬念吸引听众一般有语言悬念和实物悬念两种类型。

1）语言悬念。就是一开口出语奇拔，引人入胜，激起听众的好奇心。例如，有一个年轻美貌的女士在一次演讲中第一句就说道："昨天我险些脱掉裙子。"此言一出，在场的听众人人大吃一惊，急欲知道这是怎么一回事。她接着说道："当我昨天在厨房做事时，我那念小学三年级和一年级的两个儿子在隔壁房间吵了起来，他们两兄弟似乎吵得很凶，口出恶言。小弟首先说：'你这个大笨蛋，妈妈的肚脐是凹进去的。'接着老大也不甘示弱地反驳说：'妈妈才不是凹肚脐呢，她的肚脐像一小截肠子似的凸出来。'小弟说：'你胡说，才不是呢！'大儿子说：'你才胡说！'我看情形不对了，赶快跑出来解释说：'你们两个给我下来，我让你们看看妈妈的肚脐是凹还是凸。'于是我做出要脱下裙子的模样。'啊，妈妈羞羞羞。'他们两个小鬼看后马上拿小食指划着小脸蛋羞我，我们三个人都笑出声来。"这是一个关于"亲子关系"的演讲。

2）实物悬念。就是在演讲的开头，用一件或几件实物的展示来"抓"住听众的兴趣，而这些实物既与演讲的主题相关，又不同寻常，能勾起听众的好奇心理。例如，有一位日本教授给大学生演讲，一开始场面乱哄哄的。老教授并没生气，他从衣袋里摸出了一块黑乎乎的石头扬了扬，然后说道："请同学注意看看，这是一块非常珍贵的石头，在整个日本，只有我才有这么一块。"同学们顿时静了下来，被这块并不起眼的石头吸引了，人人都在暗自发问：这是一块什么石头呢？如此珍贵？全日本才一块？老教授的悬念收到了效果。他面对静下来的同学和那一双双充满好奇的眼睛，才开始了他关于南极探险的演讲。最后大家都知道了那块黑乎乎的石头是从南极探险时带回来的。

五、演讲稿的主体设计

主体是演讲的主干部分，演讲者在撰写演讲稿时必须予以高度重视。

1. 写作注意事项

无论是哪一种结构模式，在演讲稿主体的写作中，要特别注意以下几点：

第一是中心。演讲要有一个中心论点贯穿全篇，结构紧扣主题是成功演讲的共同规律，任何一篇成功的演讲都不例外。

第二是条理。前后材料的编排要有条理，满足表述中心论点的需要。

第三是统一。观点和材料要统一，论点和论据要统一。

第四是严谨。各点之间要有内在的联系，点点相联，整齐有序。

第五是变化。奇正相生，把趣味性材料和论证性材料予以巧妙地安排，要注意使其高潮与低谷交替，说理、叙事与升华议论相结合。

另外，演讲稿结构有其动态性。因为演讲稿的结构，是客观事物固有的逻辑、条理秩序与作者观察、认识和表现客观事物的独特思路，以及听众接受有声语言信息不同思路的三者辩证统一，密切配合。所以，在演讲稿结构的安排上，既要坚持有序性、整体性、相关性、多样性，也要注重有声性，使听众能够明确感到演讲层次的存在和脉络的清晰。

2. 常见结构安排

演讲稿的结构同其他形式的文体结构是有区别的，结构好的演讲稿必须遵循某个易于辨明的组织模式。常用的演讲稿结构有如下4个基本顺序：话题顺序、时间顺序、空间顺序和逻辑推理顺序。这4个顺序之所以常用，是因为它们最易被大多数听众理解。

（1）话题顺序。话题顺序是依据学科的分类或科目来组织演讲的主要观点。这是一种极为常用的给要点排序的方法，因为几乎任何学科都可以用许多不同方法来分组或分类。话题的顺序可以从一般到特殊，从最不重要到最重要或者其他一些逻辑顺序排列。演讲者所选话题的顺序常常对演讲成功有很大影响。

如果话题对听众或演讲目标的分量或重要性不同，那么安排顺序可能影响听众对它们的理解或接受。例如，听众经常会把最后一条观点视为最重要的。在相同的例子里，各话题的分量皆不相同，它们的顺序是最重要的要点放在最后，一般认为这样的排序最适合听众及演讲目标。

例如，一位演讲者的具体目标是想要听众了解去除我们身体中毒素的3个被证实为有效的方法。

主题句：被证实有利于去除我们身体中毒素的3个方法是减少动物类食品、增加纯天然食品以及保持水分。

①第1个被证实有利于去除我们身体中毒素的方法是减少我们对动物类食品的摄入。

②第2个被证实有利于去除我们身体中毒素的方法是吃更多的纯天然食品。

③第3个被证实有利于去除我们身体中毒素的方法是保持充足水分。

（2）时间顺序。时间顺序或年代顺序尊重事件的先后顺序，它强调首先是什么，接着是什么，随后是什么，等等。当选择对要点按年代顺序进行排列时，听众将明白这些要点的顺序和内容都十分重要。当解释怎么做一件事、怎样制造一个东西、某个东西怎么运作或某件事怎么发生时，时间顺序是最合适的。例如，关于"将棉花纺成线的步骤"的演讲就是一个时间顺序的例子。

（3）空间顺序。空间顺序遵循要点的空间顺序或地理走向。当演讲者希望听众能认识到某物所处的位置非常重要时，空间顺序是最有帮助的。虽然空间顺序远远比不上话题或时间顺序使用普遍，但它有可能用于描述性、知识性演讲中。在对情景、场所、人或物体解释中，空间顺序有助于为听众创造有序的视觉画面。为了形成连续、有逻辑的描述，可以按从上到下、从左到右、从内到外或从任何听众能够想象出的方向进行演讲。

在下面的例子中，运用空间顺序将有助于听众想象大气层的3个气层。

具体目标：我想要听众想象出组成地球大气层的3个气层。
主题句：地球大气层由对流层、平流层和电离层组成。
①对流层是大气层的内层；
②平流层是大气层的中层；
③电离层是构成大气层外部区域的系列气层。

（4）逻辑推理顺序。逻辑推理顺序强调听众为什么应该相信某事，或为什么应该以这种方式行事。逻辑顺序不像其他三种对要点的安排顺序，它是最适合说服性演讲的，如下例所示。

具体目标：我想要听众捐助海啸受灾国的难民。
主题句：应该积极捐助海啸受灾国的难民。
①海啸受灾国受灾情况极为严重。
②海啸受灾国的难民急需世界各国的捐助。
③海啸受灾国有许多华人，他们急需我们的帮助。
④对海啸受灾国的捐助还有其他意义。

六、演讲稿的结尾设计

演讲的结束语，是演讲走向成功的最后一步，也是极为重要的一步，是演讲中给听众留下的一个"最后印象"。各种研究表明，演讲的结束比起其正文来说，更能被听众注意。好的结尾应该既是收尾，又是高峰；既水到渠成，又戛然而止；既铿锵有力，又余音袅袅、耐人寻味；既别开生面、不落俗套，又显得自然精妙。因此，讲究演讲结束语艺术，是保证演讲获得成功的重要环节。演讲结尾的语言艺术大致有如下几种：

1. 总结全篇式

这是演讲结束语最常见的方式，就是用极其精练的语言，总结、收拢全篇的主要内容，概括和强化主题思想。这样通过"近因效应"，使演讲的要点更深刻地留在听众的记忆中。如毛泽东的《实践论》：

"通过实践而发现真理，又通过实践证实真理和发展真理。从感性认识而能动地发展到理性认识，又从理性认识而能动地指导革命实践，改造主观世界和客观世界。实践、认识、再实践、再认识，这种形式循环往复，以至无穷，而实践和认识之间每一循环的内容，都逐渐地进到了高一级的程度。这就是辩证唯物论的全部认识论，这就是辩证唯物论的知行统一观。"

2. 号召呼吁式

这种结尾方式就是运用一些情感激昂，富有鼓动性、号召性的语言，激起听众的情绪、信念，鼓动干劲，促进行动。在美国独立战争前夕，国务卿裴特瑞克·亨利在弗吉尼亚州会议上的演讲便是采用这种方法结束的："我们的同胞已经身在疆场了，我们为什么还要站在这里袖手旁观呢？先生们希望的是什么？想达到什么目的？生命就那么可贵？和平就那么甜美？甚至不惜以戴锁链、受奴役的代价来换取吗？全能的上帝啊，结束这一切吧！在这场战斗中，我不知道别人会如何行事，至于我，不自由，毋宁死！"亨利以"至于我，不自由，毋宁死"九个字的结束语来激励听众行动起来，争取他们站到自己的立场上来。当他话音刚落时，全场愕然，随后就想起"拿起武器"的呼声。

3. 引用名言式

心理学家研究表明：在演讲的结束语中引用权威人物的名言警句激励后人，比一般性的结尾对人心理控制程度可提高 21% ~ 37%。恰当地结合演讲内容及要求，运用名人名言警句结尾，借助名人效应，可使通篇演讲得以升华，给听众以深刻的启迪和印象。胡适的《毕业赠言》结尾，运用名言颇耐人寻味："诸位，11 万页书可以使你成为一个学者了。可是，每天看三种小报，也得浪费你一点钟的工夫，四圈麻将也得费你一点半钟打发光阴。看小报呢？还是努力做一个学者呢？全靠你自己的选择！易卜生说：'你的最大责任，是把你这块材料铸成器。'学问便是铸器的工具，抛弃了学问便是毁了你自己。再会了！你们母校眼睁睁地要看你们 10 年之后成什么器。"

这样的结尾,情真意切,令人心悦诚服地接受他的见解。

4. 重申重点式

成功的演讲者往往在演讲结尾重申此次演讲的重点,以加强听众的记忆。日本松下电器产业公司创始人松下幸之助在公司培训演讲的结束语中应用了这种方法:"我已讲过的六条,其重要性是不一样的。唯有第一条和第三条是公司生存发展中最致命的,即松下永远以质量战胜一切竞争者,松下的凝聚力高于一切。这两条将成为我们的法宝和座右铭,也是我要求全体员工切记的。"

5. 引入高潮式

1941 年 12 月 8 日,美国罗斯福总统发表了《一个遗臭万年的日子》的演讲,结尾这段话即是铿锵入耳、引入高潮式的名篇,整个演讲给人以庄重、严肃、紧急的感觉。"我现在断言,我们不仅要做最大的努力来保卫我们自己,我们还将确保这种形式的背信弃义永远不会再危及我们。我这样说,相信是表达了国会和人民的意志。敌对行动已经存在,毋庸讳言,我国人民、我国领土和我国利益处于严重危险之中,信赖我们的武装军队,依靠我国人民的坚定决心,我们将取得必然的胜利。上帝助我!我向国会宣布,自 1941 年 12 月 7 日——星期日,日本进行无缘无故和卑鄙怯懦的进攻时起,合众国和日本帝国之间已经处于战争状态。"

运用高潮式结尾应注意以下两点:

第一,演讲者不要告诉听众要结束演讲,最好不用"我现在做个小结和归纳"之类的话,也不要用某种表情或动作来显示演讲即将结束。否则听众就会开始计算时间,分散注意力,很难继续专心听演讲。第二,应当让听众有一种余音绕梁、意犹未尽的感觉。高潮式结尾如果运用恰当的话,会收到很好的效果。

6. 诗词收束式

诗词结尾,指演讲者恰当地引用适当的诗词作结束语,使听众得到更深的启发,给听众留下一种余韵,显出高尚优美。

美国黑人民权运动著名领袖马丁·路德·金的著名演讲《我有一个梦》的结尾,是诗词结尾的典范。

"到了这一天,上帝的所有孩子都能以新的含义高唱这首歌:
'我的祖国,
可爱的自由之邦,
我为您歌唱。
这是我祖先终老的地方,

这是早期移民自豪的地方，

让自由之声，

响彻每一座山岗。

如果美国要成为伟大的国家，这一点必须实现。

因此，让自由之声响彻新罕布什尔州的巍峨高峰！

让自由之声响彻纽约州的崇山峻岭！

让自由之声响彻宾夕法尼亚州的阿勒格尼高峰！

让自由之声响彻科罗拉多州冰雪皑皑的洛基崇山！

让自由之声响彻加利福尼亚州的婀娜群峰！

不，不仅如此，让自由之声响彻佐治亚州的石山！

让自由之声响彻田纳西州的望山！

让自由之声响彻密西西比州的一座座山峰，一个个土丘！

让自由之声响彻每一个山岗！'

当我们让自由之声轰响，当我们让自由之声响彻每一个大村小庄，每一个州府城镇，我们就能加速这一天的到来。那时，上帝的所有孩子，黑人和白人，犹太教徒和非犹太教徒，耶稣教徒和天主教徒，将能携手同唱那首古老的黑人灵歌：

'终于自由了！

终于自由了！

感谢全能的上帝，

我们终于自由了！'"

结尾运用诗歌，情绪激昂，文字优美，极富感召力。"让自由之声响彻山岗"，这脍炙人口的佳句，成为激励黑人进行斗争的座右铭。

运用诗词结束演讲，可以收到余音绕梁不绝于耳、言有尽而意无穷的演讲效果。

七、演讲稿写作与修改

演讲稿的写作是指在演讲前把所思所想写出来，用文字符号将演讲内容、范围固定下来。写演讲稿可分三个阶段，即编列提纲、起草初稿和加工修改。

1. 编列提纲

编列演讲提纲，是演讲前的重要准备工作，它常常是临场发挥的重要依据。提纲编列的好坏，直接影响到演讲成功与否。所谓编列提纲，就是确定框架，以提要或图表方式列出观点、材料以及观点和材料的组合方式。

（1）演讲提纲的作用。演讲提纲在演讲中有着重要作用，这集中表现在以下几个方面：

1）确定框架。编列提纲能把演讲的整体轮廓用文字固定、明确下来。事实上，编列提纲的过程，正是认识不断明朗化、条理化的过程。通过编列提纲，可以对论题的设想不断加以修改和补充，使构思更为周密、完善。确定了整体框架，演讲者便能心中有数，逐层展开，不会东一句西一句，词不达意。

2）选材组材。编列提纲的过程，也是进一步选材和组材的过程，是演讲内容逐步具体化的过程。演讲题目、结构层次、典型事例、引文材料以及其他有关资料，都要具体地在提纲中体现出来。在这个过程中，必须要对材料作进一步的筛选和补充。

3）训练思维。编写提纲的过程，正是演讲者积极思维的紧张过程。在这个过程中，演讲者必然要认真思考，分析演讲的主题、材料、层次、结构和其内在的逻辑联系，促使思维的条理化和科学化。因此，这个过程事实上正是培养和锻炼思维的过程。

4）避免遗忘。编写提纲也是不断熟悉材料的过程，特别是在不用讲稿只用提纲进行演讲时，提纲更是起着提示启发、避免遗忘的作用，成为临时发挥的重要依据。

根据演讲具体目的和要求，以及演讲者对材料的掌握情况等，编列提纲的方法有概要提纲法和详细提纲法。内容简单，材料易掌握，可编得粗略些；内容复杂，材料丰富，就宜编得详细些。粗略的概要提纲，要以极其简练的语言，扼要地列举出演讲的主旨、材料、层次和大意等；详细提纲则要求比较具体，基本上是讲稿的缩影。

（2）演讲提纲的内容。

1）演讲的论点，演讲的中心论点必须清晰地列出，中心论点所包含的分论点以及分论点下属的小论点，也应用简洁的语言逐层列出，应根据整理的内在逻辑关系依次排列。

2）演讲的材料依据。阐明主旨材料的事实材料和整理材料，也应用简明的语言或恰当的符号在相应部位列出。事实材料主要指例证、数据等；整理材料包括科学原理、科学定律、文化精神、法律条文、名言警句等。这些事实依据和理论依据能使演讲持之有据，言之成理，具有说服力和感染力。因此，必须逐一列出，不可忽视，以免遗漏。

3）演讲的整体结构。演讲提纲的编列要依据演讲的内在逻辑体现出演讲内容的先后次序。例如，如何开头，如何结尾，重点内容如何突出，如何过渡，结构层次如何安排等。事实上，演讲提纲就像事先构筑的语流渠道，决定着演讲语流的走向。

下面是《在马克思墓前的讲话》的两种类型提纲，供读者参考。

A. 概要提纲

1. 开场白

2. 主体部分

（1）马克思在理论上的重大贡献。

（2）马克思伟大的革命实践。

（3）马克思对无产阶级革命事业的卓越贡献。

3. 结束语

B. 详细提纲

1. 开场白提出中心论点

（1）马克思逝世的时间和经过。

（2）马克思逝世是无产阶级不可估量的损失。

2. 主体部分

（1）马克思作为"科学巨匠"在理论上的伟大贡献。

①马克思发现了人类历史发展的规律。

②马克思发现了现代资本主义生产方式和它产生的资产阶级社会特殊的运动规律。

③马克思在他所研究的每一个领域（甚至在数学领域）都有独到的发现。

（2）马克思作为革命家在革命实践方面的贡献。

①参加打碎旧的国家机器的斗争，参加无产阶级解放事业的斗争。

②编辑报刊、撰写书籍和参加工人运动。

（3）马克思对无产阶级革命事业的卓越贡献。

①敌人对马克思的嫉恨和诬蔑。

②马克思对敌人的蔑视和斗争。

③无产阶级和劳动人民对马克思的尊敬、爱戴和悼念。

3. 结束语

"马克思的英名和事业永垂不朽！"

2. 起草初稿

起草初稿没有什么诀窍，结合一般写作规律，演讲初稿的起草有自己的原则和方法：第一，要构思好再动笔，最好一气呵成。动笔前要计划好所有的写作步骤、条理，想清楚了才动笔，写时尽量不要修改。第二，要抱着正确的态度，饱含真挚的感情去写。第三，要注意不同类型演讲的特点，采取相应的写作方法。例如，写政治性演讲稿时要强调逻辑的严密、材料的可靠；写学术性演讲稿时要力求资料翔实、论据确凿等。

3. 加工修改

演讲稿的加工修改是一项复杂的工作，主要从以下几方面入手：

（1）深化主题。演讲者首先要看确定的主题是否健康、正确，再看文字是否把演讲的主题表达出来了，是不是很充分，有无片面性，是否新颖。从这方面下手，就找出了修改的对象。另外，起草时就要主题健康、正确，并且充分表现出来。如果认真修改，就会发现，在写作过程中由于全神贯注、精力集中，会在笔下出现一些作者预想之外的思想和语言，比原来预想得还深刻，还有分量，是一种新的发现和发展。但由于原来预想的不充分，没有得到扩展和发挥，而修改正是弥补的机会。

（2）调整结构。修改时主要是审视正文。主题有了发展、变化，结构必然需要随之改动。即使主题没有什么变化，由于起草时只按提纲或者只按一种构想写出来的，一旦写出来，就会发现一些问题。如逻辑性不强，前后位置不当，层次不清，上下文意思重复，材料和引文用得不妥，段落衔接不紧密、不自然等情况，这就需要重新调整和修改。

（3）润色语言。修改演讲草稿语言的目的，一是减少语言方面的毛病，二是保持演讲语言的特点。

第三节 演讲的演练

演练就是演讲者按照已设计好的程序进行预演的操练过程。它是演讲者完全按照正式登台演讲的形式在上场之前所进行的最初尝试。演练的好坏直接影响演讲的水平和效果。

演讲前的演练，就好像文艺演出之前所进行的"彩排"，是演讲准备的重要工序。优秀的演讲家都很重视演练。林肯学习演讲时，常对着树桩或成行的玉米秸反复演练。仅就他的《葛底斯堡演讲》而言，虽已经过十五天认真准备，但在演讲前夕，他还在国务卿面前演练了一次，直到安葬仪式开始时，他仍在默默地背诵演讲词。正由于充分的准备和认真的练习，他以真挚浑厚的情感、精美感人的技巧、端庄朴素的语言而博得崇高赞誉。

演练具有全面检验的作用，即使十分精巧的演讲设计，也不过是纸上谈兵。

要衡量其是否合理、科学、实用，只有用演练来做具体的验证，才能从中发现缺点和不足之处，便于及时纠正，使其设计更加缜密。

另外，演练具有调节情绪的作用。怯场心理常会导致自控能力的丧失，使演讲者尤其是初上讲台的人不能正常地发挥出应有的水平。演练就能使演讲者提前适应"角色"，调节好情绪和心境，增强胸有成竹的稳定感，有助于消除怯场心理。甚至会使演讲者出于一种急于登台的急切感，产生最佳的演讲心理状态。

一、演练的原则

1. 精益求精

俗语说"拳不离手，曲不离口"。演讲的才能是靠勤学苦练、反复实践而获得的。闻一多在清华大学读书时，不畏天寒地冻，"夜出练习演讲十二遍"，在"演说有进步时"，还"精益求精"，"夜至凉亭练演说三遍"，回宿舍又"温演说五遍"，第二天又"习演说"。正是这种精益求精、刻苦训练的精神，使他成为独具魅力的演说家。罗斯福每次演讲前都要大声地朗诵演讲稿，体会语调是否合适，琢磨如何运用丰富多彩的语调来抓住听众。他自如得体地运用语调的本领，连一些戏剧表演大师都不得不为之惊叹拜服。因此，演练切忌应付、走过场。精益求精地勤讲多练，能使演讲的准备更成熟，产生熟能生巧的效果。

2. 循序渐进

演练不仅要按照诵读、背诵、演示这几个步骤逐渐进行，而且在演讲的类型、内容等方面也要从易到难，切忌一口吃个胖子。孙中山所总结的"一练姿势"、"二练语气"的演说经验，实质上就是遵循了单项练习、重点突破这一循序渐进的原则。

3. 综合协调

演讲是由复杂的多元化体系和系统组成的一个完善的整体，而每个分支系统又是由不同的要素构成。因此，演练时，不仅要强调各支系统、各要素的职能，更要注意它们之间的相互配合，巧妙地融为一体，使声、情、体、意自然协调，创造出理想的演讲意境。

二、演练的方法

1. 独自演练

这是演讲者独自一人进行练习的方法，比较简便、灵活、有效，也是最基本的练习活动。它有两种具体形式。

（1）虚练。虚练即虚拟的演练，就是把整个演讲过程在头脑里默想一遍。因为是默默无声地设想演讲经过，像在头脑里"过电影"似的，所以又叫"默练"，可不择时空地实施。

（2）实练。实练即实在的练习、演练，就是有声有形地进行如实的演练。此法实感性较强，便于纠错补漏，可就口、音、讲或手势等做单项练习，如丘吉尔常"对着镜子练习手势动作"。也可将各项技能综合起来操练。

2. 集体演练

集体演练法是演讲者面对特定的听众，按照正式演讲的要求进行试讲的练习活动，叫演讲者可选择一些同事、亲朋等作为特定的听众，组织一个小范围的演练场面，造成一种"实践"的逼真效果。演讲者可直接观察他们的反应，并征询意见，做进一步的完善加工，而且更有利于提高演讲水平。

3. 设备演练

现代科技的发展，为演练提供了许多有利的技术设备，如录音、录像等。有条件的演讲者，可充分利用这些设备。通过这种方法，演讲者能直接看到或听到演练的全部过程，更直接地找出问题的所在，有针对性地作出客观而仔细的分析，并且，还有利于老师和演讲专家的指导。

总之，演练的方法很多，可以根据实际需要进行选择，或单用一种，或综合几种，甚至使用创新的方法。

三、演练的基本环节

演练是实现从书面到口头演讲的转化，为了追求最佳的演讲效果，必须注意把握以下演讲演练的基本环节。

1. 设计语调节奏

为了实现从书面到口头演讲的转化，在试讲阶段必须对演讲稿进行一些符合演讲要求，旨在追求最佳效果的必要的非语言内容的设计。其中之一是对语调节奏的设计。

2. 设计态势语言

在人们的各类表达中，态势语言较为丰富和夸张的当属演讲。演讲之"演"，很重要的是表现在演讲者的动作上。所以，演讲动作的设计在试讲阶段就应完成。通过设计，使体态语言能成为整个演讲的有机组成部分，把下意识的动作变成有意识的动作，以增强动作变化的目的性和心理依据，大大强化内容的感染力和征服力。

3. 熟悉演讲稿

在精心设计的基础上，认真熟悉演讲稿的内容，并根据声音动作的设计进行试讲。试讲大体按这样的过程进行：朗读—背诵—讲述。

（1）朗读。主要是体会声音与内容相结合的节奏、语调变化，是最初的书面语言向口语的转化。

（2）背诵。即把演讲内容熟练地背诵下来。当然，并不是一字不落地背诵，而是要有重点和一般之分。从演讲稿到现场演讲表达的情况看，内容有不变和变化两种情况。因此，在试讲时，对于"不变"的内容就要下功夫死记硬背，达到滚瓜烂熟；而对"变化"的内容可做一般性背诵，要以理解为主。这样才能保证演讲的严肃性和创造性的统一。

（3）讲述。完全脱稿，模拟正式演讲，把言、声、情、态等有机地结合起来，把内容准确生动地表达出来。这时，应进入较为自如的状态。法国总统戴高乐善于演讲，不管多么长的演讲都不用讲稿。当有人称赞他时，他说："写下了讲稿，把它记在脑子里，然后把纸扔了。"这位世界名人的演讲经验"写—记—扔"是值得我们借鉴的。

4. 演练效果评估

除了要学会准备和表述演讲以外，还要学会批判地分析演讲，对自己的演练进行初步评估，不仅可以为演讲者提供演讲哪里正确哪里错误的分析，而且让演讲者充分认识到在自己的演讲中应采用或者避免使用一些方法。

演讲词欣赏

1. 记忆
——华中科技大学校长李培根在 2010 届毕业典礼上的致辞

亲爱的同学们：

你们好！

首先，为你们完成学业并即将踏上新的征途送上最美好的祝愿。

同学们，在华中科技大学的这几年里，你们一定有很多珍贵的记忆！

你们真幸运，国家的盛世如此集中，相伴在你们大学的记忆中。08 奥运留下的记忆，不仅是金牌数的第一，不仅是开幕式的华丽，更是中华文化的魅力和民族向心力的显示；六十年大庆留下的记忆，不仅是领袖的挥手，不仅是自主研制的先进武器，不仅是女兵的微笑，不仅是队伍的威武整齐，更是改革开放的历史和旗帜的威力；世博会留下的记忆，不仅是世博之夜水火相容的神奇，不仅是中国馆的宏伟，不仅是异国场馆的浪漫，更是中华的崛起，世界的惊异；你们一定记得某国总统的傲慢与无礼，你们也让他记忆了你们的不屑与蔑视；同学们，伴随着你们大学记忆的一定还有什锦八宝饭；还有一个 G2 的新词，它将永远成为世界新的记忆。

近几年，国家频发的灾难一定给你们留下了深刻的记忆。汶川的颤抖，没能抖落中国人民的坚强与刚毅；玉树的摇动，没能撼动汉藏人民的齐心与合力。留给你们记忆的不仅是大悲的哭泣，更是大爱的洗礼；西南的干旱或许使你们一样感受渴与饥，留给你们记忆的，不仅是大地的喘息，更是自然需要和谐、发展需要科学的道理。

在华中科大的这几年，你们会留下一生中特殊的记忆。你一定记得刚进大学的那几分稚气，父母亲人送你报到时的历历情景；你或许记得"考前突击而带着忐忑不安的心情走向考场时的悲壮"，你也会记得取得好成绩时的欣喜；你或许记得这所并无悠久历史的学校不断追求卓越的故事；你或许记得裘法祖院士所代表的同济传奇以及大师离去时同济校园中弥漫的悲痛与凝重气息；你或许记得人文素质讲堂的拥挤，也记得在社团中的奔放与随意；你一定记得骑车登上"绝望坡"的喘息与快意；你也许记得青年园中令你陶醉的发香和桂香，眼镜湖畔令你流连忘返的圣洁或妖娆；你或许记得"向喜欢的女孩表白被拒时内心的煎熬"，也一定记得那初吻时的如醉如痴。可是，你是否还记得强磁场和光电国家实验室的建立？是否记得创新研究院和启明学院的笔起？是否记得为你们领航的党旗？是否记得人文讲坛上精神矍铄的先生叔子？是否记得倾听你们诉说的在线的"张妈妈"？是否记得告诉你们捡起路上树枝的刘玉老师？是否记得应立新老师为你们修改过的简历，但愿它能成为你们进入职场的最初记忆。同学们，华中大校园里，太多的人和事需要你们记忆。

请相信我，日后你们或许会改变今天的某些记忆。瑜园的梧桐，年年飞絮成"雨"，今天或许让你觉得如淫雨霏霏，使你心情烦躁、郁闷。日后，你会觉得如果没有梧桐之"雨"，瑜园将缺少滋润，若没有梧桐的遮盖，华中科大似乎缺少前辈的庇荫，更少了历史的沉积。你们一定还记得，学校的排名下降使你生气，未来或许你会觉得"不为排名所累"更体现华中科大的自信与定力。

我知道，你们还有一些特别的记忆。你们一定记住了"俯卧撑"、"躲猫猫"、"喝开水"，从热闹和愚蠢中，你们记忆了正义；你们记住了"打酱油"和"你妈喊你回家吃饭"，从麻木和好笑中，你们记忆了责任和良知；你们一定记住了姐的狂放、哥的犀利。未来有一天，或许当年的记忆会让你们问自己，曾经是姐的娱乐，还是哥的寂寞？

亲爱的同学们，你们在华中科技大学的几年给我留下了永恒的记忆。我记得你们为烈士寻亲千里，记得你们在公德长征路上的经历；我记得你们在各种社团的骄人成绩；我记得你们时而感到"无语"，时而表现的焦虑，记得你们为中国的"常青藤"学校中无华中科大一席而灰心丧气；我记得某些同学为"学位门"、为光谷同济医院的选址而愤激；我记得你们刚刚对我的呼喊："根叔，你为我们做成了什么？"——是啊，我也得时时拷问自己的良心，到底为你们做了什么？还能为华中科大学子做什么？

我记得，你们都是小青年。我记得"吉丫头"，那么平凡，却格外美丽；我记得你们中间的胡政在国际权威期刊上发表多篇高水平论文，创造了本科生参与研究的奇迹；我记得"校歌男"，记得"选修课王子"，同样是可爱的孩子。我记得沉迷于网络游戏甚至濒临退学的学生与我聊天时目光中透出的茫然与无助，他们还是华中科大的孩子，他们更成为我心中抹不去的记忆。

我记得你们的自行车和热水瓶常常被偷，记得你们为抢占座位而付出的艰辛；记得你们在寒冷的冬天手脚冰凉，记得你们在炎热的夏季彻夜难眠；记得食堂常常让你们生气，我当然更记得自己说过的话："我们绝不赚学生一分钱"，也记得你们对此言并不满意；但愿华中科大尤其要有关于校园丑陋的记忆，只要我们共同记忆那些丑陋，总有一天，我们能将丑陋转化成美丽。

同学们，你们中的大多数人，即将背上你们的行李，甚至远离。请记住，最好不要再让你们的父母为你们送行。"面对岁月的侵蚀，你们的烦恼可能会越来越多，考虑的问题也可能会越来越现实，角色的转换可能会让你们感觉到有些措手不及。"也许你会选择"胶囊公寓"，或者不得不蜗居，成为蚁族之一员。没关系，成功更容易光顾磨难和艰辛，正如只有经过泥泞的道路才会留下脚印。请记住，未来你大概不再有批评上级的随意，同事之间大概也不会有如同学之间简单的关系；请记住，别太多地抱怨，成功永远不属于整天抱怨的人，抱怨也无济于事；请记住，别沉迷于世界的虚拟，还得回到社会的现实；请记住，"敢于竞争，善于转化"，这是华中科大的精神风貌，也许是你们未来成功的真谛；请记住，华中科大，你的母校。"什么是母校？就是那个你一天骂他八遍却不许别人骂的地方"。多么朴实精辟！

亲爱的同学们，也许你们难以有那么多的记忆。如果问你们关于一个字的记忆，那一定是"被"。我知道，你们不喜欢"被就业"、"被坚强"，那就挺直你们的脊梁，挺起你们的胸膛，自己去就业，坚强而勇敢地到社会中去闯荡。

亲爱的同学们，也许你们难以有那么多的记忆，也许你们很快就会忘记根叔的唠叨与琐细。尽管你们不喜欢"被"，根叔还是想强加给你们一个"被"：你们的未来"被"华中科大记忆！

（资料来源：李培根：《记忆》演说，真情演绎魅力"根叔"［N］．中国青年报，2010－06－25；http：//www.douban.com/group/topic/12170971/，2010－06－23.）

点评:

2010年6月23日,华中科技大学举办了2010届本科生毕业典礼,校长李培根院士作了题为《记忆》的演说,16分钟演讲被掌声打断30次,全场7700余名学子起立高喊"根叔!根叔!"很多人泪洒现场,若干武汉媒体破例全文刊登了李校长的演说词,对于一名大学校长而言,这称得上是一种殊荣。这篇"演讲词"在大学生心里,留下穿透人心的分量,引起很多人思想与情感的共鸣,引起网上热转,那么,这篇演讲词的魅力何在呢?

它贴近大学生,让人觉得亲切。在2000余字的演讲词中,李培根校长把4年来的国家大事、学校大事、身边人物、网络热词等融合在一起。"俯卧撑"、"躲猫猫"、"打酱油"、"你妈喊你回家吃饭"、"蜗居"、"蚁族"、"被就业"、"被坚强"……都出现在这篇被网络媒体称为的"毕业讲话串热词"中,所以毕业生们说:"没想到校长会这么亲切。"

它讲真话,用真情,让人备受感动。李校长在日常就很贴近学生,有很好的学生缘,亲近感,影响力,被学生们自发地称他为"根叔"。他的这篇讲稿是在回国的飞机上自己写的,没有套话、空话、假话、大话,不掩饰、不做作、不哗众取宠,完全见诸一位领导者对被领导者的真诚与热情。

2. 在女儿婚礼上的讲话

贾平凹

我27岁有了女儿,多少个艰辛和忙乱的日子里,总盼望着孩子长大,她就是长不大,但突然间长大了,有了漂亮,有了健康,有了知识,今天又做了幸福的新娘!我的前半生,写下了百十余部作品,而让我最温暖的也最牵肠挂肚和最有压力的作品就是贾浅。她诞生于爱,成长于爱中,是我的淘气,是我的贴心小棉袄,也是我的朋友。我没有男孩,一直把她当男孩看,贾氏家族也一直把她当作希望之花。我是从困苦境域里一步步走过来的,我发誓不让我的孩子像我过去那样贫穷和坎坷,但要在"长安居大不易",我要求她自强不息,又必须善良、宽容。二十多年里,我或许对她粗暴呵斥,或许对她无为而治,贾浅无疑是做到了这一点。当年我的父亲为我而欣慰过,今天,贾浅也让我有了做父亲的欣慰。因此,我祝福我的孩子,也感谢我的孩子。

女大当嫁,这几年里,随着孩子年龄的增长,我和她的母亲对孩子越发感情复杂,一方面是她将要离开我们,另一方面迎接她的又是怎样的一个未来?我们祈祷着她能受到爱神的光顾,觅寻到她的意中人,获得她应该有的幸福。终于,在今天,她寻到了,也是我们把她交给了一个优秀的俊郎贾少龙!我们两家大人都是从乡下来到城里,虽然一个原籍在陕北,一个原籍在陕南,偏偏都姓贾,这就是神的旨意，是天定的良缘。两个孩子却生活在富裕的年代，但他们没有染上浮华习气，成长于社会变型时期，他们依然纯真清明，他们是阳光的、进步的青年，他们的结合，以后日子会快乐、灿烂！

在这庄严而热烈的婚礼上，作为父母，我们向两个孩子说三句话。第一句，是一幅老对联：一等人忠臣孝子，两件事读书耕田。做对国家有用的人，做对家庭有责任的人。好好读书能受用一生，好好工作就一辈子有饭吃。第二句话，仍是一句老话："浴不必江海，要之去垢；马不必骐骥，要之善走。"做普通人，干正经事，可以爱小零钱，但必须有大胸怀。第三句话，还是老话："心系一处。"在往后的岁月里，要创造、培养、磨合、建设、维护、完善你们自己的婚姻。

今天，我万分感激着爱神的来临。它在天空星界，在江河大地，也在这大厅里，我祈求它永远地关照着这两个孩子！我也万分感激着从四面八方赶来参加婚礼的各行各业的亲戚朋友，在十几年、几十年的岁月中，你们曾经关心、支持、帮助过我的写作、身体和生活，你们是我最尊重和铭记的人，我也希望你们在以后的岁月里关照、爱护、提携两个孩子，我拜托大家，向大家鞠躬！

（资料来源：http://www.x3cn.com/thread－543914－1－1.html.）

点评：

这篇演讲词，语言鲜活而规范，精粹而深刻，散发着泥土的芬芳，闪烁出智慧的光芒。他形容爱女，全然没有什么"宝贝"、"公主"、"掌上明珠"之类的陈词俗套，而把女儿比作"最牵肠挂肚和最有压力的作品"、"我的淘气，我的贴心小棉袄"、"希望之花"，这些新鲜的比喻，让人耳目一新。他祝福女儿女婿新婚之喜，全然没有那些"心心相印"、"百年好合"、"白头偕老"之类的空话套话，而是祝福他们"创造、培养、磨合、建设、维护、完善你们自己的婚姻"，连用六个动词，把一位慈父的美好祝愿表达得多么完美、高雅！全文读起来音韵和谐，朗朗上口，雅俗共赏。贾平凹不愧为大手笔，不愧为语言高手！

男大当婚，女大当嫁。女儿要出嫁了，贾平凹的心情是非常复杂的。一方面，他为女儿寻觅到了幸福的爱情而喜悦；另一方面，他又为女儿即将离开自己而依依不舍，还有对女儿开始一种崭新生活的期盼和担忧。贾平凹把这种复杂的感情表达得淋漓尽致。无论是对女儿成长历程的回顾，还是对女儿女婿未来的祝福和勉励，以及对参加婚礼者的感谢，都让人感受到一位父亲那颗温暖、善良、诚挚、关爱的心，字里行间，蕴含着慈父对女儿炽热的爱，洋溢着纯真的情感。

凯斯勒博士的演讲

讲到这里，凯斯勒博士走到讲台的一角，停顿一阵子，在听众聚精会神的注视下，像一只老虎一样在空空的讲台上来回走着。

突然，他停下来，站在讲台正中，正视着观众，一个字一个字地说出了一句话：1982年夏天，美国经济又一次陷入了危机，一家接一家的公司宣布破产，失业大军不断扩大，经济严重而持久地衰退，灰心丧气的情绪像瘟疫一样在社会各阶层散步。就在这时，著名演说鼓动家罗伯特·凯斯勒博士来到芝加哥，要为一个大型集会发表演说。他的3500名听众都是美国农业协会的会员，是美国中部衣阿华、密执安、伊利诺伊和明尼苏达等州的农场主。他们身处困境，正在失去他们的农场，即将破产，婚姻、家庭、生活都承受着巨大的压力，需要增加信心，需要唤起他们的希望。

面对这样一群听众，凯斯勒博士没有讲什么有趣的故事，也没有讲什么空洞的陈词滥调，而是讲他自己的父亲老凯斯勒经历的一些事情。老凯斯勒也是一个农场主，也经历过席卷全美国的1929年经济危机，当时有很多的农业巨头自杀，无数农场主破产，老凯斯勒和他的家人们同样陷入了可怕的境地。他们穷到买不起煤，捡被猪啃光的玉米棒烧火取暖。在随后的几年，他们不断地重建农场，却一再地遭受打击：干旱毁灭全部庄稼，龙卷风毁灭了他们的全部财产。然而他们没有屈服，最后取得了成功。

回顾了他一家艰苦的历程后，凯斯勒博士深深地凝视着3500名农场主们，问道："你们烧玉米棒来取暖了吗？你们在龙卷风来袭时丧失了全部财产吗？你们身无分文而抵押贷款又到期了吗？你们想到过要卖出农场远走高飞吗？那么让我来告诉你们什么叫做困境。我想我是过来人，有权利就困境发表议论。让我来告诉你们什么叫困境。"

困难不会永远存在，强者才能一往无前！

大厅里爆发了热烈的掌声。3500名农场主从这句话中发现了新的希望，看到了新的曙光，开始了新的努力。这句话不仅激动了全场的观众，还激动了场下和以后的许许多多人，在他们遇到困难、需要帮助的时候，带给他们希望，带给他们力量。

（资料来源：http://mm.17k.com/chapter/268093/6139148.html.）

讨论题：

凯斯勒博士的演讲有何特点？

一分钟的演讲

1976年1月8日，周恩来逝世时，设在美国纽约的联合国总部门前的联合国旗降了半旗。自1945年联合国成立以来，世界上有许多国家的元首先后去世，联合国还没有为谁降过半旗。一些国家感到不平了，他们的外交官聚集在联合国大门前的广场上，言辞激愤地向联合国总部发出质问："我们的国家元首去世，联合国的大旗升得那么高，中国的总理去世，为什么要为他下半旗呢？"

当时的联合国秘书长瓦尔德海姆站出来，在联合国大厦门前的台阶上发表了一次极短的演讲，总共不过一分钟。

女士们、先生们：

为了悼念周恩来，联合国下半旗，这是我决定的，原因有二：

一是，中国是一个文明古国，她的金银财宝多得不计其数，她使用的人民币多得我们数不过来。可是她的周总理没有一分钱存款！

二是，中国有九亿人口，占世界人口的四分之一，可是周总理没有一个自己的孩子。

你们任何国家的元首，如果能做到其中一条，在他逝世之日，联合国总部将照样为他降半旗。

谢谢！

说完，他扫视了一下广场，尔后转身返回秘书处。这时广场上先是鸦雀无声，接着响起了雷鸣般的掌声……

（资料来源：http://bbs.house365.com/showthread.php? threadid = 3757319.）

讨论题：

瓦尔德海姆的演讲为什么能够赢得雷鸣般的掌声？

1. 演讲认知训练

【任务目标】

（1）正确理解演讲内涵。

（2）深入体会演讲的特征。

（3）把握演讲要素在演讲活动中的重要作用。

【建议学时】

2. 学时。

【任务实施过程】

（1）任务导入。举办演讲接力活动，活动要求如下：

①演讲话题分为：英雄、网络、沟通、诚信。

②本次活动以小组为单位，各组以抽签形式决定自己的演讲话题。话题确定后，各组在同一话题下准备3个演讲，要求选择陈述型、论辩型、煽情型、鼓动型四类演讲中的三类表达方式，自拟题目，完成演讲稿，最终进行脱稿演讲。

③每组选派代表四名。第一名同学汇报本次活动的经过、组内成员的具体安排以及在此活动中的独特感受和体验。然后，演讲代表登台。每个同学台上时间控制在 3～5 分钟。

④各组同学依次交替演讲。每组演讲代表间隔不超过 30 秒，如果超时，即算作自动放弃一次演讲机会，转由下组继续演讲。

⑤评判人员对演讲做出评判。

（2）演讲认知训练。

①热身准备。集体讨论。结合自身的理解谈谈什么是演讲？演讲有何作用？

②实地大演练。教师播放演讲视频 2～3 个，各组结合演讲的特征进行分析。要求：第一，请学生以组为单位进行讨论、学习，限时 10 分钟。第二，每组派出 3 名代表到台上进行表述，每组台上时间限定在 8～10 分钟。

（资料来源：赵京立. 演讲与沟通实训［M］. 北京：高等教育出版社，2010.）

2. 撰写演讲稿训练

试利用以下材料，根据命题演讲事、情、理的结合，以"无私奉献"为主题，撰写一篇6分钟的演讲稿。

刘国江，1965 年 4 月出生，1982 年参军，1994 年 5 月转业到长春市国家税务局。几十年来，他在工作上兢兢业业、勤勤恳恳；在社会上默默无闻、吃苦耐劳、无私奉献，得到了本单位领导和社会各界的广泛赞誉。

他刚到税务局时，负责开车并承担总务工作，每天楼上楼下要跑几十趟，还要出车、勤务等。在工作之余，他经常帮助其他部门干一些力所能及的工作。有一次单位暖气坏了，为了让同志们第二天能在温暖的办公室上班，他半夜来到局里帮助锅炉工维修暖气，虽然弄得满身是水，还因此得了感冒，大病了一场，但是他认为，能保证第二天的正常工作，值了。通过自己的努力工作，局领导和同志们给予了他很高的评价。后来发票科成立，局里把发票调拨的重要工作交给了他，他严格要求自己，工作上不怕苦和累，后来又担任发票审验、库房管理、窗口付票等工作。他工作一丝不苟、严格认真，从没出任何差错，他热情地为纳税人服务，对业户高度负责。

有一次，某企业买了 500 本发票，他付完发票捆好后，该企业的车因故没有来，已经到了中午，急得会计不知怎么办好，为了保证发票发放的安全性，他主动对该会计说："你不要急，等一下，我把最后的几本发票付完用车送你。"那位会计感动得不知说什么好。就这样，他利用中午休息的时间把发票安全地送到了该企业，该企业的会计和领导很受感动，亲自送来一面写着"人民的公仆、真诚的服务"的锦旗，通过这些，架起了纳税人与收税者的真诚和信任。

还有一次，老会计宋国华的发票准购证丢失了，急得她满头大汗，刘国江见状忙上前问明情况，帮助老人楼上、楼下找，后来终于帮老人找到了发票准购证，老人亲自将一面锦旗送到了局长室，以示对刘国江的深深谢意。

刘国江现在在国税申报窗口工作，他每天第一个来到单位，把办公室打扫得干干净净，刚到窗口时，他认真地向老同志学习，用了两天的时间，学习了相关业务知识，第三天就可以自己操作了。他是党员先锋岗，经常延时服务，纳税人来报税都愿意到刘国江的窗口，因为纳税人都知道，国江服务态度好，热情周到，随到随办。他为全局做出了榜样，在国税系统掀起了向刘国江学习的热潮。

工作是繁忙的。但刘国江在做好本职工作的同时，还惦记着社会上的弱势群体，时刻想着为他们做点什么。他常年抚养照顾一百多位孤寡老人，资助了 20 多名贫困学生。在扶助照顾老人的同时，刘国江还在社会上见义勇为、奉献爱心，他救助因汽车肇事受伤的第 108 小学陆遥同学，把他送到医院，自己付款。2002 年 9 月，他为见义勇为而受伤的安徽籍英雄胡广胜送去了 500 元，连自己坐车回家的路费都没有留下，步行回到了单位；2003 年 2 月，他把自己刚发的 1000 元工资拿了出来，交给第 34 中学的困难学生白桦和闫冬。他还向白血病患儿顾小青捐款 800 元，印度洋海啸发生后，向红十字会送去了 1000 元。在去北京的火车上，当他听说北京 O 型血告急时，下车后就去血站无偿献了血；南方出现低温雨雪冰冻等特大自然灾害时，他捐了 1000 元，当得知见义勇为英雄狄刚受伤住院时，又带去鲜花和 200 元。"5·12"四川汶川大地震后，先后多次捐款累计 1350 元，而他自己当月的房贷都没还上。

中央政治局常委李长春同志了解刘国江的情况后，做出了"把刘国江同志作为道德建设的典范进行宣传"的批示。

【训练提示】

（1）选择两个以上典型材料，采用并列式结构。

（2）材料要注意细节的描述。

（3）整个结构注意事、情、理的结合，男生侧重以理服人；女生侧重以情感人。

（4）高潮部分放在结尾之前。

（5）抒情与议论部分要注意过渡和照应。

（资料来源：卢海燕. 演讲与口才实训［M］. 大连：大连理工大学出版社，2009.）

3. 演讲设计与演练

【任务目标】

（1）能够自主设计演讲的语言语调，并能主动公开展示。

（2）能够在演讲过程中有意识地进行自我及现场调控。

【建议学时】

2 学时。

【任务实施过程】

（1）热身准备。请学生通过停顿、重音、语速、语调的变化，用 4～5 种方法朗诵下面古诗：

清明时节雨纷纷，路上行人欲断魂，借问酒家何处有，牧童遥指杏花村。

（2）实地大演练。将学生分成小组，请各组为自己的演讲设计语音语调和态势语并进行演练。15 分钟后，上台展示如下环节：

1）两种方式的开场和结尾（脱稿展示）。

2）叙述性语段、抒情性语段、议论性语段各一段（可以半脱稿）。

3）演讲高潮部分（可以半脱稿）。

另外，台下同学有意制造冷场、侵场等现场困境，考验场上同学的应变能力。

【任务完成】

（1）教师点评，最后根据表现评出优胜方、最佳演讲手、最具人气奖等。

（2）各组上交演讲稿，任课老师将优秀讲稿上传网上，供学习、交流。

（资料来源：赵京立. 演讲与沟通实训［M］. 北京：高等教育出版社，2010.）

课后练习

1. 就大学生普遍关心的社会热点问题，自选题目，写一篇 1000 字左右的演讲稿，经过演练后在班上正式演讲。

2. 请分别以环境保护、就业创业、勤工俭学等为题进行即兴演讲练习。

3. 假定你在学校组织的一次演讲比赛中荣获了一等奖，在颁奖仪式上，主持人请你代表全体获奖同学发言，你该讲些什么？

4. 你和几位同学一起到一家公司实习，在公司的一次全体职工大会上，该公司经理把你们这些实习生介绍给大家，并致了欢迎词后，同学们推荐你代表实习生发言，你该怎么办？

5. 第一次参加演讲时你感到紧张吗？你是怎样克服紧张情绪的？

6. 试着积极参加一次演讲活动，看看你对这次演讲练习了多少次才感到自己掌握了演讲的内容。

7. 请选择以下题目撰写演讲稿。

□生活告诉我

□再议"眼见为实"

□一句格言的启示

□别让英雄流泪再流血

□人生处处是考场

□"沉默是金"之我见

□勤俭与发展

□顺境与逆境

□成熟的标志

□喜欢……的 n 个理由

□从"胯下之辱"看人生选择

□君子一言，驷马难追

□蚂蚁的力量

□感恩的日子

□书中自有黄金屋

□自由与纪律

□青春无悔

□红花需要绿叶衬

□毕业断想

□拒绝平庸

□感恩的心

□君子爱财，取之有道

□学会放弃

8. 夏夜的星空是那么美，那么遥远。触景生情，我们会产生种种思索。请你展开联想，以"遥远的星空"为题做即兴演讲。

9. 假如你的企业作为东道主组织以下活动，你作为企业代表做即兴讲话，你想讲些什么？

（1）洽谈会。

（2）记者招待会。

（3）客户联欢会。

（4）开业典礼。

（5）宴会。

10. 请仔细阅读本章列举的演讲名篇，深刻体会其精妙之处。

第七章　国际公关礼仪

入境而问禁，入国而问俗，入门而问讳。

——《礼记·曲礼上》

有朋自远方来，不亦乐乎！

——孔子

学习目标

➢ 具备涉外的礼仪修养，并能够在涉外交往中贯彻实施
➢ 涉外迎送、会见会谈、参观游览、国旗悬挂等要符合礼仪规范要求
➢ 出国旅行讲究基本礼仪规范

案例导入

迟到的代价

中国一家拥有约 6000 名职工的大型国有企业，为了避免濒临破产的局面，想寻找一家资金雄厚的企业做合作伙伴。经过多方努力，终于找到了一家具有国际声望的日本大公司。经过双方长时间艰苦地讨价还价，终于可以草签合约了，全厂职工为之欢欣鼓舞。本以为大功告成的中方人员，没想到在第二天的签字仪式中，公司领导因官僚作风，到达签字地点的时间比双方正式的约定晚了 10 分

钟。待他们走进签字大厅时，日方人员早已排成一行，正恭候他们的到来。中方领导请日方人员坐上签字台，日方的全体人员却整整齐齐、规规矩矩地向他们鞠了一个大躬，随后便集体退出了签字厅，中方领导莫名其妙，因为迟到 10 分钟对他们来讲实在不算什么。事后，日方递交中方一份正式的信函，其中写到："我们绝不会为自己寻找一个没有任何时间观念的生意伙伴。不遵守约定的人，永远都不值得信赖。"无疑，双方的合作搁浅了，中方为了自己迟到的 10 分钟付出了沉重的代价——破产倒闭，近 6000 人下岗。

国际公共关系活动，必须遵循一定的国际惯例，同时，必须讲究一定的规范和程式。因此，公共关系人员只有熟悉和把握国际公共关系礼仪的基本知识，才能以良好的礼仪形象扩大社会组织的美好声誉，推动国际公共关系活动的顺利开展。

第一节 国际公关礼仪概述

国际公共关系是适应国际经济市场一体化和各国经济外向型发展的需要而形成的一种新型的公共关系形式。它在协调和处理组织与国际公众之间的复杂关系中发挥着积极作用。日益频繁的国际公共关系活动形成了日益扩大的国际公共关系市场，激烈的国际公共关系市场的竞争，为各国之间的公共关系礼仪交流和运用开辟了广阔舞台。各国的公共关系活动都及时调整外向型发展的战略，拓宽视野，运用礼仪手段创造组织的声誉和形象，开拓和占领国际公共关系市场，求得组织的新发展。国际公共关系礼仪主要有两方面内容：一是指国际公共关系界交流与合作活动的礼仪；二是指跨国公共关系实务活动中的礼仪。这两方面礼仪的作用集中表现在传播、维护和塑造组织国际形象的公共关系活动中。

一、国际公共关系礼仪的特点

国际公共关系与国内公共关系有着明显区别，这形成了国际公共关系礼仪的特殊要求。

1. 跨国性

当今世界，国家与国家之间、组织与组织之间的交流有了很大发展，这种发展既反映了经济联系的增多，又表现在文化、科技及教育交往的频繁，这种交往引起了人们对跨国公共关系活动的高度重视。跨国性公共关系的发展旨在协调和改善人类生活的环境，它通过真实而丰富的信息，沟通组织与国际公众的联系，由此形成跨国性公共关系礼仪。这些礼仪被各国组织与公众所承认，成为国际惯例，它包含着丰富的文化内涵，成为国际公共关系工作者都应遵守的行为准则。遵守公共关系的国际惯例，是开展国际公共关系活动的基本礼仪规范。例如，在向国际公众广泛传播信息的过程中，要注意保守组织或客户的商业机密，公共关系人员不能在背后诋毁同行组织，在公众调查中不要涉及国际公众对象的隐私问题，以及具体到礼仪的操作行为。

2. 共同性

共同性是由跨国性引申出来的。在国际社会生活中，由于国与国之间共同的生活背景和共同的利益要求，决定了有许多需要大家共同遵守的礼仪行为准则。比如，组织在与国际公众交往过程中，公共关系人员待人接物要热情诚恳，讲究信用，遵守诺言；要团结友爱，互谅互解；要文明礼貌，注重安全，讲究卫生等。在礼仪的具体操作行为上也有共同性特征，如在公共场所不能大声喧哗，不乱抛瓜皮果壳，车辆、行人必须遵守公共交通规则，不随地吐痰，不在建筑物上乱涂乱画等。

3. 民族性

在国际社会，不同的国家、民族由于政治制度、法律规范、经济体制、文化传统、风俗习惯、宗教信仰、礼俗禁忌的不同，表现为礼仪的特征与内容也是不相同的。公共关系人员在国际公共关系活动中，只有尊重国际公众的信仰、习惯、法律、政策、文化传统，才能与国际公众打成一片，取得国际公众的认同和信任。这就要求国际公共关系人员要提高自身的礼仪修养，要具有理解、包容、适应的品质和心态，切忌产生某种民族偏见，更不能产生违反各国、各民族礼仪特点的行为，否则将有损组织形象，影响国际公共关系效果，甚至被迫中断国际公共关系活动。例如，泰国人认为，右手是清洁的，左手是肮脏的，由此，泰国人递送东西给别人一般都习惯用右手，在比较正式的场合，要双手捧上物品，若用左手，则会被认为鄙视他人，这是泰国人礼节的民族特征。

4. 应用性

礼仪是一种道德规范和行为准则，它必须通过公共关系实践活动表现出来，既要使公共关系理论体系的构建取材于公共关系礼仪的实践活动，而且还要在公共关系礼仪活动中受到检验和修正。因而，国际公共关系礼仪不能脱离国际公共关系活动。它只有应用于国际公共关系活动才能产生应有的效应。由此，国际公共关系礼仪可以表现为国际公众的交往礼仪、国际商务礼仪、接待礼仪、谈判礼仪、营销礼仪等多样的礼仪内容。随着国际社会共同生活范围的扩大，共同利益问题的增多，新的人际矛盾与问题的产生，生态环境公共关系礼仪、金融公共关系礼仪、国际安全和卫生公共关系礼仪等新的内容也日趋增加，因而，国际公共关系人员应具有全球意识，要充分了解国际政治、经济形势的变化及其发展趋势，关注人类社会共同面临的重大公共问题，在开展国际公共关系实务活动中，总结国际公共关系礼仪的新特点、新内容，充实和丰富应用性国际礼仪的科学内容。

二、国际公关礼仪的基本原则

1. 尊重对方

尊重对方就是不论对方的国家、民族大小，企业实力强弱，或者风俗习惯、宗教、法律等是否和我们相同，都不能歧视对方，要做到在人格上平等相待。尊重对方往往是通过举止言谈、服饰仪表表现出来。因此，一些生活小节也是很重要的。比如，我国有一家企业的厂长，天天忙于工作。有一次，一位外商应邀前来洽谈合作事宜，这位厂长正在车间检查工作，没有做好充分准备。当秘书跑来告诉他外宾已经到了时，他连工作服都没来得及更换，就去迎接外宾了。外宾一看他的衣服很随便，认为对方的合作态度不诚恳，就决定不再与这个厂合作，而与另外一家企业签订了合作议定书。可见，小节上的疏忽会带来不良后果，因为它让人觉得不受尊重。

2. 捍卫自尊

相互尊重的另一方面是自尊，只有自尊才能得到对方对你个人、对你的组织甚至对你的国家的尊重，才能谈得上真诚合作，平等合作。《中外管理》杂志（1996 年第四期）上登载了题为：《中国企业家要有双星人的气魄》一文，文章介绍了青岛双星集团总经理汪海以出色的言谈举止维护尊严的过程：汪海有一次去美国考察，在一次新闻发布会上遇到了许多记者的提问。一位意大利记者问："你们生产的运动鞋为什么叫'双星'？是不是代表你们常讲的物质文明和精神文明？"汪海微笑地点了点头，说："还可以这样理解：一颗星代表东半球，另一颗星代表西半球，我们要让'双星'牌运动鞋潇洒走世界。"对这番豪言壮语，一位美国记者却不以为然，问道："请问先生您脚上穿的是什么鞋？"这句话用意非常明了：如果你穿的是"双星"牌，那自然没话说，但如果穿的是洋货，意味着连自己都不愿穿"双星"牌，还谈什么潇洒走世界？不料，汪海十分沉着、自信地答道："在贵国这种场合脱鞋是不礼貌的，但是这位先生既然问起，我就破例了。"说着他把自己的鞋脱了，高高举起，指着商标处，大声说道"Double Star！"（双星！）这时，场上响起了热烈的掌声，不少记者争相拍下这一镜头。第二天，美国纽约各大报纸在主要版面上纷纷刊登出这幅照片。《纽约时报》一位记者评述道："在美国脱鞋的共产党国家有两个人，一个是苏联领导人赫鲁晓夫，他脱鞋敲桌子表明了一个共产党大国的傲慢无礼；另一个是来自中国大陆的双星集团总经理，他脱鞋表明了中国的商品要征服美国市场的雄心！"汪海维护自身尊严的言行，不仅表明了"双星"人奋发图强，勇于开拓，走向世界的雄心壮志，而且也表现了一个中国人可贵的民族气节，当然也赢得了外国人对"双星"人、对双星集团的极高赞誉。可见，在国际公共关系交往中自尊也是非常重要的。

3. 实事求是

实事求是是国际公共关系交往中必须坚持的一个重要礼仪原则。应该有一说一，有二说二，不能浮夸；不能只讲优点、成绩，不讲缺点、不足之处，报喜不报忧。虽然对牵涉到对方的话题，为表示尊重而采用委婉的说法，但外国人，特别是西方人，往往喜欢直率的谈吐，而禁忌那些言不由衷的客套。例如，我们请人吃饭时，饭前饭后常常伴随一类自谦客套的话，这种习惯西方人很不适应。

据说，清朝李鸿章有一次宴请美国官员，地点是在美国的一家饭店，备下的酒菜十分丰盛，而李鸿章却依照中国的惯例对来宾说："粗茶淡饭，薄酒一杯，不成敬意，多多包涵。"来宾望着桌上十分丰盛的酒菜，对他说的话大惑不解。这倒不要紧，美国饭店的老板可大为不满了，这岂不是影响饭店的声誉？因此，非要李鸿章说出饭菜粗在哪里，酒薄在哪里。这虽说是一则逸闻趣话，但却说明了东西方礼仪习俗的不同。既然诚心诚意地邀请、招待客人，当然希望其吃好，吃得满意，说是"粗茶淡饭"、"薄酒"怎会不使美国人大惑不解，使饭店老板"抗议"呢！西方人的习惯是，他认为饭菜很好，是他最喜欢的、最拿手的，请你多多品尝。所以在外国人面前实事求是这一点是十分必要的。

4. 入乡随俗

不同国家的文化传统有很大不同，在礼仪习俗上与我国相比很自然地存在着差别，即使就欧美国家而言，在不同的国度、民族间，甚至同一个国家的不同区域间，礼仪习俗也有区别。这就要求，在与外国客商进行交往时需要首先了解和掌握对方的一些礼仪习惯，做到入乡随俗、因人施礼，才不至于造成误会，甚至闹出笑话。日本人在其《和气生财》一书中曾记述了这样一件事：日本的饭店和旅馆，有一个招待客人的惯例，即待客人办完住宿手续走进房间时，服务员立刻拿来热毛巾、茶和日本点心，以表示旅馆对客人服务的周到热情。这一项特殊的服务长期以来受到了日本顾客的赞赏，但却在美国人处遭了白眼。一次，一对美国夫妇入室后也同样享受到了上述服务，他们对此很不喜欢，所上的茶水与点心并非是他们亲自点的，而且茶也不热，点心又是"太甜了"，这对美国夫妇认为，在他们进晚餐之前上不对口味的点心是"破坏了美味的晚餐"，"这样做好像是在损害自己的生意"。结果使得旅馆老板的一片好心，不但未被接受，反而还落得个"不可思议"，费力不讨好。可见只有了解国外礼仪礼节，风俗习惯，才能更好地交往和沟通。

5. 不卑不亢

不卑不亢，就是对对方表现出一种节制和礼节，热情时不殷勤，冷淡时不失礼，愤怒时不失控，这在涉外交往中尤其需要重视。例如，20 世纪 50 年代，美国对中国实行禁运、封锁，两国关系紧张，双方唯一保持对话和接触的渠道就是在华沙举行的中美大使级会谈。会谈开始时气氛很紧张，每次双方一见面，便问："今天谁先发言？"于是，双方便先后依据各自的讲稿阐述一番自己的立场，讲后便问："下次会谈什么时间？"然后各走各路。后来，王炳南大使回国，与陈毅外长谈到会谈的气氛和场面，陈毅就说道："不一定老那么紧张嘛！""我们不乞求谈判，也不排斥谈判。不卑不亢，有理有节，此乃泱泱大国之风也。"陈毅是这样说的，也是这样做的。1963 年 12 月，陈毅应邀参加肯尼亚的独立大典。在一次肯尼亚举行的国家舞会上，中国代表团和美国代表团的位置刚好安排在一起。在中美关系长期僵持的时期，这无疑是个极其微妙的场面。陈毅既没有主动凑过去套近乎，也没生气掉头而去，而是坐下，喝起咖啡来。

美国代表团有三个人：部长夫妇和美国劳联副主席。那位部长夫人首先搭话：

"你们是中国代表团吗？"

"是的。"

"我是否可以与你谈谈天呢？"

"可以谈，怎么不能谈？"

于是，双方就开始聊了起来。那位部长一看夫人已开了头，便也过来，要与陈毅干杯，但又故作姿态地说："过去米高扬访问美国，到我家做客，与我夫人谈了天。我为此受到了腊斯克的责备，希望我们这次干杯不要引起麻烦。"

听了这话，陈毅不是破口大骂，猛烈抨击，而是不软不硬地回了一句："你怕麻烦，可以不要跟我干杯，你就不会有什么麻烦。"

那位部长又匆匆说："我提议，为中美两国有一天能够改善关系干杯！"

听了此话，陈毅没有赌气不干杯，计较"先前你说的话呢"，而是端起酒杯说："我希望，我相信，中美两国关系总有一天能够前进一步，但条件是美国国务院要取消对中国的敌视侵略政策，只有这样才可能。"

在这场交往中，陈毅以"不卑不亢、有理有节"的言行举止，树立了中国外长的良好形象，为我们树立了对外交流的光荣典范。

6. 保守机密

对外交往总要涉及党和国家、本组织的一些情况，作为组织的工作人员在对外交往时，一方面不要随意议论对方的礼遇与参观访问中遇到的问题，如有意见需向对方提出，应报代表团或组织的领导，不要擅自对外表态。对外联系要统一领导，专人负责。另一方面，必须牢记保守党和国家、本组织的机密，绝不允许以友好、坦诚为借口，向外宾提供机密或在谈判时提供对我方不利的情况或者资料。在接待外国人参观和洽谈业务时，应从实际出发，划清机密与非机密的界限，不得泄露内部掌握的对外援助技术出口和接受外援的具体政策、规划数字、计划措施等机密事项。在国际通讯中，严禁明、密电混用，传真通讯不得涉及秘密内容，严禁用电话传达密电，注意计算机信息保密。

三、国际公关礼仪的要求

国际公关交往的基本通则，是指在接触外国人时，应当遵守并应用的有关国际交往惯例的基本原则。它既是对国际交往惯例的基本概括，又对参与涉外交际的中国人具有普遍的指导意义。

1. 信守约定

在人际交往中，必须认真严格地遵守自己的承诺，说话要算数，许诺一定要兑现约会必须要如约而至，尤其要恪守时间方面的约定。信守约定、讲求信用，从一点一滴做起，它事关信誉与形象，失实与失约的失礼行为，往往是使自己所做的工作走向失败的开端。为此要做到以下三点：

（1）必须谨慎许诺。一切从自己的实际能力以及客观可能性出发，切勿草率从事，轻易承诺，凡承诺和约定必须慎之又慎，一定要字斟句酌，考虑周全。

（2）必须如约而行。承诺一旦做出，就必须要兑现，要如约而行，应尽可能地避免对已有的约定任意进行修正变动，随心所欲地乱做解释。做到"言必信，行必果"，只有这样才能赢得交往对象的好感与信任。

（3）必须失约致歉。如果由于遭受不可抗力，致使自己单方面失约，或是有约难行，需要尽早向有关各方通报，如实地解释，并且还要郑重其事地向对方致以歉意，并主动负担给对方造成的损失。

2. 不必过谦

中国人在待人接物时，讲究的是含蓄和委婉，奉行"满招损，谦受益"的古训，在对自己的所作所为进行评价时，中国人大都主张自谦、自贬，不提倡多作自我肯定，尤其是反对自我张扬。在这方面，若不好自为之，就会被视为妄自尊大，嚣张放肆，不够谦逊，不会做人。实际上，在对外交往时，过于自谦并非益事，它常常会引起他人的疑惑和不满，不利于涉外交际的顺利进行。

遵守不必过谦的原则，会使人感到自己为人诚实，充满自信，因为过分的自谦、客套，只能给人以虚伪、做作的感觉。在涉外交往中，特别是在面临如下情况时，更要敢于、善于充分地从正面肯定自己。

（1）面对赞美。当外国友人赞美自己的相貌、衣着、手艺、工作、技术等时，一定要落落大方高兴地道一声"谢谢！"而不应加以否认和自我贬低，说什么"哪里，哪里！"接受外国人的赞美是对其本人的接纳和承认，是自己自信和见过世面的表现。曾有这样一个笑话：一个法国朋友称赞一位中国姑娘漂亮，那位中国姑娘表现得十分谦虚，连忙说"哪里，哪里！"没想到这一说却出了洋相，那位法国朋友误以为对方是在问他"哪里漂亮？"便立即答道："你的眼睛很漂亮。"可对方依然谦虚如故说"哪里，哪里"，法国朋友又答到"你的鼻子也漂亮"……结果南辕北辙了。

（2）赴宴和馈赠。宴请外国人出席宴会时，不必说："今天没什么好菜，随便吃一点"，当送礼物给外国人时，也不要说："礼品很不像样子，真不好意思拿出手来"之类的话，而应大方得体地说："这是本地最有特色的菜"，"这是这家饭店烧得最拿手的菜"，"这是我特意为您挑选的礼物"等；反过来，在接受外国人的赴宴邀请或接受外国人送的礼物时，也不应过于谦虚地没完没了地说："真不敢当"、"受之有愧"之类的话，它会使人产生不愉快的感觉，使宴请和送礼者感到难堪，及时表示谢意是最得体的做法。

（3）做客和拜访。到外国人家中做客、拜访时，对主人准备的小饮不要推辞不用。如果主人问："喝点什么，茶还是咖啡"，你可以任选一种；若桌上备有小吃，可随意取用，但不可失态。若主人问是否加糖或加牛奶，则可按自己的喜好谢绝和选择其中一种。

（4）交往和应酬。当自己同外国友人交往和应酬时，一旦涉及自己正在忙什么、干什么的时候，无论如何都不要脱口而出，说什么自己是"瞎忙"、"混日子"、"什么正经事都没有干"，否则，会被对方认为自己是不务正业之人。

3. 讲究次序

在涉外交际中，对出席活动的国家、团体、人士的位次应按某些规则和惯例进行排列，这种排列的先后次序被称为礼宾次序。为使国际交往顺利进行，必须讲究礼宾次序。

（1）礼宾次序的依据。在国际交往中，其礼宾次序主要按宾客的身份与职务高低，依次排列。在多边活动中，有时可按姓氏的顺序排列；有时可按参加国的字母顺序（一般以英文字母为准）排列；有时则可按代表团组成日期的先后排列；有时则可按代表团抵达活动地点的时间先后排列；等等。

（2）礼宾次序的具体要求。在各类涉外交际中，大到政治磋商、商务往来、文化交流，小到私人接触、社交应酬，凡确定礼宾次序必须从其总的原则出发，这一总的原则就是"以右为尊"，即一般以右为大、为长、为尊；以左为小、为次、为卑。

按照惯例，在并排站立、行走或者就座时，为了表示礼貌，主人理应主动居左，而请客人居右。男士应当主动居左，而请女士居右。晚辈应当主动居左，而请长辈居右。未婚者应当主动居左，而请已婚者居右。职位身份较低者应当主动居左，而请职位、身份较高者居右。

在不同场合也有特殊要求：两人同行，以前者、右者为尊；三人行，并行以中者为尊，前后行，以前者为尊；上楼时，尊者、妇女在前，下楼时则相反；迎宾引路时，主人在前，送客时，则主人在后；宴请排位，主人的右边是第一贵客，左边次之。

进门上车时，应让尊者先行。上车时，位低者应让尊者从右边车门上车，然后再从车后绕道左边上车；坐车（指轿车）时，以后排中间为大位，右边次之，左边又次之，前排最小。

4. 尊重隐私

所谓隐私，是指一个人出于个人尊严和其他某些方面的考虑，因而不愿意公开，不希望外人了解或是打听的个人秘密、私人事宜。在涉外交际中，人们普遍讲究尊重个人隐私，并且将尊重个人隐私与否，视作一个人在待人接物方面有没有教养，能不能尊重和体谅交际对象的重要标志之一。

在涉外交际中，首先要避免与对方交谈时涉及个人隐私，要做到"八不问"：

（1）年龄不问。在国外，人们普遍将自己的实际年龄当作"核心机密"，不会轻易告知于人。外国人，尤其是英美人对年龄都十分敏感，希望自己永远年轻，对"老"字则讳莫如深，对年龄守口如瓶。因而与外国人交往，打听对方的年龄，说对方老成，都属于不礼貌的行为。我国的传统向来对年龄比较随意，不仅如此，在社会交往中还习惯于拔高对方的辈分，以示尊重。比如，年轻男子相聚，彼此之间总喜欢以"老李"、"老张"、"老赵"相称，为了表示对对方的尊敬，人们会使用"老人家"、"老先生"、"老夫人"等一类尊称，实际上，这一类尊称在外国人听起来却似诅咒、谩骂一般。在交往中，照套我国的传统，会使对方十分难堪。

有位从事外事工作的姑娘曾经接待过一位82岁高龄的美国加州老太太，她是来华旅游并参加短期汉语学习班的，见面时，这位姑娘对老太太说："您这么大年纪了，还到外国旅游、学习，可真不容易呀！"如果同样高龄的中国老太太听了这话，准会眉开眼笑，高兴一番。可那位美国老太太一听，脸色即刻晴转多云，冷冷地应了一句："噢，是吗？你认为老人出国旅游是奇怪的事情吗？"弄得中国姑娘十分尴尬。姑娘的本意是表示礼貌尊重，效果却事与愿违，原因是西方人对年龄、对"老"很忌讳。

在外国，人们最不希望他人了解自己的年龄，所以有这样一种说法：一位真正的绅士，应当永远"记住女士的生日，忘却女士的年龄"。

（2）收入不问。在国际社会里，人们普遍认为，任何一个人的实际收入，均与其个人能力和实际地位有直接的因果关系。所以，个人收入的多寡，一向被外国人看作自己的脸面，十分忌讳他人进行直接、间接地打听。如果一位中国人问一位外国人："您一个月挣多少钱？"那位外国人会觉得"这个中国人真没有教养，干吗问我的工资呀！"

除去工资收入以外，那些可以反映个人经济状况的问题，例如，纳税数额、银行存款、股票收益、私宅面积、汽车型号、服饰品牌、娱乐方式、度假地点等，因与个人收入相关，所以在与外国人交谈时也不宜提及。

（3）婚姻不问。中国人的习惯，是对亲友、晚辈的恋爱、婚姻、家庭生活时时牵挂在心，但绝大多数外国人却对此不以为然。西方人将此视为纯粹的个人隐私，向他人询问是不礼貌的。

在一些国家，跟异性谈论此类问题，会被对方视为无聊之举，甚至还会因此被对方控告为"性骚扰"，从而吃官司。

（4）工作不问。中国人常会询问对方："您正在忙些什么"、"上哪里去"、"怎么好久不见你了"等问题，其实这些只是随便一问，是否回答并不重要。但如果用这些问题问外国人，他们会觉得不是好奇心过盛，不懂得尊重别人，就是别有用心，因为这些问题在外国人看来都属个人隐私，"不足为外人道哉！"

（5）住址不问。对于家庭住址、私宅电话，中国人在人际交往中，都是愿意告诉别人，不保密。但在外国，却恰恰相反，外国人大都视自己的私人居所为私生活领地，非常忌讳别人无端干扰其宁静。西方人认为，留给他人自己的住址，就该邀请其上门做客，在一般情况下，他们一般不大可能邀请外人前往其居所做客。为此，他们都不喜欢轻易地将个人住址、住宅电话号码等纯私人事宜"泄露"。在他们常用的名片上，也没有此项内容。

（6）学历不问。初次见面，中国人之间往往喜欢打听一下交往对象"是哪里人？""哪一所学校毕业的？""以前干过什么？"总之，想了解一下对方的"出处"，打探一下对方的"背景"，然而外国人大都将此项内容视为自己的"底牌"，不愿意轻易让人摸去。外国人甚至认为，一个人动辄对初次交往的对象"忆往昔峥嵘岁月稠"，并不见得坦诚相见，相反却大有可能是别有用心。

（7）信仰不问。在国际交往中，由于人们所处的社会制度、政治体系和意识形态多有不同，所以要真正实现交往的顺利、合作的成功，就必须不以社会制度划线，而以友谊为重，以信仰为重。不要动辄对交往对象的宗教信仰、政治见解评头品足，更不要将自己的政治观点、见解强加于人，这样做对交往对象来说，都是不友好、不礼貌、不尊重的表现。所以对宗教信仰、政治见解，这些在外国人看来非常严肃的话题，还是避而不谈为好。

（8）健康不问。中国人彼此相见常问候："身体好吗？"如果已知对方身体曾经一度欠安，还会问："病好了没有？"如果彼此双方关系密切的话，还会询问："吃了些什么药？""怎么治疗的？"还会向对方推荐名医或偏方。

可是在外国，人们在闲聊时一般都是"讳疾忌医"，非常反感其他人对自己的健康状况关注过多，对他人的这种过分关心，外国人会觉得不自在。

此外，对私人住宅，有的国家受到法律保护，擅自闯入要受到制裁。到外国人住宅做客，不经主人允许和邀请，不能要求参观主人的住房。即使双方很熟悉，也不能去触动书籍、花草以外的个人物品以及室内陈设的其他物品。

与外国人交往时，不仅不要涉及在场人的个人隐私，对不在场人的个人隐私也应尊重。在背后议论同事的好坏、上级的能力、女人的胖瘦、路人的服饰等，都会被外国人视为窥探隐私，纯属无聊之举。

5. 女士优先

人们听演讲时，演讲者总是首先这样称呼："女士们，先生们"，从没有人称呼："先生们，女士们"，为什么呢？原来这与国际社会公认的一条重要礼仪原则——"女士优先"有直接的关系。

"女士优先"主要是指成年异性间进行社交活动时的一个礼仪规范和礼仪原则。其含义：在一切社交场合，每一位成年男子，都有义务主动、自觉地去尊重、照顾、体谅、关心、保护女性，并且想方设法为女士排忧解难，只有这样才能体现出绅士风度。外国人强调"女士优先"并非因为妇女被视为弱者，值得同情、怜悯，最重要的原因是，他们将妇女视为"人类的母亲"，处处对妇女给予礼遇，是对"人类母亲"的感恩之意。

在交往中，讲究"女士优先"时，作为男士要注意对所有的女士要一视同仁，不仅对待同一种族的妇女要如此，对待其他种族的妇女也要如此；不仅对待熟悉的妇女要如此，对待陌生的妇女也要如此；不仅对待年轻貌美的妇女要如此，对待年老色衰的妇女也要如此；不仅对待有权势的妇女要如此，对待一般的妇女也要如此……具体要从以下方面做起：

（1）行走。在室外行走时，如果男女并排走，则男士应当自觉地"把墙让给女士"，即请女士走在人行道的内侧，而自己主动行走在外侧，这样做既可以防止女士因疾驶的车辆而感到不安，担惊受怕，还可避免汽车飞驶而溅起的污泥浊水弄脏女士的衣裙。

当具体条件不允许男女并行时，男士通常应该请女士先行，而自己随行其后，并与之保持大约一步的距离。当男士与女士"狭路相逢"时，前者不论与后者相识与否，均应礼让，闪到路边，请女士率先通过。男士在路上遇到认识的女士时，应点头致意，并把手抽出衣袋，也不要嘴里叼着烟。

当男士与女士走到门边时，男士应赶紧上前几步，打开屋门，让女士先进，自己随后。

（2）乘车。陪伴女士或同乘火车、电车时，男士应设法给女士找一个较为舒适、安全的座位，然后再给自己找一个尽可能靠近她的座位；如果找不到，应站在她面前，尽可能离其近一些。

乘出租车时，男士应首先走近汽车，把右侧的车门打开，让女人先坐进去，男士再绕到车左边，坐到左边的座位上。有时，为了在马路上上下车安全，出租车左侧车门用安全装置封闭了，那么男士只好随女士后从右侧上车，坐在本应由女士坐的尊贵的右边座位上，这种情况不算失礼。

当男士自己驾驶汽车时，应先协助女士坐到汽车驾驶座旁的前排座位上，尔后绕到另一侧坐到驾驶座上。抵达目的地后，男士要先下车，然后绕到汽车的另一侧，打开车门，协助女士下车。

（3）见面。参加社交聚会时，男宾在见到男、女主人后，应当先行向女主人问好，然后方可问候男主人。男宾进入室内后，须主动向先行抵达的女士问候。女士们如果已经就座，则此时不必起身回礼。

在女宾进入室内时，先到的男士均应率先起身向其致以问候，已入座的男士也应起身相迎。不允许男士坐着同站立的女士交谈，而女士坐着同站立的男士交谈则是允许的。

当女士在场时，男士不得吸烟；在女士吸烟时，则不准男士对其加以阻止；如有必要，男士还要给女士点烟。

主人为不相识的来宾进行介绍时，通常应当首先把男士介绍给女士，以示对女士的尊重。当男女双方握手时，只有女士伸过手来之后，男士才能与之相握，否则，如果男士抢先出手，是违背"女士优先"原则的。为了表示对女士的尊重，男士还必须与女士握手时摘下帽子，脱下手套，而女士在一般情况下则没有必要这样做。

（4）上下楼。在上下楼梯时，男士要跟随在女士的后面，相隔一两级台阶的距离；下楼梯时，男士应该先下。如果是乘电梯上下楼，进电梯时，男士应请女士先进去，然后自己再进入电梯。在电梯里，男士负责按电钮，礼貌地询问女士所上的楼层。

（5）进餐馆。如果男士预订了餐桌，则应走在前面为女士引路，如果不是这样，行进的顺序应该是侍者—女士—男士。在餐桌旁，男士应协助女士就座，把椅子从桌边拉开，等女士即将坐下时，再把椅子移近桌子。坐定后，男士应把菜单递给女人，把选择菜单的权利先交给女性。一般餐毕也总是由男士付账。

若出席宴会，女主人是宴会上"法定"的第一顺序。也就是说，其他人在用餐时的一切举动，均应跟随女主人而行，不得贸然先行。按惯例女主人打开餐巾，意味着宣布宴会开始，女主人将餐巾放在桌上，则表示宴会到此结束。

（6）看影剧。进影剧院或是听音乐会时，应由男士拿着入场券给检票员检票。在存衣室，男士应先协助女士脱下大衣、披风，然后自己再脱去外套。如果没有专人引导入座，男士就应前走几步为女士引路。从两排之间穿行，走向自己的座位时，应面向就座的观众，并且女士走在男士的前面。如果是几个男士和几个女士一起去观看影剧或听音乐会，那么最先和最后穿过就坐观众的应是男士，女士夹在中间进去，这样，可以使女士不与陌生人坐在一起。散场时如果拥挤，男士应走在女士前面；如果不挤，女士稍前或并排与男士同行。

（7）助臂。男士应该帮助他所陪伴的女士携带属于她的较重的或拿着不方便的物品，如购物袋、旅行包、伞等。

女士携带的东西掉在了地上，男士不论相识与否，都应帮她拾起。

在女士可能失足、滑倒的时候，男士应该以臂相助。

"女士优先"的具体做法，主要使用于社交场合。在商务场合，人们强调的是"男女平等"，或是"忽略性别"，因而是不太讲究"女士优先"的。

第二节 国际公关交际中的基本礼仪

在国际公关交往中，必须重视交际对象的特殊性，努力掌握如下交往的礼仪。

一、涉外迎送

迎送是国际公共关系中常见的社交礼节。迎送不仅是整个社交活动的开始，也是对不同身份外宾表示相应尊重的重要仪式。迎送中给外宾留下良好的第一印象，对加深双方的友谊与合作，都发挥着重要作用。

1. 迎送的安排

迎送活动的安排主要有两种不同档次：一是举行隆重的欢迎仪式，这主要是用于对外国国家元首、政府首脑、军方高级领导人的访问，以示对他们访问的欢迎与重视。二是一般迎送，用于一般来访者。无论是官方人士、专业代表团的来访，还是长期在我国工作的外交使节，常驻我国的外国人士、记者和专家等，当他们到任或离任时，都可安排相应的人员前往迎送，以示尊重和友谊。

2. 迎送规格的确定

关于迎送规格，各国的规定不尽相同。在确定迎送规格时，主要是依据来访者的身份、访问的性质和目的，并且适当考虑两国之间的关系，同时还要注意国际惯例，综合考虑。一般按照国际惯例的"对等原则"，主要迎送人员应与来宾的身份相当。如果由于各种原因而不能完全对等时，可灵活变通，由职位相当的人士或副职出面，并向对方作出解释。

3. 成立接待班子

为了接待重要的贵宾和代表团、队，东道主一般组成一个接待班子来履行接待任务。接待班子的工作人员由外事、翻译、安全警卫、后勤、医疗、交通、通讯等方面的工作人员组成。

4. 收集信息、资料

接待班子要注意收集来访者的有关信息和资料，了解其本次访问的目的，对会谈、参观访问、签订合同等事项的具体要求，前来的路线、交通工具，抵离时间，来访者的宗教信仰、生活习惯、饮食爱好与禁忌等进行了解。

据报载：一位英国商人应邀前来我国与某地区洽谈投资项目。该地领导为了图吉利，准备了一辆车号为"666"（六六大顺）的轿车前去机场迎接。谁知这位英国商人下了飞机，一看轿车后，直皱眉头，随即又乘机离去。后来我方人员才知道这位英国商人信教，十分崇拜《圣经》，在《圣经》中"666"表示"魔鬼"。在英国，司机、乘客对带有这种号码的车辆退避三舍，英国警察部门已做出决定，逐步取消这个号码。由此可见，多了解来访者的情况是十分重要的。

5. 拟订接待方案

接待方案包括各项活动的项目、日程及详细时间表，项目负责人和接待规格、安全保卫措施，等等。日程确定后，应翻译成客方使用的文字，并打印好，发给客方，以便及时与客方进行沟通。

拟订接待方案时重点要落实好食、宿、行，并制定合理的费用预算，既保证接待隆重得体，又不铺张浪费。

6. 掌握抵离时间

必须准确掌握外宾乘坐的飞机（火车、船舶）抵达及离开的时间，迎送人员应在来宾抵达之前到机场（车站、码头）。送行人员应在外宾离开前抵达送行地点，切勿迟到、早退。

7. 献花

献花是常见的迎送外宾时用来表达敬意的礼仪之一。一般在参加迎送的主要领导人与客人握手之后，由青年女子或儿童将花献上，也有的由女主人向女宾献花，献花者献花后要向来宾行礼。献花须用鲜花，并注意保持花束整洁、鲜艳，一般忌用菊花、杜鹃花、石竹花以及黄色花卉（黄色具有断交之意）等。有的国家习惯送花环，或者送一两枝名贵兰花、玫瑰花等。在接待信仰伊斯兰教派人士时，不宜由女子献花。

8. 介绍

主宾见面应互相介绍其随从人员。主要迎送人员在与来宾见面致意（如握手等）后，主宾还可以担负起介绍其他迎送人员的任务。一般是在客人的内侧引领客人与各位迎送人员见面，并把他们介绍给来宾。然后再由主宾将客人按一定身份——介绍给主人。若主宾早已相识，则不必介绍，双方直接行见面礼即可。

9. 陪车

来宾抵达后，在前往住地或临行时由住地前往机场、码头、车站，一般都安排迎送人员陪同乘车。陪车时，应请宾客坐在主人右侧。两排座轿车，译员坐在司机旁；三排座轿车，译员坐在主人前面的加座上。当代表团9人以上乘大轿车时，原则上低位者先上车，下车顺序相反。但前座者可先下车开门，大轿车以前排为最尊位置，自右向左，按序排列。上车时应当请客人首先上车，客人从右侧门上；如果外宾先上车坐到了左侧座位上，则不要再请外宾移动位置。陪同人员在替客人关门时，应先看车内人是否坐好，注意既不要伤到客人的手，又要确保将门关好，注意安全。

10. 具体事项

迎送中要注意以下一些具体事项：

在客人到达之前最好将客房号、乘车号码等通知客人，如果做不到，可印好住房、乘车表，在客人刚到达时，及时发到客人手里。

指派专人协助客人办理出入境手续及机票（车、船票）和行李提取或托运手续等事宜。客人到达后，应尽快进行清点并将行李取出，并运送到住处，以便客人更衣。

客人到达后，一般不要立刻安排活动，应让客人稍事休息，倒换时差。可在房间中适当放些新鲜水果或鲜花等。

迎送的整个活动安排，要热情、周到、无微不至、有条不紊，使宾客有宾至如归的感觉。接待人员要始终面带微笑、彬彬有礼，不能表现得冷漠、粗心、怠慢或使客人感到紧张、不便。

陪同人员应尽力安排好客人的食、住、行，对客人的要求做出反应，给予答复。翻译应如实翻译，不能掺进自己的意见和看法，不能打断双方的谈话或在一方一句话没说完时就翻译，就餐时不可因餐饮影响翻译工作。

司机在行车时，应集中精力驾驶，不能边驾驶边说话，如果司机主动与客人甚至陪同人员或翻译人员说话聊天，会使客人感到不安全和被冷落。

在为外宾送行时，送行人员应在外宾临上飞机（火车、轮船）前，按一定顺序同外宾一一握手话别。飞机起飞（火车、轮船开动）之后，送行人员应向外宾挥手致意，直至各交通工具在视野中消失方可离去。否则，外宾一登上飞机（火车、轮船），送行人员就立即离去，是很失礼的。尽管只是几分钟的小事情，却可能因小失大。

二、会见和会谈

会见和会谈都是国际公共关系交往的重要方式，会见，国际上通称接见或拜会。凡身份高的人士会见身份低的人士，主人会见客人，通常称其为接见或召见；凡身份低的人士会见身份高的人士，客人会见主人，通常称其为拜会或拜见。接见和拜会后回访，通常称为回拜。我国对此通常不作细分，统称会见。

会谈是指双方或多方就某些重大的政治、经济、科技、文化、军事、宗教以及其他共同关心的问题交换意见，洽谈协商。会谈一般专业性、政策性较强，形式比较正规。会见多是礼节性的，而会谈多为解决实质性问题。有时会见、会谈也难以区分。因为会见时双方也常谈专业性或政治性问题，以上区分只是相对而言。

1. 会见的礼仪

会见就其内容来说，多为礼节性的，也有政治性、事务性的会见，或兼而有之。礼节性会见一般时间短，话题也较为广泛。政治性会见一般涉及国与国之间的双边关系、国际局势及对一些重大国际问题的看法或意见等。事务性会见一般涉及贸易争端、业务交流与合作等。会见的礼仪主要有以下内容：

（1）确定参加会见的人员。会见来访者，一般情况下应遵循"对等"原则，但有时由于某些政治需要或业务的需要，上级领导或下级人士也可会见来访者。参加会见的人员不宜过多。

（2）确定会见的时间、地点。会见的时间一般安排在来访者抵达的第二天或举行欢迎宴会之前。会见的具体时间不宜过长，一般以半小时左右为宜。会见的地点多安排在客人住地的会客室、会议室或办公室，也可在国宾馆等正式的会客场所。

（3）做好会见的座位安排。会见时座位安排必须依据参加会见人数的多少、房间的大小、形状，房门的位置等情况来确定。会见的座位安排有多种形式，宾主可以穿插坐，也可分开坐，通常的安排是将主宾席、主人席安排在面对正门位置，客人坐在主人的右边。其他客人按照礼宾顺序在主人、主宾两侧就座。译员、记录员通常安排在主宾和主人的后面。座位不够时可在后排加座。

（4）掌握会见的一般礼节。会客时间到来之时，主人应在门口迎候客人，问候并同客人一一握手，宾主互相介绍双方参加会见的人员，然后引宾入座。主人应主动发言，创造一种良好的气氛。双方可自由交谈，就共同感兴趣的话题发表自己的看法。交谈时应注意坐姿，不要跷二郎腿，不可左顾右盼，漫不经心。主人与主宾交谈时，旁人不可随意插话，外人也不可随意进出。会见时可备饮料招待客人。主人应控制会见时间，最好以合影留念为由头结束会见。合影后，主人将客人送至门口，目送客人离去。

（5）注意合影的礼宾次序。合影时，一般主人居中，男主宾在主人右边；主宾夫人在主人左边，主人夫人在男主宾右边，其他人员穿插排列，但应注意，最好不要把客人安排在靠边位置，应让主人陪同人员在边上。

2. 会谈的礼仪

会谈的形式多种多样，常见的有领导人之间单独会谈，少数领导人及其助手与来访者进行的不公开发表会谈内容的秘密会谈，就有关重要而又复杂的问题，有关官员进行预备性问题的商讨等而举行的正式会谈，也可称为谈判。会谈的礼仪主要包括以下内容：

（1）确定会谈的时间、地点、人员。会谈的时间、地点由双方协商确定。会谈的人员应慎重选择，如果会谈的专业性较强，一方面要求会谈的人员有专业特长，另一方面还要考虑专业互补和群体智慧。会谈人员既要懂得政策法律，又要能言善辩，善于交际，应变能力强，并确定主谈人和首席代表。

（2）会谈的座位安排。涉外双边会谈通常采用长方形或椭圆形会谈桌。多边会谈或小型会谈也可采用圆形或正方形会谈桌。

不管什么形式，均以面对正门为上座，宾主相对而座，主人背向门落座，而让客人面向大门。其中主要会谈人员居中，其他人按着礼宾次序左右排列。

许多国家把译员和记录员安排在主要会谈人员的后面就座。我国习惯上把译员安排在主要谈判人座位的右侧就座，这主要取决于主人的安排，说到这个习惯上的小差别，还有一段历史背景。当初，我国也是按国际上通用的做法把译员安排在后面就座的，但新中国成立不久，中国总理兼外交部部长周恩来认为这个惯例不符合中国的情况，因为西方的译员大多是临时雇佣的，不属于参加会谈的人员，而我国的译员却是参加会谈的重要人员之一，理应受到尊重，所以周总理在出访时坚决要求对方允许我方译员坐在主要会谈人员的右侧。从那时起，我国就有了这个做法，并一直采用至今。

如果长方桌的一端向着正门，则以入门的方向为准，右为客，左为主。

如果是多边会谈，可将座位摆成圆形或正方形。

此外，小范围的会谈，也可像会见一样，只设沙发，不摆长桌，按礼宾顺序安排。

三、涉外参观游览

涉外参观游览，是指外国客人在访问或旅游期间对一些风景名胜、单位设施等进行实地游览、观看和欣赏。来访的外国人以及我出访人员，为了了解去访国家情况，达到出访目的，都应组织一些参观游览活动。参观游览应注意以下礼仪：

1. 选定项目

选择参观游览项目，应根据访问目的、性质和客人的意愿、兴趣、特点以及我方当地实际条件来确定。对于外国政府官员、大财团、大企业家一般应安排参观反映我国经济发展情况的部门单位和经济开发区，以及重点招商项目。对于一般企业家、商人和有关专业人员可安排参观与其有关的部门、单位，同时安排一些有地方特色的游览项目。

年老体弱者不宜安排长时间步行的项目，心脏病患者不宜登高。一般来说，对身份高的代表团，事前可了解其要求；对一般代表团，可在其到达后，提出方案，如果确有困难，可如实告知，并做适当解释。

2. 安排日程

当参观游览项目确定后，应制定详细的活动计划和日程，包括参观线路、座谈内容、交通工具等，并及时通知有关接待单位和人员，以便各方密切配合。

3. 陪同参观

按国际惯例，外宾前往参观时，一般都安排相应身份的人员陪同。例如，由身份高的主人陪同，宜提前通知对方。接待单位要配备精干人员出面接待，并安排解说介绍人员，切忌前呼后拥。参观现场的在岗人员，不要围观客人。遇客人问话，应有礼貌地回答。

4. 解说介绍

参观游览的重头戏是解说介绍。有条件的可先播放一段有关情况纪录片，这样既可节省时间，又可实现让客人对情况有所知，经过实地参观，效果会更好。我方陪同人员对有关情况应有所准备，介绍情况要实事求是，运用材料、数据要确切，不可一问三不知，也不可含糊其词。确实回答不了的，可表示自己不清楚，待咨询有关人员后再答复。遇较大团组，宜用扩音话筒。另外，遇有保密部位的，则不能介绍，如客人提出要求，应予婉拒。

5. 乘车、用餐和摄影

在出发之前，要及时检查车况，分析行车路线，预先安排好用餐。路远的还要预先安排好中途休息室，要把出发、集合和用餐的时间、地点及时通知客人和全体工作人员。一般地方均允许客人摄影。如有不能摄影处，应事先说明，现场要竖中英文"禁止摄影"标志牌。

6. 在国外参观游览的礼节

出访人员、团组要求参观，可通过书面、电话或面谈方式向接待单位提出，经允许后方能成行。参观内容要符合访问目的和实际，要注意客随主便，不要强人所难。在商定之后，要核实时间、地点和路线。

在参观过程中，应专心听取介绍，不可因介绍枯燥或不对口味而显露出不耐烦和漫不经心状，这是极不礼貌的。同时应广泛接触、交谈，以增进了解，加深友谊。注意尊重对方的风俗和宗教习俗。如要摄影，事先要向接待人员了解有无禁止摄影的规定。参观游览，对服装要求不严格，不必穿礼服，穿西装可以不打领带，但应注意整洁、整齐，仪容亦宜修整。参观完毕，应向主人表示感谢，上车离开时应在车上向主人挥手道别。

四、国旗悬挂

国旗是国家的一种标志，是国家的象征。悬挂国旗是一种外交礼遇与外交特权。人们往往通过悬挂国旗，表示对本国的热爱或对他国的尊重。在国际交往中，悬挂国旗要遵循以下惯例：

1. 悬挂国旗的场合

按国际关系准则，国家元首、政府首脑在他国领土上访问，在其住所和交通工具上悬挂国旗（有的是元首旗）是一种外交特权。

当东道国接待外国元首、政府首脑来访时，在贵宾下榻的宾馆，乘坐的汽车上悬挂对方（或双方）的国旗（或元首旗），是一种礼遇。

在国际会议上，除会场悬挂与会国国旗外，各国政府代表团亦按会议组织者的有关规定，在一些场所或车辆上悬挂本国国旗（也有不挂国旗的）。

有些展览会、体育比赛等国际活动，也往往悬挂有关国家的国旗。在大型国际比赛中，还往往为获前三名的运动员升起其代表国家的国旗。

伴随我国加入 WTO，双边、多边的经贸往来必将日趋频繁，在谈判、签字仪式上亦应悬挂代表国的国旗。

2. 悬挂国旗的要求

在建筑物上或室外悬挂国旗，一般应在日出升旗、日落降旗。当遇到外国元首逝世时需要降半旗致哀，具体做法：先将旗升起来至杆顶，再下降至距杆顶相当于杆长三分之一的地方。降旗时，也应先将旗升至杆顶，然后再下降。

升降国旗时，服装要整齐，要立正脱帽行注目礼。不能使用污损的国旗。升国旗一定要升至杆顶。

悬挂双方国旗，按照国际惯例，以右为上，左为下，这是以旗面本身为准；以挂旗人为准，"面对墙壁左为上，右为下。"挂旗时，挂旗人必然面对墙壁，这时左为上，悬挂客方国旗，右为下，挂主方国旗。乘车时应记住："面对车头左为上"，左边挂客方国旗，右边挂主方国旗（有时以汽车行进方向为准，驾驶员右首为上）。所谓主客标准，不以在哪国举行活动为依据，而以举办活动的主方为依据。如外国代表团来访，东道国举办欢迎宴会，东道国是主人；外国代表团答谢宴会，来访国是主人。由于国旗是一个国家的标志与象征，代表一个国家的尊严，所以挂国旗时，一定不能将国旗挂倒。

五、出国旅行礼仪

1. 乘国际航班应注意的问题

乘坐国际航班，乘客应在飞机预定起飞时间前 1～1.5 小时到达飞机场，因为在这段时间里，需要核查机票及订座，办理海关申报、行李过磅和装运等手续。

（1）办理海关申报及登机手续。抵达机场，首先是向海关申请办理有关物品的出关手续，如携带外币、金银制品、照相机、录音机、摄像机、文物、动植物等，应如实填报，并办理相关手续，之后再办理乘机手续。

（2）登机时的礼仪。上、下飞机时，旅客应向站在机舱门口迎送乘客的航空小姐点头致意。机舱内分头等舱和二等舱（或称为商务舱和普通舱），头等舱（商务舱）较为宽敞、饮食较丰富，服务周到。购头等舱机票的乘客，不论是否对号入座，都不要抢占座位。其他乘客，不能坐到头等舱的座位上去。

（3）乘机时的礼仪。国际航班上免费供应饮料、茶点、食品、早餐和正餐。用餐后，所有餐具和残留物要收拾好，由服务员收回，不要随意将餐具收起来带走；不能带走供乘客阅读的报纸、杂志；乘客在飞机上不要大声说话和喧哗，以免影响他人；要注意飞机上的坐卧姿势，既不要影响他人坐卧，也不要有失雅观。

（4）下机后的礼仪。旅客到达目的地后，办理完入境手续即可凭行李卡认领托运的行李，不要将自己的行李放在过道或路口影响他人行走。旅客可以用机场为乘客准备的手推车靠右（或靠左）行走，将行李推出机场。如请行李搬运员协助搬运行李，必须付小费。万一发现行李丢失，不要慌张，可通过机场行李管理人员或有关航空公司寻找。如一时找不到，可填写申请报告单交航空公司。如行李确实遗失，航空公司会照章赔偿，千万不要在机场吵闹。

2. 国外住店礼仪

（1）饮用房间内饮料的礼节。国外旅店一般都不供应开水，往往会提供一瓶免费的矿泉水。有的旅店，酒或饮料一拿出冰箱即自动记账；也有的旅店，房间设有自动出售各种饮料或小食品的装置，只要推动开关，食品、饮料便自动出来，同时自动记账，结算时统一付款；旅客如果要喝热饮料，可向服务员索取，但要付现金及小费。找服务员可在室内按电铃或打电话呼叫，服务员一旦上门服务，一定要致谢，并付小费。

（2）正确使用房间内的设备。房间和卫生间里的某些设备，如自己不会使用，应先请教他人，特别是外国旅店房间内的电器设备和洗澡用的开关，形式多种多样，应注意其不同的使用方法。使用旅店卫生间内的用品只要打开封条即可。旅店房间内提供的用品仅供在旅店内使用，除交费物品外，都不能带出旅店。

3. 拜访单位或会见亲友时的礼仪

（1）遵守时间。参加各种活动要按约定的时间到达。过早抵达会使主人因准备未毕而感到难堪，迟迟不到又会让主人和其他客人因等待过久而不安。因故迟到，要向主人和其他客人表示歉意；因故不能赴约，要尽早礼貌地通知主人，并以适当的方式表示歉意。

（2）尊重老人和妇女。在社交场合，如上下楼梯、坐车或进出电梯，应让老人和妇女先行，主动对他们予以照顾。进出大门时，要主动帮助老人和妇女开门、关门。国外有按主人指定座位入座的习惯，因此，当进入主人家里时，如没有刻意指定，可以选一个自己认为合适的座位，但在女客人还站着的时候，男客人不要先坐下。在后来的客人到达时，男客人应该起立致意，并等候主人介绍，而女客人可不必起立。如果后来的客人是年龄较大的妇女，或是特殊重要人物，女客人也应起立致意。

（3）在外国朋友家做客时的礼仪。在外国朋友家里做客时，若由于自己不慎而出现了异常情况，例如，因用力过猛使刀叉撞击盘子发出响声，不小心打翻了酒水等，不要大呼小叫，应保持沉着，轻轻向主人说一声"对不起"。如将酒水打翻洒到邻座身上，可表示歉意后协助擦干；如对方是妇女，只要把干净的餐巾或手帕递上，由她自己擦干即可。用餐完毕，至少应该待半小时后再告辞。告辞时，千万别忘了向女主人表示歉意，可以说："谢谢您的招待"、"很高兴在您家里度过周末、我非常愉快"等感谢的话。回到自己家中，应立即给主人写信或打电话，以表感谢等。

4. 付小费的礼仪

客人付小费，表达的含义颇为丰富。它既能代表客人对服务人员付出劳动的尊重，也可以表达客人对服务工作的一种肯定和感谢之情。从另一层面来说，也体现了客人的文化修养。相传，"付小费"之风源于18世纪的伦敦。当时，在有些饭店的餐桌上，摆着写有"保证服务迅速"的小碗。顾客一旦将零钱投入其中，便会得到服务员迅速而周到的服务。久而久之，就形成"小费"之风。这种做法渐渐扩展到其他服务行业，并逐渐演变成一种固定的用来感谢服务人员的报酬形式，成为今天世界上许多国家约定俗成的一种常规礼仪形式。

（1）小费要付给谁。按照惯例，入住饭店，要给为你打扫房间的服务生小费，也要给为你送早点的服务员小费。饭店的行李员如果帮你将行李提到了房间，那么，你理所应当付小费给他。出租车司机把你送到目的地，你要在计价器显示数字的基础上增加一点车费当作小费。在国外参加团队旅游，你要付给导游员和在旅途中掌握方向的驾驶员小费，这一直是惯例。

（2）怎样付小费。付小费有一些技巧和惯例，付小费通常用美元支付，不应张扬，在私下进行即可。所付小费有时放在菜盘、餐盘下；有时放在杯底下；有时放在房间床头，忌放在枕头底下，那样会被服务生误认为是客人自己的东西；有时放在写字台上，若能同时留一张"Thank you"的字条，会备受服务生的欢迎和尊重；有时以找零的钱不收作为小费付给服务员；付小费给行李员，最好是在与他握手表示感谢的同时将小费悄悄给他；给导游、司机的小费，则要由团员一起交齐后放到信封里，由一位代表当众给他们。付小费时最忌讳给硬币，曾有客人将一把硬币当面给行李员作为小费，行李员十分恼怒而拒收。因此，随身携带一些小额现钞，非常必要。

（3）小费付多少合适。向服务人员给付小费的具体金额颇有讲究，既不能不给、少给，也不必多给。国际上通用的计算小费方法之一就是小费通常由消费者按照本人的消费总额的一定比例来支付。在餐馆就餐、在酒吧娱乐时，消费者需要付给服务员的小费为消费总额的10%左右；在搭乘出租车时，一般应当按照车费的15%付给司机作为小费。

在国外住宿酒店时，通常会将需要支付的小费明码实价地列在正式的账单中，收取总消费额的10%～15%作为小费，不用额外支付。此外，还有一些约定俗成的规矩，付给门童的小费约为1美元；付给客房服务员的小费为1～2美元；给行李员小费，一般要按照自己行李的具体件数来计算，通常一件行李应付0.5～1美元；而付给保洁员的小费，一般为0.5美元左右。

到不同的国家去旅行，除了注意天气、景观、风俗等事情外，小费也是必须事先弄明白的一件事情。因为每个国家的具体情况略有不同，所以，各项服务要付多少小费，还是在到达这个国家时向当地的导游咨询较为妥当。

第三节　异域礼俗风情

礼俗风情是某一国家、民族长期形成的，具有相对稳定性的礼节、人情、风尚、行为习惯、心理倾向等的总和，是一个民族区别于另一个民族的重要特征。

礼俗风情是一个历史范畴，随着社会的变迁、经济和文化的发展，还会出现新的内容与形式。各国、各民族和各地区由于不同的文化背景、礼仪传统和行为习惯，形成的礼俗风情存在很大的差异，因此我们在交往，尤其是国际公共关系交往中，必须了解和掌握，以此作为入国问俗、入国随俗的依据，从而成功地与交际对象建立良好的关系。

一、韩国

韩国古称高丽，具有璀璨的文化遗产和美丽的风光。那里夏季多雨，气候湿润，经济发达。韩国的主要宗教是佛教，除此之外，一些韩国人也信奉儒教、天主教或天道教。

1. 交际习俗

男子见面时习惯微微鞠躬后握手，并彼此问候。当晚辈、下属与长辈、上级握手时，后者伸出手来后，前者须以右手握之，随后再将自己的左手轻置于后者的右手之上。韩国人的这种做法，是为了表示自己对对方的特殊尊重。

韩国妇女一般情况下不与男子握手。女士之间习惯鞠躬问候，社交时则握手。韩国人与外国人交往时，可能会问及一些私人的问题，对此不必介意。韩国人有敬老的习惯，任何场合都应先向长者问候。

在一般情况下，韩国人在称呼他人时爱用尊称和敬语，但很少会直接叫出对方的名字。要是交往对象拥有能够反映其社会地位的头衔，那么韩国人在称呼时一定会屡用不止。

在社交场合，韩国人，特别是年轻一代的韩国人，大部分都会讲英语，并且将此视为有教养、受过良好教育的标志之一。由于迄今为止，仍对日本昔日的侵略占领耿耿于怀，韩国人对讲日语的人普遍没有好感。

2. 主要禁忌

韩国人大都珍爱白色，对熊和虎十分崇拜。

在韩国，人们以木槿花为国花，以松树为国树，以喜鹊为国鸟，以老虎为国兽，对此，不要妄加评论。

由于发音与"死"相同的缘故，韩国人对数目"4"十分反感，受西方习俗的影响，不少韩国人也不喜欢"13"。韩国人忌将"李"姓解释为"十八子李"。在对其国家进行称呼时，不要将其称为"南朝鲜"、"南韩"或"朝鲜人"，而宜称"韩国"、"韩国人"。

韩国人的民族自尊心很强，反对崇洋媚外，提倡使用国货。在韩国，一身外国名牌的人，往往会被人看不起。

在韩国，忌谈的话题有政治腐败、经济危机、意识形态、南北分裂、韩美关系、韩日关系及日本之长等。

3. 饮食特点

韩国人的饮食，在一般情况下，以辣和酸为主要特点。韩国人以大米为主食，主要是米饭和冷面。他们喜欢中国的川菜，爱吃牛肉、瘦猪肉、海味、狗肉和卷心菜等。"韩国烧烤"很有特色。

韩国人的饮料有很多。韩国男子通常酒量都不错，对烧酒、清酒、啤酒往往来者不拒。韩国妇女多不饮酒。韩国人喜欢喝茶和咖啡。但是韩国人不喜欢喝稀粥和清汤，他们认为穷人才会如此。

在用餐时韩国人用筷子。近年来，出于环保考虑，韩国的餐馆里往往只向用餐者提供铁筷子。关于筷子，韩国人的讲究是，与长辈同桌就餐时不许先动筷子，不可用筷子对别人指指点点，在用餐完毕后，要将筷子整齐地放在餐桌的桌面上。

在宴会上，韩国人一般不把菜夹到客人盘里，而由女服务员替客人夹菜，各道菜陆续端上，每道菜都须尝一尝才会使主人高兴。

二、日本

日本古称大和，后来正式定名为日本国，具有"日出之国"的意思。日本人酷爱樱花，以其象征民族精神，因为樱花看起来平凡，可是汇集起来却很有气势。每年三月末、四月初，当春风从赤道纬线北上，樱花便由南向北顺势铺开，成林成片，如火如荼，日本人像过节一样，聚集在樱花树下，饮酒赏花，摄影留念，日本在世界上享有"樱花之国"的美称。日本人多信仰神道和佛教。

1. 交际习俗

日本是以注重礼节而文明的国家，讲究言谈举止的礼貌。日本人见面时，要互相问候致意，鞠躬礼是日本最普遍的施礼致意方式，一般初次见面时的鞠躬礼是30度，告别时是45度，而遇到长辈和重要交际对象时是90度，以示尊敬。妻子送丈夫，晚辈送长辈外出时，弯腰行礼至看不见其背影后才直起身。在较正式的场合，递物和接物都用双手。在国际交往时，一般行握手礼。

日本人在谈话时，常使用自谦语，贬己抬人。与人交谈时，总是面带微笑，尤其是妇女。

日本人与他人初次见面时，通常会互换名片，否则即被理解为是不愿与对方交往。在一般情况下，日本人外出时身上往往会带上自己的好几种印有不同头衔的名片，以便在交换名片时可以因人而异。

称呼日本人时，可称之为"先生"、"小姐"、"夫人"。也可在其姓氏之后加上一个"君"字，将其尊称为"某某君"。

日本人见面时除了行问候礼之外，还要问好致意，见面时多用"您早"、"您好"、"请多关照"，分手时则以"再见"、"请休息"、"晚安"、"对不起"等话语。

日本经济发达与日本人努力勤奋的工作精神分不开，日本的工作节奏非常快，而且讲究礼节。他们工作时严格按日程执行计划，麻利地处理一切事物；对公众对象"唯命是从"，开展微笑服务；公私分明；对待上司与同事十分谦虚，并善于克制忍耐；下班后对公司的事不乱加评论。

2. 主要禁忌

日本人的忌讳礼俗很多。日本人忌紫色和绿色，认为是悲伤和不祥之色。

日本人忌讳"4"和"9"，因为他们分别与"死"和"苦"发音相似。日本人喜欢奇数，不喜欢偶数，对"3"、"5"、"7"数字特别喜欢。

日本人有三人不合影的习俗，他们认为，在中间被左右两人夹着是不幸的预兆，很不吉利。

他们对狐狸和獾的图案很反感，认为这两种动物图案是晦气、狡猾、贪婪的象征。菊花和菊花图案是皇族的象征，送人的礼品上不能使用这一图案。

日本人喜欢仙鹤和乌龟，认为它们是长寿的象征。使用筷子有许多禁忌，如忌将筷子直插饭中，不能用一双筷子依次给每个人夹、拨菜肴。还有忌用半途筷、游动筷等。

3. 衣食特点

在商务、政务活动中，日本人要穿西式服装；在民间交往中，有时也会穿自己的国服——和服。与日本人交往时，穿着不宜过分随便，他们认为衣着不整是没有教养的表现。

"日本料理"的特点是以鱼、虾、贝等海鲜为烹调原料，可热吃、冷吃、生吃或熟吃。主食为大米，逢年节和生日喜欢吃红豆饭，喜欢吃酱和酱汤。餐前餐后一杯清茶。方便食品有"便当"（盒饭）和"寿司"等。

在日本，人们普遍喜欢喝茶，久而久之，形成了"和、敬、清、寂"四规的茶道。茶道具有参禅的意味，重在陶冶人们的情趣。它不仅要求幽雅自然的环境，而且还有一整套的点心、泡茶、献茶、饮茶的具体方法。

三、泰国

泰国正式名称是泰王国，自称孟泰，泰语中"孟"是国家的意思，"泰"是自由的意思，"泰国"即自由之国。

1. 宗教信仰

佛教是泰国的国教，全国人口的90%以上信奉国教。在社会各方面，佛教都对泰国人发挥着重要作用和影响。泰国的历法采用的是佛历。泰国男子年满20岁后，都要出家一次，当3个月的僧侣，即使国王也不例外，否则会被人看不起。几乎所有泰国人的脖子上，都佩有佛饰，用来趋吉辟邪。

2. 交际习俗

由于信奉佛教，泰国人在一般交际应酬时不喜欢握手，而是带有佛门色彩，行合十礼。行合十礼时，需站好立正，低眉欠身，双手十指相互并拢，并且同时问候对方"您好！"合十的双手举得越高越表示对对方的尊重。行合十礼时，晚辈要先向长辈行礼，身份、地位低的先向身份、地位高的行礼，对方随后换之以合十礼，否则是失礼的。

泰国人很有涵养，总喜欢面带微笑，所以泰国也有"微笑之国"的美称。在交谈时，泰国人总是细声低语。在其看来，跟旁人打交道时面无表情、愁眉苦脸，或是高声喧哗、大喊大叫，是不礼貌的。与泰国人交往不要信口开河，非议佛教，或是对佛门弟子有失敬意，特别是不要对佛祖释迦牟尼表示不恭。

3. 主要禁忌

泰国人认为头是智慧所在，神圣不可侵犯的，不能用手去触摸佛像的头部，这将被视为极大的侮辱，若打了小孩的头部，认为触犯了藏在小孩头中的精灵，孩子会生病的。别人坐着时，切勿让物品超越其头顶。见面时，若有长者在座，晚辈应坐下或蹲跪以免高于长者的头部，否则就是对长者的不恭。所以，在泰国，当人们走过坐着或站着的人面前时，都得躬身而行，表示不得已而为之。

人们认为用左手拿东西给别人是鄙视对方的行为，所以给人递东西都用右手，切忌用左手。

在泰国民间，狗的图案是被禁止的。泰国人的家里大都不种茉莉花，因为在泰语里，它与"伤心"发音相似。

在泰国，睡莲是国花，桂树是国树，白象是国兽，对于这些东西，千万不要表示轻蔑，或予以非议。

泰国宪法规定，国王是神圣不可侵犯的，对泰国国王和王室成员，绝不允许任意评说。

4. 饮食特点

泰国人不爱吃过甜或过咸的食物，也不吃红烧的菜肴。喜食辛辣、新鲜之食物，最爱吃的是体现其民族特色的"咖喱饭"。

泰国人不喝热茶，他们的做法是在茶里加上冰块，令其成为冻茶。他们绝不喝开水，而习惯直接饮用冷水，在喝果汁时要加少许盐末。

四、新加坡

新加坡全称是新加坡共和国。"新加"在梵文中是"狮子"的意思，"坡"在梵文中是"城"，因此新加坡又被称为"狮城"。由于新加坡是一个岛国，面积极小，华侨普遍称其为"星洲"、"星岛"。新加坡气候怡人，环境优美，是一个城市国家，故又有"花园城市"的美誉。新加坡是世界第二大港口。

1. 交际习俗

在社交场合，新加坡人与他人见面的礼节多为握手。其礼仪习俗呈现多元化的特点，如在社交活动中，华人往往习惯于拱手作揖，或行鞠躬礼；马来人则大多数采用本民族的"摸手礼"。所以，与新加坡人打交道要因人而异。

新加坡特别强调笑脸迎客，彬彬有礼。在人际交往中，讲究礼貌、以礼待人，不但是每个人应具备的基本素养，而且也已成为国家和社会对每一个人所提出的一项基本行为规则。

新加坡十分注重"礼治"，政府专门制定了《礼貌手册》，对人们在各种不同场合的所作所为是否符合礼仪都做出了严格的规定。在新加坡不讲礼貌会寸步难行。

新加坡人崇尚清爽卫生，对于蓬头垢面、衣冠不整、胡子拉碴的人，都会侧目而视。

2. 主要禁忌

新加坡人喜欢红色。认为红色是庄严、热烈、喜庆、吉祥的象征，会激励人们奋发向上。在一般情况下，过多地采用紫色、黑色不受人们欢迎，因为他们认为紫色、黑色是不吉利的。

新加坡人不喜欢"4"和"7"这两个数字，因为华语中"4"发音与"死"相仿，而"7"被认为是消极的数字。在新加坡人看来，"3"表示"升"，"6"表示"顺"，"8"表示"发"，"9"则表示"久"，都是吉祥的数字。

在新加坡是不能说"恭喜发财"的，因为在他们看来，"发财"有"横财"之意，祝愿对方发财无疑是鼓动他去发"不义之财"，是一种损人利己的行为。

在新加坡乱扔果皮、废纸，吐痰，在公共场所吸烟、嚼口香糖，过马路闯红灯都会被罚款，罚款额之高相当于一个普通工人一个月工资，弄不好还会吃官司，甚至被鞭打。

3. 饮食特点

中餐是新加坡人的最佳选择，粤菜、闽菜等十分受欢迎。口味喜欢清淡，偏好甜食，讲究营养，平日爱吃米饭和各种生猛海鲜，对面食不太喜欢。

新加坡人大都喜欢喝茶，他们经常在清茶中放橄榄之后饮用，称之为"元宝茶"，认为喝这种茶可以令人财运亨通。新加坡人还喜欢喝鹿茸酒、人参酒等补酒。

五、美国

美国全称为美利坚合众国，地处北美洲中部，美国人主要信奉基督教、天主教。美国的绰号是"山姆大叔"，也有"世界霸主"、"超级大国"、"国际警察"、"金元帝国"、"车轮上的国家"等代称。

1. 交际习俗

美国人是"自来熟"，他们为人诚挚，乐观大方，天性浪漫，性格开朗，善穿着较正式的服装时，通常要配一项帽子。

在社交场合，英国人强调所谓的"绅士风度"，坚持"女士第一"的原则，对女士尊重和照顾。他们十分重视个人教养，认为教养体现出细节，礼节展现出教养。他们待人十分客气，"请"、"谢谢"、"对不起"、"你好"、"再见"一类礼貌用语，天天不离口。即使是家人、夫妻、至交之间，英国人也常常会使用这些礼貌用语。

在交际活动中，握手礼是英国人使用最多的见面礼节。在一般情况下，与他人见面时，英国人既不会像美国人那样随随便便地"嗨"上一声作罢，也不会像法国人那样非要跟对方热烈地拥抱、亲吻不可。英国人认为那样做都有失风度。

2. 主要禁忌

英国人忌 4 人交叉握手，忌"13"和"星期五"，忌用一次火点 3 支烟。不喜欢大象及其图案，讨厌墨绿色，忌黑猫和百合花，忌碰撒食盐和打碎玻璃。认为星期三是黄道吉日。喜欢养狗，认为白马象征好运，马蹄铁会带来好运。

在英国人看来，夸夸其谈、自吹自擂和说话时指手画脚都是缺乏教养的表现，所以，与英国人刚认识就与他们滔滔不绝地交谈会被认为很失态。和英国人交谈要小心选择话题，不要以政治或宗教倾向作为话题。另外不要去打听英国人不愿讲的事情，千万不要说某个英国人缺乏幽默感，这很伤他们的自尊心，她会感到受侮辱。因为英国人历来以谈吐幽默、高雅脱俗为荣。

3. 饮食特点

通常一日四餐，即早餐、午餐、午茶点和晚餐，晚餐为正餐。不喜欢上餐馆，喜欢亲自烹调。平时以英法菜为主。"烤牛肉加约克郡布丁"被誉为国菜。进餐前习惯先喝啤酒或威士忌，讲究喝早茶与下午茶。

八、法国

法国的正式名称是法兰西共和国。"法兰西"源于古代法兰克王国的国名。在日耳曼语里，"法兰克"一词的本义是"自由"或是"自由人"。"艺术之邦"、"时装王国"、"葡萄之国"、"名酒之国"、"美食之国"等，都是世人给予法国的美称。法国首都巴黎更是鼎鼎大名的"艺术宫殿"、"浪漫之都"、"时装之都"和"花都"，法国的主要宗教是天主教，近80%的人是天主教教徒，其余的人信奉基督教、犹太教或伊斯兰教。

1. 交际习俗

法国人非常善于交际，即使是萍水相逢，他们也会主动与之交往，而且表现得亲切友善，一见如故。

法国人天性浪漫，在人际交往中，他们爽朗热情，善于雄辩，高谈阔论，爱开玩笑，幽默风趣，讨厌不爱讲话的人，对愁眉苦脸者难以接受。

他们崇尚自由，纪律性较差，不大喜欢集体行动，约会也可能姗姗来迟。法国人有极强的民族自尊心和民族自豪感，在他们看来，世间的一切都是法国最棒。例如，法国人懂英语的不少，但通常不会直接用英语与外国人交谈。因为他们认定，法语是世间最美的语言，与法国人交谈时若能讲几句法语，一定会使对方热情有加。懂法语而又不同法国人讲法语，则会令其大为恼火。

法国人注重服饰的华丽和式样的更新。妇女视化妆和美容为生活之必需。在社会交往中奉行"女士第一"的原则。法国人习惯行握手礼，有一定社会身份的人施吻手礼。少女常施屈膝礼。男女之间、女子之间及男子之间，还有亲吻面颊的习惯。在社交中，法国人不愿他人过问个人私事。

2. 主要禁忌

法国人忌"13"和"星期五"。他们大都喜爱蓝色、白色与红色，不喜欢金黄色和墨绿色。法国人视仙鹤为淫妇的化身，孔雀被看作祸鸟，大象象征笨汉。它们都是法国人反感的动物。视菊花、杜鹃花与核桃等为不祥之物。

向法国人赠送礼品时，宜选具有艺术品位和纪念意义的物品，不宜送刀、剑、剪、餐具，或带有明显广告标志的物品作为礼品。男士向一般关系的女士赠送香水，也被法国人看作是不合适的。

与别人交谈时，法国人往往喜欢选择一些足以显示其身份、品位的话题，如历史、艺术等。对于恭维英国、德国，贬低法国的国际地位和历史贡献，议论其国内经济滑坡、种族纠纷等问题，他们不愿意予以呼应。

3. 饮食特点

法国人会吃，也讲究吃。法国菜风靡世界，被称为"法国大餐"。法国人喜欢吃蜗牛和青蛙腿，最名贵的菜是鹅肝。法国人喜欢喝酒，几乎餐餐必饮，白兰地、香槟和红白葡萄酒都是他们喜欢喝的。法国菜的特点是鲜嫩，法国人也非常喜欢中国菜。

九、澳大利亚

澳大利亚正式名称为澳大利亚联邦。澳大利亚作为国家的名称，来自于拉丁文。在拉丁文里其含义是"南方之地"、"牧羊之国"、"骑在羊背上的国家"、"坐在矿车上的国家"、"淘金圣地"等，都是对澳大利亚的美称。澳大利亚的主要宗教是基督教，全国居民约98%的人都是基督徒。

1. 服饰礼仪

男子多穿西服、打领带，在正式场合打黑色领结，达尔文服是流行于达尔文市的一种简便服装。妇女一年中大部分时间都穿裙子，在社交场合则套上西装上衣。无论男女都喜欢穿牛仔裤，他们认为穿牛仔裤方便、自如。土著居民往往赤身裸体，或在腰间扎一条围巾，有些地方的土著人讲究些，把围巾披在身上。他们的装饰品丰富多彩。

2. 交际礼仪

澳大利亚人情味很浓，乐于同他人进行交往，并且表现得质朴、开朗、热情。过分地客套或做作，均令其不快。他们爱交朋友，爱同陌生人打招呼、聊天，爱请别人到自己家里做客。

澳大利亚的男士们相处，感情不能过于外露，大多数男人不喜欢紧紧拥抱或握住双肩之类的动作。在社交场合，忌讳打哈欠、伸懒腰等小动作。

澳大利亚是一个讲求平等的社会，不喜欢以命令的口气指使别人。

澳大利亚人见面习惯于握手，不过有些女子之间不握手，女友相逢时常亲吻对方的脸。

澳大利亚人大都名在前，姓在后。称呼别人先说姓，接上先生、小姐或太太等。熟人之间可称小名。

3. 主要禁忌

澳大利亚人对兔子特别忌讳，认为兔子是一种不吉利的动物，人们看到它都会感到倒霉。与他们交谈时，多谈旅行、体育运动及到澳大利亚的见闻，议论种族、宗教、工会和个人私生活以及等级地位问题，最令澳大利亚人不满。

在数字方面，受基督徒的影响，澳大利亚人对"13"与"星期五"普遍感到反感。

澳大利亚人不喜欢将本国与英国处处联系在一起。

澳大利亚人对于公共场合的噪声极其厌恶。对于在公共场所大声喧哗者，尤其是在门外高声喊人的人，他们是最看不起的。

4. 饮食特点

澳大利亚人在饮食上以吃英式西菜为主，其口味清淡，不喜油腻。澳大利亚的食品素以丰盛和量大而著称，尤其对动物蛋白质的需要量更大。他们爱喝牛奶，喜食牛肉、猪肉等。他们喜喝啤酒，对咖啡很感兴趣。

西方主要节日习俗

节日，是指某一国家或地区为庆贺、纪念、缅怀某一事件或某一人物而约定俗成的时日。各国、各民族都有自己传统的节日庆典，有些节日还逐渐变成世界性的传统节日。

1. 圣诞节

圣诞节本是基督教用以纪念耶稣基督诞辰的一个宗教节日，但是随着基督教势力的扩展和西方文化传播的影响，它已经成为一个世界性的民间节日。它的时间延续很长，通常为12月24日至次年1月6日。在许多国家和地区，包括中国港澳地区，圣诞节都是例行假日。

西方人以红色、绿色、白色为圣诞色，每逢圣诞节来临，家家户户都要用圣诞色来装饰。红色的有圣诞花和圣诞蜡烛。圣诞花即一品红，它被西方人用来象征圣诞节令；圣诞蜡烛不同于普通蜡烛，它五色俱全，精致小巧。过圣诞节时，家家都要点燃它。绿色的是圣诞树。它是圣诞节的主要装饰品，用砍伐来的杉、柏一类呈塔形的常青树装饰而成，上面悬挂着五颜六色的彩灯、礼物和纸花，还点燃着圣诞蜡烛。圣诞花是由圣诞树演变而成的室内装饰物，它用松、杉、柏一类常青树的枝条扎成圆形，放上几颗松果，再配上红缎带就做成了。

红色与白色是圣诞老人的颜色，圣诞老人名叫圣克劳斯，他是圣诞节活动中最受欢迎的人物。传说他白须红袍，每到圣诞夜，便从北方驾鹿橇而来。他身背大红包袱，脚蹬大皮靴，通过每家的烟囱进入室内发送礼物。因此，西方儿童在圣诞夜临睡之前，要在壁炉前或枕头边放上一只袜子，等候圣诞老人在他们入睡后把礼物放在袜子内。在西方，扮演圣诞老人也是一种习俗。

圣诞节前后，大多数西方国家正值严冬，洁白美丽的雪花使圣诞节富有诗意。然而地处南半球的澳大利亚和新西兰此刻恰恰是烈日当空。由于天热，他们的节日活动极少狂欢，而是走亲访友，融洽感情。他们的圣诞食品口味以清凉为主，各种冷盘、沙拉和水果最受欢迎。

传说耶稣是夜时诞生的，因此，12月24日之夜被称作圣诞夜。圣诞节庆祝活动自此夜开始，而以半夜为高潮。在圣诞夜里，人们会唱起圣诞歌。圣诞歌很多，以《平安夜》最为著名。

西方人在圣诞夜全家要聚餐一次，餐桌上将出现火鸡、羊羔肉、葡萄干布丁和水果饼。其中火鸡也称圣诞鸡，是圣诞大餐中必不可少的。英美人讲究圣诞之夜吃火鸡，德国人则习惯吃烤鹅。

西方人在圣诞节相见时，要互道"圣诞快乐"！英国人在这天一大早，就要通过窗户向邻人或朋友们高呼这一句话。

2. 复活节

复活节是仅次于圣诞节的基督教第二大节日，是基督教用以纪念耶稣复活的一个宗教节日，但已经被世俗化了。复活节的日期是每年春分（3月21日或22

日）月圆后的第一个星期日。每逢复活节来临，教会都要举行隆重的纪念礼拜。信徒们相见，第一句话就是"主复活了!"复活节期间，人们经常相互赠送复活节彩蛋，它由鸡蛋涂上各种颜色而成。在古代，鸡蛋象征着生命，并被视为复活的坟墓。西方还有复活节小兔一说。兔子是繁殖力最强的动物，所以被人们选作生命的象征。时至今日，孩子们过复活节依然少不了吃兔子糖和讲述各种有关兔子的故事。

现在，西方各国在复活节时，大都举行游行活动。美国的游行队伍是化了装的，其中最受人们喜爱的是卡通人物米老鼠和唐老鸭。其他国家的游行队伍也都各具民族特色。复活节晚上，各家都要举行复活晚宴。晚宴上的传统主菜是羊肉和熏火腿。用羊祭祀是基督教信徒千百年来的传统，而猪则一直象征着幸运。

3. 狂欢节

狂欢节起源于古罗马的农神节，发展于中世纪，盛行于当代，是欧美各国的传统节日。狂欢节主要是以辞旧迎新、憧憬未来为基本主题。在欧美诸国中保存最为完整的是德国科隆城，每年慕名从国内外赶来欢度狂欢节的人不计其数。节日里，科隆城里到处是热闹的人群，各大小酒家、舞厅及娱乐场所被挤得水泄不通，人们相互致以节日祝贺，穿上节日的盛装，尽情地打扮自己。街上有大规模的化装游行，有彩车队、乐曲队、舞蹈队等，彩车上不时有礼物抛向人群，男女老少互相争抢，热闹非凡。

巴西的狂欢节是堪称世界之最的群众性集会庆祝活动。狂欢节前，巴西人都要耗资购买节日服装、面具及食品、饮料等，即使借钱负债也在所不惜。巴西的首都里约热内卢是狂欢节的中心，狂欢节期间商店关门、工厂停工，人们不分肤色、种族、年龄、贫富、贵贱都是狂欢节的参与者，而巴西的圆舞、桑巴舞表演是狂欢节最精彩的节目。

在现代，狂欢节已成为许多国家人们抒发渴望幸福之情的节日。由于各国的习俗不同，狂欢节的日期不统一，甚至在同一国中也有因地制宜的情况。多数国家定在气候适宜的二、三月份举行。世界著名的狂欢节还有法国的春季狂欢节、加拿大的冰上狂欢节、德国狂欢节、欧洲狂欢节等。

4. 愚人节

愚人节是每年4月1日，在欧美的一些国家及地区都以开玩笑使人上当度过这一有趣节日。

此节的起因，一种说法是古罗马谷物神色列斯的女儿普丽芬丝在天堂玩耍时，被冥王普路托掠走，还欺骗其父色列斯到天堂去寻找，使其白跑一趟，由此沿袭成"愚人节"，成为提醒人们谨防上当的节日活动。

另一种说法起源于法国，1564年，法国采用阴历1月1日为一年之始的新纪元法，却遭到国内保守派的反对，他们依然按照旧历4月1日为新年，互赠礼品。为了蒙蔽保守派，改革新历法的团体继续在这天请保守派参加招待会，赠送给他们礼品。后来，人们把这些上当受骗的保守分子称为"4月傻瓜"，或"上钩的鱼"。从此，人们在4月1日便互相愚弄，成为法国流行的习俗，后来传到其他国家和地区。

但不论哪一种传说，愚人节的内容与日期都是相同的。在这一天，人们可以尽情地相互开玩笑，甚至连报纸、电台、电视台也会故意制造出一些有趣的"新闻"来戏弄人们。当然开玩笑也要掌握适当的分寸，不能损害国家的整体利益，更不能触犯国家的法律、政策，否则，不仅会受到道德舆论的谴责，而且会受到法律的惩处。

5. 情人节

情人节又称瓦伦丁节，许多欧美国家都把每年的2月14日这一天作为表白爱情的甜蜜日子，是青年男女喜爱的节日。

节日这天，情侣们相互交换"情侣卡"，表示自己忠贞不渝的爱情，在欢乐愉快的情人舞会中，还向情人送上自己的玫瑰花以表示自己的爱心，也有赠送巧克力或带有"心"形的装饰物、附有祝词的小卡片等。

不过，情人节并非情侣们的"专利"。在这一天，任何年龄的人也可以向自己的父母、尊重的长者及相熟的朋友表达自己的一份情意。

6. 感恩节

感恩节又称火鸡节，为每年11月的第四个星期日。该节日起源于1820年，一些英国的新教徒为了摆脱宗教和政治上的迫害，远涉重洋前往美国马萨诸塞州的普利茅斯避难，后来在当地印第安人的帮助下，他们学会了狩猎、捕鱼、种植玉米和荞麦，才得以生存。第三年11月最后一个星期的星期日，他们准备了大批水禽和火烤野火鸡，做南瓜馅饼招待印第安客人，并用赛跑、射箭、歌舞等活动来感谢上帝的恩赐，以报答印第安人。

美国独立后，林肯在1863年宣布感恩节为全国性节日，1941年又获美国国会法定通过。从此，每年这一天，美国总统和各州州长都要发表献词，人们举行花车游行，并到教堂对上帝的慷慨恩赐表示感谢。然后一家老少团聚，围坐在火炉旁，品尝包括火鸡和南瓜馅饼在内的丰盛晚餐，做各种有趣的游戏，尽情欢畅。

7. 母亲节

母亲节又称省亲星期日，起源于18世纪的英国，原是出嫁女儿回家探望母亲的日子。1921年，美国国会将每年5月的第二个星期日定为母亲节。

母亲节这天，人们向母亲献上康乃馨，或在胸前佩戴一朵花，以示对母亲的敬意。此外，每个家庭和教堂都要举行各种仪式的纪念活动。现在世界上的每个国家都有纪念活动。

8. 父亲节

父亲节是美国索诺拉·多德夫人于 1920 年创立的，因其母亲早亡，父亲把两个子女在极端困难的情况下抚养成人，为了感谢父亲的培育之恩而创立了这个节日。1971 年，美国国会把每年 6 月的第三个星期日定为父亲节。届时子女们都亲手制作有意义的贺卡和小礼物送给父亲，以表示崇敬的心情。如今，世界上很多国家和地区都有父亲节纪念活动，我国台湾省定在 8 月 8 日，这一天，儿女们都要回家向父亲祝福。

（资料来源：http://bbs.fobshanghai.com/thread-3557414-1-1.html.）

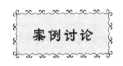

重视礼仪的周总理

我们敬爱的周恩来总理是讲礼仪的楷模，他待人处世的佳话不胜枚举。

1957 年国庆节后，周总理去机场送一位外国元首离京。当那位元首的专机腾空起飞后，外国使节、武官的队列依然整齐，并对元首座机行注目礼。而我国政府的几位部长和一位军队的将军却疾步离开了队列。他们有的想上车，有的想去吸烟。周总理目睹这一情况后，当即派人把他们叫回来，一起昂首向在机场上空盘旋的飞机行告别礼。送走外国的使节和武官，总理特地把中国的送行官员全体留下来，严肃地给大家上了一课："外国元首的座机起飞后绕机场上空盘旋，是表示对东道国的感谢，东道国的主人必须等飞机从视线里消失后才能离开，否则，就是礼貌不周。我们是政府的工作人员和军队的干部，我们的举动代表着人民和军队的仪表，虽然这只是几分钟的事，但如果我们不加以注意，就很可能因小失大，让国家的形象受损。"

无独有偶，1964 年，周总理和陈毅副总理出访亚非 14 国，在离开加纳时专门举行特别宴会，宴请所有的加纳服务员，当那些黑人朋友端着中国贵宾敬的酒时感动得流下了眼泪。一个目光敏锐的西方记者报道说："这是传奇式的礼遇，中国人巧妙地把友谊传给了非洲的子孙后代。"尽管这只是一场特殊的宴会，却体现了一个泱泱大国总理的风采和气度，饱含着周恩来尊重他人、平等待人的品格和深情。直到 20 世纪 80 年代，我国新华社记者深入非洲腹地访问一些偏远、闭塞的部落和村庄时，那里普通的黑皮肤农民还在用当地话对中国客人喊"周恩来"。他们把周恩来当成是新中国的象征，正是周恩来总理在 20 多年前播撒的友谊种子在非洲偏远地区开了花结了果！

（资料来源：http：//www.mofangge.com/html/qDetail/08/c2/201207/44pbc20854611.html.）

讨论题：

（1）周总理重视礼仪的两则事例对你有哪些启示？

（2）与外宾道别应注意什么？

（3）为什么非洲居民把周恩来当成是新中国的象征？

（4）请读一本周恩来的传记，深入体会周总理的礼仪修养。

国旗与尊严

20 世纪 90 年代中期，国内的一名中学生应邀前往一个拉美国家参加民间外交活动。有一天，当他前去出席在那个国家所举行的一次国际性会议时，发现在会场周围所悬挂的各与会国国旗之中竟然缺少中华人民共和国国旗，便当即向会议的组织者指出了这一问题，并且严正地表示："不悬挂我国国旗，就是缺乏对我国的尊重，假如不马上改正，我将拒绝出席这次会议，并且立即回国。"

经过据理力争，中国国旗终于飘扬在会场的上空。在会议的组织者再三地表示了歉意之后，那位中学生才终于步入会场，出席会议。在他入场时，有不少与会者主动起立，向他热烈地鼓掌表示欢迎。当地的报纸事后为此发表评论说："连一名中学生都具有那么强烈的民族自尊心，中国人的确是值得尊重的。"那位中学生之所以受到人们的尊重，主要是因为他能够在涉外交往中表现得不卑不亢。

（资料来源：http：//jgxy.ncgxy.com/jingpinkecheng/xnews.asp? id=120.）

讨论题：

（1）对本案例的中学生你有何评价？

（2）悬挂国旗有哪些礼仪要求？

实训项目

1. 模拟涉外迎送

实训目标：掌握涉外迎送的礼仪规范。

实训学时：2 学时。

实训地点：实训室。

实训方法：8~10 人一组，分别扮演相关角色，模拟迎送外国贸易代表团（哪国由学生自拟），模拟见面、接站、送行、乘车的具体礼仪。

2. 到外国朋友家做客

实训目标：掌握涉外拜访的礼仪。

实训学时：2 学时。

实训地点：实训室。

实训准备：道具、小礼物。

实训方法：学生分组扮演角色，可以表演到日本、法国、美国等不同国家外国朋友家做客的情况，中方代表 1~2 人，外国友人为一对夫妇（他们对中国的了解程度各小组自定）。教师可以和推选出的 4 名学生担当裁判，根据各组表演情况，从语言表达、个人仪容仪表和举止、台词设计、表演技巧和风格、小组配合等方面综合评价，评出最佳礼仪先生、礼仪小姐和最佳礼仪团队。

1. 对"女士优先"的交际原则你是怎样理解的？

2. 中西方文化差异对礼仪有哪些影响？

3. 与同学模拟跟外宾聊天的情景，评议其中有没有不礼貌之处。

4. 接待外宾为什么要热情有度？

5. 留意观察电视上接待外宾的系列情景，并对照教材有关内容加深理解。

6. 模拟涉外交往中交换礼物的情景。

7. 在涉外旅游活动中，展示中国人的文明礼仪素养有何重要意义？

8. 请在网上搜集《中国公民出境旅游文明行为指南》，并谈谈你对中央文明办、国家旅游局颁布这一文件的看法。

9. 假如你毕业后进入一家中美合资企业工作，你在这家公司与外国员工打交道时，需要注意哪些与中国不同的礼仪习惯？

10. 你所在公司的老总准备到韩国考察，请你为他准备一份关于该国民间礼俗与禁忌的材料。

11. 请留学归来的留学生，或者到国外生活过的亲朋好友来校，办一次国外礼俗讲座。

参考文献

1. 王炎，杨晶．商务礼仪——情景·项目·训练［M］．北京：电子工业出版社，2014.

2. 柳建营，赵国山．商务礼仪［M］．北京：中国传媒大学出版社，2013.

3. 毛锦华，周晓．商务沟通与礼仪实务教程［M］．北京：电子工业出版社，2013.

4. 许宝良，应颖．商务礼仪［M］．北京：高等教育出版社，2013.

5. 鲍日新．社交形象与礼仪［M］．上海：上海浦江教育出版社，2012.

6. 董乃群，刘庆军．社交礼仪实训教程［M］．北京：清华大学出版社，北京交通大学出版社，2012.

7. 卢新华，康娜．社交礼仪［M］．北京：北京大学出版社，2012.

8. 严谨．公共关系礼仪［M］．重庆：重庆大学出版社，2011.

9. 吴新红．实用礼仪教程［M］．北京：化学工业出版社，2010.

10. 陈光谊．现代实用社交礼仪［M］．北京：清华大学出版社，2009.

11. 张文．礼仪修养与实训教程［M］．广州：华南理工大学出版社，2009.

12. 崔志锋．礼仪［M］．北京：科学出版社，2008.

13. 胡爱娟，陆青霜．商务礼仪实训［M］．北京：首都经济贸易大学出版社，2008.

14. 陆纯梅，范莉莎．商务礼仪实训教程［M］．北京：清华大学出版社，2008.

15. 罗树宁．商务礼仪与实训［M］．北京：化学工业出版社，2008.

16. 徐克茹．秘书礼仪实训［M］．北京：中国人民大学出版社，2008.

17. 王慧敏，吴志樵，周永红．商务礼仪教程［M］．北京：中国发展出版社，2008.

18. 吴蕴慧，徐静．现代礼仪实务［M］．上海：上海交通大学出版社，2008.

19. 谢红霞．公关实训［M］．大连：东北财经大学出版社，2008.

20. 杨丽．商务礼仪与职业形象［M］．大连：大连理工大学出版社，2008.

21. 张岩松，路振平，王艳洁，车秀英．新型现代交际礼仪实用教程［M］．北京：清华大学出版社，2008.

22. 袁小红．焕发公关礼仪的时代风采［J］．改革与开放，2008（11）．

23. 陈秀泉．实用情景口才——口才与沟通训练［M］．北京：科学出版社，2007.

24. 李兰英，肖云林．商务礼仪［M］．上海：上海财经大学出版社，2007.

25. 李嘉珊．国际商务礼仪［M］．北京：电子工业出版社，2007.

26. 吕维霞，刘彦波．商务礼仪［M］．北京：清华大学出版社，2007.

27. 林成益，帅学华．现代礼仪修养教程［M］．杭州：浙江大学出版社，2007.

28. 林友华．社交礼仪［M］．北京：高等教育出版社，2007.

29. 刘长凤．实用服务礼仪培训教程［M］．北京：化学工业出版社，2007.

30. 刘维娅．口才与演讲教程［M］．武汉：华中师范大学出版社，2007.

31. 彭澎．礼仪与文化［M］．北京：清华大学出版社，2007.

32. 彭红．交际口才与礼仪［M］．上海：华东师范大学出版社，2007.

33. 谢迅．商务礼仪［M］．北京：对外经济贸易大学出版社，2007.

34. 徐克茹．商务礼仪标准培训［M］．北京：中国纺织出版社，2007.

35. 许文郁．社交方法与技巧——通向理想彼岸的金桥［M］．北京：首都经济贸易大学出版社，2007.

36. 徐卫卫．大学生交际口语［M］．杭州：浙江大学出版社，2007.

37. 杨丽敏．现代职业礼仪［M］．北京：高等教育出版社，2007.

38. 尹菲，武瑞营．形体礼仪［M］．北京：机械工业出版社，2007.

39. 周庆．商务礼仪实训教程［M］．武汉：华中科技大学出版社，2007.

40. 冯玉珠．商务宴请攻略［M］．北京：中国轻工业出版社，2006.

41. 李莉．实用礼仪教程［M］．北京：中国人民大学出版社，2006.

42. 马志强．语言交际艺术［M］．北京：中国社会科学出版社，2006.

43. 杨海清．现代商务礼仪［M］．北京：科学出版社，2006.

44. 张岩松．公关交际艺术［M］．北京：中国社会科学出版社，2006.

45. 周彬琳．实用口才艺术［M］．大连：东北财经大学出版社，2006.

46. 周朝霞．营销礼仪［M］．北京：中国人民大学出版社，2006.

47. 鲍日新．社交礼仪，让你的形象更美好——献给大学生朋友［M］．上海：上海教育出版社，2005.

48. 胡晓涓. 商务礼仪 [M]. 北京：中国人民大学出版社，2005.

49. 黄林. 商务礼仪 [M]. 北京：机械工业出版社，2005.

50. 张韬，施春华，尹凤芝. 沟通与演讲 [M]. 北京：清华大学出版社，2005.

51. 陈柳. 职业人形象设计与修炼 [M]. 上海：上海远东出版社，2004.

52. 侯清恒. 青年演讲技能训练 [M]. 北京：中国纺织出版社，2004.

53. 国英. 公共关系与现代交际礼仪案例 [M]. 北京：机械工业出版社，2004.

54. 应天常. 口才训练术 [M]. 上海：上海文艺出版社，2004.

55. 周裕新. 公关礼仪艺术 [M]. 上海：同济大学出版社，2004.

56. 吕维霞，刘彦波. 现代商务礼仪 [M]. 北京：对外经济贸易大学出版社，2003.

57. 潘肖珏. 公关语言艺术 [M]. 上海：同济大学出版社，2003.

58. 邵守义. 演讲学教程 [M]. 北京：高等教育出版社，2003.

59. 文泉. 国际商务礼仪 [M]. 北京：中国商务出版社，2003.

60. 何浩然. 中外礼仪 [M]. 大连：东北财经大学出版社，2002.

61. 李莉. 实用礼仪教程 [M]. 北京：中国人民大学出版社，2002.

62. 刘小清. 现代营销礼仪 [M]. 大连：东北财经大学出版社，2002.

63. 张岩松. 现代交际礼仪 [M]. 北京：经济管理出版社，2002.

64. 谢柯凌. 交际礼仪365 [M]. 济南：山东人民出版社，2001.

65. 佚名. 怎样说话与演讲 [M]. 北京：团结出版社，2001.

66. 吴良亚. 公关礼仪对塑造组织形象的作用 [J]. 财会月刊，2001（5）.

67. 邱伟光. 公共关系礼仪文化 [M]. 北京：高等教育出版社，2000.

68. 杨眉. 现代商务礼仪 [M]. 大连：东北财经大学出版社，2000.

69. 金正昆. 涉外礼仪教程、商务礼仪教程、社交礼仪教程、政务礼仪教程、服务礼仪教程 [M]. 北京：中国人民大学出版社，1999.

70. 潘永万，蔡祖周. 实用演讲教程 [M]. 天津：天津社会科学出版社，1999.

71. 钟友循. 外国演讲词珍品赏析 [M]. 长沙：湖南人民出版社，1999.

72. 李兴国. 现代商务礼仪 [M]. 哈尔滨：黑龙江科学技术出版社，1998.

73. 郭文臣等. 交际与公关礼仪 [M]. 大连：大连理工大学出版社，1998.

74. 莱蒂茨亚·鲍尔德里奇 [M]. 企业人礼仪手册. 海口：海南出版社，1997.

75. 李元授，邹昆山. 演讲学 [M]. 武汉：华中理工大学出版社，1997.

76. 李品媛. 现代商务谈判［M］. 大连：东北财经大学出版社，1997.

77. 熊经浴. 现代商务礼仪［M］. 北京：金盾出版社，1997.

78. 卢慧. 礼节礼仪常识［M］. 大连：大连理工大学出版社，1995.

79. 晓燕. 公关礼仪［M］. 南昌：百花洲文艺出版社，1995.

80. 刘裔远，王国章. 社交服务必读——实用礼宾学［M］. 上海：立信会计出版社，1993.

81. http：//media. openedu. com. cn/media_ file/netcourse/asx/gggxx/public/04_dyjh/wdt/htm/064. htm.

82. http：//baike. baidu. com/subview/754103/5135152. htm？fr = aladdin.

83. 中国礼仪网：http：//www. welcome. org. cn/.

84. 中华礼仪网：http：//www. zhongguoliyi. org/.

85. 中国政府网——文明礼仪：http：//www. gov. cn/ztzl/wmly_ index. htm.

86. 中华礼仪培训网：http：//office. liyipeixun. org/.

87. 未来之舟：http：//www. chinaliyi. cn/.

88. 新华网——各国概况：http：//news. xinhuanet. com/ziliao/2003 – 01/29/content_ 712506. htm.

89. 大连职业技术学院现代交际礼仪国家精品课程，http：//shsy. dlvtc. edu. cn/xdjjly/index. html.